Urlaub in Deutschland

Freizeithotels

Zwischen Nordsee und Alpen

ISBN 3-7718-0617-8

4. neubearbeitete Auflage 1991/1992

Idee, Konzeption, Produktion:
PROJEKT TEAM F. NEISS, 7030 BÖBLINGEN

Neubearbeitung:
Chris Krüger, 7000 Stuttgart 70

Straßenatlas:
Kümmerly+Frey Geografischer Verlag, Bern

Druck:
Stiller Offsetdruck, 7148 Aldingen

Satz:
Layoutsatz Möhwald, 7032 Sindelfingen

Die Titelfotos wurden uns von dem im Buch vorgestellten Betrieben freundlicherweise zur Veröffentlichung überlassen.
Das sonstige Bildmaterial stammt von den Fremdenverkehrsämtern und den Agenturen BiKA, Hochdorf sowie Xeniel, Neuhausen/Fildern und Studio Weiss & Partner, Hamburg.

Inhaltsverzeichnis

Schloß Sigmaringen, Sitz der Fürsten von Hohenzollern-Sigmaringen.

Zum Geleit

Wer die »Freizeit-Szene« in der Bundesrepublik Deutschland aufmerksam über längere Zeit betrachtet hat, wird folgende Feststellung machen: Die »Massenfreizeit« hat nicht stumpfe, graue uninteressante Freizeitsklaven hervorgebracht.
Vielmehr wissen die Bundesdeutschen nicht nur ihre Freizeit zu schätzen, sondern auch auf immer vielfältigere Weise zu nutzen. Das haben die Dienstleiter im Freizeitbereich erkannt und bieten ein buntes Programm für die geänderten Wünsche.
Wer heute in Urlaub, in einen Kurzurlaub oder in ein verlängertes Wochenende fährt, begnügt sich nicht mit der Reise. Neben Natur- und Kulturerlebnissen und -aktivitäten werden heute auch abwechslungsreiche Möglichkeiten zur Freizeitgestaltung gesucht. Beliebt sind hier besonders sportliche und gesellige Tätigkeiten.
Je kürzer die Reise und je spontaner, desto weniger gern möchte sich der Reisende einer gründlichen Planungsarbeit unterwerfen. Doch auch, wenn man im Beruf ständig gefordert ist, verzichtet man gern auf die Vorbereitung und fährt los.
Die deutsche Hotelerie hat diesen Bedarf erkannt und ein neues Angebot entwickelt, das als Freizeit-Hotel bezeichnet werden kann.
Neben Unterkunft und Bewirtung werden Einrichtungen und Dienstleistungen für die Freizeitgestaltung angeboten. Auch die günstige Lage eines Hotels zu solchen Angeboten läßt es zum Freizeithotel werden, wenn das Hotel diese Umgebung in seine Leistung bewußt einbezieht.
Wo aber findet der Eilige und Uneingeweihte das Freizeithotel für seine Wünsche?
Dieses Handbuch zeigt eine Auswahl in allen Teilen der Bundesrepublik Deutschland, die viele Wünsche für den attraktiven Urlaub, Kurzurlaub und für die Wochenendreisen befriedigt.
Die Deutsche Gesellschaft für Freizeit begrüßt diese Handreichung als eine Hilfe für den Verbraucher, der angesichts eines immer vielfältigeren Angebotes den Überblick beim besten Willen nicht behalten kann.

Dr. Joseph-Theodor Blank, MdB

Präsident der Deutschen Gesellschaft für Freizeit e.V.

Regionen = Rot
Orte = Schwarz
Deutschlands Norden
Deutschlands Mitte
Deutschlands Süden
Aufteilung der Regionen in diesem Buch
Flensburg
Ostsee
Kiel
Holsteinische Schweiz
Lübeck
Cuxhaven
HAMBURG
Wilhelmshaven
Ostfriesland
Zwischen Elbe und Weser
Oldenburg
BREMEN
Lüneburger Heide
BERLIN
Zwischen Weser und Ems
HANNOVER
Osnabrück
Braunschweig
Münster
Tecklenburger Land
Harz
Münsterland
Goslar
Paderborn
ESSEN
DORTMUND
Göttingen
Kassel
DÜSSELDORF
Sauerland
Bergisches Land
KÖLN
Aachen
Siegen
Bonn
Westerwald und Siebengebirge
Eifel
Koblenz
Taunus
Vogelsberg
Rhön
Fichtelgebirge
FRANKFURT
Spessart
Mainz
Würzburg
Hunsrück
Franken
Trier
Erlangen
Pfalz
Hohenlohe
Nürnberg
Saarbrücken
Heidelberg
Bayerischer Wald
Heilbronn
Regensburg
Karlsruhe
Schwäbischer Wald
Nördl. Schwarzwald
STUTTGART
Passau
Schwäbische Alb
Offenburg
Ulm
Augsburg
Südl. Schwarzwald
MÜNCHEN
Oberbayern
Freiburg
Kempten
Bodensee
Allgäu

Tips und Hinweise

Dieser Urlaubsratgeber stellt Ihnen eine gezielte Auswahl von Hotels in Deutschland vor, die sich in besonderem Maß als komfortable Freizeitdomizile eignen.

Alle Häuser bieten Sportmöglichkeiten – zur Standardausstattung gehören Schwimmbad, Sauna, Solarium – und verfügen über eine niveauvolle Küche.

Besondere Leistungen im Angebot wurden mit dem Symbol „Freizeitbaum" gekennzeichnet:

Für das Freizeitangebot bis zu 3 weißen Bäumen

Für das Hotelniveau bis zu 3 schwarzen Bäumen.

Die Hotels sind innerhalb der einzelnen Freizeitregionen (siehe Seite 8) nach Postleitzahlen aufgeführt. Erstmals wurden auch die Kontaktadressen von Hotelketten und -Kooperationen aufgenommen, die dem Gast ebenfalls ein umfangreiches Freizeitangebot zu bieten haben.

Leicht verständliche Piktogramme ermöglichen eine schnelle Übersicht über das vielseitige Freizeitangebot der einzelnen Häuser.

Die Urlaubswünsche und Bedürfnisse haben sich in den letzten Jahren verändert. Im Vordergrund stehen heute: der Aktiv-, Bildungs-, oder Gesundheits-Urlaub. Oder auch der „Einmal-Verwöhn-Urlaub".

Diese verfügen zwar selbst nur über wenige Freizeiteinrichtungen, eignen sich aber wegen ihrer zentralen Lage und exklusiven Ausstattung bestens für einen Bildungs- oder Verwöhn-Urlaub, an einem verlängerten Wochenende oder für einen Kurz- bzw. Zweiturlaub.

Alle Angaben wurden mit großer Sorgfalt zusammengetragen. Eine Haftung für evtl. Fehler kann die Redaktion bzw. der Verlag nicht übernehmen. Veränderungen – durch Umbau, Inhaber- oder Personalwechsel – sind nicht auszuschließen.

Bitte teilen Sie uns Ihre Erfahrungen und Eindrücke mit. Auch Ihre Kritik oder Verbesserungsvorschläge sind uns stets willkommen. Bedienen Sie sich zu diesem Zweck der im Buch eingehefteten Postkarte.

Zum Schluß wünschen wir Ihnen einen gelungenen und erholsamen Urlaub.

Die Redaktion

Zeichenerklärung

Bewertungserklärung

Freizeitwert

- gutes Freizeitangebot
- gehobenes Freizeitangebot
- ausgezeichnetes Freizeitangebot
- mit Kurangebot

Der Freizeitwert berücksichtigt die Anzahl der Freizeitangebote. Dazu gehören neben der Standardausstattung mit Schwimmbad, Sauna und Solarium auch sonstige Sportangebote im Haus und in der Umgebung, besondere Animationsprogramme und die Nähe zu interessanten Freizeitzielen wie Burgen, Schlösser, Museen und Erlebnisparks.

Hotelniveau

- gute Ausstattung
- sehr komfortable Ausstattung
- luxuriöse Ausstattung

Kategorie

- Sommer-Hotel
- Winter-Hotel
- Ganzjahres-Hotel
- Tagungshotel
- Burg- oder Schloßhotel

Lage

- Stadt
- Land
- ruhig gelegen
- schöne Aussicht
- am Wasser

Preisniveau

- A niedrig (bis 50 DM)
- B gehoben (bis 100 DM)
- C hoch (über 100 DM)

Bettenzahl

- 1-Bett-Zimmer
- 2-Bett-Zimmer

Ausstattung der Zimmer

- Telefon
- Radio
- TV/Video
- Minibar

Küche

- Regionale Küche
- Internat. Küche
- Nouvelle Cuisine

Hotelausstattung

- Parkplätze
- Garagen
- für Behinderte geeignet
- Kinderfreundlich
- Kinderbetreuung
- Tier erlaubt
- Tanz
- Lift

Service-Leistungen

- Liegewiese
- Sonnenterrasse
- Sauna
- Solarium
- Whirlpool
- Beauty Farm
- Massage
- Kosmetik/Coiffeur
- Bar
- Disco

Sport-Möglichkeiten

- Freibad
- Hallenbad
- Wellenbad
- Tennisplatz
- Tennishalle
- Reitplatz
- Reithalle
- Kegelbahn
- Sportzubehör-Verleih
- Fahrrad-Verleih
- Wassersport
- Tischtennis
- Golf
- Angeln
- Trimm-Dich-Raum
- Trimm-Dich-Pfad
- Schießplatz
- Segelflugplatz
- Drachenfliegen
- Minigolf
- Eislauf
- Sonstiges
  Näheres beim Hotel erfragen

Region

- Wandergebiet
- Langlauf-Loipen
- Ski Alpin

Kreditkarten

- Diners
- Eurocard
- Visa
- American Express

Unterhaltung

- Hotel-Veranstaltungen
- Casino
- Theater/Konzert

Sehenswürdigkeiten

- Saisonbed. Veranstaltungen
  Termine beim Hotel erfragen
- Stadtbild
- Historisches Stadtbild
- Burg, Schloß, Ruinen
- Museum
- Technische Sehenswürdigkeiten

Freizeithotels nach Regionen

in Wort und Bild

Interessengemeinschaft
FREIZEITHOTELS IN DEUTSCHLAND

Kontaktadresse: Projekt Team, F. Neiss, Postfach 17 40, 7030 Böblingen, Tel. 0 70 31/27 86 60

◀ **WUNDERSCHÖNE ERLEBNISSE IN UNBERÜHRTER NATUR: KURHOTEL MITTELTAL**

Mitten im Schwarzwald, 4 km von Baiersbronn entfernt, liegt das Kurhotel Mitteltal, dessen exclusive Ausstattung keinerlei Wünsche offenläßt. Hier läßt's sich gut wandern, zum Beispiel zum Ellbachsee oder zur Nagoldtsperre. Die Ferienhostess des Hotels hält das ganze Jahr über ein Programm bereit mit Radausflügen, Picknicks, Waldwanderungen und zünftigen Hüttenabenden. Im Hotelpark befinden sich ein Tennisplatz, Boccia, Wassertretanlage und Gartenschach. Bleiben noch die exclusiven Badeeinrichtungen des Kurhotels Mitteltal zu erwähnen. Im nahen Freudenstadt liegt ein herrlich in die Landschaft eingebetteter 9-Loch-Golfplatz. Nur 10 Autominuten braucht man zum Skizirkus an der Schwarzwaldhochstraße.

Kurhotel Mitteltal,
Familie Barreis,
7292 Baiersbronn-Mitteltal
Tel. 07442/47-0
Fax 07442/47320

EINE OASE IM GRÜNEN: WALDHOTEL STANDKE

Ein ruhiges Tal, viel Wald, interessante Ausflugsziele in der Nähe – und schließlich ein einladendes gemütliches Hotel – was will man mehr? Die Zimmer sind behaglich ausgestattet, die Küche kann sich sehen lassen. Hier kocht der Chef des Hauses, und zwar vorwiegend regionale Köstlichkeiten; Seine Frau hingegen zaubert leckere Kuchen und Torten. Das Haus verfügt über ein Hallenbad mit Sauna und Solarium. 600 m entfernt können Sie den Minigolfschläger schwingen und in 2 km Entfernung gibt es ein beheiztes Freibad, Tennisplätze, einen Trimm-Dich-Pfad und eine große Tennishalle. Reitmöglichkeiten werden im Nachbarort vermittelt; die Skisportler erreichen alle bekannten Wintersportorte der Umgebung in einer halben Stunde. ▶

Silencehotel
Waldhotel Standke,
Familie Standke, 7502 Malsch-Waldprechtsweier,
Tel. 07246/1088
Fax 07246/5272

◀ **FREIZEITWERT UND TAFELFREUDEN: HOTEL WALDHORN-POST**

Im reizvollen Enztal, wenige Kilometer entfernt von dem bekannten Luftkurort Enzklösterle liegt der historische Schwarzwaldgasthof Waldhorn-Post. Einst bot er den Holzfällern und Flößern Herberge, später diente er als Poststation und Gasthof. In der Waldhorn-Post wird besonders die Kochkunst gepflegt: Forellen- und Wildspezialitäten, dazu herrliche Weine aus dem Natursteinkellergewölbe. Auch Freizeit wird hier großgeschrieben: ein Hallenbad mit Sauna, Solarium und Fitnessraum, ein Tennisplatz und der wunderschöne Park mit Liegewiese stehen für den Gast bereit.
Ein besonderes Wanderangebot der Waldhorn-Post ist die 9-Täler-Wanderung in die bezaubernde Umgebung.

Hotel
Waldhorn-Post
Familie Schilling,
7546 Enzklösterle
Tel. 07085/150
Fax 07085/15150

EIN HAUS MIT TRADITION: HOTEL GÖTZ SONNE EINTRACHT

Schon im Jahre 1630 wurde die „Sonne Eintracht" urkundlich erwähnt und mit Freundlichkeit und persönlichem Bemühen um den Gast führt die Familie Götz die alte Tradition der Gastlichkeit bis heute fort. Das Hotel Götz Sonne Eintracht liegt in der „Goldenen Au", einer reizvollen und idyllischen Landschaft. An Badegelegenheiten ist kein Mangel, ob im hoteleigenen Schwimmbad oder im nahegelegenen Achernsee. Tennis und Minigolf spielen können Sie in Achern, wo sich das wohl einmalige Sensenmuseum befindet. Für die Wanderfreunde gibt es sieben besonders reizvolle Rundwanderwege, je nach Geschmack und Ausdauer. Und danach genießt man die vielgelobte Küche des traditionsreichen Hotels. ▶

Hotel Götz, Sonne Eintracht,
Familie Götz,
7590 Achern
Tel. 07841/6450
Fax 07841/645645

Die Vorstellungen von Urlaub und Freizeit haben sich gewandelt: Galt früher süßes Nichtstun als erstrebenswert, so ist heute der aktiv gestaltete Urlaub ins Zentrum der Vorstellungen vom Idealurlaub gerückt. Die Hoteliers haben sich darauf eingestellt; Ein neuer Hoteltypus ist entstanden – das Freizeithotel. Viele Hotels bieten umfangreiche Aktivprogramme an. Einige, denen die Freizeitgestaltung ihrer Gäste besonders am Herzen liegt, haben sich zu der „Interessengemeinschaft Freizeithotels in Deutschland" zusammengeschlossen. Wenn Ihnen Freizeit mehr bedeutet als nur faulenzen, dann sind Sie in einem Freizeithotel gut aufgehoben!

URLAUB IM GEBURTSORT DER KUCKUCKSUHR

Der Name sagt es schon – der Kurort Schönwald erhielt seinen Namen von der prächtigen Schönheit seiner Wälder. In den alten Schwarzwaldhöfen lebten mehrere Generationen unter einem Dach, man arbeitete und feierte gemeinsam – eine Tradition, die der Ort bis auf den heutigen Tag beibehalten hat. Schönwald ist der ideale Ferienort für die ganze Familie. Das Hotel Dorer schließt sich da nicht aus. Sie dürfen gespannt sein, was Sie im Hotel Dorer am meisten schätzen werden: die ganz persönliche Ansprache oder die gediegen eingerichteten Zimmer?
Das erfrischende Hallenbad oder den bequem zu erreichenden Beauty-Salon?
Das reichhaltige Frühstücksbuffet oder das Schlemmermahl, vom Chef selbst zubereitet!

Hotel Dorer,
Familie Scherer,
7741 Schönwald
Tel. 07722/1066
Fax 07722/1068

AUF WIESEN UND MATTEN: BERGHOTEL HALDE

Wenn man in Freiburg und im Südschwarzwald von der „Halde" spricht, ist damit das historische Hotel Haldenhof ein prächtiger Schwarzwälder Bauernhof mit weit herunter-gezogenem Dach an der Südflanke des Schauinsland gemeint. Seit vierhundert Jahren ist die Halde im Besitz der Wisslers, einer Familie von Bauern und Gastwirten seit Urgedenken. Deshalb ist es in der Halde so urgemütlich. Im Sommer ist sie das ideale Hotel für Wanderer, Sportfischer und Reiter, die sich in den weiten, ozonreichen Tannenwäldern ganz in ihrem Element fühlen.
Im Winter findet man rundum ein prächtiges Skigelände für Anfänger und Könner mit hauseigenen Liften. Danach wärmt man sich entweder im Hallenbad oder in einer der gemütlichen, holzgetäfelten Gaststuben beim Viertele auf!

Berghotel Halde,
Familie Wissler,
7801 Oberried,
Tel. 07602/211-230
Fax 07602/768

SCHWARZWÄLDER GEMÜTLICHKEIT: SCHWARZWALDHOTEL ADLER

Das Hotel ist schon eine Sehenswürdigkeit für sich: ein behäbiges, urbehagliches Schwarzwaldhaus. Damit Sie in Form bleiben, stehen Ihnen ein Hallenbad und ein Fitnessraum zur Verfügung. Oder segeln Sie gern? Kein Problem – denn das Haus hat ein eigenes Segelboot auf dem nur 11 km entfernten Schluchsee liegen. Das Hotel Adler in Häusern, einem idyllischen Luftkurort auf einem Sattel zwischen St. Blasien und Höhenschwand, ist umgeben von saftigen Bergwiesen und weiten Tannenwäldern – ein ideales Wandergebiet. Wer's bequem liebt, nimmt an einer Kutschfahrt teil. Häusern ist außerdem ein Wintersportplatz: Es gibt ein ausgezeichnetes Loipennetz in allen Höhenlagen bis hin zum Feldberg.

Schwarzwaldhotel-Restaurant Adler,
Herr Zumkeller,
7822 Häusern
Tel. 07672/4170
Fax 07672/417150

DIE KRONE AM BODENSEE:

Das Hotel-Restaurant „Krone" in Friedrichshafen-Schnetzenhausen kann man ohne Übertreibung als eine Perle unter den Hotels am Bodensee bezeichnen. Die „Krone" wartet als Sport- und Freizeithotel mit einem Angebot auf, das keine Wünsche offenläßt: in ländlich-rustikalen Gaststuben können Sie Neue Deutsche Küche und regionale Spezialitäten genießen. Im Rebkeller, der Weinstube für den zünftigen Abend wird eine besondere Auswahl an Bodensee-Weinen kredenzt. Das Hallenbad mit Bar, die Tennishalle mit zwei Freiplätzen (und Tennislehrer), sowie die drei Kegelbahnen, die Sauna, das Solarium und das beheizte Freibad mit Liegewiese bieten wirklich für jeden etwas.

Hotel-Restaurant Krone
mit Haus Sonnenbüchel,
Familie Rueß,
7990 Friedrichshafen-Schnetzenhausen/Bodensee,
Tel. 07541/4080
Telex 734217
Fax 07541/43601

Herzlich willkommen in den MARITIM Hotels

MARITIM Kurhaus-Hotel
6380 Bad Homburg
Tel. (06172) 28051

MARITIM ParkHotel
6990 Bad Mergentheim
Tel. (07931) 5390

MARITIM Staatsbadhotel
4902 Bad Salzuflen
Tel. (05222) 1810

MARITIM Hotel Schnitterhof
4772 Bad Sassendorf
Tel. (02921) 5990

MARITIM Berghotel
3389 Braunlage
Tel. (05520) 8050

MARITIM Hotel
6100 Darmstadt
Tel. (06151) 8780

MARITIM Rhein-Main-Hotel
6100 Darmstadt
Voreröffnungsbüro:
Tel. (06151) 878 2171

MARITIM Hotel am Schloßgarten
6400 Fulda
Tel. (0661) 2820

MARITIM Hotel
5000 Köln 1
Tel. (0221) 20270

MARITIM Hotel
5330 Königswinter 1
Tel. (02223) 7070

MARITIM Parkhotel
6800 Mannheim
Tel. (0621) 45071

MARITIM Hotel
8500 Nürnberg
Tel. (0911) 23630

MARITIM Sporthotel Grafschaft
5948 Schmallenberg
Tel. (02972) 3030

MARITIM Golf & Sporthotel
2408 Timmendorfer Strand
Tel. (04503) 6070

MARITIM Seehotel
2408 Timmendorfer Strand
Tel. (04503) 6050

MARITIM TitiseeHotel
7820 Titisee-Neustadt
Tel. (07651) 8080

MARITIM Strandhotel
2400 Travemünde
Tel. (04502) 890

MARITIM Hotel
8700 Würzburg
Tel. (0931) 30530

MARITIM Hotel Teneriffa

MARITIM Hotel Selmun Palace
Malta

MARITIM Hotels auch auf Malta, Teneriffa, und Ma

Informationen
und Buchungen über:

otel Bonn
nn 2
28) 8 10 80

otel
senkirchen
09) 17 60

MARITIM Hotel Reichshof
2000 Hamburg 1
Tel. (040) 24 83 30

MARITIM Hotel
3000 Hannover
Tel. (05 11) 165 31

MARITIM Hotel Bellevue
2300 Kiel
Tel. (04 31) 389 40

otel
orzheim
2 31) 379 20

Hotel
vemünde
502) 8 10

Hotel Mauritius

s ('90)

IM
el-Reisedienst GmbH
igsallee 66
0 Düsseldorf 1
(02 11) 32 98 40

Waldschlößchen Mühlenteich
Hotel · Restaurant · Café
Das Haus der gepflegten Gastlichkeit
2930 Obenstrohe bei Varel
in der Nähe des Jadebusens
Prospektunterlagen - Tel.: 04451/84061
Zimmerreservierung - Tel.: 04451/84065
Willkon
Urlau
D
Waldschlößchen Mühlenteich
Gesundheits- u. Schönheitsfarm
Auskunft unter Tel.
04451/84061
Komfort-Zimmer
Wildwasserbecken
Sonnenstrand
Erlebnis-Schwimmbad
Saunendeck Hot-Whirlpool
Solargrotten

n im Waldschlößchen Mühlenteich
n einer traumhaften Vierjahreszeiten-Landschaft
Schönheit und Gesundheit zuliebe
ebnistage für Clubs & Clübchen
'agen, wo Tagen Spaß macht

he der Nordseeküste und dem Jadebusen inmitten einer reizvollen friesischen Waldlandschaft liegt das HOTEL-STAURANT-CAFE Waldschlößchen Mühlenteich. Hinter einer nostalgischen Fassade, die man mit viel Mühe, Liebe und rgfalt erhalten hat und welche die lange Tradition des Hauses dokumentiert, erwartet Sie eine moderne und exclusive Hotelage der Spitzenklasse mit vielen außergewöhnlichen Attraktionen und Besonderheiten.

Eine ganz neue Welt der persönlichen und individuellen Gastlichkeit eröffnet sich Ihnen. Sie und Ihre Wünsche zählen. Ob Sie geschäftlich unterwegs sind oder Ihre Ferien genießen möchten - wir verwöhnen Sie.

Ihr Aufenthalt soll zum Erlebnis werden. Sie finden bei uns sehr großzügige und mit allem Komfort eingerichtete Zimmer, in denen Sie sich sofort wohlfühlen werden.

Gern übersenden wir Ihnen unseren Hausprospekt.

Seien Sie herzlich willkommen

Ihre *Familie Schmidt*

Fitness 2000

Schönheitsfarm

Kegel- und Bowlingbahnen

Jägerstube

DEUTSCHLANDS NORDEN

Norddeutschland reicht von den Küsten an Nord- und Ostsee bis zum Rand der Mittelgebirge. In diesem Großraum sind es hauptsächlich vier Landschaften, die sich dank ihrer Schönheit und ihres Abwechslungsreichtums zu wahren Ferienparadiesen entwickeln konnten: die Nordseeküste, der Ostseeraum, die Lüneburger Heide und der Harz.

An der deutschen Nordseeküste

Von der Emsmündung bis zur dänischen Grenze erstreckt sich heutzutage eine geschlossene Kette künstlich errichteter Deiche, hinter denen sich kunstvoll entwässertes, fruchtbares Marschland viele Kilometer weit landeinwärts ausdehnt. Die Marschen bestehen aus feinkörnigem Sand- und Schlickmaterial, das im Lauf der letzten 4000 Jahre von der Nordsee und den einmündenden Flüssen angeschwemmt worden ist; ihre Oberfläche liegt nur wenige Meter über dem mittleren Meeresspiegel, teilweise sogar darunter. Überschwemmungssicheres Gebiet — auch ohne den Schutz der Deiche — ist erst die weiter landeinwärts folgende Geest, die sich durch eine Geländestufe von der Marsch abhebt. Der hochwasserfreie Geestrand war schon sehr früh ein bevorzugter Siedlungsraum, und hier drängen sich die schmucken alten Dörfer und Städte aneinander wie Perlen auf einer Schnur: Norden,

Esens, Wittmund, Jever, Varel, Stade, Buxtehude, Elmshorn, Heide und Husum.
Das jüngste Glied dieser ohnehin jungen Küstenregion sind die nicht einmal 2000 Jahre alten Ostfriesischen Inseln. Am merkwürdigsten aber geht es auf den Halligen in Nordfriesland zu, denn noch heute ist ein Teil von ihnen nicht durch Deiche geschützt. Bei Sturmflut heißt es „Land unter", und die auf Wurten — künstlich geschaffenen Erdhügeln — errichteten Bauernhäuser ragen dann als einzige Zuflucht aus der schäumenden See empor. Seit die positiven Auswirkungen des Nordseeklimas auf die Gesundheit vor mehr als 100 Jahren erkannt wurden, entwickelten sich nahezu alle Inseln in der Deutschen Bucht zu vielbesuchten Erholungs- und Ferienzentren. Ganz gleich, ob man auf eine der sieben Ostfriesischen Inseln übersetzt, ob man die nordfriesische Modeinsel Sylt besucht oder ob Amrum, Föhr oder eine andere Insel das Reiseziel ist — überall bietet sich im Sommer das bunte Bild des Badelebens.
Wer nicht nur am Strand liegen möchte, kann zum Zeitvertreib eine Menge interessanter Sehenswürdigkeiten besuchen. Eine davon ist das weit draußen gelegene Felseiland Helgoland. Aber auch auf den küstennahen Inseln und auf dem Festland gibt es viel zu sehen; beispielsweise die hübschen Friesendörfer Nebel auf Amrum und Keitum auf Sylt oder die Geestrandstädte Meldorf, Heide und Husum, Bredstedt, Marne und Itzehoe. Ganz zu schweigen von den zahlreichen hübschen Hafenstädtchen: das „Klein Amsterdam" genannte Friedrichstadt mit seinen Giebelhäusern an romantischen Grachten, Greetsiel in Ostfriesland mt seinem malerischen Ortsbild oder Glückstadt an der Elbe; ebenso die niederländisch anmutende Stadt Leer.
Großartige Kirchen und Prachtbauten sind in der Marsch recht selten. Darum sollte man auf keinen Fall einen Besuch des Friesendoms in Nieblum auf Föhr versäumen. Gleiches gilt natürlich für den Dom in Meldorf oder die St.-Salvator-Kirche auf Pellworm. Reichhaltiger ist das Angebot an Museen, allen voran das Störtebekermuseum in Marienhafen, das Friesenmuseum in Wyk auf Föhr und das Nissenhaus in Husum.

Accumer Siel – Frühaufsteher haben die Möglichkeit, beim Fischfang auf einem ostfriesischen Kutter dabeizusein.

Von der Ostsee zur Holsteinischen Schweiz

Die tischebenen Marschen und die eigenartigen Watten der Nordseeküste werden an der Ostsee von einem Hügelland abgelöst, das in der Brandungszone der Ostsee pausenlos von den Wogen des Meeres angenagt wird.
Typisch sind deshalb kilometerlange Steilküsten, deren Rußzone von groben Strandgeröllen und teilweise mächtigen Felsbrocken gesäumt wird.
Dort, wo flacheres Gelände den Urgewalten der Ostsee ausgesetzt ist, erstrecken sich dagegen weite Sandstrände, die zu den beliebtesten deutschen Feriengebieten gehören.
Verantwortlich für die Entstehung dieser reizvollen Küstenlandschaft mit ihren wie Mosaiksteinchen aneinandergefügten Feldern, Weiden und Laubwäldern waren die Gletscher der letzten Eiszeit.
Einer der eindrucksvollsten Überreste dieser gerade erst 10.000 Jahre jungen Endmoränenlandschaft ist die von Hunderten rundlicher Hügel und beinahe ebenso vielen Seen übersäte Holsteinische Schweiz, deren Name für norddeutsche Verhältnisse sicherlich keine Übertreibung ist.
Wie Perlen an einer Schnur sind die klassischen Seebäder an der Küste aufgereiht.
Travemünde, Niendorf, Timmendorfer Strand, Haffkrug, Scharbeutz, Grömitz und Dahme sowie das hoch im Norden gelegene Glücksburg sind die großen Namen, die fast jeder kennt.
„Salonfähig" sind inzwischen aber auch die modernen Ferienzentren mit ihrem reichhaltigen Freizeitangebot, auch wenn die monströsen Bettenburgen von Heiligenhafen, Damp 2000, Weißenhäuser Strand und Sierksdorf vielleicht nicht jedermanns Geschmack sind.
Wer vom Strandkorb Urlaub machen möchte, der findet entlang der Küste sowie im näheren Hinterland zahlreiche Sehenswürdigkeiten, die zu interessanten Ausflügen einladen.
Einer davon sollte in die alte Hansestadt Lübeck führen, die sich ihr bezauberndes Äußeres aus der Zeit der Hanse bis heute weitgehend erhalten hat.
Neben dem bekannten Holstentor gibt es noch ein zweites Stadttor sowie sieben alte Kirchen und ein herrliches gotisches Rathaus.
Ebenso das berühmte Buddenbrookhaus, das Heiligen-Geist-Hospital als besterhaltenes mittelalterliches Spital ganz Deutschlands und nicht zuletzt das St.-Annen-Museum, dessen einzigartige Sammlung das Kunstschaffen in Lübeck vom frühen Mittelalter bis ins 19. Jahrhundert repräsentiert.
Hochbedeutende Kulturdenkmäler besitzt auch Schleswig, die an der Schlei gelegene ehemalige Residenzstadt der Herzöge von Gottorf: der Dom mit dem berühmten Bordesholmer Altar, einem Meisterwerk Hans Brüggemanns, sowie die beiden wichtigsten Museen Schleswig-Holsteins, deren Sammlungen im Schloß Gottorf untergebracht sind (darunter die Ausgrabungsfunde von Haithabu).
Das Landestheater spielt von Mai bis September Opern, Operetten und Theaterstücke; im Hof von Schloß Gottorffinden im Juli und August Freilichtaufführungen statt.
Zwei Schloßkonzerte in der Gottorfer Königshalle im Juni und September bilden den Höhepunkt des Schleswiger Musiklebens.
Einen Besuch verdient natürlich auch Kiel: Alljährlich in der letzten Juniwoche findet die „Kieler Woche statt, ein vielseitiges Programm mit Segelregatten, Kongressen, Konzerten, Volksfesten und Theatergastspielen.
Auch an Sehenswürdigkeiten herrscht in der Landeshauptstadt wahrlich kein Mangel: Vor den Toren der Stadt befindet sich bei Molfsee das Schleswig-Holsteinische Freilichtmuseum, wo man über 60 alte Bauernhäuser samt Einrichtung und Gerätschaften bestaunen kann.
Zahlreiche Kunst- und Gemäldesammlungen sowie das Ehrenmal in Laboe, das Schiffahrts-Museum und das Aquarium des Instituts für Meereskunde sind weitere interessante Punkte.
Das malerische Wasserschloß Glücksburg erreicht man am besten von der Rumstadt Flensburg.
Ein weiteres Schloß lädt in Eutin zum Besuch ein.
Nicht nur für Naturfreunde empfiehlt sich ein kuzer Abstecher in die Gegend südlich von Lübeck, genauer gesagt in den Naturpark

Lauenburgische Seen mit dem herrlichen alten Städtchen Mölln, wo Till Eulenspiegel gestorben sein soll, und Ratzeburg. Letzteres ist nicht nur wegen seine „Rudersees“ berühmt geworden, sondern auch wegen des alten Domes. Ein historisches Stadtdenkmal ersten Ranges ist Lauenburg mit dem kleinen Markt, den liebevoll restaurierten Fachwerkhäusern und dem Kirchplatz; In der Oberstadt kann die Palmschleuse bewundert werden, die älteste Schleuse Europas, die 1726 entstand und die Elbe mit dem Stecknitzkanal verband. Mittelalterliches Ambiente bieten auch die Orte an der Alten Salzstraße, die über Lütau, Pötrau, Siebeneichen, Rosenburg und Hornberg nach Mölln führte.

In der Lüneburger Heide

Violett blühendes Heidekraut, soweit das Auge reicht, ab und zu eine kleine Gruppe von Wacholdersträuchern und Zwergbirken und im Vordergrund eine Heidschnuckenherde – so wird das wellige Gebiet zwischen den Urstromtälern der Elbe im Norden und der Aller im Süden gerne auf Postkarten dargestellt.
Aber diese Bilder trügen, denn die natürliche Vegetation der Lüneburger Heide ist keineswegs das Heidekraut. Ursprünglich waren die sauren, nährstoffarmen Böden von ausgedehnten Eichen-Birken-Wäldern bedeckt, die heute nur noch in der Göhrde und in der Lüß zu finden sind. Ansonsten wurden diese Wälder schon seit vorgeschichtlicher Zeit vom wirtschaftenden Menschen vernichtet. Am schlimmsten war der Raubbau an der Natur im Mittelalter: Der enorme Holzbedarf der Saline von Lüneburg führte ebenso wie die überall betriebene Köhlerei schon bald zur rücksichtslosen Abholzung der natürlichen Wälder, und die neu sprießenden Schößlinge wurden von den Heidschnucken verbissen.
An die Stelle der Birken und Eichen traten recht bald Zwergstrauchheiden mit Wacholder, die der Landschaft bis ins 20. Jahrhundert ihr typisches Bild verliehenm. Die Heide war und ist also eine vom Menschen geschaffene Kulturlandschaft und keineswegs eine Naturlandschaft.
Aber auch das seit Jahrhunderten gewohnte Bild muß heute künstlich erhalten werden, denn der Rückgang der Heidschnuckenhaltung führte allenthalben zum neuerlichen Vordringen des Waldes. Die Hälfte der Heideflächen ist bereits wieder waldbedeckt.
Aber trotz aller Veränderungen hat die Lüneburger Heide noch immer ihre Reize. Die schönsten Heidelandschaften findet man außer am Wilseder Berg auch bei Fallingbostel, wo der berühmte „Heide“-Dichter Hermann Löns begraben ist, sowie im Raum zwischen Uelzen, Soltau und Celle. Mehrere Heideorte werden gerne als Sommerfrischen besucht: neben dem Sol- und Moorbad Lüneburg vor allem Fallingbostel, Schneverdingen, Wilsede, Hermannsburg und Bispingen.
Außer der schönen Landschaft mit ihren unter mächtigen Eichen versteckten ziegelroten Heidjerhöfen, den für diese Gegend typischen Bauernhäusern, hält die Lüneburger Heide auch sonst noch einiges an Sehenswertem bereit: beispielsweise die jungsteinzeitlichen (um 3000 v. Chr.) Grabkammern der Sieben Steinhäuser, die zu den berühmtesten Hünengräbern in Deutschland gehören. Sie liegen jedoch leider im Gebiet eines Truppenübungsplatzes, und die Zufahrt ist nur am ersten und dritten Sonntag jedes Monats freigegeben.
Auf keinen Fall sollte man vergessen, der alten Salz- und Hansestadt Lüneburg einen Besuch abzustatten. Nur selten noch findet man ein Stadtbild, in dem die norddeutsche Backsteinbaukunst so dominiert. Überall reihen sich die herrlichen Backsteingiebel von spätgotischen Bürgerhäusern und Renaissancebauten aneinander, besonders „Am Sande“, dem Mittelpunkt der Stadt. Dort erhebt sich auch der schöne Turm der Johanniskirche aus dem 14. Jahrhundert.

Solche herrlichen Fachwerkhäuser findet man noch überall im Alten Land westlich von Hamburg.

In der Altstadt stehen zahlreiche Häuser, die ihre schiefe, hutzelige Gestalt der Absenkung des Bodens verdanken. Der Grund dafür ist die Aushöhlung des Erdreichs durch die Solequellen.
Seine Entstehung verdankt Lüneburg einer Wildsau, die eine Gruppe von Jägern zu der später so einträglichen Solequelle führte. Diesem Borstentier verdankte Lüneburg seinen für damalige Berhältnisse ungeheuren Reichtum und die politische Unabhängigkeit, die sich die Lüneburger von ihren Feudalherren teuer erkauften. Lüneburgs Ruhm als Welthandelsstadt ist längst erloschen, vom Glanz der einstigen Hansestadt künden nur noch die prachtvollen Patrizierhäuser.

Der Harz und sein Vorland

Der dicht bewaldete Harz ist das höchste Mittelgebirge in Norddeutschland. Jäh steigt er aus dem flachwelligen nördlichen Vorland auf, und die 114 m hohe Granitgruppe des sagenumwobene Brookens ist schon aus großen Entfernungen sichtbar – ganz gleich, aus welcher Richtung man sich dem Harz nähert.
An den Ausgängen der Harztäler entstanden schöne alte Städte, die den Gebirgsfuß kranzförmig umschließen. Sie haben sich wegen ihrer weitgehend erhalten gebliebenen alten Bausubstanzen zu vielbesuchten Attraktionen des Fremdenverkehrs entwickelt. Dieser nicht einmal 100 Jahre alte Wirtschaftszweig ist heute die Haupteinnahmequelle der Harzbewohner.
Eine der bekanntesten Sehenswürdigkeiten, die die Natur im Harz bereithält, ist das wildromantische Okertal, die sogenannte „Quadratmeile der Geologie“. Kaum anderswo auf der Erde sind so viele verschiedenartige Gesteinsformationen auf so engem Raum angeschnitten: Diabase, Gneise und Quarzite sowie Tonschiefer, Grauwacken und Kalkknollenschiefer sind nur einige aus der reichhaltigen Palette. Besonders eindrucksvoll ist der Romkerhaller Wasserfall: Die Kleine Romke, ein Zufluß der Oker, stürzt kurz vor ihrer Mündung 60 m jäh in die Tiefe. Nicht minder großartig ist auch die in der Nähe gelegene Kästeklippe. Von ihren nackten Granitblöcken bietet sich eine unvergleichliche Aussicht auf die umliegende Gebirgslandschaft.
Sehr empfehlenswert ist eine Fahrt ins südwestliche Harzvorland, denn dort entstanden herrliche Tropfsteinhöhlen. Am sehenswertesten sind die Iberger Tropfsteinhöhle bei Bad Grund und

die Einhornhöhle bei Scharzfeld. Auch für den Kunstfreund hat der Harz einiges zu bieten. An erster Stelle ist natürlich das tausendjährige Goslar zu nennen, das zur Zeit der Staufer eine der wichtigsten Städte des Reiches war. Nach Norwegen versetzt fühlt sich der BEsucher von Hahnenklee beim Anblick der seltsamen Stabkirche. Kaiser Wilhelm II., ein begeisterter Freund norwegischer Landschften, stiftete das Holz zum Bau der Kirche. In Clausthal-Zellerfeld kommt der Mineralienfreund voll auf seine Kosten, denn die umfangreiche Sammlung in der Technischen Universität sucht weit und breit ihresgleichen.

Feste und Brauche an der Nordseeküste, in Schleswig-Holstein und Nordniedersachsen

Jahresbeginn: Schörebringen (Scheibenwerfen) in Damme und Umgebung, am Peterstag (22. Februar) brennen in Nordfriesland und auf den Inseln Föhr, Amrum und Sylt Haufenfeuer, die „Biiken“. An der Nordsee vertreibt man sich Zeit mit Klootschießen und Boßeln; die Bremer Eiswette (6. Januar) hat heute nur symbolischen Charakter.
Fastnacht: Hannebierfest (Eggenfest) in Heide/Holstein (an den 3 Montagen in der Fastenzeit).
Osterbräuche: Kreuztracht in Meppen/Emsland, in Vechta und Umgebung wird am Palmsonntag der Brauch des Palmstocktragens noch gepflegt.
Mai- und Pfingstbräuche: Maibaumsetzen, Brautpfadlegen in Hage (Pfingsten).
Jonannisfest: Am 24. Juni in Conneforde/Oldenburg.
Schützenfeste: St.Jonannis-Toten- und Schützengilde-Fest in Oldenburg, Armbrustschießen in Lübeck und Schützenfest dfer Kremper Stadtgilde (Juni), Kinderschützenfest und Königsschießen in Lüchow (2. Wochenende nach Pfingsten), in Husum begleitet das Schützenfest ein Kinder-Vogelschießen.
Reiterspiele: Ringreiterfeste in Friedrichstadt, Koldenbüttel (Mai), Seeth (Juni), Drage, Witzwort (Juni, Juli), Keitum/Sylt (3. Sonntag und Montag im Juli), Gildefest der Ringreiter in Friedrichstadt (Juli/August).
Sommerfeste: Kieler Woche (Juni), Volks- und Erinnerungsfest in Lübeck (Juli) und Sommerkirmes in Meppen.
Gildefeste und Zunfttage: Schipperhöge in Lauenburg (Januar), Schaffermahlzeit in Bremen (2. Februar), Gildefest in Krempe (Juni) und Karpfenfest in Rheinfeld/Holstein (alle 2 Jahre im Oktober).
Feste in historische Bedeutung: Kieler Umschlag (Februar) und Domweihen in Verden a.d. Aller (Juni).
Herbstfeste: Heideblütenfeste in Amelinghausen , Bokel und Schneverdingen und Blütenfest in Wiesmoor/Ostfriesland (September).
Märkte, Folksfeste, Kirmes: Stoppelmarkt in Vechta (August), Altstadtfest in Lübeck (2. Wochenende im September), Bremer Freimarkt, Galli- und Viehmarkt in Leer, Herbstkirmes in Meppen (alle Oktober), Frühlings-, Sommer- und Winterdom in Hamburg.
Silversterbrauch: Rummelpottlaufen an der Westküste Schleswig-Holsteins und Altjahresumritte aud den Friesichen Inseln, die „Utj tu Keknin“ oder „Hulken“.

Feste und Bräuche in Niedersachsen und Nord-Westfalen

Fastnacht: Höckelsche Fastnacht in Höckelheim abei Nordheim, Karneval im Münster und Borken.
Osterbräuche: Osterräderlauf in Lügde, Kreuzfahrt in Menden und Rheda-Wiedenbrück, Umzug in Hallenberg mit Ratschen und Klappern.
Maibräuche: Maibaumsetzrn in Uslar, Füstenberg, Borken und Heuhaus, Maiabendfest in Bochum.
Wallfahrten und Prozessionen: Kleine und große Kreuztracht om Coesfeld (Pfingsten), und Brandprozession in Münster (2. Montag im Juni).
Patronatsfeste: Liborifest in Paderborn (Juli), Annentag in Brakel (August), Lambertusfest in Münster in Verbindung mit Münsterschen Heimattagen (September).
Sommer- und Straßenfeste, Kirmes: Frühjarsend (4. Fastensonntag) und Peter-und-Pauls-End in Münster (Juni),- „Hab-ein-Herz“-Fest in Bielefeld-Altenhagen (Juli) und Salzfest in Bad Harzburg (August).
Blütenfest: Heideblütenfeste in Amelinghausen und Schneverdingen (August).
Schul- und Kinderfeste: Tremsefeier in Borken (1. Mai) undSteckpferdreiten in Osnabrück (25. Oktober).
Zunfttage und Gildefeste: Guter Montag der Bäckergilde in Münster (alle 3 Jahre, 1986 usw., 2. Montag nach Pfingsten).
Feste mit historischer Bedeutung: Rattenfänger-Freilicht-Spiele in Hameln (ab Pfingsten jeden Sonntag bis September), Historisches Sehusafest in Seesen/Harz (September).
Trachten- und Schützenfeste: Historischer Schützenhof in Bodendfelde/Weser (alle 5 Jahre, 1985, an Pfingsten), Schützenfest in Hemeringen bei Hameln (alle 4 Jahre, 1986 usw., 2. Wochenende nach Pfingsten). Kivelingsfest in Lingen (alle 3 Jahre, 1984 usw., an Pfingsten), Schützen- und Folksfest (Freischießen) in Goslar (Juni), Volksfest der Schützengesellschaft in Hildesheim (Juni), Schützenfest in Hannover und Großer Schüttenhof in Nörten- Hardenberg (beide Juli), sowie Schützenfest in Gemen (August) und Scheibenschießen in Nienburg.
Grenzgang: Grenzbeziehung in Hameln (letzter Sonntag im September).
Herbstfeste, Märkte, Kirmes: Mariae-Geburtsmarkt in Telgte (Pferdemarkt, August), Herbstend in Münster, Vieh- und Fettmarkt in Warendorf (beide Oktober) und Rintelner Messe (November).

Ein Erlebnis besonderer Art sind Märkte wie zum Beispiel in Hamburg, Bremen, Lüneburg und Goslar.

Waldschlößchen Mühlenteich

2930 Obenstrohe bei Varel
in der Nähe des Jadebusens

Prospektunterlagen - Tel.: 04451/84061
Zimmerreservierung - Tel.: 04451/84065

Die neue, große
Erlebnis- und Fitnessanlage
bietet Ihnen ein Superangebot an vielfältigen Entspannungs- und Erholungsmöglichkeiten, wie Sie es selten an einem Platz finden. Allein die Fitnessanlage hat absolutes Weltstadtniveau.

In unserer
Gesundheits- und Schönheitsfarm
finden Sie fachkundige Beratung und Spezialbehandlungen auf der Basis hochwertiger Markenkosmetik.

Darüber hinaus steht Ihnen unsere Groß-Fitnessanlage über drei Etagen mit ihren Saunen, Schwimm- und Spezialbädern, Solarien und Kneippstraße zur Verfügung, ergänzt durch Sport- und Ausflugsprogramme.

Und nicht zuletzt trägt das Ambiente des Hauses dazu bei, daß Sie sich bei uns rundum wohlfühlen werden.

Schönheitsfarm

Willkommen im Wald
Der Schönheit un

Fitness 2000

Ein Führungsteam auf das das Waldschlößchen bauen kann.

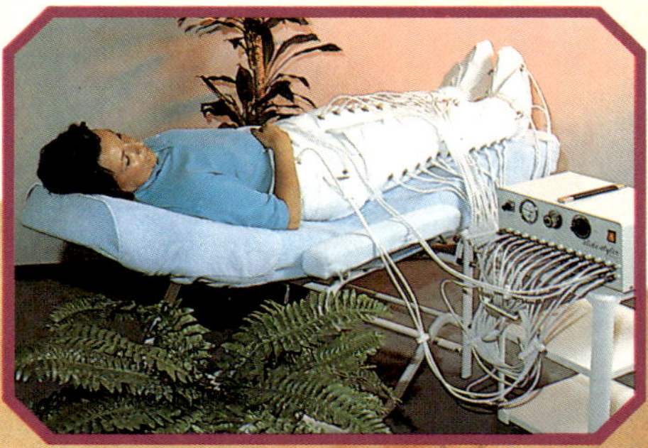

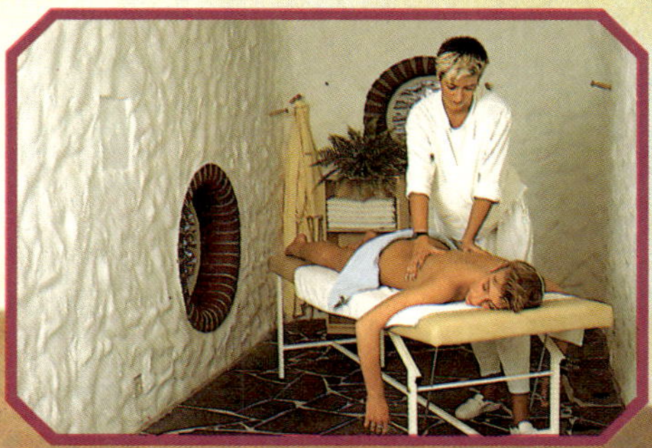

hlößchen Mühlenteich
Gesundheit zuliebe

Nahe der Nordseeküste und dem Jadebusen inmitten einer reizvollen friesischen Waldlandschaft liegt das HOTEL - RESTAURANT - CAFE Waldschlößchen Mühlenteich. Hinter einer nostalgischen Fassade, die man mit viel Mühe, Liebe und Sorgfalt erhalten hat und welche die lange Tradition des Hauses dokumentiert, erwartet Sie eine moderne und exclusive Hotelanlage der Spitzenklasse mit vielen außergewöhnlichen Attraktionen und Besonderheiten.

Sonnenstrand

Eine ganz neue Welt der persönlichen und individuellen Gastlichkeit eröffnet sich Ihnen. Sie und Ihre Wünsche zählen. Ob Sie geschäftlich unterwegs sind oder Ihre Ferien genießen möchten - wir verwöhnen Sie.

Ihr Aufenthalt soll zum Erlebnis werden. Sie finden bei uns sehr großzügige und mit allem Komfort eingerichtete Zimmer, in denen Sie sich sofort wohlfühlen werden.

Wildwasserbecken

Gern übersenden wir Ihnen unseren Hausprospekt.

Seien Sie herzlich willkommen

Ihre *Familie Schmidt*

omfort-Zimmer

Bauernstube

Saunendeck / Hot-Whirlpool

Orte nach Regionen geordnet

Schleswig-Holstein

Tennisplatz	Tennishalle	Reitplatz	Reithalle	Angeln	Wassersport	Fahrradverleih	Kegelbahn	Golf	Hotelname, Ort und Tel.-Nr.	Redaktion Seite ...	Der besondere Hotelservi
					●				**Hotel Miramar** 2280 Sylt/Westerland, Tel. 0 46 51/85 50		
					●	●			**Romantisches Hotel Historischer Krug** 2391 Flensburg-Oeversee, Tel. 0 46 30/3 34	30	Beauty-Farm
	●								**Dorint Aparthotel Schönhagen** 2341 Schönhagen, Tel. 0 46 44/6 11		
●						●	●		**Sport- und Tagungshotel Fellhorst** 2334 Fleckeby-Fellhorst, Tel. 0 43 54/7 21		
									Maritim Hotel Bellevue Kiel 2300 Kiel, Tel. 04 31/3 50 50		Schwimmschule, Discothek
●					●	●	●		**Weissenhäuser Strand-Betriebs-GmbH** 2440 Weissenhäuser Strand, Tel. 0 43 61/49 01		täglich wechselndes Unterhaltungsprogramm, Discothek
●	●			●	●	●	●		**Carat Club- und Sporthotel** 2433 Grömitz, Tel. 0 45 62/39 10		Fitness-Center, Squash div. Animationsprogramme
●	●	●	●		●				**Maritim Seeh./Maritim Golf- u. Sporth.** 2408 Timmend. Strand, T. 0 45 03/50 31 + 40 91		Discothek
							●		**Hotel Yachtclub Timmendorfer Strand** 2408 Timmend. Strand/Niend., T. 0 45 03/50 61		geführte Ausflugsfahrten, Wanderungen
									Hotel Seeschlößchen 2408 Timmend. Strand, Tel. 0 45 03/60 11		
					●				**Maritim Kurhaushotel Travemünde** 2400 Lübeck-Travemünde, Tel. 0 45 02/8 11		Discothek
							●		**Maritim Strandhotel Travemünde** 2400 Lübeck-Travemünde, Tel. 0 45 02/7 50 01		Discothek
●		●	●		●	●	●		**Intermar Hotel Malente** 2427 Malente, Tel. 0 45 23/40 40		
					●	●	●		**Intermar Kurhotel Bad Segeberg** 2360 Bad Segeberg, Tel. 0 45 51/80 40		Grillabende im Apatchen-Reservat
							●		**Köhlerhof Bad Bramstedt** 2357 Bad Bramstedt, Tel. 0 41 92/50 50		Akupunktur, Golf-Arrangements, Rundflüge, Wanderungen u. Ausflüge

Zwischen Weser und Ems

Tennisplatz	Tennishalle	Reitplatz	Reithalle	Angeln	Wassersport	Fahrradverleih	Kegelbahn	Golf	Hotelname, Ort und Tel.-Nr.	Redaktion Seite ...	Der besondere Hotelservi
					●	●			**Nordsee-Hotel Freese** 2190 Juist, Tel. 0 49 35/10 81 + 263	31	Windsurfing-Schule, Gepäcktransport
●	●			●					**Strandhotel an der Georgshöhe** 2982 Norderney, Tel. 0 49 32/89 80		Bodybuilding-Center, Whirlpool, Beautyfarm
									Silencehotel Strandeck 2941 Langeoog, Tel. 0 49 72/7 55		
●		●	●						**Hotel Uptalsboom** 2941 Nordseebad Langeoog, T. 0 49 72/60 66		Animation, Wattwanderungen, Bernsteinsuchen, Kutterfahrten
		●	●						**Hotel Uptalsboom** 2941 Nordseebad Spiekeroog, T. 0 49 76/3 64		Kutschfahrten, Wattwanderungen
									Apart-Hotel Upstalsboom 2949 Wangerland 2, Tel. 0 44 26/88-0		
					●	●			**Seehotel Upstalsboom** 2972 Nordseebad Borkum, Tel. 0 49 22/20 67		
					●	●			**Nautic-Hotel Upstalsboom** 2972 Borkum, Tel. 0 49 22/3 04-0		
●		●			●	●			**Silencehotel Köhlers Forsthaus** 2960 Aurich 1, Tel. 0 49 41/44 14		Schlemmerwochenende
						●	●		**Hotel Friesengeist, Ringhotel Wiesmoor** 2954 Wiesmoor, Tel. 0 49 44/10 44		Sonderarrangements, Bootsfahrten, Moornixe, Moorvoigtdiplom
●	●	●	●		●				**Zur Alten Mühle** 4471 Herzlake-Aselage, Tel. 0 59 62/20 21	43	7-Tage-Tennisarrangements
					●	●	●		**Hotel Gut Moorbeck** 2907 Grossenkneten, Tel. 0 44 33/2 25 + 5 05		Hoteleigene Ruderboote
						●	●		**Hotel Roshop** 2847 Barnstorf, Tel. 0 54 42/6 42		Moorfahrten, Kutschfahrten, Wochenendprogramme

Zwischen Elbe und Weser

Tennisplatz	Tennishalle	Reitplatz	Reithalle	Angeln	Wassersport	Fahrradverleih	Kegelbahn	Golf	Hotelname, Ort und Tel.-Nr.	Redaktion Seite ...	Der besondere Hotelservi
						●			**Badhotel Sternhagen, Das Haus am Strand** 2190 Cuxh.-Duhnen, T. 0 47 21/4 70 04 + 4 82 80	34	Nordseethermen, Meerwasserfall
									Hotel Seelust 2190 Cuxh.-Duhnen, Tel. 0 47 21/40 20		Golf-Arrangements
						●			**Golfhotel „Strand-Hotel Duhnen"** 2190 Cuxhaven, Tel. 0 47 21/4 03-0	33	Whirlpool, Regenerationskuren
						●			**Donner's Hotel** 2190 Cuxhaven 1, Tel. 0 47 21/50 90	32	Helgoland-, Elbe- und Wattwagenfahrten

Preisniveau M	Sauna	Solarium	Schwimmbad	Massage	Kosmetik	Kinderfreundlich	Kinderbetreuung	Behindertengeeig.	Tiere bedingt erlaubt	Lage: Stadt	Lage: Land	Gebiet: Wandern	Gebiet: Langlauf	Gebiet: Ski Alpin	Sport in der Nähe: Tennisplatz	Tennishalle	Reitplatz	Reithalle	Angeln	Wassersport	Wellenbad	Schießplatz	Drachenfliegen	Segelflugplatz	Golf
C	•	•	•	•		•		•	•		•	•			•	•	•	•	•	•	•	•		•	•
B	•	•	•	•	•	•		•	•		•	•			•	•	•	•	•	•				•	•
B	•	•	•			•			•		•	•			•	•	•		•	•					
B	•	•	•			•		•	•		•	•			•	•	•	•	•	•					
B	•	•	•		•	•		•	•	•		•			•	•	•	•	•	•		•		•	•
B	•	•	•	•		•		•			•	•			•		•		•	•					
C	•	•	•	•	•	•	•	•	•		•	•							•	•	•	•			
C	•	•	•	•	•	•		•			•	•			•	•	•	•	•	•		•			•
C	•	•	•			•			•		•	•			•	•			•	•	•				•
B	•	•	•			•					•	•			•	•			•	•					•
B	•	•	•	•	•	•		•	•	•		•			•	•	•	•	•	•	•				•
C	•	•	•	•	•	•		•	•	•		•			•	•	•	•	•	•	•	•			•
B	•	•	•	•	•	•		•	•	•		•			•		•	•	•	•		•			
B	•	•	•			•		•	•	•		•			•		•		•	•		•			
C	•	•	•		•				•	•		•			•	•		•	•					•	•
B	•	•	•			•			•		•	•			•		•		•	•	•	•		•	
B	•	•	•		•	•				•					•	•	•	•	•	•	•	•			•
B	•	•	•								•	•			•	•	•	•	•	•	•	•			
C	•	•				•			•		•								•	•	•				
C	•	•				•			•		•				•		•	•	•	•					
C	•	•				•			•		•								•	•	•				
C				•		•			•		•				•		•		•	•	•				
C	•	•	•	•		•			•		•				•		•		•	•	•				
B	•	•	•			•		•	•		•	•			•	•	•	•	•	•		•			•
B	•	•	•	•	•	•		•	•		•				•	•	•		•	•					•
B	•	•	•	•		•		•	•		•	•			•	•	•	•	•						•
B	•	•	•			•					•	•			•	•	•	•	•			•		•	•
B	•	•	•	•		•		•	•	•		•			•		•	•	•						
C	•	•	•	•		•				•		•				•		•	•	•	•	•		•	•
B	•	•	•	•		•		•	•	•		•				•		•	•	•	•	•		•	•
C	•	•	•	•		•		•			•	•			•	•	•	•	•	•	•	•		•	•
C	•	•	•			•		•	•		•	•			•	•	•	•	•	•	•	•		•	•

Freizeithotels in Deutschlands Norden

Orte nach Regionen geordnet	Sport: Tennisplatz	Tennishalle	Reitplatz	Reithalle	Angeln	Wassersport	Fahrradverleih	Kegelbahn	Golf	Hotelname, Ort und Tel.-Nr.	Redaktion Seite …	Der besondere Hotelservic
Zwischen Elbe und Weser												
							•	•		**Hotel Gardels, Ringhotel Brunsbüttel** 2220 St. Michaelisdonn, Tel. 0 48 53/5 66		Rundflüge, Ausflüge
							•	•		**Waldschlößchen Dobrock, Ringhotel Wingst** 2177 Wingst, Tel. 0 47 78/70 66		Discothek
							•	•		**Ferienwelt Wikings Inn** 2177 Wingst, Tel. 0 47 78/80 90		wöchentliche Tanzparty mit kaltem Buffet
							•	•		**Hotel Waldschlößhen Bösehof** 2852 Bederkesa, Tel. 0 47 45/70 31		Kutschenfahrten, Seerundfahrten
Hamburg												
										Atlantic-Hotel Kempinski Hamburg 2000 Hamburg 1, Tel. 0 40/24 80 01		
							•	•		**Alsterkrug-Hotel** 2000 Hamburg 60, Tel. 0 40/51 30 30		Alster-Kanalfahrten
										Hotel Berlin 2000 Hamburg 26, Tel. 0 40/24 16 40		
Bremen												
							•			**Hotel zur Post** 2800 Bremen, Tel. 04 21/30 59-0	35	Bremer Fußgänger-Rallye
							•	•		**Überseehotel Bremen** 2800 Bremen 1, Tel. 04 21/36 10		vorbereitete Radtouren
Lüneburger Heide												
							•			**Hotel Niedersachsen, Ringhotel Jesteburg** 2112 Jesteburg, Tel. 0 41 83/20 43 + 44		Kutschwagen- und Schlittenfahrten
										Romantik Hotel Restaurant Josthof 2125 Salzhausen, Tel. 0 41 72/2 92		
	•		•	•		•	•	•		**Silencehotel Heide Kröpke** 3031 Ostenholzer Moor, Tel. 0 51 67/2 88	36	Tennistrainer, Kutschfahrten
							•	•		**Hotel Landhaus Höpen** 3043 Schneverdingen, Tel. 0 51 93/10 31		Kutschfahrten, Radtouren, Heide-Diplom, Brotbacken
								•		**Hotel Heidehof, Ringhotel Hermannsburg** 3102 Hermannsburg, Tel. 0 50 52/80 81-80 83		Kutschfahrten, Paddeltouren
Tecklenburger Land												
			•	•			•	•		**Schloßhotel Surenburg** 4446 Hörstel-Riesenb., T. 0 54 54/70 92-93-94	40	Pättkesfahrten mit Touren Beschreibungen
							•	•		**Hotel Telsemayer** 4532 Mettingen, Tel. 0 54 52/30 11		Moorbahn- und Planwagenfahrten, geführte Wanderungen
							•			**Parkhotel Burggraf, Ringhotel Tecklenburg** 4542 Tecklenburg, Tel. 0 54 82/4 25	42	Champagner-Offerte
Münsterland												
							•		•	**Parkhotel Wasserburg Anholt** 4294 Isselburg, Tel. 0 28 74/20 44		Discothek
						•	•	•		**Waldhotel Krautkrämer** 4400 Münster, Tel. 0 25 01/80 50		Kutschfahrten, Discothek
							•			**Haus Eggert, Ringhotel Münster** 4400 Münster-Handorf, Tel. 02 51/3 20 83	39	
	•		•				•	•		**Silencehotel Landhaus Jammertal** 4354 Datteln-Ahsen, Tel. 0 23 63/40 63 + 3 20 85	38	Schlösser-Touren mit Qualitäts-Fahrrädern
								•		**Maritim Hotel Hamm** 4700 Hamm 1, Tel. 0 23 81/1 30 60		Discothek
							•			**Kurhaus-Hotel Best Westernhotel** 4792 Bad Lippspringe, Tel. 0 52 52/20 10		
Teutoburger Wald												
	•						•			**Sporthotel Westfalenruh** 4807 Borgholzhausen Tel. 0 54 21/17 17		Tennis- und Squashkurse
Weserbergland												
			•	•						**Hotel der Kaiserhof** 4952 Porta Westfalica, Tel. 05 71/7 24 47		Reithalle mit Schulpferden
	•							•		**Park- und Sporthotel Schwaghof** 4902 Bad Salzuflen, Tel. 0 52 22/39 60		
			•							**Maritim Staatsbadhotel** 4902 Bad Salzuflen, Tel. 0 52 22/14 51		

Preisniveau	Sauna	Solarium	Schwimmbad	Massage	Kosmetik	Kinderfreundlich	Kinderbetreuung	Behindertengeeig.	Tiere bedingt erlaubt	Lage: Stadt	Lage: Land	Gebiet: Wandern	Gebiet: Langlauf	Gebiet: Ski Alpin	Sport in der Nähe: Tennisplatz	Tennishalle	Reitplatz	Reithalle	Angeln	Wassersport	Wellenbad	Schießplatz	Drachenfliegen	Segelflugplatz	Golf
B	•	•	•			•		•	•		•	•			•		•		•	•				•	
B	•	•	•			•		•	•		•	•			•	•	•	•	•			•			
B	•	•	•	•		•		•			•	•			•	•	•	•	•	•		•			
B	•	•	•						•		•	•			•		•	•	•	•					•
C	•	•	•			•			•	•					•	•	•		•	•				•	•
B	•	•				•		•	•	•					•	•	•		•	•				•	•
B						•			•	•					•	•		•	•	•	•	•		•	•
C	•	•	•	•	•	•		•	•	•					•	•	•	•	•	•		•			•
B	•				•	•		•	•	•					•	•	•	•	•	•		•			•
B	•	•	•			•			•		•	•			•		•		•			•			
B								•	•		•	•			•	•	•	•	•	•	•	•			•
B	•	•	•			•		•	•		•	•					•	•	•			•			•
C	•	•	•	•		•			•		•	•			•			•				•		•	•
B	•	•	•			•		•		•		•			•	•	•	•	•			•			
B	•	•	•			•			•		•	•			•	•		•	•	•		•			•
B			•			•		•			•	•			•	•	•	•	•	•		•			
B	•	•	•			•			•		•	•			•	•	•		•	•	•	•			•
B	•	•		•	•	•			•		•	•										•			
B	•	•	•	•		•		•	•		•	•			•	•	•	•	•			•		•	
A	•	•	•	•		•		•	•		•	•			•	•	•	•	•	•	•	•		•	•
B	•	•	•			•		•	•		•	•			•	•	•	•	•	•	•				
C	•	•	•		•	•		•		•					•	•	•	•	•					•	
C	•	•	•			•		•	•	•		•			•	•	•		•						•
A	•	•	•	•		•		•	•		•	•				•	•	•			•		•		
B	•	•		•		•		•	•		•	•			•	•	•		•	•		•	•	•	•
B	•	•	•	•		•			•	•		•			•	•	•	•	•	•		•			•
C	•	•	•	•	•	•		•		•		•			•	•	•	•	•	•		•			•

Freizeithotels in Deutschlands Norden

Orte nach Regionen geordnet	Sport: Tennisplatz	Tennishalle	Reitplatz	Reithalle	Angeln	Wassersport	Fahrradverleih	Kegelbahn	Golf	Hotelname, Ort und Tel.-Nr.	Redaktion Seite …	Der besondere Hotelservic
Weserbergland												
			●							**Hotel „Zur Burg Sternberg"** 4923 Extertal-Linderhofe, Tel. 0 52 62/21 79		
				●						**Burghotel Blomberg** 4933 Blomberg/Lippe, Tel. 0 52 35/5 00 10		Pauschal-Wochenendangebote, Grillhütte, Ritter-Mahle
							●	●		**Hotel Restaurant Niedersachsen** 3470 Höxter, Tel. 0 52 71/68 80		Radwandern, Wochenendprogramme
Zwischen Leine und Aller												
										Maritim Hotel Hannover 3000 Hannover, Tel. 0511/1 65 31		vielseitige Gästeprogramme, Discothek
	●									**Landhaus Köhne am See** 3008 Garbsen 4, Tel. 0 51 31/9 10 85		
							●			**Hotel-Restaurant Heidesee** 3170 Gifhorn, Tel. 0 53 71/5 30 21-23		
Berlin												
										Hotel Ambassador Berlin 1000 Berlin 30, Tel. 0 30/2 19 02-0		
										Hotel Seehof 1000 Berlin 19, Tel. 0 30/32 00 20		
										Hotel Mondial 1000 Berlin 15, Tel. 0 30/8 84 11-0		kompletter Service für Behinderte
										Hotel Schweizerhof Berlin 1000 Berlin 30, Tel. 0 30/2 69 60		
										Hotel Steigenberger 1000 Berlin 30, Tel. 0 30/2 10 80		
							●			**Hotel Inter-Continental Berlin** 1000 Berlin 30, Tel. 0 30/26 02-0		
										arosa Parkschloß-Hotel 1000 Berlin 15, Tel. 0 30/88 00 50	47	kompletter Baby- und Kinderservice
							●			**Alsterhof, Ringhotel Berlin** 1000 Berlin 30, Tel. 0 30/2 19 96-0		
										Bristol Hotel Kempinski Berlin 1000 Berlin 15, Tel. 0 30/88 10 91		
							●			**Apartment Hotel Heerstraße** 1000 Berlin 19, Tel. 0 30/3 00 00 60		optisch getrennter Wohn- und Schlafbereich
Harz												
	●	●				●		●		**Sporthotel Schulenberg** 3396 Schulenberg, Tel. 0 53 29/2 11 + 212		
	●							●		**Dorint Harzhotel Kreuzeck** 3380 Goslar 2, Tel. 0 53 25/7 41		
										Hotel Hahnenkleer Hof 3380 Goslar 2, Tel. 0 53 25/20 11		
							●			**Hotel Der Achtermann** 3380 Goslar, Tel. 0 53 21/2 10 01		
								●		**Braunschweiger Hof, Ringh. Bad Harzburg** 3388 Bad Harzburg, Tel. 0 53 22/78 80		
	●	●						●		**Hotel Seela** 3388 Bad Harzburg, Tel. 0 53 22/70 11		
										Silence-Kurhotel Hohenzollern 3389 Braunlage, Tel. 0 55 20/30 91-93		Kutsch- und Schlittenfahrten Tennis-Arrangements
	●							●		**Maritim Berghotel Braunlage** 3389 Braunlage, Tel. 0 55 20/30 51	44	zahlreiche Gästeprogramme, Discothek
	●	●						●		**Kur-Sporthotel Revita** 3422 Bad Lauterberg, Tel. 0 55 24/8 31		Naturheilkuren unter ärztlicher Leitung
						●	●			**Kneipp-Kurhotel Wiesenbeker Teich** 3422 Bad Lauterberg, T. 0 55 24/29 95+29 94	45	Schönheitsfarm, geführte Wanderungen, Kuren
	●	●						●		**„FREIZEIT IN"** Das sportliche Tagungshotel 3400 Göttingen, Tel. 0551/9 00 01-0	46	Tennis- und Fitnesswochenende, Discothek, Squash

Preisniveau	Sauna	Solarium	Schwimmbad	Massage	Kosmetik	Kinderfreundlich	Kinderbetreuung	Behindertengeeig.	Tiere bedingt erlaubt	Lage: Stadt	Lage: Land	Gebiet: Wandern	Gebiet: Langlauf	Gebiet: Ski Alpin	Sport in der Nähe: Tennisplatz	Tennishalle	Reitplatz	Reithalle	Angeln	Wassersport	Wellenbad	Schießplatz	Drachenfliegen	Segelflugplatz	Golf
A	●	●	●	●		●			●		●	●	●	●	●	●	●	●	●			●			
B	●		●			●			●		●	●			●	●	●	●	●	●		●		●	●
B	●	●	●	●	●	●			●	●		●			●	●	●	●	●	●		●	●	●	
B	●	●	●			●		●		●					●	●	●	●	●	●				●	●
B	●	●	●			●					●	●				●		●							●
B	●	●	●	●		●		●	●		●	●			●	●	●	●	●	●		●		●	●
B	●	●	●	●	●	●			●	●					●		●		●	●	●	●			●
B	●	●	●			●			●	●					●		●		●	●	●	●			●
B		●	●	●		●		●	●	●					●		●		●	●	●	●			●
C	●	●	●	●	●	●			●	●					●		●		●	●	●	●			●
C	●	●	●	●	●	●		●	●	●					●		●		●	●	●	●			●
C	●	●	●	●	●					●					●	●	●	●	●	●		●			●
B			●		●	●	●		●	●					●		●			●	●				●
B	●	●	●	●		●		●	●	●					●		●		●	●	●				●
C	●	●	●	●	●	●			●	●					●		●		●	●	●	●			●
C	●	●	●	●		●			●	●		●			●	●	●	●	●	●	●	●	●		●
B	●	●	●			●		●			●	●	●	●	●		●		●	●	●		●	●	●
B	●	●	●			●			●		●	●	●		●		●		●	●				●	
B	●	●	●			●			●		●	●	●		●	●	●	●	●	●		●	●	●	●
B	●	●		●	●	●		●	●	●		●	●		●	●	●	●	●	●		●	●	●	●
B	●	●	●	●	●	●			●	●		●	●		●	●		●	●	●	●	●	●	●	●
B	●	●	●	●	●	●			●	●		●	●		●	●		●	●	●	●	●	●	●	●
B	●	●	●			●					●	●	●	●	●		●		●	●		●			●
B	●	●	●	●		●		●			●	●	●	●	●		●		●	●		●			●
B	●	●	●	●	●	●			●	●		●	●	●	●		●		●		●	●		●	●
B	●	●	●	●	●	●		●	●		●				●		●		●		●	●		●	●
B	●	●	●	●		●			●	●		●			●	●	●	●		●		●			●

Zwischen den Meeren: Romantisches Hotel Historischer Krug

Das Naturschutzgebiet Fröruper Berge, der Sankelmarker See und die Flensburger Förde sind in der Region um Oeversee markante Punkte, die die Natur in dieser Landschaft vorzeigt.

Wandern in Hotelnähe

Zwischen Nordfriesland und dem Land der Angeln und Wikinger liegt fast in der Mitte zwischen Nord- und Ostsee (wenige Kilometer südlich von Flensburg) der schleswig-holsteinische Ort Oeversee. Ein ausgezeichneter Ausgangspunkt, um das Grenzgebiet von Dänemark, die Städte Flensburg und Schleswig sowie die leicht hügelige landschaft mit ihren Sehenswürdigkeiten zu erforschen. Auch historisch ist Oeversee nicht unbedeutend: Die romanische Feldsteinkirche mit Rundturm und Schießscharten sowie Deckenmalereien aus dem 13. Jahrhundert unter spätgotischen Gewölben aus der Frührenaissance ist für jedermann interessant. Historische Daten hat auch der Historische Krug vorzuweisen: 1519 gebaut, diente er 1864 im deutsch-dänischen Krieg als Lazarett und ist seit über 150 Jahren im Familienbesitz.

Noble Herberge unterm Reetdach

Behaglichkeit empfängt den Gast beim Betreten der komfortablen und stilvollen Räume: Seien es die hervorragend ausgestatteten Zimmer, das exquisite Restaurant, die rustikale Bar oder die vielseitigen Sport- und Freizeiteinrichtungen. Die neue feine Küche des Hauses orientiert sich an den saisonalen Angeboten des regionalen Marktes. Frischer Fisch, Salzwiesenlamm, Wild aus umliegenden Revieren, Gemüse aus biologischem Anbau, Geflügel vom Bauernhof werden zu schmackhaften Speisen in der Küche des Kruges zubereitet. Dazu werden korrespondierende Getränke – vom Aperitiv über ein gut sortiertes Weinangebot aus allen deutschen Weinanbaugebieten bis zum Digestiv angeboten.

Unvergeßliche Ausflugsziele

Zunächst bietet sich hier eine Wanderung vom Hotel aus in das Naturschutzgebiet Fröruper Holz – eines der wenigen Waldgebiete dieser Region – mit Waldlehrpfad, Trimmweg und Kinderspielplatz an. Wenige Kilometer in nördlicher Richtung erreicht man an der bewaldeten Förde die Grenzstadt Flensburg mit ihrer historischen Altstadt und den Handelshöfen. Sehenswert sind hier vor allem das Nordentor von 1595, das Kompagnietor von 1603, Schrangen und der Neptunbrunnen, das Deutsche Haus mit dem größten Konzertsaal des Landes sowie das Städtische Museum, das einem Kultur, Kunst und Volkstum in Schleswig veranschaulicht. Neben kulturellen Interessen werden hier natürlich auch sportliche befriedigt, das sind in dieser Gegend vor allem der Wassersport mit unzähligen Möglichkeiten und der Reitsport. 10 km von Flensburg entfernt an der Förde gelangt man zum Ostseeheilbad Glücksburg, das in erster Linie durch sein märchenhaftes Schloß – von vielen als das schönste Wasserschloß in unserem Lande bezeichnet – beeindruckt. Von hier aus – oder von Flensburg – kann man herrliche Schiffsfahrten nach Schleswig oder zu den dänischen Fördenorten buchen. Von Glücksburg aus empfiehlt sich noch ein kleiner Abstecher (ca. 4 km) zur Kliffküste zwischen Drei und Bockholm. Durch die Brandung der Ostsee bildete sich hier im Lauf der Jahrtausende ein steiles Kliff, das bis heute weitgehend im Naturzustand belassen worden ist. Der Kreisstadt Schleswig (südlich von oeversee) gebührt durch ihr im Schloß Gottorf untergebrachtes Museum für Vor- und Frühgeschichte Aufmerksamkeit. Hier kann man z.B. das Nydamboot – ein 23 m langes germanisches Schiff –, Moorleichen, Runensteine und die Wikingersiedlung Haithabu besichtigen.

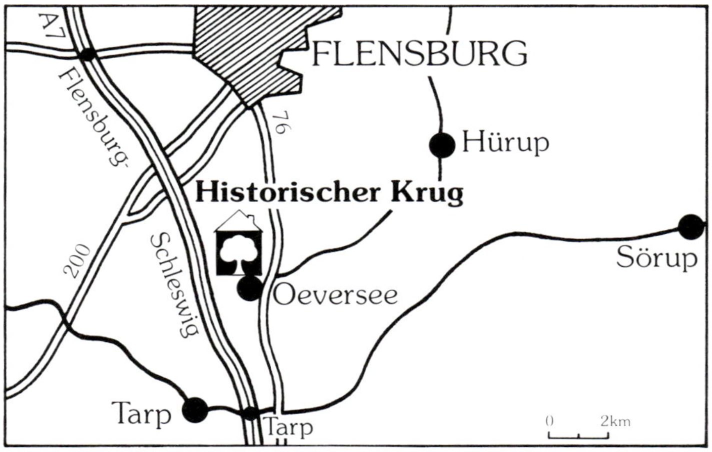

Zwischen Dünen und Meer: Nordsee-Hotel Freese

Frische Seeluft einatmen und die unendliche Weite und Ruhe der Nordsee genießen – das bietet das Nordseeheilbad Juist, eine Ferieninsel, die besonders für einen Urlaub mit Kindern zu empfehlen ist.

Die Ostfrieseninsel Juist aus der Vogelschau

Zwischen Borkum und Norderney liegt eine Insel, nur knapp 17 Quadratkilometer groß, die so richtig geschaffen ist, um dort Urlaub zu machen: die 17 Kilometer lange und nur einen Kilometer breite ostfriesische Düneninsel Juist.
Gegenüber dem Badestrand, nur wenige Schritte vom Orts- und Kurzentrum des Nordseeheilbades Juist entfernt, befindet sich in zentraler und dennoch ruhiger Lage das Nordsee-Hotel Freese. Seit 40 Jahren in Familienbesitz, ist es das größte Hotel der idyllischen Düneninsel. Nicht zu unrecht gilt das Hotel auch als erstes Haus am Platze, hat es doch ein eigenes Hallenbad mit getrenntem Erwachsenenbecken (16 mal 6 Meter) und einem Kinderbecken (4 mal 5 Meter). Zwei Gegenstromanlagen machen das Schwimmen darin zu einem wahren Vergnügen. Wer noch mehr für seinen Körper tun möchte, kann dies in der hauseigenen, von geschultem Personal betreuten Fitness-Abteilung tun. Die Sauna und danach eine Ruhepause im Solarium garantieren dann für Entspannung. Vom Balkon der äußerst geschmackvoll eingerichteten Zimmer oder von einem der modernen Maisonetteappartement aus kann sich der Gast die reine Luft der Nordsee um die Nase wehen lassen, den Alltagsstreß vergessen und sich nach Herzenslust vom geschulten Fachpersonal umsorgen lassen. Aus der Küche kommen erlesene Speisen, und im Weinkeller lagern seltene Jahrgänge verschiedenster Provenienzen. Sie werden dem Gast in gemütlicher Atmosphäre in der Hubertus-Klause mit Bauernstube, in der Butzenstube und in Meineckes Kate mit seinem offenen Grill serviert.

Hoteleigene Windsurfing-Schule

Ideal treffen es die Freunde des Windsurfens im Nordsee-Hotel Freese. Die hoteleigene und vom Hotel geleitete Windsurfing-Schule genießt einen ausgezeichneten Ruf und bringt Anfängern die Grundbegriffe dieses herrlichen Sportes und Könnern die Tricks auf dem „Board" bei.
Wer lieber etwas festeren Boden unter den Füßen hat, unternimmt vom Hotel aus eine der zahlreichen Dünenwanderungen.
Die Insel hat keinen Autoverkehr und ist deshalb für Wanderer und Spaziergänger ein wahres Paradies. Ungestört können die Gäste die einsamen Dünentäler aufspüren, das Naturschutzgebiet erforschen und den Hammersee erkunden. Verschlungene Wege führen zu wundervollen Zielen, zum Beispiel zu den romantischen Goldfischteichen.

Pferdekutschenfahrt durch Dünensand

Reine Luft einatmen, Nordseeluft mit maritimem Aerosol genießen, schon das alleine bedeutet Urlaub und Abschied vom Alltagsstreß. Im Nu ist die Berufshektik vergessen, wenn sich Juist-Gäste in einer Pferdekutsche die Insel zeigen lassen, auf dem Fahrrad die autofreie Düneninsel erkunden oder am Strand das Rauschen der Nordseewellen auf sich wirken lassen.
Es ist schon etwas Wahres dran, wenn Juist die Insel mit dem schönsten Strand genannt wird. Und noch eine Besonderheit macht den Urlaub auf der liebenswerten Insel zu einem Erlebnis: das Meerwasser-Wellenschwimmbad zieht nicht nur Wasserratten in seinen Bann und seine salzigen Fluten.

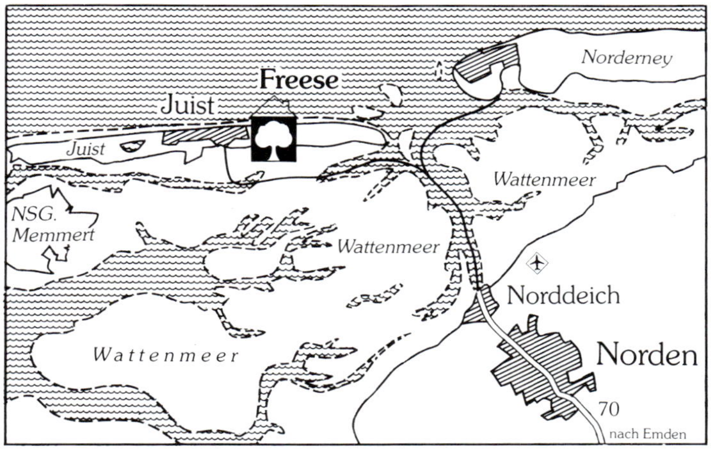

Meer, Wind und Wellen: Donner's Hotel

Sich den frischen Seewind um die Ohren wehen lassen, am Strand in der Sonne braten und zum Abendessen die Fischspezialitäten des Hotels genießen.

Direkt am Weltschiffahrtsweg liegt der Jachthafen

Anfang des letzten Jahrhunderts wurde die heilende Wirkung des Nordseeklimas entdeckt – Cuxhaven ist seit 1817 als Seebad bekannt.
An der Grimmershörner Bucht, an der der Groß-Schiffahrtsweg vorbeiführt, ist es zu jeder Jahreszeit schön und erholsam; denn gesund ist das Nordseewetter, auch wenn der Himmel mal bedeckt ist. Rund 80 000 Schiffe laufen im Jahr in Cuxhaven ein und aus – stets ein interessanter und unterhaltsamer Anblick für den Feriengast, der sich gemütlich in seinem Strandkorb zurücklehnt und ausspannt. Ein Stück weiter der Promenade entlang stadteinwärts befinden sich der Jachthafen und die „Alte Liebe" – der bekannteste Punkt der 61 000 Einwohner zählenden Kreisstadt. Drei Schiffe wurden dort 1723 versenkt, eines davon hieß „Alte Liebe". Mit Pfählen und Steinen befestigt dienten sie als Bollwerk der Hafeneinfahrt.

Ein Logenplatz am Weg der großen Pötte

Ein kleines Stück landeinwärts liegt am Seedeich Donner's Hotel; wer sich dort einquartiert, der hat sozusagen einen „Logenplatz" am Weltschiffahrtsweg ergattert. Von den mit allem modernen Komfort wie TV, Telefon, Radio und Minibar ausgestatteten Hotelzimmern geht der Blick von der Alten Liebe über den Hochsee-Jachthafen bis zur Kugelbake, dem 29 m hohen, aus Holzbalken errichteten Schiffahrtszeichen, das den nördlichsten Teil des Landes zwischen Elbe und Weser markiert. Im Hochrestaurant, in dem sich fürstlich speisen läßt, sitzt man in gepflegter Atmosphäre, genießt die Köstlichkeiten der Fischspezialitäten, während gleichzeitig der Blick über das weite Wasser wandert. Zum Greifen nah präsentiert sich den Gästen von Donner's Hotel die internationale Schiffahrt. Maritimes Flair strahlt auch die neugestaltete Hotelbar aus, in der man angeregt mit Freunden plaudern und einen ereignisreichen Ferientag ausklingen lassen kann. Mit seinen separaten, individuell ausgestatteten Fest- und Tagungsräumen ist Donner's Hotel auch ein idealer Ort für Konferenzen und Arbeitstreffen in entspannter und anregender Umgebung.

Mit dem Pferdewagen durchs Watt nach Neuwerk – immer wieder ein Erlebnis

Zusätzlich zum Strandspaß bietet das Haus ein hübsches Hallenbad sowie einen Fahrradverleih. An Regentagen empfiehlt sich ein Besuch des Stadt- oder des Wrackmuseums, eine Führung über den Seefischmarkt oder eine Besichtigung von Schloß Ritzebüttel. Wer einmal nicht am Strand liegen mag, kann das von der Hotelleitung angebotene vielfältige Freizeitprogramm nutzen: Flußfahrten durchs Binnenland, Touren nach Helgoland oder Fahrten mit dem Pferdewagen durchs Watt stehen auf dem Programm. Auch zum Wandern lädt dieser Küstenstrich ein. Die Wanderung durchs Watt zur Insel Neuwerk ist immer wieder ein eindrucksvolles Erlebnis; aber auch das „feste" Land zwischen Elbe und Weser bietet vielfältige Möglichkeiten. Ebene Wege schlängeln sich durch grüne Wiesen und Felder, vorbei an romantischen Kutterhäfen und durch beschauliche Dörfer. Und dann wieder hinauf auf den Deich, von wo aus Sie auf die weite Marsch blicken oder aufs Meer, wo am Horizont die großen Schiffe vorüberziehen.

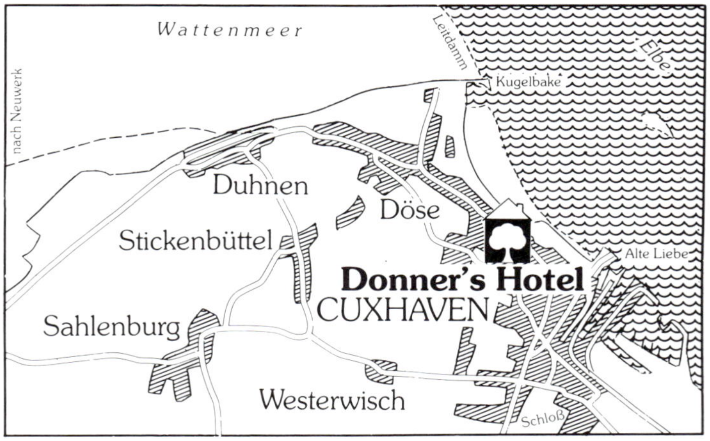

Anzeige

Blick auf die Alte Liebe
Am Seedeich, unmittelbar neben dem Jachthafen und der Aussichtsplattform „Alte Liebe" befindet sich Donners Hotel. Rund 12 km Sand- und Grünstrand stehen dem Feriengast zum Schwimmen, Sonnen und Burgenbauen zur Verfügung. Unabhängig vom Wetter ist man natürlich in dem hübschen Hotelschwimmbad, wo das Wasser immer angenehme 27 Grad warm ist. Fischspezialitäten stehen ganz oben an in der Karte von Donners Hotel. Zu den Gaumenfreuden kommt die wunderbare Aussicht auf die Elbmündung, denn hier befindet man sich an der meistbefahrenen Seestrecke der Welt. Hotelkomfort, Lage, Ausstattung und Freizeitprogramm machen Donners Hotel zu einem beliebten Ferienhotel und zu einem idealen Ort für Feste, Feiern und Tagungen.

Donner's Hotel
D 2190 Cuxhaven 1, Am Seedeich 2, Tel. 04721/5090, Telex 232152

Der besondere Hotelservice:
Helgoland-, Elbe-, Wattwagenfahrten, Flußfahrten.

Kategorie | **Lage** | **DM** | **Betten** 47, 39 | **Zimmerausstattung** | **Küche** D, I

Hotelausstattung | **Serviceleistungen**

Sport im Hotel | **Region**

Sport in der Nähe

Sonstiges | **Kreditkarten** | **Unterhaltung** | **Sehenswürdigkeiten**

Schwimmen und Surfen: Strandhotel Duhnen

Was sonst Spaß macht – im anregenden Meeresklima machts's noch mal soviel Spaß! Dazu ein hervorragend ausgestattetes Hotel – und der Urlaub ist perfekt!

Wind, Meer, Sonne – und ein komfortables Hotel

Duhnen ist ein Feriengebiet voll vielfältiger und bunter Eindrücke: Frischer Seewind und weißer Sand, Grünstrand und gepflegte Promenaden, Wanderwege durch Feld und Heide. Dazu eine große Anzahl von Freizeiteinrichtungen und Veranstaltungen vor dem eindrucksvollen Panorama von Ebbe und Flut, dem weiten Watt und am Horizont die Insel Neuwerk und die großen „Pötte" auf dem Weltschiffahrtsweg. Urkundlich erwähnt wurde Duhnen erstmals im Jahre 1325, ist seit 1902 Seebad und gehört seit 1935 zu Cuxhaven.

An der Strandpromenade Seeseite

Direkt an der Strandpromenade, mit Blick auf die offene See, steht das Golfhotel Strandhotel Duhnen. Der Hausherr vereint mit viel Geschick gepflegte Gastlichkeit mit modernem Komfort. Dem „Strand-Hotel Duhnen" ist das „Seehotel Kamp" angeschlossen und bietet im gleichen Hause alle Vorzüge der bekannten „Strand-Hotel" Gastronomie. Ein Blick auf die Speisekarte läßt das Wasser im Mund zusammenlaufen. Kulinarische Genüsse, wie z.B. fangfrische Seefischfilets am Spieß in Kräuterteig, milder Backschinken im Burgundersauce, Putenbrust gefüllt mit Pilzduxelles werden liebevoll zubereitet und serviert, ebenso die vegetarische und die cholesterinarme sowie die Vollwertkost.
Für gesellige Unterhaltung sorgt ein Besuch in der Hotelbar oder im rustikalen Bierlokal „Zum Störtebecker", das ganz maritim mit altem Schiffsgerät dekoriert ist. Sollte Ihnen das Seewasser einmal zu kalt oder zu bewegt sein, gibt es als Alternative das hoteleigene, beheizte Schwimmbad oder den Whirlpool.
Ein Ausflug zur nahegelegenen, eingangs bereits erwähnten Insel Neuwerk, oder gar zur Insel Helgoland (Tagestour) sollte unbedingt unternommen werden und ist immer ein Erlebnis.
Die Freunde des Golfsports haben eine Trainingsmöglichkeit auf dem meisterschaftsgerechten 18-Loch-Platz Hohe Klint in Cuxhaven Oxstedt. Ein Hoteltransfer zu dem 12 km entfernten Grün wurde eingerichtet.

Regenerationskuren im Strandhotel

Das moderne Kurmittelhaus mit seinen medizinisch-balneologischen Einrichtungen liegt in der Nähe; ebenso das größte und schönste Meerwasser-Brandungsbad an der Nordsee mit Sauna, Solarium und Fitness-Center. Eine weitere Attraktion sind das beheizte Meerwasserschwimmbad in Steinmarne und die Badedüne, ein Paradies für die Anhänger der Freikörperkultur.
Eine besondere Möglichkeit, sich zu regenerieren, bietet das Strand-Hotel Duhnen dem erholungsbedürftigen Gast mit verschiedenen biologischen Regenerationskuren, wie z.B. Frischzellenkuren, die zur Verbesserung der Leistungen bei chronischen Erkrankungen und Abnutzungserscheinungen angezeigt sind, oder eine Sauerstofftherapie sowie weitere Naturheilverfahren wie: Akupunktur, Neural- und Eigenbluttherapie und homöopathische Heilverfahren.

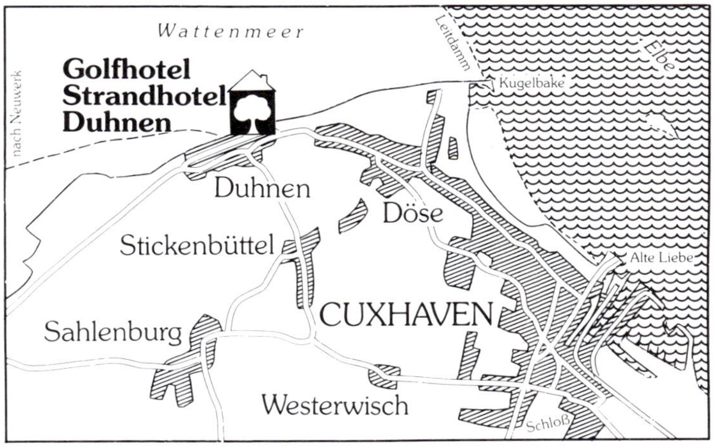

Mittelpunkt des Kurlebens – Strand-Hotel Duhnen
Der Blick auf Kurpromenade, Sandstrand und Wattenmeer, die großzügige und gemütliche Hotelausstattung und die Freizeiteinrichtungen wie Hallenbad, Whirlpool und Golfmöglichkeiten garantieren einen gelungenen Urlaub im gesunden Reizklima der Nordsee.

Anzeige

Golf-Hotel „Strand-Hotel Duhnen"
D 2190 Cuxhaven-Duhnen, Tel. 04721/403-0, Fax 04721/403333
Geschlossen: 15.1.–28.2.
Der besondere Hotelservice: Regenerationskuren, Whirlpool

Kategorie | **Lage** | **DM** | **Betten** 29 27 | **Zimmerausstattung** | **Küche**
Hotelausstattung | **Serviceleistungen**
Sport im Hotel | **Region**
Sport in der Nähe
Sonstiges | **Kreditkarten** | **Unterhaltung** | **Sehenswürdigkeiten**

Baden wie die Römer: Badhotel Sternhagen

Zu einem genußvollen Aufenthalt werden die Tage in diesem Tophotel an der Nordsee mit der besonderen Note. Eine 600 Quadratmeter große Thermalbadeanlage und ein Meerwasserfall sprechen dafür.

Im Meerwasserfall spürt man das Prickeln der Nordsee

Nach dem Motto „Der Zeit voraus, dem Gast zur Freude" ist das Badhotel organisch zu einem 86-Betten-Hotel gewachsen, das Atmosphäre und ein stilvolles Zuhause für Erholungsuchende bietet. Frühzeitig hat man sich hier auf die gestiegenen Ansprüche eingestellt und erkannt, daß man sich gegenüber den Mitbewerbern durch einen weit über dem Durchschnitt liegenden Komfort und durch eine persönliche Führung des Betriebes mit jungen, ehrgeizigen Mitarbeitern nach dem Motto „Stilvolles Wohnen direkt am Meer" abgrenzen kann. So spricht es auch für sich, daß ein großer Kreis von Stammgästen das Haus trägt und weiterempfiehlt.

Urlaub für Anspruchsvolle

Das Badhotel liegt hinter dem Seedeich außerhalb des Zentrums im Nordseeheilbad Cuxhaven-Duhnen direkt am weißen Strand. Seinen hervorragenden Ruf genießt das Hotel nicht nur wegen seines besonderen Komforts, sondern auch wegen der neuen schlichten Küche bevorzugt wird. Das Prinzip lautet: Nur frische Grundprodukte, leicht bekömmlich, delikat und „á la minute" zubereitet.

Der Speiseraum liegt zur Seeseite. Hier hat der Gast von jedem Platz aus einen herrlichen Blick über das Watt, auf die Insel Neuwerk und die großen Schiffe, die auf dem größten Schiffahrtsweg vorüberziehen.
Der Gast, der sein Ferienhotel zum ersten Mal betritt, ist sofort von der besonderen Atmosphäre des Hauses und der stilvollen Einrichtung beeindruckt. Die mit Freude am Detail vorgenommene Ausstattung verbindet niederdeutsches Flair mit moderner Einrichtungskunst. Repräsentative Räume, ein großzügiges Entrée, die "Ekendons", eine Eichenstube mit uriger Schänke. Die dort verwendeten zwölf Meter langen, mit der Axt behauenen Eichenbalken stammen aus einem 300 Jahre alten niederdeutschen Rauchhaus.

Wo die Nordsee ins Hotel mündet

Natur aus der Nordsee fördert die Gesundheit. So werden beispielsweise durch das Nordseeheilwasser Kreislaufstörungen, Erschöpfungszustände, Bandscheibenbeschwerden, Rheuma, Stoffwechsel- und Durchblutungsstörungen gelindert und eine gesteigerte Infarktabwehr und eine Verminderung der Wetterfühligkeit erreicht. Bringen Sie also Toga und Tunika mit, und baden Sie inmitten karibischen Flairs in der 600 Quadratmeter großen Badelandschaft mit ihren vier Nordseethermen-Meerwasser-Thermalbädern oder gönnen Sie sich ein paar Stunden in der Sauna oder im römischen Dampfbad. Das Nordseewasser wird über eine Leitung direkt ins Hotel geführt, wobei eine hochwertige, mit Sauerstoff angereicherte Entkeimungsanlage dafür sorgt, daß in dem Nordseewasser alle heilenden Spurenelemente unverfälscht erhalten bleiben. – Meeresbaden gewinnt hier also eine neue Dimension, die man nicht beschreiben kann, sondern erleben muß. Wechseln vom 28 Grad Celsius warmen Meerwasser-Hallenbad in das 36 Grad Celsius warme Massagesprudelbad, entspannen im Römerbad und sich anschließend 37 Grad Celsius warmes Nordseewasser unter dem Meerwasserfall über den Rücken laufen zu lassen – ein urgesunder Badespaß, exklusiv und ausschließlich für unsere Hotelgäste.

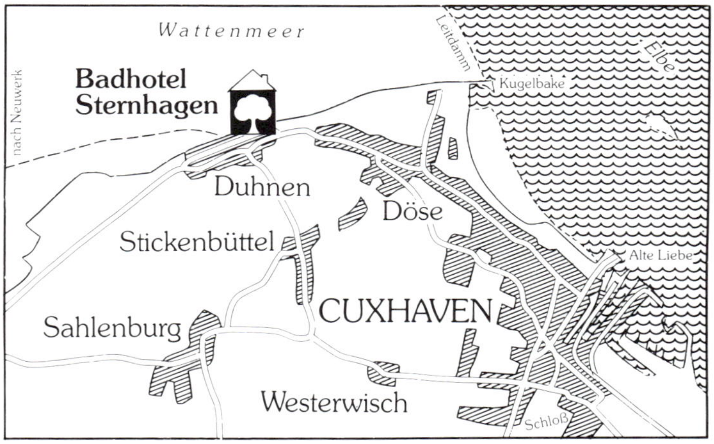

Besuch in der Böttcherstraße: Hotel zur Post

Geschichte und Neuzeit liegen in Bremen nah beieinander: per pedes sind Hafen, Altstadtviertel, Schnoor und Marktplatz mit Rolandstatue zu erreichen.

Genießen Sie den Trubel der Stadt in einem Café.

Schon im vergangenen Jahrhundert, genauer gesagt im Jahre 1889, hat man sich in Bremen im Haus Bahnhofsplatz 11 der Gastlichkeit verschrieben. Dies ist bis heute so geblieben,und das Hotel zur Post kann sich mit Stolz Bremens größtes Privathotel nennen.

Ein Wandgemälde an der Hotelfassade

In idealer Lage, gegenüber dem Bahnhof und dennoch ruhig, erwartet den Gast ein äußerst gepflegtes First-Class-Hotel, das Best Western, einem Zusammenschluß privater Hotels, angehört. Im Bremer Hotel zur Post wurde jedes Einrichtungsdetail mit Liebe und Sorgfalt ausgewählt oder speziell für das Haus angefertigt. Individualität ist deshalb für Hausherr Fritz Rößler und dessen Sohn oberstes Gebot. Geschmückt mit einem 18 Meter hohen Wandgemälde, das von Professor Jürgen Waller gemalt wurde und die Vergangenheit und Gegenwart von Bremen zeigt, bietet schon das Äußere des Hauses einen reizvollen Anblick. Im Inneren herrscht eine wohltuend exklusive Behaglichkeit, die den Gast schon in der Hotelhalle umfängt. Die Zimmer bieten besten Komfort, und wer das Außergewöhnliche sucht, findet sicher in den exquisiten Golden-Crown-Club-Zimmern oder den bezaubernden Suiten des Hotels gerade das Richtige.
Ob der Gast nun historischen Fährten in Bremen folgen möchte oder geschäftlich in der Stadt an der Weser zu tun hat, die notwendige Entspannung vom Alltagsstreß findet er im tropischen Fitness-Paradies des Hotels mit Schwimmbad, Whirlpool, Spaßbecken, 3 Saunen und einem Body-Building-Turm. Oder wie wäre es mit einer Massage in der Massageabteilung des Hotels? Für den Konzertbesuch am Abend wartet der renommierte Friseursalon des Hauses auf Ihren Besuch.

Ein Ratsherren-Wochenende in Bremen

Was dürfen wir Ihnen servieren? Eine Antwort auf diese Frage fällt ob der großen Auswahl an internationalen und nationalen Spezialitäten schwer. Doch sie läßt sich sowohl im eleganten, vollklimatisierten Restaurant Der Tingheter als auch im rustikalen Kachelstübchen oder ganz elegant, hoch oben über den Dächern von Bremen im Gourmet-Restaurant L'Orchidée finden.
Die City Bremens, vor allem die freundlichen Fußgängerzonen, sind keine zehn Minuten vom Hotel entfernt. Ein Erlebnis ganz besonderer Art ist die Böttcherstraße mit ihren Museen, Boutiquen und dem Spielcasino. Auch ein Bummel durch Bremen bei Nacht ist lohnenswert. Ein Besuch im Hafen zeigt eine völlig andere Seite der Stadt an der Weser. Ein Ausflug in die gute alte Zeit wird das Schlendern durch das Altstadtviertel Schnoor. Entspannung findet man im Bürgerpark und im Rhododendronpark mit den Tropenhäusern. Die Schiffahrtsabteilung des Fockemuseums oder das Überseemuseum, das sich gegenüber dem Hotel befindet, entführen in die hanseatische Zeit. Alle diese Punkte hat das Hotel zur Post in einer Entdekkungstour zusammengestellt und bietet seinen Gästen die Fußgänger-Rallye Bremen an, eine gern gebuchte Möglichkeit des Kurzurlaubs, ebenso wie das Bremer Ratsherren-Wochenende, bei dem natürlich ein Stadtbummel und eine Hafenrundfahrt nicht fehlen dürfen.
Und noch ein Wort zur Stadt selbst: Bremen ist mit 404 Quadratkilometern das kleinste deutsche Bundesland. Es umfaßt die Stadtkreise Bremen und Bremerhaven.

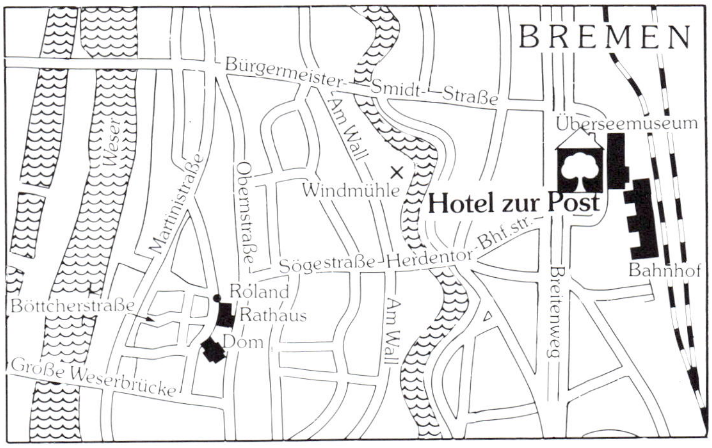

Anzeige

Entspannung und Ruhe gegen den Alltagsstreß
Das Hotel zur Post in Bremen ist das größte Privathotel der Stadt und bietet seinen Gästen mit seinem elegant-behaglichen Ambiente den richtigen Rahmen für einen schönen Aufenthalt in der Hansestadt. Neben den kulinarischen Genüssen kann man sich in diesem Firstclass-Haus auch „gesundheitlich" verwöhnen lassen: Die Sauna sorgt für's Entschlacken, Verspannungen werden in der Massageabteilung gelockert und der Kreislauf kommt in der geschmackvoll eingerichteten Badelandschaft in Schwung.

Hotel zur Post
D 2800 Bremen, Bahnhofsplatz 11, Tel. 0421/3059-0, Telex 244971 hzp d. Fax 0421/3059860
Der besondere Hotelservice:
Bremer Fußgänger-Rallye, Bremer Ratsherren-Wochenende.

Kategorie | **Lage** | **DM** | **Betten** 81 124 | **Zimmerausstattung** | **Küche**
Hotelausstattung | **Serviceleistungen**
Sport im Hotel | **Region**
Sport in der Nähe
Sonstiges | **Kreditkarten** | **Unterhaltung** | **Sehenswürdigkeiten**

Ruhe, Fitneß, Sport und Unterhaltung: Hotel Heide-Kröpke

Moor, Wald und sehenswerte Heide: Das ist die Umgebung dieses einsam gelegenen Urlaubshotels. Ein Geheimtip für Wanderfreunde, Aktivurlauber, Gourmets und „Entdeckungsreisende".

Fütterung im Babyzoo Wingst

Dort, wo sich heute fruchtbare Äcker und saftige Wiesen und Weiden ausbreiten, erstreckte sich noch zu Beginn des 20. Jahrhunderts das weite Ostenholzer Moor. In den zwanziger Jahren waren die Kultivierungsarbeiten in vollem Gange: Entwässerungskanäle wurden gegraben, und Torfstecher prägten das Bild der Landschaft. Bald wurde auch die erste befestigte Straße gebaut. Und an dieser stand die Wiege des heutigen Komforthotels: ein bescheidenes Gasthaus, bestehend aus einem kleinen Ausschank und einer ebenso kleinen Landwirtschaft. Der Gästekreis der ersten Stunden bestand aus Torfstechern, Fuhrleuten und hannoverschen Jägern, die in den wildreichen Wäldern der Umgebung zum Halali bliesen. Letztere waren es auch, die — als Anspielung auf ihren Treff in Hannover — dem Haus den Namen Kaffee Kröpke gegeben haben.

Vom einstigen Moorgasthaus zur noblen Herberge

Nach dem Zweiten Weltkrieg entwickelte sich das Haus Heide-Kröpke dann in rasantem Tempo zu dem, was es heute ist: ein Hotel der gehobenen Klasse für den verwöhnten Gast. Und ein professionelles Team sorgt mit hervorragenden Wildgerichten und einer Fülle erstklassiger Spezialitäten – darunter natürlich auch Heidschnuckenbraten – für das leibliche Wohl der Gäste. Besonders beliebt sind mehrere Wochenend-Pauschalangebote, die unter dem Motto „Schlemmen, Fitneß, Sport und Unterhaltung" stehen.

Langeweile – was ist das!

Im Hotel selbst und in seiner engeren und weiteren Umgebung kann man in der Tat völlig vergessen, was das Wort „Langeweile" bedeutet — vorausgesetzt, man möchte nicht gerade Ski fahren oder auf alpine Klettertou-

Freizeitpark Verden: lohnendes

ren gehen! Denn solche Wünsche kann man sich in der Heide wirklich nicht erfüllen.
Aber auf fast alle anderen Freizeithobbies braucht man nicht zu verzichten. Ganz gleich, ob man dem Freizeitsport Vorrang einräumt, ob Unterhaltung und Ver gnügen auf dem Urlaubsprogramm stehen sollen, ob man Besichtigungstouren unternehmen möchte oder ob man schlicht und einfach seine Ruhe haben will.
Beginnen wir mit letzterem, denn Ruhe ist unerläßlich, wenn die Freizeit erholsam sein soll. Und davon gibt es für die Gäste des „Heide-Kröpke" jede Menge. In

Eine Oase der Ruhe: Hotel Heide-Kröpke

iel

unmittelbarer Nähe des Hotels — das an sich schon eine Oase der Ruhe ist — erstreckt sich das unberührte Lönsrevier Westenholzer Bruch, das neben weiteren einsamen Wanderparadiesen erkundet werden will. Auf urwüchsigen Waldwegen können Sie stundenlang ganz allein am Busen der Natur verbringen, Beeren und Pilze sammeln, ohne daß Ihnen eine Menschenseele begegnet.
Außerdem gibt es Gelegenheit, die schöne Heidelandschaft fahrenderweise zu genießen, wie zu Großvaters Zeiten: im Kutschwagen — mit „Chauffeur" — oder per Drahtesel. Beides wird vom Hotel für Sie „gemanaged".

Zwischendurch nach „Afrika"

Und wenn Sie einmal genügend Ruhe genossen haben und Ihnen der Sinn auch einmal nach turbulenter Abwechslung steht? Sie brauchen die Kinder dann nur zu überreden, die nahen Badeseen für kurze Zeit zu vergessen und eine Autofahrt nach „Afrika" mitzumachen! Aber nehmen Sie genügend Filme mit, denn der Safaripark Hodenhagen ist ein Dorado für jeden Fotofreund, der hier mit der Kamera nach Herzenslust auf Pirsch gehen kann. Ein anderes Mal können Sie dann eine richtige Mutprobe ablegen, bei der rasenden Fahrt mit der Loopingbahn im Heide-Park Soltau, einem der schönsten und vielseitigsten deutschen Freizeitparks. Und bei Regen? Der kann Ihnen in der riesigen Freiflughalle des Vogelparks Walsrode nichts anhaben, wo Sie exotische Vögel ohne trennende Gitter hautnah beobachten dürfen.

Und kulturbeflissene Hotelgäste?

Auch diese können sich in der Heide und ihren Nachbargebieten ausgiebig ihrem Hobby widmen, denn hochinteressante Ziele gibt es jede Menge: Wilsede und das Heidemuseum, steinzeitliche Hünengräber in Massen, viel Fachwerk und ein prunkvolles Schloß.
Zusammengenommen, die verlockenden Sportmöglichkeiten in und am Hotel mitgerechnet, ein umfassendes Ferienprogramm, das auch einen längeren urlaub gut und gerne verträgt!

Das Grab des Heidedichters Hermann Löns

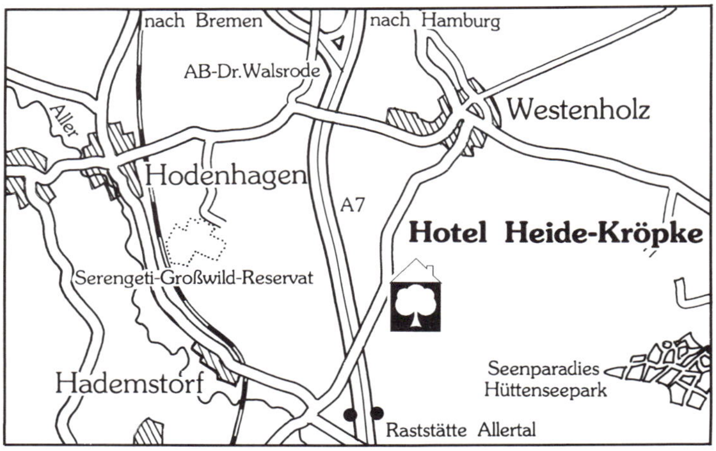

Erholung im Naturpark: Silence-Hotel Landhaus Jammertal

Das Hotel Landhaus Jammertal liegt am Rande eines Naturparks, der für Erholungssuchende ein ideales Rad- und Wandergebiet ist. Das Haus garantiert seinen Gästen Ruhe und erholsame Tage. Dazu das Beste, was Küche und Keller zu bieten haben.

Das Landhotel in Einzellage direkt am Naturpark

Umgeben von einem großen Park, einer Teichanlage und einer schönen Sonnenterrasse liegt das Landhaus Jammertal direkt im Naturschutzgebiet Haard. Das Landhaus hat seinen Ursprung in einem alten Heidehof und wird seit alters her von der Familie Schnieder beziehungsweise deren Vorfahren bewirtschaftet. Die Schafzucht hat hier eine lange Tradition, und auch heute noch beziehen Helmtraud und Alfons Schnieder das Fleisch für die Küche von eigenen Schafen, die auf den Wiesen freien Auslauf haben. Ebenso stammen die Jungrinder aus eigener Zucht.

Leichte und exklusive Küche

Das Hotelrestaurant bietet eine leichte und exklusive Küche, in der ausschließlich frische Produkte verarbeitet werden. Bei Wettbewerben erlangten die Köche des Hotels bereits mehrmals erste Preise. Für höchste Gaumenfreuden sorgt auch der wohlsortierte Weinkeller mit einem Bestand von über 10.000 Flaschen. Rote Bordeaux-Weine werden im Hause Jammertal zu noch günstigen Preisen angeboten. Die Auswahl der deutschen Weiß- und Rotweine wird ständig erweitert.
Nach den kulinarischen Genüssen tut ein bißchen Bewegung immer gut: Das Münsterland ist hauptsächlich für eine Art der freizeitlichen Fortbewegung bekannt, das Radfahren. Auf plattdeutsch heißt ein Pfad „Patt", die Münsterländer machten daraus liebevoll „Pättken". Ihre Pättkes lieben sie ebensosehr wie ihre plattdeutsche Sprache und ihre Fahrräder. Das Landhaus Jammertal stellt seinen Gästen Tourenräder sowie 12-Gang-Fahrräder samt Radkarten mit ausgearbeiteten Tourenplänen kostenlos zur Verfügung – damit sie auf den Pättkes von Dorf zu Dorf, von Hof zu Hof fahren und dabei die frische Luft und die schöne Gegend genießen können. Der Naturpark Haard ist dafür hervorragend geeignet. Die Landschaft ist geprägt durch den Wechsel von hügeligen Waldgebieten und der typisch münsterländischen Parklandschaft mit ihren Wallhecken, Wiesen und Feldern und behäbigen Bauernhöfen.

Das Münsterland vom Sattel aus erleben

Da lohnt es sich, auch hoch zu Roß die Gegend zu erkunden. Denn neben den Rad- und Wanderwegen liegen im Naturpark Haard viele Kilometer Sand-Reitwege und in der Nähe des Hotels ein Trainingspfad. Elf Pferdeboxen sind im hoteleigenen Stall vorhanden. Saftige Weiden liegen direkt am Haus, so daß auch mitgebrachte Pferde ausgezeichnet versorgt werden können. Besonders sehenswert sind die ganz in der Nähe gelegenen Halterner Seen und natürlich die für das Münsterland so berühmten Wasserschlösser. Im Umkreis von 25 Kilometern befinden sich gleich drei der schönsten dieser mittelalterlichen und barocken Schloßanlagen.
Wer ganz hoch hinaus will, kann sich dieses schöne Fleckchen Erde von einem Heißluftballon ansehen, denn auch für diese sanfte Art der Fortbewegung ist das Münsterland bekannt.

Sport und Spaß im Hotel Landhaus Jammertal

Die Sportlich-Bodenständigen spielen lieber ein Tennis-Match auf der hoteleigenen Anlage. Außerdem können Sauna, Solarium und Whirlpool von den Hausgästen des Landhotels unentgeltlich benutzt werden. Zwei Bundeskegelbahnen stehen zur Verfügung. Im Hotel herrscht eine offene, freundliche Atmosphäre. Die Urlaubsgäste nutzen gern die heimelige Lese-Ecke mit dem Kachelofen, wo man es sich so richtig gemütlich machen kann.

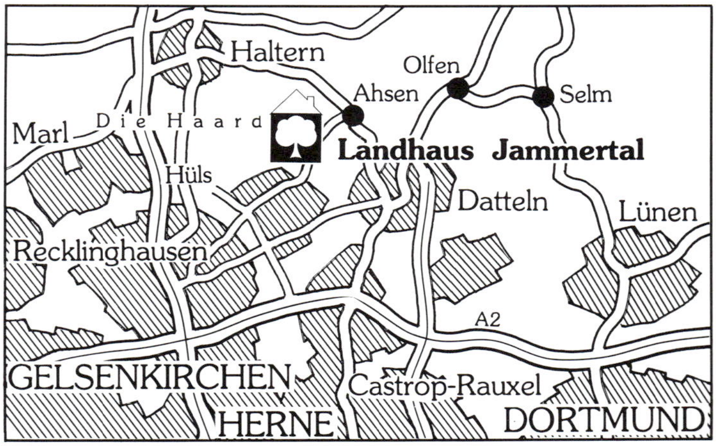

Ein ehemaliger Bauernhof: Haus Eggert

In einem ehemaligen Bauernhof an der Werse hat jeder Monat seine Reize: sei es wegen der Altbierbowle im Frühjahr, der Apfelpfannkuchen im Winter – oder einfach nur wegen der herrlichen Pättkesfahrten.

Die Werse ist ein Paradies für Angler

Verträumt, umgeben von Wiesen und Wäldern, liegt ein wenig versteckt das Ringhotel Haus Eggert in Münster-Handorf, einem malerischen Dörflein vor den Toren der alten Universitätsstadt Münster.
Das Haus Eggert ist ein Landhotel. Es entstand aus einem ehemaligen münsterländischen Bauernhof, der schon im Jahre 1030 erstmalig erwähnt wurde. Der Bauernhofcharakter ist erhalten geblieben, wurde jedoch auf das Vortrefflichste mit den Annehmlichkeiten der heutigen Zeit ergänzt: Alle Zimmer haben Dusche oder Bad, verfügen über ein Telefon und zum größten Teil auch über einen Fernseher. Whirl-Pool, Sauna und Solarium sowie der gerne genutzte Fitness-Raum lassen auch bei schlechtem Wetter keine Langeweile aufkommen. Rings um das Haus lädt die herrliche Landschaft des Münsterlandes zu Spaziergängen und Wanderungen ein.
Nach einem Ausflug lassen sich die Gäste des Hauses Eggert im gemütlichen, westfälisch-rustikal eingerichteten Kaminraum beispielsweise mit westfälischem Knochenschinken, selbstgebackenem Bauernbrot oder Pumpernickel, einer Münsterländer Brotsuppe oder einem Münsterländer Klaren verwöhnen. Auch die Kaffeestunde im großen Kaffeegarten des Landhotels unter alten Bäumen oder auf der Veranda des Hauses, die den Blick in das romantische Tal der Werse, einem kleinen Flüßlein, das an Handorf vorbeifließt freigibt, gehört dazu.

Pättkesfahrt zwischen Werse und Ems

Pättkes, so nennen die Münsterländer liebevoll ihre kleinen Wald- und Wiesenwege, eignen sich bestens für eine Fahrradtour. Eine wirkliche Idylle tut sich auf, wenn man auf seinem Drahtesel (das Haus Eggert hat einen hauseigenen Fahrradverleih) durch die ruhige Heide- und Waldlandschaft zwischen Werse und Ems radelt. Wer sich lieber auf dem Wasser fortbewegt, für den organisiert das Hotelpersonal eine Bootsfahrt oder Paddeltour, ganz nach Belieben. Kurzum, der Urlauber befindet sich im Haus Eggert in einer Oase der Ruhe und Entspannung.

Grog und Glühwein am knisternden Herdfeuer

Zu jeder Jahreszeit ist das Münsterland reizvoll, wobei das Dörfchen Handorf zu einem magnetischen Anziehungspunkt für Spaziergänger und Kaffeefreunde geworden ist. Ja es ist als „Kaffeedorf" sogar schon seit Generationen bekannt.
Ein Winterspaziergang wird hier zum fröhlichen Erlebnis, denn der anschließende Grog oder Glühwein am knisternden Herdfeuer darf nicht fehlen. In der Osterzeit wird der herrliche Karfreitagsstruwen serviert und im Mai die erfrischende Maibowle. Die köstliche Altbierbowle schmeckt im Juni besonders gut, und im Juli werden Emshecht und Pflaumenpfannkuchen sehr geschätzt. Nach uralten Rezepten werden das ganze Jahr hindurch Brote und vorzügliche Kuchen gebacken. Die westfälische Küche gilt nicht umsonst als besonders gut.
Die reizvolle Universitätsstadt Münster liegt nur elf Kilometer vom Landhotel Eggert entfernt. Ein Besuch dieser hübschen, um 800 gegründeten Stadt mit ihrem herrlichen Dom, der gotischen Lambertikirche und der Überwasserkirche, dem gotischen Rathaus und dem fürstbischöflichen Schloß sollte fester Bestandteil des Ausflugsprogramms sein.

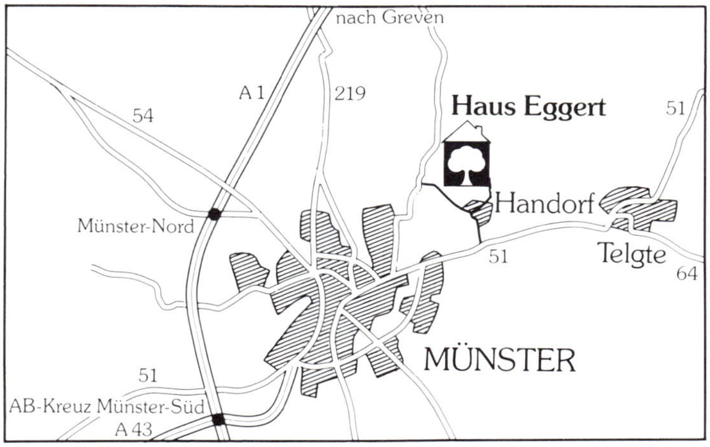

Ein ehemaliger münsterländischer Bauernhof
Ganz idyllisch, umgeben von Wiesen und Wäldern, ein wenig versteckt und verträumt liegt das Ringhotel Haus Eggert in Handorf, etwa elf Kilometer von Münster in Westfalen entfernt. Kräftig in die Pedale treten kann man auf den hauseigenen Fahrrädern, die zur Pättkesfahrt bereitstehen. Pättkes sind im Westfälischen Plattdeutsch kleine Wald- und Wiesenwege, die sich auch gut für Spaziergänge und Wanderungen eignen. Danach schmecken der Pflaumenpfannkuchen und die Altbierbowle im altdeutschen Herdfeuerraum so richtig gut. Am nächsten Tag steht dann vielleicht ein Stadtbummel durch Münster auf dem Programm.

Genießen, aktiv werden: Silencehotel Schloßhotel Surenburg

Tecklenburger Land — das bedeutet erlebnisreiche Ferientage und Entspannung vom Alltag.

Mitten im Surenburger Wald, gleich neben dem reizenden Wasserschloß Surenburg aus dem 15. Jahrhundert, liegt das 1975 erbaute Schloßhotel Surenburg in der landschaftlich reizvollen Gegend am Rande des Teutoburger Waldes. Gerade der Ruhesuchende findet hier die ideale Erholung. Dazu gehört natürlich auch eine gute Verpflegung, die die Küche des Hotels gewährleistet: Lassen Sie sich verwöhnen mit regionalen Gerichten und wöchentlichen, jahreszeitlichen Spezialitäten. Viele der köstlichen Frischprodukte stammen aus der nahe gelegenen Schloßgärtnerei und von den Landwirten im Dorf. Was wäre aber das beste Essen ohne den passenden Wein? Die Weinkarte zeigt eine reichhaltige Auswahl an offenen Weinen sowie Flaschenweinen aus deutschen und internationalen Anbaugebieten.

Freizeit – sportlich gestaltet

Heute erwartet man von einem guten Hotel jedoch mehr als schöne Zimmer und gutes Essen, und das Schloßhotel Surenburg hat auch einiges mehr zu bieten: im Haus ein Hallenbad, Sauna mit Tauchbecken, Bundeskegelbahnen. Auf dem Freizeitgelände rundherum kann man Minigolf, Freiluftschach und Boccia spielen, reiten und spazierengehen. Haben Sie schon mal eine Pättkesfahrt gemacht? Die hierzu nötigen Fahrräder, Tourenbeschreibungen und das Kartenmaterial erhalten Sie im Hotel.
Doch das ist noch längst nicht alles: In unmittelbarer Nähe liegt der Torfmoorsee, ein Freizeitsee zum Segeln und Surfen, der 9-Loch-Golf-platz „Tecklenburger Land", und für Freunde des „weißen Sports" gibt es Gelegenheit zum Platz- und Hallentennis.
Viele schöne und geruhsame Wanderwege führen direkt vom Hotel aus in die Umgebung.

Entdeckungsreise durchs Tecklenburger Land

Für Unternehmungslustige lohnt es sich, das Tecklenburger Land zu erkunden. Nur etwa 2 km vom Hotel entfernt liegt Riesenbeck, das in seiner Pfarrkirche mit der Grabplatte der Reinhildis ein Meisterwerk romanischer Reliefplastik in Westfalen birgt. Sportlichen bietet Ibbenbüren eine Sommerrodelbahn.
Etwas weiter entfernt liegt die Stadt Rheine, sie hat dafür aber auch gleich zwei Sehenswürdigkeiten aufzuweisen: zum einen die Pfarrkirche St. Dionysius, inmitten der Altstadt gelegen, mit Bauteilen aus dem 11. Jahrhun-

Ausritt in die Umgebung

Anzeige

Das schön gelegene Schloßhotel

365 Tage Saison im Tecklenburger Land
Ein ideales Urlaubsgebiet — sowohl für Erholungsuchende wie auch für Aktivurlauber — finden Sie im Tecklenburger Land, am Rande des Teutoburger Waldes. Hier bietet die Gastronomie Hervorragendes, wofür das Schloßhotel Surenburg ein gutes Beispiel abgibt. In den geräumigen, rustikal eingerichteten Hotelzimmern erwartet Sie aller Komfort der heutigen Zeit. Die meisten Zimmer haben einen großen Balkon mit freiem, völlig unverbautem Blick in die Natur. Genießen Sie die vielen Freizeiteinrichtungen, die Ihnen hier zur Verfügung stehen — beginnen Sie beispielsweise den Tag mit ein paar erfrischenden Schwimmzügen im 27° C

dert, und das ehemalige Kreuzherrenkloster Schloß Benzlage. Wenn Sie nach Osten in Richtung Ibbenbüren fahren, kommen Sie zu einem bizarren Naturwunder: den Dörenther Klippen. Hier hat die Verwitterung aus dem Sandstein seltsam geformte Felsgruppen modelliert; eine davon stellt ein hockendes Weib dar und heißt auch so. Noch ein paar Kilometer, und Sie sind in Tecklenburg, das eine malerische Burgruine aufzuweisen hat, in deren Burghof im Sommer Theater gespielt wird.

Geländeerkundung mit dem Drahtesel

Wanderer müssen in dieser schönen Landschaft auf nichts verzichten

Abstecher zu sehenswerten Städten

Falls Sie während eines längeren Urlaubs plötzlich einmal Sehnsucht nach einer größeren Stadt bekommen sollten, bietet sich Osnabrück an, eine alte Bischofs- und Hansestadt. Neben architektonischen Sehenswürdigkeiten wie dem Dom St. Peter bietet Osnabrück drei interessante Museen, einen reizvollen Waldzoo und Gelegenheit zum Schaufensterbummel in der Fußgängerzone. Eine zweite Möglichkeit ist die Fahrt in südlicher Richtung nach Münster, Universitäts- und ebenfalls Bischofsstadt. Die herrlichen alten Bauten, die im Krieg zerstört wurden, hat man hier liebevoll wieder aufgebaut, so etwa das einmalig schöne gotische Rathaus, in dessen Friedenssaal 1648 der Westfälische Friede geschlossen wurde. Der Dom von Münster ist als größte Kirche Westfalens von wahrhaft beeindruckenden Ausmaßen, aber die anderen Kirchen sind ebenfalls durchaus sehenswert. Zu Münster gehört auch der hübsche Aasee, ein beliebtes Freizeitgelände mit einem Allwetterzoo und dem Freilichtmuseum Mühlenhof. Überhaupt ist Münster eine Stadt der Museen, und wer sich für diese Art von Sehenswürdigkeiten besonders interessiert, der kann in Münster mehrere abwechslungsreiche Tage erleben.
Wenn man nach einem derart erlebnisreichen Tag zu seinem Urlaubsdomizil im Schloßhotel Surenburg zurückkehrt, wird man die himmlische Ruhe um so mehr genießen und sich gern in einem der gemütlichen Restaurants des Hauses liebenswürdig umsorgen lassen.

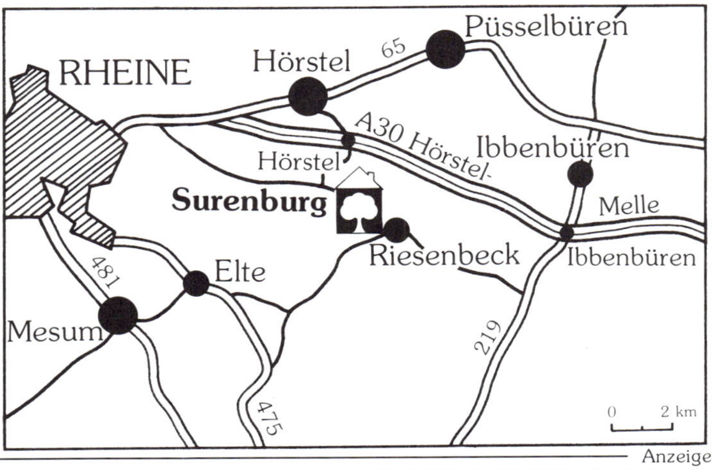

warmen Wasser des 9 x 4 m messenden Hallenbads, bevor Sie sich zu einem reichhaltigen Frühstück setzen. Machen Sie Ausflüge ins Tecklenburger Land – zu Fuß, auf dem Rücken eines Pferdes, mit dem Fahrrad oder Auto: Auf über 800 km² gibt es für jeden etwas Interessantes zu sehen und zu unternehmen: ausgedehnte Tallagen, weite Fernsichten, Felsgruppen, die so richtig zum Klettern einladen, stille Waldschneisen, nette Dörfer und Städtchen.

Erholung in schöner Gegend: Das Parkhotel Burggraf Ringhotel Tecklenburg

Tecklenburg im Teutoburger Wald ist ein sehr schön gelegenes, kleines Bergstädtchen. In dieser Idylle findet der Freizeiturlauber Ruhe und Entspannung.

Modernes Hotel am Fuße der Tecklenburg in absoluter Ruhe.

Im Städtchen Tecklenburg, dem staatlich anerkannten Luftkurort, erinnert vieles an eine romantische alte Zeit. Da sind noch die historischen Burgmauern zu sehen und die Burgruine des ehemaligen Schlosses der Grafen von Tecklenburg, die dem Parkhotel Burggraf zu seinem Namen verhalfen.

Samstags serviert man ein festliches Champagnermenü

Das Hotel liegt an den Hängen des Teutoburger Waldes in ruhiger Lage. Es ist in der Gegend bekannt für seine ausgezeichnete Küche. Hier läßt es sich ganz exquisit speisen und als besonderen Genuß bietet das Hotel Samstag abends ein festliches Menü mit Champagner an. Außer von den kredenzten Gaumenfreuden sind die Gäste auch immer wieder vom herrlichen Ausblick begeistert, den das Aussichtsrestaurant bietet. Hier kann der Gast in Ruhe die schöne Landschaft genießen und bei einem guten Gläschen Wein die Alltagshast vergessen.
Die gemütlich und mit viel Geschmack eingerichteten Zimmer befriedigen alle Ansprüche, die heute ein Hotelgast an ein Ferienhotel stellt. Helle und freundliche Farben dominieren überall und signalisieren eine angenehme, gastliche Atmosphäre. Von allen Räumen hat man einen schönen Blick auf den Teutoburger Wald. Wer sich sattgesehen hat, kann sich im großzügig angelegten Hallenbad sportlich betätigen. Anschließend geht es dann in die Sauna oder zum „Sonne tanken“ ins Solarium.

Die herrliche Landschaft bietet viel Abwechslung

Bei der Ausgestaltung der Freizeitaktivitäten ist man den Gästen im Hotel gerne mit Rat und Tat behilflich. Den Möglichkeiten seinen Urlaub abwechslungsreich, je nach Lust und Laune zu gestalten sind fast keine Grenzen gesetzt, die herrliche Landschaft bietet viel Abwechslung. So ist für die Petrijäger das Angeln an Teichen und Weihern sowie Forellenseen ein vergnüglicher Sport. Bekannt und beliebt ist das Radeln in der Münsterländer Parklandschaft. Ein Radverleih macht es möglich, auf das Mitbringen der eigenen Drahtesel zu verzichten. Die Auswahl zwischen vier Golfplätzen mit neun oder 18 Löchern, landschaftlich reizvoll in der Nähe von Tecklenburg gelegen, bietet sich den Golfbegeisterten an. Viele Reiterhöfe um Tecklenburg halten ihre Pferde für Ausritte in die Umgebung bereit. Jogging, Wandern und Wassersport sind im Ferienland Teutoburger Wald ebenfalls kein Problem.
Das Parkhotel Burggraf hilft gerne bei der Vermittlung von Bootsfahrten mit Ausflugschiffen oder einer lustigen Fahrt mit der historischen Teutoburger-Wald-Eisenbahn. Außerdem werden Spinnen und Weben auf der Tenne eines alten Bauernhofs in Tecklenburg und eine Woche „Tour de Cultur“ im Tecklenburger Land angeboten.
Die kulturellen Angebote rund um Tecklenburg sorgen ebenfalls für Abwechslung. Da ist einmal die Freilichtbühne, die im Sommer zweimal wöchentlich mit Operettenaufführungen aufwartet, das Heimat- oder Puppenmuseum, und ein Oldtimermuseum in Ibbenbüren. Am Ortsrand von Tecklenburg gibt es eine Orchideenzucht, deren Blütenmeer die Besucher immer auf das neue begeistert. Und wer als Hobbyschatzsucher gern Versteinerungen und Mineralien nachspürt kann dies nach Wegweiser tun. Ein unvergessliches Erlebnis ist die westfälische Wasserburgenfahrt oder ein Ausflug entlang der Windmühlenstraße.

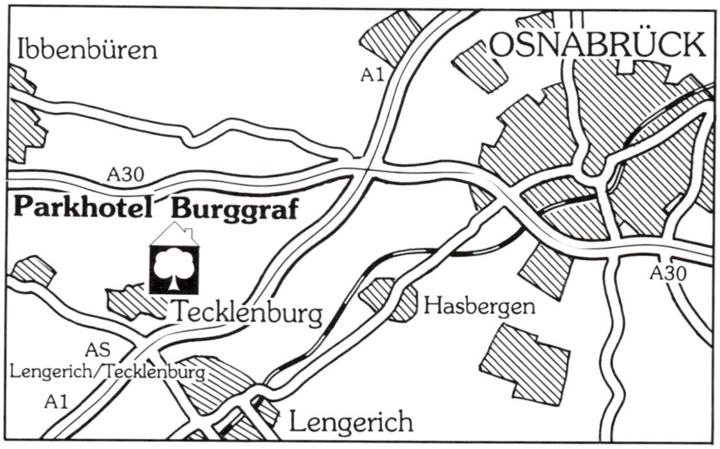

Das Emsland entdecken: Die Alte Mühle in Aselage

Flußauen und Moore bestimmen das Gesicht des noch weithin unbekannten Emslandes. Ein idealer Ausgangspunkt für Entdeckungen ist das Hotel „Zur Alten Mühle".

Respäsentative Hotelauffahrt des Hotels „Zur Alten Mühle"

Angrenzend an die Niederlande liegt im Nordwesten Niedersachsens der Landkreis Emsland. Er ist flächenmäßig der größte Landkreis der Bundesrepublik, größer sogar als das gesamte Sauerland. Das Gesicht des Emslandes wird geprägt von ausgedehnten Wäldern und Flußauen, von Hügelketten und Mooren mit seltener Fauna und Flora, von alten Städten und Dörfern. Im östlichen Teil liegt an den Ufern der Hase das alte Kirchdorf Herzlake, leicht erreichbar über die B213 von Osten bzw. die B402 von Westen. Wer in Herzlake auf das Schild „Aselage – Zur Alten Mühle" achtet und abbiegt, kommt geradewegs zu einer alten Windmühle, die zu dem Hotel-Restaurant gleichen Namens gehört.

Am Fluß eine Windmühle

Wegen seiner ruhigen und idyllischen Lage an den Ufern der Hase ist dieses Hotel mit Schwimmbad, der Reit- und Tennishalle weit über die Grenzen des Emslandes hinaus bekannt als hervorragend geeignetes Domizil für den individuell gestalteten Urlaub. Als Urlaubsarrangement werden siebentägige Tennis- und Fitnessferien inklusive Tennisspielstunden, Benutzung von Hallenbad und Sauna sowie kostenlosem Fahrradverleih pauschal angeboten. Auch für arbeitsintensive Tagungen und Kongresse ist das Hotel „Zur Alten Mühle" bestens geeignet. Nach vielen Jahren Erfahrung im In- und Ausland hat sich Eberhard Lukomski als Geschäftsführer dieses komfortablen Urlaubshotels mit seinem gemütlich-eleganten Restaurant in Aselage niedergelassen. Sein Fach hat er von der Pieke auf gelernt, und er liebt die Arbeit, wovon das bestens geführte Haus zeugt. Für seine Gäste ist er von früh bis spät da. Was hat er für Pläne? „Das Restaurant würde ich gerne noch vergrößern", sagt er. „Am Wochenende ist es fast zu klein, wenn die Kurzurlauber aus Nordrhein-Westfalen, Bremen, Cloppenburg oder Lingen kommen."

Kultivierte Küche in gemütlicher Eleganz

In der Küche des Hotelrestaurants wird selbstverständlich nur mit marktfrischen Produkten gekocht. Auch Sonderwünsche der Gäste werden gerne – soweit möglich – erfüllt. Die Küche ist vielseitig und kreativ: Ein deftiges Grünkohlessen wird ebenso gerne angeboten wie eine selbstgemachte Leberpastete mit Apfelsalat.

Geselliger Sport und gepflegte Gastlichkeit

Was ist es nun, was die Alte Mühle für viele Gäste so attraktiv macht? Da sind einmal die herrliche Lage und erholsame Ruhe, die Wander- und Reitwege entlang des Haseufers durch Wälder und Moore, die den Alltag vergessen lassen. In einer Vierjahreszeiten-Landschaft gelegen, steht die Alte Mühle für den Aktiv-Urlaub bereit; ausgestattet mit dem Luxus und der Eleganz der Spitzenklasse für diejenigen, die abseits vom herkömmlichen Tourismus einen sportlichen, kulinarischen Urlaub bevorzugen.

Dem Haus gegenüber liegt ein Reitstall mit Mietpferden und Unterbringungsmöglichkeiten für das eigene Pferd – ein Vorteil, der die Alte Mühle für Freunde des edlen Reitsports sicherlich attraktiv macht. Und etwa 30 Minuten entfernt in Lingen gibt es eine prachtvoll gelegene 9-Loch-Golfanlage. Die hoteleigenen Tennisplätze, das mit 28 Grad beheizte Hallenbad, Sauna und Solarium runden das Freizeitprogramm ab.

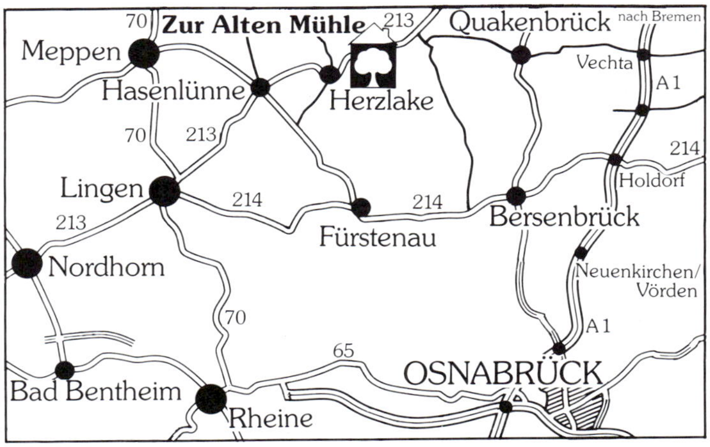

Wo der Harz am schönsten ist: Maritim Berghotel

Im Norden zeigt sich diese Landschaft mit düsteren Fichtenwäldern, tiefen Schluchten und steilen Klippen, während im Süden freundliche Mischwälder und bunte Wiesen das Bild bestimmen.

Radtouren gehören zum Programm vieler Hausgäste

Der Harz nimmt unter den deutschen Mittelgebirgen eine Sonderstellung ein. Wie ein mächtiger Wall dringt er schroff ins Norddeutsche Tiefland und gipfelt mit 1142 m Höhe in der kahlen Kuppe des Brockens. Dieser höchste Berg des Harzes steht allerdings schon auf DDR-Gebiet. Die zweithöchste Erhebung findet man mit dem Wurmberg (971 m) auf bundesdeutschem Territorium. Am Fuße des Wurmbergs, im Herzen des Harzes, liegt Braunlage. Ein freundlicher, beliebter heilklimatischer Kurort und Wintersportplatz. Etwas für Naturliebhaber und solche, die sich noch etwas Sinn bewahrt haben für Abenteuer abseits des Alltags, die Ruhe und Erholung erwarten, aber auch auf vielseitige Unterhaltung nicht verzichten möchten. Für all diejenigen ist Braunlage wie geschaffen — und speziell das Maritim Hotel Braunlage, direkt an der Seilbahn zum 971 m hohen Wurmberg gelegen.

Ein vielseitiges Haus

Mit seiner vielseitigen Einrichtung und Umgebung bietet das Maritim Hotel Braunlage für jede Altersklasse das Richtige: für Erholungs- oder Erlebnisurlaub, Familien- oder Sporturlaub, Kuren und Seminare. Elegant eingerichtete Zimmer mit allem Komfort, ein für seine gastronomischen Spitzenleistungen weithin bekanntes Restaurant, ein Night-Club im Dachgarten mit Blick auf Braunlage, internationalen Tanzkapellen sowie ein englischer Pub laden zum gemütlichen Verweilen ein. Oder wollen Sie mal richtig kräftige Schwimmzüge machen? Ein Hallen- und Freibad mit jeweils 12 x 24 m geben hier im Hotel dazu Gelegenheit; und außerdem: Tennisplätze, Tischtennis, Kegelbahnen, Sauna, Solarium, therapeutische Abteilung und vieles mehr.

Hier können Sie was unternehmen

Daß der Harz ein vorzügliches Wandergebiet ist, versteht sich fast wie von selbst. Aber man kann ja hier eine ganze Menge andere interessante Dinge unternehmen: Golfen, Tennis, Reiten, Eiskunstlauf, Windsurfing, Rodeln, Skifahren, Skilanglauf — um nur einige der Möglichkeiten, die sich Ihnen bieten, aufzuzeigen. Lustig und fröhlich geht es bei den vom Hotel aus veranstalteten Kutsch- und Schlittenfahrten durch den schönen Harzwald oder über die Waldwege nach St. Andreasberg zu. Interessant sind Ausflugsfahrten in die Umgebung. z.B. Goslar: mit Besichtigungen der Kaiserpfalz mit St.-Ulrichs-Kapelle, Huldigungssaal im Rathaus, Zwinger mit Rüst- und Folterkammer, zahlreichen Kirchen und dem Glockenspiel am Marktplatz. Oder die 3-Talsperren-Fahrt. Durch den Oberharz zur Okertalsperre, weiter über Clausthal-Zellerfeld und Riefensbeek zur Sösetalsperre, über Herzberg und Bad Lauterberg zur Odertalsperre. Sehenswert ist auch Lautenthal mit seiner Bergwerks- und Hüttenschau oder eine Tour nach St. Andreasberg zur Sommer-Rodelbahn und zur Erzbergwerkgrube Samson. Und wer's mal ganz prickelnd, mit Spannung und Nervenkitzel haben möchte, kann seine Belastungsprobe im Spielcasino von Bad Harzburg (nördlich von Braunlage) bekommen. Und wenn Sie die Umgebung auf Schusters Rappen erkunden möchten, stehen Ihnen 200 km herrlicher Wanderwege in diesem großem Naturpark zur Verfügung.

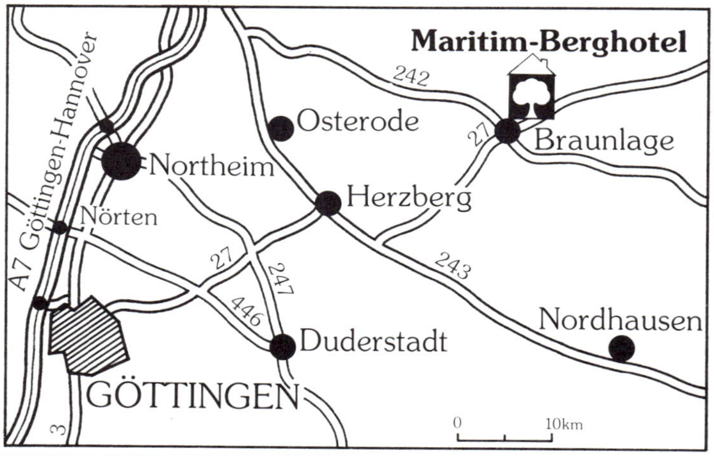

Anzeige

Das optimale Angebot
In traumhafter Lage des heilklimatischen Kurortes Braunlage befindet sich das Maritim Berghotel. Ein Haus der internationalen Spitzenklasse mit hochwertiger Ausstattung und allem Komfort. Hier tanzen Sie zur Musik internationaler Kapellen im Dachgarten-Night-Club mit herrlichem Blick auf Braunlage, oder Sie plaudern in gemütlicher Runde im Pub. Genießen Sie es, sich am Swimmingpool zu sonnen oder Ihre tägliche Tennisstunde zu nehmen. Nehmen Sie Ihren Kaffee auf dem Dachgarten ein und genießen Sie die Erzeugnisse aus eigener Konditorei. Oder lassen Sie sich nach der Trimmstunde mal massieren. Wie wär's?

Maritim Berghotel Braunlage
D 3389 Braunlage, Am Pfaffenstieg, Tel. 05520/3051, Telex 96261.

Der besondere Hotelservice:
zahlreiche Gästeprogramme.

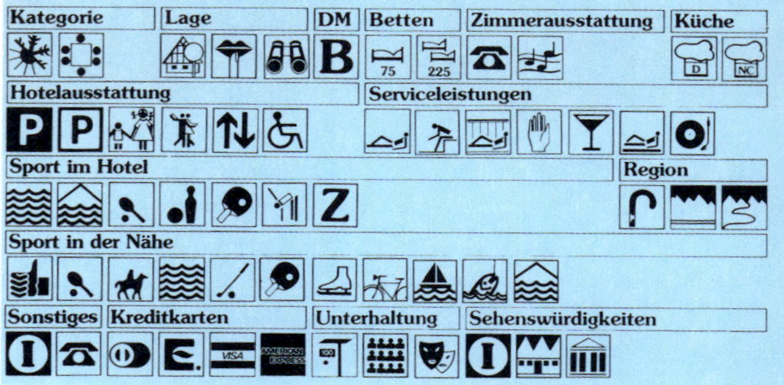

An einem Bergsee: Hotel Wiesenbeker Teich

Die „Perle des Harzes“ nennt man den Wiesenbeker Teich, einen Bergsee, an dessen Ufern das wohl am schönsten gelegene Kurhotel des Südharzes zu finden ist.

Bootfahren auf dem Teich macht Spaß

Gewaltige Bergriesen, weite Hochflächen und wilde Gebirgs- und Felsentäler – so präsentiert sich der Harz, der unbestritten als eine der schönsten deutschen Mittelgebirgslandschaften gilt. Unweit des bekannten Kurortes Bad Lauterberg liegt malerisch an einem rund acht Hektar großen Bergsee, dem Wiesenbeker Teich, das gleichnamige Kneipp- und Schrothkurhotel.
Hier findet der Gast zu jeder Jahreszeit Ruhe und Erholung und erlebt inmitten der herrlichen Wälder einen Kuraufenthalt, der ihn rund herum zufrieden stellen wird. Dafür sorgen die modern und behaglich eingerichteten Zimmer, die meist über einen Balkon verfügen, der den Blick auf den See freigibt.

Schroth- und Hollywood-Diätkur

Seit Jahren werden im Hotel mit Erfolg Kneipp-Kuren und das schon seit über 150 Jahren bekannte Schroth'sche Heilkurverfahren durchgeführt. Das Prinzip dieser Stoffwechselkur besteht aus einer Kombination von Kurpackung, Diät und einander abwechselnden Trink- und Trockentagen, wodurch der Abbau der Stoffwechselschlacken unterstützt wird. Als Ergänzung bietet das Haus die Thymus-Kur an, eine Immuntherapie nach Dr. E. Sandberg. Gäste, die sich im Urlaub einem Pflege- und Schönheitsprogramm unterziehen möchten, finden im Hotel Wiesenbeker Teich ein reiches Angebot an Spezialarrangements, so zum Beispiel eine „Sieben-Tage-Schönheitskur“ mit anerkannten Natur-Kosmetikprodukten.

Feinschmecker lassen sich verwöhnen

Ein guter Grund mehr, das Kurhotel zu besuchen, ist die ausgezeichnete Küche, die im neuen hausinternen, französischen Lokal „Le gourmet“ jeden Gast zufriedenstellen wird. Für die Qualität birgt das Haus, da alles – von den erlesensten Kräutern über die Früchte südlicher Gärten bis hin zu feinem Wild, Geflügel und Fleisch – über einen Frankreich-Deutschland-Frischedienst per Express ins Hotel geliefert wird. Serviert werden diese Köstlichkeiten in einem geschmackvoll eingerichteten Restaurant, das mit seinen Kristalleuchtern und der im französischen Stil gehaltenen Möblierung sicher jeden Gast bestechen wird.
Die reizvolle Lage inmitten des Südharzes wird sicher auch Freunde der Natur begeistern, die auf gut markierten Wanderwegen die Gegend erkunden können. Wer dies gerne unter Anleitung tut, wird sich über vom Hotel organisierten Köhlerhütten- und Vogelstimmenwanderungen freuen. Schwimmlehrgänge sowie die Möglichkeit zum Rudern und Angeln runden das Hotelangebot ab. Im Winter bietet das Haus Langlaufkurse oder eine organisierte Schlittenfahrt durch die verschneiten Wälder der Umgebung. Und selbst Freunde des Eislaufs finden hier ein Paradies, denn es gibt wohl kaum etwas Schöneres als mit Schlittschuhen über das Eis eines Bergsees zu gleiten.

Als Ausflugsziele in der Umgebung bietet sich vor allem Bad Lauterberg an, das als eines der bedeutendsten Kneippheilbäder gilt und auf eine über hundert Jahre alte Badetradition zurückblickt. Denn: lange bevor Sebastian Kneipp seine Methoden entwickelte, wurde hier bereits 1839 eine Kaltwasseranstalt betrieben.

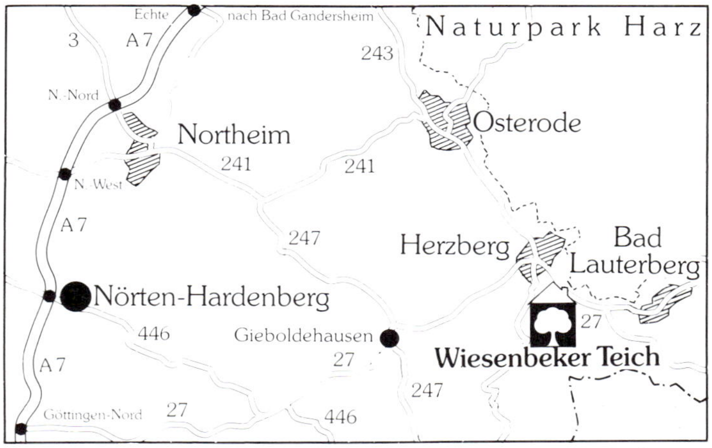

An den Ufern eines Bergsees
Vom Balkon des Hotelzimmers schweift der Blick über den Bergsee Wiesenbeker Teich im sonnigen Südharz. In absolut ruhiger Waldlage verspricht dieses erstklassige Hotel Erholung und Entspannung in behaglicher Atmosphäre. Das vielfältige Sport- und Unterhaltungsangebot dieses Hauses an der „Perle des Harzes“ dürfte kaum einen Wunsch offen lassen. Besonderer Beliebtheit erfreuen sich die Kneipp- und Schrothkur sowie die Schönheitsfarm des Hauses, die eine „7-Tage-Schönheitskur“ offeriert – mit garantierter Abnahme-Diät. Spaziergänge in die umgebenden Wälder, an der Uferpromenade, Rudern und Angeln im hauseigenen See, Grillabende.

Kneipp-Kurhotel Wiesenbeker Teich
D 3422 Bad Lauterberg, Tel. 05524/2994+2995, Fax 05524/2994+2995

Der besondere Hotelservice:
Schönheitsfarm, geführte Wanderungen, Kuren.

Kategorie | **Lage** | **DM** B | **Betten** 16, 46 | **Zimmerausstattung** | **Küche**

Hotelausstattung | **Serviceleistungen**

Sport im Hotel | **Region**

Sport in der Nähe

Sonstiges | **Kreditkarten** | **Unterhaltung** | **Sehenswürdigkeiten**

Tagen mit Atmosphäre ist „in". Willkommen im Hotel Freizeit In

Göttingen ist ein idealer Standort für ein Freizeit- und Tagungshotel, das es sich zum Ziel gesetzt hat, dem Gast die geistigen und körperlichen Aktivitäten auf eine sehr angenehme Art zu ermöglichen.

Tagen mit Atmosphäre ist „in".

Göttingen ist eine besonders reizvolle Kultur- und Universitätsstadt in landschaftlich schöner Umgebung zwischen Harz und Weser. Dank der hervorragenden Anbindung der Autobahn (A 7) und der Bundesbahn (Intercity) ist Göttingen von allen Regionen Deutschlands aus schnell und bequem zu erreichen.

Ideale Kombination von Tagungs- und Freizeithotel

Weil Arbeit und Entspannung im Hotel „Freizeit In" als gleichrangige Faktoren gesehen werden, steht dem Bankett- und Tagungsbereich ein ebenso ausgeprägtes sportliches Konzept gegenüber. Diese Kombination ist in dieser Art in Deutschland wohl einmalig. Das Hotel verfügt über insgesamt 240 Betten. Drei Restaurants, die Bier- und Weinstube und die fünf Bars – vom rustikalen bis zum gediegenen Ambiente – erfüllen auch verwöhnte Ansprüche.
Alle Zimmer des Hotels „Freizeit In" sind modern und wohnlich eingerichtet und verfügen sämtlich über Bad/Dusche, WC, Farb-TV, Video, Radio, Selbstwahltelefon, Hosenbügler, Fön und Minibar. Großes Foyer.
Im Hotel „Freizeit In" stehen den Gästen 30 Bankett- und Tagungsräume zur Verfügung: vom 25-qm-Salon für zwölf Personen bis hin zu einem befahrbaren Plenarsaal mit 625 qm für 500 Personen sowie einem 570 qm großen, multifunktional nutzbaren Forum (Forum = großes Foyer für kongreßbegleitende Ausstellungen, Produktpräsentationen sowie Festlichkeiten).
Alle Räumlichkeiten sind nach den neuesten Erkenntnissen konzipiert (Licht- und Medientechnik) und bieten so optimale Voraussetzungen für ein entspanntes, konzentrationsförderndes Seminar oder eine gediegene, festliche Atmosphäre.

Vielfältiges Freizeitangebot um körperlich fit zu bleiben

Dieser hohe Standard gilt aber insbesondere auch für den Freizeitbereich des Hotel Freizeit In: Vom Schwimmbad über die 2000 qm große Sauna-Landschaft mit Sonnenstudio und Massage-Räumen, den zehn Tennisplätzen (davon sechs Hallenplätze), der profihaft betriebenen 900-qm-Fitness-Welt, den zwölf Kegelbahnen, den Squash-Courts bis hin zum Billardtisch wird dem Gast alles zur Entspannung geboten.
Neu ist das hoteleigene Ganzheits-Kosmetik-Institut, in dem erfahrene Fachkosmetikerinnen den Gast individuell beraten und ihn ausschließlich auf der Basis hochwertiger Markenpräperate behandeln.

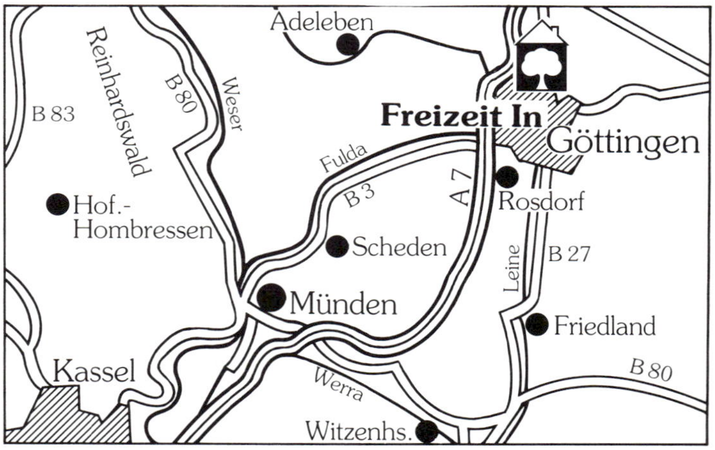

Anzeige

HOTEL „FREIZEIT IN" Das sportliche Tagungshotel
D 3400 Göttingen, Dransfelder Straße 3, Tel. (05 51) 90 01-0,
Fax (05 51) 90 01-100, Telex 96 681
Der besondere Hotelservice:
Freizeitwochenenden, 2000 qm Sauna-Landschaft mit Blockhaus

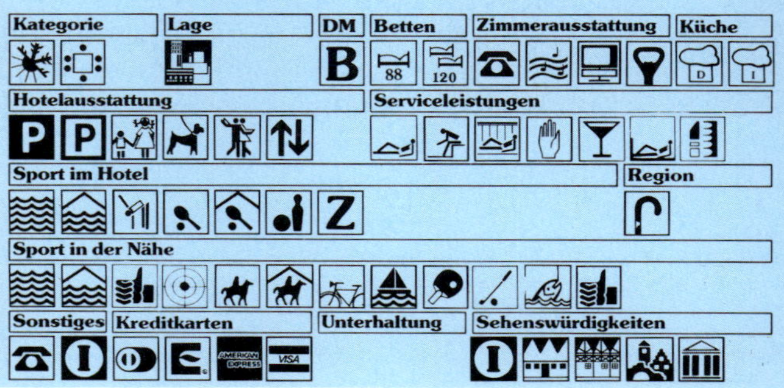

Urlaubsträume in der Berliner City: Arosa Parkschloss Hotel

Durch seine zentrale Lage ist das Arosa Parkschloss Hotel der ideale Ausgangspunkt für Berlin-Besucher. Das Freizeitangebot der Weltstadt ist riesig, hier findet der Gast alles, was sein Herz begehrt.

Gaumenfreuden für Gourmets

Mitten drin in der Berliner City, an der Lietzenburger Straße, steht das Arosa Parkschloss Hotel. Dieses Haus hat ein ganz besonderes Flair: Ein grünes Paradies tut sich hier dem Gast auf, der doch kaum damit gerechnet hat, in der pulsierenden Metropole Deutschlands eine Gartenidylle mit Swimming Pool und Vogelgezwitscher vorzufinden. Die gelungene Kombination von Stadthotel und Freizeitdomizil ist außergewöhnlich. Auch Geschäftsleute kommen sehr gerne ins Arosa, denn professionelles Arbeiten im modern eingerichteten Konferenzraum ist hier ohne weiteres möglich, sozusagen „business as usual". Die Möglichkeit, mitten in Berlin, direkt an der Schnittstelle zu den neuen Bundesländern, ungestört und in konzentrierter Atmosphäre tagen und konferieren zu können, hat seit der deutschen Vereinigung einen besonders hohen Stellenwert bekommen.

Kulinarische Köstlichkeiten im Gourmet-Restaurant

Außerordentliches Augenmerk legt man im Arosa Parkschloss Hotel auf die kulinarische Seite des Lebens. Das Feinschmecker-Restaurant „Schneider's", nach dem Hotelier benannt, garantiert erlesene Köstlichkeiten, wie sie der Gourmet liebt. Dazu paßt das Ambiente wunderbar: Je nach Wetter speist man „outdoor" im Terrassenrestaurant oder drinnen im eleganten, stilvollen Rahmen des „Schneiders". Steht einem der Sinn nach etwas Rustikalem, findet man sicherlich das Richtige in der Bier- und Weinstube des Hotels. Und zu späterer Stunde lassen sich exotische Drinks in gelöster Stimmung und heiterer Atmosphäre an der Bar genießen. Richtig genießen kann man freilich auch die Weltstadt Berlin. An der Rezeption hilft man Erlebnishungrigen und Kulturinteressierten gerne weiter, sei es um die Karten für den Opern-, Operetten- oder Konzertbesuch zu buchen, sei es um eine Stadtrundfahrt zu arrangieren. Ein besonderes Freizeitvergnügen sind die historischen Spree- und Landwehrkanalfahrten mit dem Ausflugsboot durch ganz Berlin: Man lernt diese unvergleichliche Stadt einmal von einer ganz anderen Perspektive kennen.

Berlin ist mehr denn je eine Reise wert

Die vielen Sehenswürdigkeiten Berlins aufzuzählen, würde Bände füllen. Da gilt es Schwerpunkte zu setzen: Das Brandenburger Tor und das Reichstagsgebäude. Sehens- und besuchenswert ist auch das Charlottenburger Schloß. Die ehemalige Residenz der preußischen Könige ist heute ein Museum mit historischen Räumen und einer bedeutenden Gemälde- und Porzellensammlung. Schließlich ist ja auch die Königlich Preußische Porzellanmanufaktur (KPM) seit Friedrich dem Großen in Berlin ansässig (Besichtigung und Einkauf möglich). Interessant und sehenswert im Ostteil der Stadt ist die Straße „Unter den Linden" mit ihren monumentalen Bauwerken, der Berliner Dom und die Museumsinsel.
Natürlich macht auch das Shopping Spaß, sei es im berühmten Kaufhaus KaDeWe oder in einer der zahlreichen schicken Boutiquen, die man überall links und rechts des Ku'damms findet. Daß Berlin rund um die Uhr geöffnet hat, hat sich ja schon herumgesprochen. Rund 6000 Restaurants, Lokale und Nightclubs stehen dem Berlinbesucher im Westen offen – wenn das kein Angebot ist! Wie gut, daß man bei diesen langen Nächten im Arosa Parkschloss Hotel ein Schlemmerfrühstück bis 15 Uhr (!) angeboten bekommt.

Anzeige

Gepflegte Gastlichkeit und den richtigen Rahmen für einen Stadturlaub bietet das Arosa Parkschloss Hotel seinen Gästen. Zum Angebot gehören Sonnenbaden und lunchen am Swimming Pool ebenso wie ausgelassene Grillparties, Modenschauen oder Ausstellungen Berliner Künstler. Das Hotelrestaurant „Schneiders" ist für seine hervorragende Küche bekannt. Durch seine zentrale Lage bietet das Arosa Parkschloss Hotel allen Berlin-Besuchern einen idealen Ausgangspunkt für Unternehmungen und Streifzüge aller Art. Denn schließlich gilt ja heute mehr denn je: Berlin ist eine Reise wert.

Arosa Parkschloss Hotel Berlin
D 1000 Berlin 15, Lietzenburger Straße 79–81, Tel. (030) 880050,
Fax (030) 8824579, Telex 183397 + 182969
Der besondere Hotelservice:
Arrangements auf Anfrage

Kategorie | **Lage** | **DM** | **Betten** | **Zimmerausstattung** | **Küche**

B — 34 — 57

Hotelausstattung | **Serviceleistungen**

Sport im Hotel | **Region**

Sport in der Nähe

Sonstiges | **Kreditkarten** | **Unterhaltung** | **Sehenswürdigkeiten**

DEUTSCHLANDS MITTE

Der mittlere Teil Deutschlands beginnt mit dem Nordrand der Mittelgebirge und erstreckt sich ungefähr bis zum Main, der im Volksmund deshalb auch häufig als „Weißwurstäquator" bezeichnet wird.

Unterwegs im Sauerland

Eines der beliebtesten Reisegebiete dieser Region ist das Sauerland, dessen Name soviel wie Süderland – von Westfalen aus gesehen – bedeutet. Es wird von den Einheimischen gerne „Land der tausend Berge" genannt. Diese Bezeichnung ist keineswegs eine liebevolle Übertreibung, denn überall zwischen Möhne und Ruhr im Norden sowie Sieg und Eder im Süden erheben sich dicht bewaldete Höhen, so weit das Auge reicht. Zusammen mit seinen südlichen Anhängseln, dem Wittgensteiner Land um Berleburg und dem Siegerland, sowie einem Teil des Bergischen Landes im Westen bildet dieser reizvolle Abschnitt des rechtsrheinischen Schiefergebirges die grüne Lunge der industriellen Ballungsräume an Rhein und Ruhr.

Als Teil des alten Variszischen Gebirges wurde das Sauerland in der Karbonzeit gefaltet und gehoben, im nachfolgendem Perm jedoch wieder bis auf das Fundament abgetragen. Später, im Tertiär, hob sich der eingeebnete Gebirgsrumpf wieder, und zwar am höchsten im Südosten. Dort erstreckt sich der dicht bewaldete Kamm des Rothaargebirges mit dem Langenberg (843 m) und dem Kahlen Asten (841 m), dessen Umgebung, Freunden des Wintersports ein Begriff ist. Tief haben sich die Flüsse dieser niederschlagsreichen Gegend in den Untergrund eingeschnitten. Die engen und windungsreichen Täler von Ruhr, Lenne, Hönne, Volme, Sorpe und vielen anderen Wasserläufen machen neben den „tausend" Bergen mit ihren Wäldern den besonderen Reiz des Sauerlandes aus; ebenso die zahlreichen Talsperren, allen voran die Wassersportparadiese des Biggesees und des Möhnesees, die zusammen mit zehn weiteren Stauseen der Wasserversorgung des rheinisch-westfälischen Industriegebietes dienen.
Das rauhe Klima mit seinen hohen Niederschlägen (1000 bis 1300 mm) läßt der Landwirtschaft nur wenig Spielraum. Deshalb hat man schon seit dem Mittelalter aus der Not eine Tugend gemacht und die Wasserkraft in den Tälern zur Verarbeitung der im Siegerland gefundenen Eisenerze genutzt. Daraus ist eine hochentwickelte Kleineisenindustrie mit den Zentren Hagen, Iserlohn, Olpe und Lüdenscheid entstanden. Landwirtschaft, vorwiegend Grünlandwirtschaft, wird heute hauptsächlich noch auf den Höhen betrieben, und die Einzelhöfe und ländlichen Weiler bilden einen auffälligen Kontrast zu den Industriesiedlungen in den Tälern.
Eines aber haben alle Ortschaften des Sauerlandes gemeinsam: Die meisten Dächer ihrer Häuser sind mit den überall vorkommenden grauen Schieferplatten gedeckt und meistens sind auch noch die Wetterseiten mit dem haltbaren Naturbaustoff beschlagen. Früher wurde der Schiefer im Tagebau gewonnen, heute muß man tief in den Berg einfahren, um den nützlichen Rohstoff zu gewinnen. Handwerkliches Können bei Schieferabbau und -verarbeitung sind auch in unserer hochtechnisierten Zeit nicht ganz durch Maschinen zu ersetzen. Die Schieferschneider

Fachwerkhäuser wie dieses gibt es noch sehr häufig im Sauerland.

behaupten, um den Stein in Platten und kunstvolle Formen zu spalten und zu schneiden, bedürfe es eines Gefühls dafür im Handgelenk.
Auf diese Weise wirken die schmucken alten Städte und Dörfer ausgesprochen gemütlich und teilweise sogar romantisch. Die meisten schönsten Fachwerkfassaden besitzt wohl das aus diesem Grund berühmt gewordene Städtchen Freudenberg im Siegerland, aber Bödefeld und Oberkirchen stehen ihm kaum nach. Einzigartig sind auch die herrlichen Fachwerk-Bauernhöfe in Eversberg, Assinghausen oder Kirchveischede. Typisch sind ihre mit allerlei Schnitzwerk verzierten Giebel und die gewaltigen Dielentore, deren Holzbalken häufig Inschriften tragen. Großartige Beispiele sakraler und profaner Baukunst gibt es im Sauerland nicht, wenn man einmal von den fast überall links und rechts der Straße stehenden kleinen romanischen Hallenkirchen absieht. Dafür war dieser abseits gelegene Raum in früheren Zeiten nicht wohlhabend genug. Ersatzweise kann man jedoch sehr schöne Tropfsteinhöhlen besichtigen, allen voran die Attahöhle bei Attendorn, eine der größten in Europa, und die Dechenhöhle in Letmathe. In der Balver Höhle wiederum wird gefeiert: Die 2000 qm große ehemalige eiszeitliche Wohnhöhle liefert den aparten Rahmen für das jährliche stattfindenden Jazzfestival. Unbedingt empfehlenswert ist ein Ausflug nach Soest, dessen frühromanischer St.-Patrokli-Dom sowie die Kirchen St. Maria zur Höhe und St. Maria zur Wiese in Westfalen ihresgleichen suchen. Um 1300 war Soest Westfalens bedeutendster Partner der Hanse; die mit zehn Toren und einer mächtiger – nahezu vollständig erhaltenen – Mauer befestigte Stadt liegt am Hellweg, dem vorgeschichtlichen Verbindungsweg zwischen Rhein und Weser, den Karl der Große zur Heerstraße ausbaute. Dies waren natürlich günstige Bedingungen für einen florierenden Handelsplatz, und so ließen sich in Soest zahlreiche Kaufleute nieder. Heute ist Soest eine freundliche Stadt, deren Stadtbild immer noch sehr mittelalterlich wirkt.
Kennern fällt bei Warstein das Wort „Bier" ein; aber das Städtchen, im Wald gleichen Namens ruhig gelegen, hat doch noch mehr zu bieten. Schnell ist der Möhnestausee erreichbar und auch zur interessanten Bilsteinhöhle mit ihren exotisch anmutenden Tropfsteingebilden ist es nicht weit.
In frühern Zeiten war das Sauerland eine eher ärmliche Land-

schaft; die Bauern mußten hart arbeiten um dem kargen Boden auch nur das nötigste abzuringen. Das ist wahrscheinlich der Grund dafür, daß man im Sauerland gern deftig ißt: Dunkles Brot, möglichst vom Holzfeuer mit Griebenschmalz; „Himmel und Erde", ein Eintopf aus Äpfeln und Kartoffeln; westfälischer Schinken, Blut- und Mettwurst mit hausgemachten Gürkchen. Auf den Kaffeetisch gehört die frische Waffel mit Kirschen und Sahne. Sauerländische Menüspezialitäten sind der gut gewürzten Braten und diverse Wildgerichte. Üblicher weise werden dazu Bier und Korn getrunken.

Zwischen Münden und Minden – das Weserbergland

Der Name Weserbergland ist in Deutschland eigenlich jedermann geläufig. Aber kaum jemand, der nicht gerade in dieser Gegend wohnt, vermag eigentlich mit einiger Bestimmtheit zu sagen, wo genau sie liegt. Das hängt wohl damit zusammen, daß das Weserbergland aus einer Fülle kleingekammerter Teilgebiete besteht, deren Vielfalt es dem Ortsfremden beinahen unmöglich macht, sich einen Überblick zu verschaffen. Aber gerade diese bunte Vielfalt ist es, die dem Weserbergland seine Reize verleiht. Das Weserbergland ist ein bis zu 500 m hohes Berg- und Hügelland, das sich zwischen den Städten Münden im Süden und Minden im Norden zu beiden Seiten der Oberweser erstreckt. Es bildet den am weitesten ins Norddeutsche Tiefland hineinragenden Abschnitt der deutschen Mittelgebirgslandschaften. Die Berührungslinie zwischen Bergland und Ebene ist ungewöhnlich markant ausgeprägt: Im Norden ragen die Bergketten des Wiehengebirges, des Wesergebirges, der Bückeberge, des Deister und des Hildesheimer Waldes aus dem Tiefland auf, und im Westen stoßen die Höhen des Teutoburger Waldes und des Eggegebirges an die flache Westfälische Tieflandsbucht. Der nördliche Gebirgsrand ist ein Teil der wichtigsten natürlichen Verkehrsleitlinie zwischen Ost- und Westeuropa. Zahlreiche alte Städte verdanken dieser Standortgunst ihre Entstehung. Sie liegen dort, wo die aus dem Gebirge kommenden Flüsse breite Pforten geschaffen haben, durch die die nordsüdlich ausgerichteten Verkehrslinien verlaufen: Hildesheim an der Innerste, Hannover an der Leine, Minden an der Porta Westfalica, dem berühmten Durchbruch an der Weser, und schließlich Osnabrück an der Hase. Charakteristisch für die Nordhälfte des Weserberglandes sind firstartige Bergzüge, die im Gebiet von Ith und Hils am typischsten ausgebildet sind. Im Untergrund lagernde Salzstöcke führten besonders im Lipper Bergland, im Pyrmonter Becken und im Eggegebirge zur Entstehung berühmter Heilbäder wie Bad Pyrmont, Bad Salzuflen oder Bad Oeynhausen und Bad Driburg. Der südliche Gebirgsteil besteht dagegen aus flachen Plateaus, die von einzelnen Bergzügen überragt werden. Im Zentrum erhebt sich eine bis zu 528 m (Große Blöße) aufgewölbte Buntsandstein-Hochfläche, die in die Waldgebiete von Solling, Vogler, Bramwald und Reinhardswald gegliedert ist.
Der reizvollste Teil des Weserberglands ist das Wesertal, das sich von Süden nach Norden in unzähligen Windungen durch das Gebirge zwängt. Ständig wechselnde Landschaft und viele schmucke Dörfer und alte Städte sorgen für sehr viel Abwechslung. Zu den besonderen Sehenswürdigkeiten links und rechts des Stroms gehört Münden am Zusammenfluß von Werra und Fiöda. aus denen hier die Weser entsteht. Die vielen gepflegten Fachwerkhäuser, mehrere Kirchen und ehemalige Befestigungstürme verleihen dem malerischen Stadtbild sein besonderes Gepräge.
Im Stadtbild finden sich die verschiedensten Baustile: Die gotische Kirche St. Blasien steht auf romanischen Fundementen, Schloß und Rathausfassade dagegen sind hervorragende Beispiele der berühmten Weserrenaissance.
Ein notorisch bekannter Bürger Mündens war der im 17. Jahrhundert lebende Doktor Eisenbart, ein „Heilkünstler", wie er sich nannte, welcher der Schulmedizin seiner Zeit weit voraus war. Die alljährlich im Sommer vor dem Rathaus stattfindenden Eisenbart-Spiele sollen an diesen prominentesten Bürger der Stadt erinnern; Sein Grabstein steht an der Nordseite der St. Aegidien-Kirche.
Weserabwärts folgt nächste Station die alte Hugenottensiedlung Bad Karlshafen mit ihrem barokken, auf dem Reißbrett entworfenen Grundriß. Reizvoll sind aber nicht nur das schöne Rathaus und das Invalidenhaus; man sollte unbedingt auch im Hotel „Zum Schwan" vorbeischauen, denn dort kommt das Beste auf Tisch und Teller, was die Gastronomie in Hessen zu bieten hat. Ein lohnenswertes Ziel ist weiter nördlich noch die Stadt Höxter, und zwar wegen des in der Nähe gelegenen Klosters Corvey. Das Westwerk der Klosterkirche ist das älteste erhaltene Bauwerk des frühen Mittelalters in Westfalen. In der Bibliothek war einst Hoffmann von Fallersleben, der Dichter des Deutschlandliedes, als Bibliothekar tätig. Über Bodenwerder, das romantische Münchhausenstädtchen, gelangt man schließlich zur berühmten Rattenfängerstadt Hameln mit ihren prachtvollen Bauten im Stil der Weserrenaissance. Als Abschluß der Weserfahrt empfiehlt sich ein Besuch der Porta Westfalica oberhalb Mindens. Besonder lohnenswerte Ausflugsziele sind die im nördlichen Gebirgsvorland gelegenen Städte Hildesheim mit der berühmten Michaeliskirche und dem Dom und Hannover mit seinen erstklassigen Museen (Niedersächsisches Landesmuseum und Kestner-Museum) sowie den phantastischen Herrenhäuser Gärten.
Im Innern des Berglands empfiehlt sich außerdem ein Besuch in Bückeburg und in Bad Pyrmont.

Der 330 Hektar große Sorpe-Stausee südlich von Arnsberg ist für Wassersportler ideal.

Das Hessische Bergland

Das Hessische Bergland ist eine der abwechslungsreichsten Landschaften der Mitteldeutschen Gebirgsschwelle. Es schiebt sich keilförmig zwischen das Rheinische Schiefergebirge im Westen und den Thüringer Wald im Osten. Seine zumeist flachen Bergrücken bestehen fast ausschließlich aus Buntsandstein, einem Schichtgestein des Erdmittelalters, dessen rötliche Färbung auf weiten Strekken landschaftsprägend ist. Der Fremdenverkehr steckt, abgesehen von wenigen Ausnahmen, noch weitgehend in den Kinderschuhen, aber gerade deshalb kann man hier Ruhe und Erholung vom Trubel der Großstadt finden. Der landschaftliche Abwechslungsreichtum des Hessischen Berglands beruht hauptsächlich darauf, daß die Buntsandsteinhöhen an vielen Stellen von kegelförmig herauspräparierten, erloschenen Vulkanschloten überragt werden. die häufig von weit her sichtbaren Burgen oder deren Überresten gekrönt sind. Am bekanntesten ist wohl die Amöneburg in beherrschender Lage über dem gleichnamigen alten Städtchen. Markante Basalthärtlinge überragen auch den 642 m hohen Kaufunger Wald ganz im Norden (Hirschberg und Bielstein), und über den Sedimenten des Meißners (745 m) ist das vulkanische Ergußgestein sogar als 160 m mächtige Decke ausgebreitet. Ebenfalls vulkanischen Ursprungs ist das Knüllgebirge 634 m) Mit seinen markanten Basaltschloten und -decken. Die größte geschlossene Basaltmasse Deutschlands bildet der Vogelsberg. Das Ergußgestein breitet sich hier als nahezu kreisrunde Decke über älteren Sedimenten aus, und die Flüsse strömen vom Zentrum des Gebirges strahlenförmig in alle Himmelsrichtungen. Am bekanntesten ist die von der Grenze zur DDR durchschnittene Rhön ganz im Südosten des Hessischen Berglands. Sie wird überragt von der 950 m hohen vulkanischen Wasserkuppe, einem beliebten Paradies der Segelflieger. Geradezu berühmt ist der nördliche Gebirgsteil, die sogenannte kuppige Rhön, denn kaum sonstwo sind vulkanische Härtlinge so landschaftsbestimmend wie hier. Ein unübertreffliches Beispiel ist das von der Milseburg überragte Gebiet zwischen Bad Hersfeld und Hünfeld, das als „Hessisches Kegelspiel" bezeichnet wird. Trotz seiner Kleinkammerung in zahlreiche Gebirgszüge ist das Hessische Bergland seit alters neben dem Mittelrheintal das wichtigste Durchgangsland zwischen dem Süden und dem Norden Deutschlands. Die Autobahn Frankfurt—Hannover verläuft mitten durch diesen Raum, ebenso die Eisenbahnverbindung zwischen den beiden Städten. Vorgezeichnet sind diese Verkehrswege durch die sogenannte Hessische Senke, eine Tiefenzone, die sich als natürliche Leitlinie vom Oberrhein bis ins nördliche Vorland des Weserberglands erstreckt. Freunde kultureller Sehenswürdigkeiten finden im Hessischen Bergland ein reichhaltiges Angebot interessanter alter Städte, Bauwerke und Museen. Im Norden lädt Kassel zu einem Besuch ein. Höhepunkt einer Stadtbesichtigung bilden das klassizistische Schloß Wilhelmshöhe mit seiner Gemäldegalerie Alter Meister (u.a. Werke von Rembrandt und van Dyck) und der berühmte Bergpark Wilhelmshöhe mit der künstlich errichteten Ruine Löwenburg, eines der großartigsten Beispiele barocker Gartenanlagen. Sehenswert ist auch die Karlsaue in der Fuldaniederung mit der Orangerie und dem Marmorbad; ebenso das Museum Fridericianum („Documenta"-Ausstellung). das Brüder-Grimm-Museum und das Hessische Landesmuseum. Fuldaaufwärts gelangt man über das teilweise noch ummauerte Fachwerkstädtchen Rotenburg nach Bad Hersfeld. Schöne alte Fachwerkhäuser am Marktplatz, das Renaissancerathaus und vor allem die Ruinen der 1761 von den Franzosen zerstörten Stiftskirche sind einen Halt wert. Ebenfalls an der Fulda liegt die gleichnamige alte Bischofsstadt, die hauptsächlich vom Barockstil geprägt ist. Als Prunkstück gelten der Dom des berühmten Johann Dientzenhofer und das Schloß, ehmals Residenz der Fürstbischöfe, ebenso der Rundumbau der St.-Michaelis-Kapelle aus karolingischer Zeit (820-822). Nördlich des Vogelbergs, am Flüßchen Schwalm, liegt das romantische Fachwerkstädtchen Alsfeld, ein einzigariges Beispiel bürgerlicher Architektur. Besonders berühmt ist das herrliche spätgotische Rathaus. Nicht minder sehenswert ist die Universitätsstadt Marburg an der Lahn mit seinen engen Gassen.

Schafherden sind auf den Hochflächen des Hessischen Berglandes keine Seltenheit.

Links und rechts des Mittelrheins

Zwischen Bonn und Mainz durchbricht der Rhein das nach ihm benannte Rheinische Schiefergebirge. Sein rund 140 km langes windungsreiches Engtal gehört zu den schönsten landschaftlichen Sehenswürdigkeiten in Deutschland, und seit vor über 180 Jahren die ersten Touristen aus England in diese einzigartige Gegend kamen, entwickelte sich das Mittelrheintal zu einem weltberühmten Fremdenverkehrsgebiet. Millionen von Besuchern durchfahren das Mittelrheintal Jahr für Jahr per Schiff, per Bahn oder mit dem Pkw. Im Ausland gilt dieser romantische Flußabschnitt sogar als typisch deutsche Landschaft schlechthin, obwohl sie in ihrer Art eigentlich eher einen Sonderfall darstellt. Vor dem Tertiär erstreckte sich dort, wo sich heute die Hochflächen und die Berge des Rheinischen Schiefergebirges befinden, eine ausgedehnte, flachwellige Ebene die vom Urrhein in trägem und windungsreichem Lauf durchflossen wurde. Als aber im Süden die Alpen entstanden, machten sich die dabei auftretenden riesigen tektonischen Kräfte auch weiter im Norden bemerkbar. Das vom Rhein durchflossene Tiefland wurde gehoben, und es entstand das heutige Schiefergebirge. Die Hebung ging jedoch so langsam vonstatten, daß der Fluß nicht abggedrängt wurde, sondern sich in das unter ihm aufsteigende Gelände einschneiden konnte. Auf diese Weise entstand das heutige Durchbruchstal mit seinen steilen, unmittelbar von beiden Stromufern aufsteigenden Hängen, die sich erst 250 und mehr Meter über dem Rhein abflachen und in die weiten Schiefergebirgshochflächen übergehen. Ähnlich wie dem Rhein erging es auch seinen Nebenflüssen, insbesondere der Sieg, der Ahr, der Mosel und der Lahn, und auf einer Mittelrheinfahrt sollten Abstecher in ihre Täler nicht fehlen.
Die Eingangspforte des Rheins in das Schiefergebirge ist das Binger Loch, wo der Strom die harten Quarzitrücken von Taunus und Hunsrück voneinander getrennt hat. Die Rebhänge des Rheingaus und die weinseligen Hügel Rheinhessens läßt der Fluß an dieser Stelle abrupt hinter sich, und sein enges Tal weitet sich erstmals wieder bei Koblenz im Neuwieder Becken. Unterwegs säumen zahlreiche berühmte Weinorte die schmalen Flußufer, an denen Straße und Bahnlinie kaum Platz finden:

Eltville, von den Römern gegründet („alta villa") und einst Residenz der Mainzer Kurfürsten, besitzt eine der schönsten Rheinpromenaden. Sehenswert ist die teilweise erhaltene Burg, in der eine Gedächtnisstätte an Johannes Gutenberg erinnert, der hier Zuflucht fand. Die gotische Pfarrkirche mit dem mächtigen Turm beherbergt einen interessanten Taufstein. Am ersten Juli-Sonntag findet das Sektfest statt, am dritten Oktober-Sonntag die Kappeskerb (Kirchweih). Die Rhein-Terrasse von Schloß Reinhartshausen in Eltville-Erbach bietet eine herrliche Aussicht. Lohnenswert ist ein Ausflug ins mittelalterliche Weindorf Kiedrich, in dessen Pfarrkirche St. Valentin sich die älteste spielbare Orgel Deutschlands befindet. In den Kellern des uralten Klosters Eberbach (Gründungsjahr 1116) reifen die edlen Spitzenweine der Staatlichen Domänenbauverwaltung.
Der größte Weinort des Rheingaus ist Oestrich-Winkel; Wahrzeichen ist der behäbige Rheinkran von 1652. Sehenswert sind vor allem das Schloß Reinhartshausen, ein ehemaliges Gut der Abtei Eberbach, sowie die St. Martins Kirche und das Rathaus. Das Graue Haus, das älteste deutsche Wohnhaus aus Stein (um 800), steht im Ortsteil Winkel. Im Schloß Vollrads finden exclusive Weinproben statt.
Rüdesheim ist wohl der bekannteste Weinort. In der weinseligen Drosselgasse, wo sich Touristen aus aller Welt ein Stelldichein geben, reihen sich die Weinschenken aneinander. In der ältesten rheinischen Wehranlage, der Brömserburg, befindet sich ein Weinmuseum mit schönen Trinkgefäßen; im Brömserhof kann man „Siegfrieds Mechanisches Musikkabinett" besichtigen. In 10 Minuten schwebt die Kabinenseilbahn hinauf zum Niederwald-Denkmal, das an die Gründungszeit des Deutschen Reichs 1871 erinnert.
Von der Qualität des besten deutschen Rotweins kann sich bei Weinpoben oder beim jährlichen viertägigen Rotweinfest, beginnend an Himmelfahrt, in Assmannshausen überzeugen. Gegenüber, am linken Rheinufer befindet sich Bingen mit dem sagenumwobenen Mäuseturm, der jedoch im 14. Jahrhundert als ganz profaner Zollturm errichtet wurde. Sehenswert auch die Rochuskapelle und die Burg Klopp.
Nomen est omen: Bacchi ara, Altar des Weines, war der römische Name des Städtchens Bacharach. Neun Wehrtürme und ein Teil des Mauerrings aus dem 14. Jahrhundert sind erhalten geblieben . Das

Wahrzeichen der Stadt ist die hochgotische Wernerkapelle; Das Alte Haus am Marktplatz ist das bekannteste Fachwerkhaus am Rhein und war Schauplatz vieler Filme und der Robert Stolz- Operette „Wenn die kleinen Veilchen blühen". Zum ersten mal erwähnt wurde die den Ort überragende Burg Stahleck 1135, heute ist sie eine Jugendherberge.
Die 67 km lange Rheingold-Straße ist eine überaus attraktive Autoroute; sie führt von Niederheimbach aus über rheinseitige Hunsrückhöhen und -täler zu berühmten Rhein- und Weinorten.
Bei Kaub steht auf der Rheininsel Pfalzgrafenstein die Pfalz, die im 14. Jahrhundert als Zollstation für die Schiffahrt erbaut wurde; berühmt wurde sie durch Blüchers Rheinübergang, dessen damaliges Hauptquartier man in der Stadt besichtigen kann.
Oberwesel wird auch die „Stadt der Türme" genannt: Neben der Stadtmauer sind 16 Wach- und Verteidigungstürme der Befestigungsanlage erhalten. Die Stifts- oder Liebfrauenkirche hat einen 74 m hohen Turm, der mächtige Glockenturm der St. Martinskirche gehörte einst zur Stadtmauer.
St. Goarshausen liegt unterhalb der berühmten Loreley und den Burgen Katz und Maus; hier lockt das Winzerfest in der Altstadt und die Pfingstkirmes viele Fremde an. Ein Lied hat St. Goar, die Schwesterstadt am anderen Rheinufer, berühmt gemacht: „Im Goldenen Löwen zu St. Goar...". Über der Stadt thront Rheinfels, eine der mächtigsten Rheinburgen.
In Kamp-Bornhofen ist der Ausgangspunkt der Loreley-Burgen-Straße, die durch den Taunus bis Sauerthal führte; Hier stehen die „Feindlichen Brüder", die Ruinen Sterrenberg und Liegenstein: Im Ort finden im September die Mittelrheinischen Musiktage statt.
Boppard an der großen Rheinschleife ist nicht nur vom Stadtbild her sehenswert, sondern auch ein bekanntes Kneipp-Heilbad. Eine Sesselbahn führt hinauf zum Vierseenblick.
Hoch über Braubach am linken Rheinufer steht die Marksburg, die einzige vollständig erhaltene Ritterburg am Mittelrhein, Sie beherbergt ein Museum und eine Burgschenke. Auch in Lahnstein, wo die Lahn in den Rhein mündet steht eine romantische Ritterburg: Auf Lahnstein finden im August/September die bekannten Burgfestspiele statt. Vorbei an Koblenz und am Deutschen Eck, geht es der Köln-Bonner Tieflandsbucht entgegen. Den letzten landschaftlichen Höhepunkt kurz vor Bonn bildet rechts des Stroms das vulkanische Siebengebirge mit dem Weltberühmten Drachenfels.

Feste und Bräuche

Fastnacht: Kölner Karneval, Mühlenritt der Narrenakademie Dülken in Dülken bei Viersen (11. November). Bergmannsfastnacht im Harz.
Winteraustreiben: Walpurgisfest in Bad Grund/Harz (30. April), Osterfeuer in Wildemann (Karsamstag).
Maibräuche: Maiabendfest in Bochum, Mailehen in Hennef-Stoßdorf/Sieg und Linnich/Rheinland.
Osterbräuche: Eierlage in Schönecken/Eifel und Eierketten in Berfeld am Vogelsberg.
Wallfahrten, Prozessionen, Umritte: Blutprozession in Gerresheim, Ortsteil von Düsseldorf (Sonntag nach Fronleichnam), Mühlheimer Gottestracht, in Köln-Mühlheim.
(Fronleichnam) und Gymnicher Ritt in Erfstadt (Christi Himmelfahrt).
Patronatsfeste: St.-Anna-Fest in Düren (26. Juli), Rochusfest in Bingen (August), Ludgerusfest in Essen-Werden und Irmgardisoktav in Viersen (September), Lullusfest in Bad Hersfeld (Oktober).
Sommerfeste: Brunnenfeste in Iserlohn (Pfingsten) und Mettmann (Oktober), Johannisfeste in Eschwege und Wildemann/Harz (24. Juni), Cranger Kirmes inHerne und Blumenkorso in Bad Ems (August).
Schützenfest: In Mettmann (April), Düsseldorf und Hückeswagen (Juli), Wildemann/Harz, Hennef-Stoßdorf/Sieg, Neuss, Krefeld-Linn, Eschwege und Linnicher Bronk in Linnich (Wochenende nach Pfingsten).
Kinder und Schulfest: Radschläger-Turnier in Düsseldorf (August).
Zunfttage und Gildefeste: Reinoldusfest der Steinhauergilde in Lindlar/Bergisches Land (Januar), Rheinisches Fischerfest in Gernsheim.
Fest mit lokalhistorischer Bedeutung: Bäckerjungenfest in Andernach (Juni).
Grenzgangfeste: In Biedenkopf/Lahn (August).
Winzerfeste: Weinblütenfest in Neumagen-Dhron und Oberdollendorf bei Königswinter (Juni), Winzerfest in Boppard, Brauchbach und Königswinter (September/Oktober).
Märkte, Messen: Kiliansmarkt in Korbach/Hessen (Juni), Prämienmarkt in Lauterbach (um Fronleichnam), Vieh- und Jahrmarkt in Grebenstein, Ochsenfest in Wetzlar (Juli), Gallusmarkt in Grunberg/Hessen (August), Pützchens-Markt in Bonn-Beuel, Zöppkesmarkt in Solingen (September).

Weinberge, idyllische Örtchen und romantische Burgen leuchten in den Abendstunden an der Mosel in malerischen Farben.

Freizeithotels in Deutschlands Mitte

Orte nach Regionen geordnet	Sport: Tennisplatz	Tennishalle	Reitplatz	Reithalle	Angeln	Wassersport	Fahrradverleih	Kegelbahn	Golf	Hotelname, Ort und Tel.-Nr.	Redaktion Seite ...	Der besondere Hotelservi
Ruhrgebiet												
									●	**Parkhotel Krefelder Hof** 4150 Krefeld, Tel. 0 21 51/58 40 53		
										Wald- und Golfhotel Lottental 4630 Bochum 1, Tel. 02 34/79 10 55-59		Schießplatz im Hotel
								●		**Parkhotel Wittekindshof** 4600 Dortmund 1, Tel. 02 31/59 60 81		
							●			**Romantik-Hotel Lennhof** 4600 Dortmund 50, Tel. 02 31/7 57 26		
Bergisches Land												
							●			**Rheinstern Penta Hotel** 4000 Düsseldorf 11, Tel. 02 11/5 99 70		
										Hotel Inter-Continental Düsseldorf 4000 Düsseldorf, Tel. 02 11/45 53-0		
	●						●	●		**Hotel Gut Höhne** 4020 Mettmann, Tel. 0 21 04/7 50 06 + 7 22 37		Töpferkurse, Brotbackkurse
										Hotel Haus Juliana 5600 Wuppertal, Tel. 02 02/64 75-0		Golfwochen oder -wochenenden
	●							●		**Haus Frommann, Ringhotel Halver** 5884 Halver-Carthausen, Tel. 0 23 53/6 11		
										Hotel Inter-Continental 5000 Köln 1, Tel. 02 21/2 28-0		Discothek
										Hotel-Restaurant Winterscheider Mühle 5207 Ruppichteroth-Wintersch., T. 0 22 47/30 40		Golf-Arrangements
								●		**Park-Hotel Nümbrecht** 5223 Nümbrecht, Tel. 0 22 93/28 88		geführte Wanderungen Hüttenabende, Discothek
								●		**Hotel zur Post** 5276 Wiehl, Tel. 0 22 62/90 91	77	
	●		●					●		**Schloß Auel Hotel und Restaurant** 5204 Lohmar-Wahlschei., T. 0 22 06/20 41 43		
	●							●		**Hotel Bähner** 5241 Niederfischbach, Tel. 0 27 34/65 46-47		kulinarischer Jahreskalender
Sauerland												
							●	●		**Ring-Hotel Zweibrücker Hof** 5804 Herdecke, Tel. 0 23 30/40 21		
							●	●		**Dorint Hotel Sauerland** 5760 Arnsberg 1, Tel. 0 29 32/2 60 31 + 20 01		Discothek
						●	●			**Silencehotel Torhaus Möhnsee** 4473 Möhnsee-Delecke, Tel. 0 29 24/6 81	65	
						●	●			**Silence-Kurhotel Gut Funkenhof** 5768 Altenhellefeld, Tel. 0 29 34/10 12		
							●	●		**Maritim Hotel Schnitterhof** 4772 Bad Sassendorf, Tel. 0 29 21/59 90	64	Floßfahrten, Fesselballonfahrten, Fotosafari
							●			**Hotel Waldwinkel** 4798 Bleiwäsche, Tel. 0 29 53/5 44		Geführte Wanderungen Schönheits- u. Schlankheitswochen
		●								**Hotel Schloß Gevelinghausen** 5778 Olsberg-Gevelingh., T. 0 29 04/80 30		
					●			●		**Hotel-Restaurant Faerber Luig** 5940 Bilstein, Tel. 0 27 21/8 00 00		geführte Wanderungen, Grillabende, Rundfahrten
	●	●								**Waldhotel Willingen** 3542 Willingen, Tel. 0 56 32/60 16-7	66	geführte Wanderungen, Garten- und Grillfeste
		●		●			●			**Kur- und Sporthotel Kölner Hof** 3542 Willingen, Tel. 0 56 32/60 06		geführte Wanderungen, Grillabende
								●		**Romantik-Hotel Stryckhaus** 3542 Willingen-Stryk, Tel. 0 56 32/60 33-35		
										Posthotel Usseln, Ringhotel Willingen 3542 Willingen 1, Tel. 0 56 32/50 41		
										Zum Hohen Eimberg 3542 Willingen, Tel. 0 56 32/60 94 - 60 95		Wanderungen, Grillparties
							●			**Gasthof Voss,** 5940 Lennestadt 1 – Saalhausen, Tel. 0 27 23/81 14-15		
	●							●		**Burghotel Schnellenberg** 5952 Attendorn, Tel. 0 27 22/69 40	67	geführte Wanderungen, Rittertage
	●	●	●	●				●		**Sporthotel „Haus Platte“** 5952 Attendorn-Niederhelden, T. 0 27 21/13 10	68	Planwagen- und Schlittenfahrten, Grill- und Unterhaltungsabende
										Berghotel Hoher Knochen 5948 Schmallenb.-Westf., T. 0 29 75/4 97 + 4 98		
					●	●		●		**Landhotel Struck** 5952 Altendorn, Tel. 0 27 21/15 23		geführte Wanderungen, Hüttenabende Kutsch- u. Planwagenfahrten

Sauna	Solarium	Schwimmbad	Massage	Kosmetik	Kinderfreundlich	Kinderbetreuung	Behindertengeeig.	Tiere erlaubt	Lage: Stadt	Lage: Land	Gebiet: Wandern	Gebiet: Langlauf	Gebiet: Ski Alpin	Tennisplatz	Tennishalle	Reitplatz	Reithalle	Angeln	Wassersport	Wellenbad	Schießplatz	Drachenfliegen	Segelflugplatz	Golf
•	•	•	•		•		•	•	•		•			•		•		•	•	•	•		•	
•	•	•			•			•	•		•			•	•	•	•	•	•	•	•	•	•	•
•	•				•			•	•					•	•	•			•					•
•	•	•	•		•			•	•					•	•	•	•		•	•	•			•
•	•	•	•		•			•	•		•			•	•	•	•	•	•		•			•
•	•	•	•	•	•		•	•	•					•	•	•	•			•				•
•	•	•			•		•	•		•	•			•	•	•	•	•						•
•	•	•	•	•	•			•	•					•	•	•	•				•			•
•	•	•			•			•		•	•	•		•	•	•	•	•		•			•	•
•	•	•	•						•					•	•	•	•		•		•		•	•
•	•	•			•		•	•		•	•	•		•	•	•	•	•				•		•
•	•	•	•	•	•		•	•		•	•			•		•		•						
•	•	•	•		•			•		•	•	•						•						
•		•						•		•	•			•	•	•	•	•						
•	•	•			•					•	•	•		•	•			•					•	•
•	•	•			•			•		•	•			•		•			•					•
•	•	•			•		•	•		•	•			•	•						•			•
								•		•	•			•	•	•	•	•	•				•	•
•	•	•	•		•		•			•	•	•		•		•	•							
•	•	•	•	•	•		•	•		•	•			•		•							•	•
•	•	•	•	•	•		•	•		•	•	•		•	•	•	•	•						
•	•	•			•			•		•	•	•			•		•							
•	•	•			•					•	•	•	•	•	•			•	•					
•	•	•	•		•			•		•	•	•	•	•		•		•	•		•	•		
•	•	•	•		•		•	•		•	•	•	•	•		•		•	•		•	•		
•	•	•	•	•	•		•	•		•	•	•	•	•	•	•	•	•	•			•	•	•
•	•	•			•					•	•	•	•	•	•			•				•		
•	•	•			•			•		•	•	•	•	•	•	•	•					•		
•	•	•	•				•			•	•	•		•				•			•	•		
			•		•			•		•	•	•		•				•	•					
•	•	•			•		•	•		•	•	•		•	•			•			•		•	
•	•	•			•			•		•	•	•		•	•	•	•			•		•	•	•
•	•	•	•		•					•	•	•	•			•	•							

Freizeithotels in Deutschlands Mitte

Orte nach Regionen geordnet

Sauerland

Tennisplatz	Tennishalle	Reitplatz	Reithalle	Angeln	Wassersport	Fahrradverleih	Kegelbahn	Golf	Hotelname, Ort und Tel.-Nr.	Redaktion Seite …	Der besondere Hotelservi[ce]
•		•	•	•					**Gasthof Schütte Ringhotel Oberkirchen** 5948 Schmallenberg-Oberk., T. 02975/820	70	geführte Wanderungen Hüttenabende, Gala Buffet
•		•				•	•		**Sporthotel Droste** 5948 Schmallenb.-Grafsch., T. 02972/1081-83		Ferienprogramme, Discothek
•		•				•	•		**Ferienhotel Stockhausen** 5948 Schmallenb.-Selingh., T. 02971/820		Kinderprogramme, Kutsch-, Plan- und Pferdeschlittenfahrten, Kegelabende
		•						•	**Hotel Knoche** 5948 Rimberg, Tel. 02974/7770	76	Wanderwochen, Wild- und Schlachtfest wochenende, Hüttenabende
				•		•			**Hotel Deimann zum Wilzenberg** 5938 Schmallenb.-Winkhausen, T. 02975/810	71	geführte Wanderungen, Kutsch- und Pferdeschlittenfahrten
•						•			**Silencehotel Waldhaus** 5948 Schmallenb.-O., Tel. 02975/8040	74	Waldhauszeitung mit aktuellen Tagestips
				•					**Hotel Hanses Bräutigam** 5948 Latrop/Schmallenberg, Tel. 02972/5037		
•				•		•			**Hotel Tommes** 5948 Schmallenb.-Nordenau, T. 02975/220	69	Mountainbikes, Grillfeste
•						•			**Kur- und Sporthotel Gnacke** 5948 Schmallenb.-Nord., T. 02975/444	72	Kurmittelabteilung, Ausflugshütte
						•	•		**Heidehotel Hildfeld** 5788 Winterberg-Hildfeld, Tel. 02985/8373-44		Schneewochen, Tennisurlaub, Preisschießen und -Kegeln
	•						•		**Dorint Ferienpark Winterberg-Neuastenb.** 5788 Winterb.-Neuastenberg, T. 02981/2033		Kinderhort, Tennisschule, Discothek
•	•						•		**Sporthotel Kirchmeier** 5788 Winterberg 8, Tel. 02981/8050		Skischule, ganzjährige Tenniswochen, Discothek
							•		**Hotel Cramer** 5788 Winterberg-Niedersfeld, Tel. 02985/471		Wochenendarrangements, Vollwertkost
•						•		•	**Waldhaus** 5788 Winterberg, Tel. 02981/2042		Akupunktur, Wanderungen, Kochkurse, Schönheitswochen
									Appart-Hotel „Zur Bobbahn“ 5788 Winterberg, Tel. 02981/806-0		Animationsprogramm je nach Jahreszeit
				•		•	•		**Hotel Schulte-Werneke** 5788 Siedlingh. b. Winterberg, T. 02983/8266		Hüttenabende, geführte Wanderungen, Ski-, Langlauftouren
•	•			•		•	•		**Jagdhof Glashütte** 5928 Bad Laasphe-Glashütte, T. 02754/8814		Waldwanderungen, Ballonfahrten, Skilanglaufkurs, Jagdarrangements, Kosm[etik]
				•	•	•	•		**Kur- und Sporthotel Der Rothaar Treff** 5928 Laasphe, Tel. 02752/1050		Erlebniswochenende

Hessisches Bergland

Tennisplatz	Tennishalle	Reitplatz	Reithalle	Angeln	Wassersport	Fahrradverleih	Kegelbahn	Golf	Hotelname, Ort und Tel.-Nr.	Redaktion Seite …	Der besondere Hotelservi[ce]
									Dorint Schloßhotel Arolsen 3548 Arolsen, Tel. 05691/3091		Vollwertkost, Schönheits-Kurse Vollwert-Koch- u. Backkurse
							•		**Schloßhotel Wilhelmshöhe** 3500 Kassel, Tel. 0561/30880		
•				•		•			**Hotel „Die Hardtmühle“** 3590 Bad Wildungen, Tel. 05626/741		Waldwanderungen, Fahrradtouren, div. Kurmöglichkeiten
•	•						•		**Sportschule-Sporthotel** 6310 Grünberg, Tel. 06401/8020		

Westerwald und Siebengebirge

Tennisplatz	Tennishalle	Reitplatz	Reithalle	Angeln	Wassersport	Fahrradverleih	Kegelbahn	Golf	Hotelname, Ort und Tel.-Nr.	Redaktion Seite …	Der besondere Hotelservi[ce]
•	•	•	•			•	•		**Golfhotel Gestüt Waldbrunnen** 5461 Windhagen-Rederscheid, T. 02645/150		Schönheitsfarm, Ferienprogramme Discothek
	•						•		**Sporthotel Zugbrücke Grenzau** 5410 Höhr-Grenzhausen, Tel. 02624/105-0		Discothek
•		•	•						**Silencehotel Heinz** 5410 Höhr-Grenzhausen, Tel. 02624/3033		
•	•						•		**Hotel Rhein-Lahn Dorint** 5420 Lahnstein, Tel. 02621/151		
							•		**Komforthotel Haus Westerwald** 5451 Ehlscheid, Tel. 02634/2626-2278	78	
•	•	•	•		•		•		**Schloßhotel Weilburg** 6201 Weilburg, Tel. 0641/82017		Wasserwandern, Feinschmeckerwochenenden
•	•					•	•		**Hotel Wettenberg** 6301 Wettenberg 1, Tel. 0641/82017	87	Planwagenfahrten, Tanzabende, Feinschmeckerwochenenden
							•		**Hotel Tannenhof** 6342 Haiger/Flammersbach, T. 02773/5011		Grillabende

…eisniveau	Sauna	Solarium	Schwimmbad	Massage	Kosmetik	Kinderfreundlich	Kinderbetreuung	Behindertengeeig.	Tiere erlaubt	Lage: Stadt	Lage: Land	Gebiet: Wandern	Gebiet: Langlauf	Gebiet: Ski Alpin	Sport in der Nähe: Tennisplatz	Tennishalle	Reitplatz	Reithalle	Angeln	Wassersport	Wellenbad	Schießplatz	Drachenfliegen	Segelflugplatz	Golf
	•	•	•	•		•			•		•	•	•		•		•	•	•		•			•	•
B	•	•	•	•	•	•		•	•		•	•	•	•	•	•			•	•		•	•	•	
B	•	•	•		•	•	•	•	•		•	•	•	•		•		•			•			•	
B	•	•	•			•					•	•	•	•	•	•	•	•	•	•	•			•	•
B	•	•	•	•	•	•		•	•		•	•	•	•	•	•	•	•	•		•			•	•
B	•	•	•			•			•		•	•	•		•	•	•	•			•	•			•
B	•	•	•			•	•				•	•	•		•										
B	•	•	•			•			•			•	•	•					•						
B	•	•	•	•	•	•		•	•		•	•	•	•			•	•	•		•			•	•
	•	•	•	•		•		•	•		•	•	•	•	•				•	•					•
B	•	•	•	•	•	•	•		•		•	•	•	•			•					•	•		•
B	•	•	•			•		•	•		•	•	•	•			•					•			
B	•	•	•	•		•			•		•	•	•	•	•			•	•	•					
B	•	•	•	•	•	•	•		•		•	•	•	•	•		•	•	•	•		•	•		•
B	•	•		•		•	•	•	•		•	•	•	•	•	•	•	•	•				•		•
		•				•		•	•		•	•	•	•	•				•	•		•	•		•
B	•	•	•	•	•	•	•		•		•	•	•		•	•	•		•			•		•	•
B	•	•	•	•		•		•	•		•	•	•		•	•	•	•	•			•		•	

B	•	•	•	•	•	•			•		•	•			•	•	•	•	•	•		•		•	
B	•	•	•	•		•			•	•		•	•		•		•			•					•
B	•	•	•	•		•			•		•	•			•	•	•	•	•			•		•	•
B	•	•	•			•			•		•	•			•		•	•	•			•		•	

B	•	•	•	•	•	•		•	•		•	•							•					•	•
B	•	•	•	•				•			•	•			•		•		•			•			
B	•	•	•	•	•	•					•	•			•				•			•		•	•
B	•	•	•		•	•		•	•		•	•			•	•	•	•	•			•			•
A	•	•	•			•			•		•														
B	•	•	•			•				•		•	•		•	•	•	•	•	•		•		•	•
B	•	•	•	•		•		•	•		•	•					•	•	•						
B	•	•	•					•			•	•													

Freizeithotels in Deutschlands Mitte

Orte nach Regionen geordnet	Sport: Tennisplatz	Tennishalle	Reitplatz	Reithalle	Angeln	Wassersport	Fahrradverleih	Kegelbahn	Golf	Hotelname, Ort und Tel.-Nr.	Redaktion Seite …	Der besondere Hotelserv
Eifel												
	●				●			●		**Hotel Paulushof** 5107 Simmerath-Rurberg, Tel. 0 24 73/22 57		
										Silencehotel Landhaus Kallbach 5165 Hürtgenwald, Tel. 0 24 29/12 74-75	80	
								●		**Hotel zum alten Forsthaus** 5165 Hürtgenw.-Vossenack, Tel. 0 24 29/78 22		
	●	●						●		**Sporthotel Kommern** 5353 Mech.-Kommern, Tel. 0 24 43/50 95-98		Tennisschule
										Park-Hotel Kurpark-Restaurant 5358 Bad Münstereifel, Tel. 0 22 53/31 40		Ballspiele mit Gästen
	●				●	●		●		**Hotel Haus Hubertus,** 5411 Riedener Mühlen Hauptstr. 3, Tel. 0 26 55/14 84	81	geführte Wanderungen, Hüttenabende Koch- und Töpferkurse
										Hotel zur Post 5481 Altenahr, Tel. 0 26 43/20 98-99		
								●		**Hotel und Weinhaus Lochmühle** 5481 Mayschloß, Tel. 0 26 43/13 45-46		
							●			**Dorint Hotel Am Dahliengarten** 5483 Bad Neuenahr, Tel. 0 26 41/23 25		
			●		●		●	●	●	**Ferienhotel Wiedenhof** 5521 Baustert, Tel. 0 65 27/7 11		Tagesausritte, Ballonflüge, Planwagenfahrten, gef. Wanderungen
	●	●	●	●			●	●		**Eifel-Ferienpark Daun** 5568 Daun, Tel. 0 65 92/71 30		geführte Wanderungen, Grillabende, Kindergarten, Discothek
						●				**Kurfürstliches Amtshaus** 5568 Daun, Tel. 0 65 92/30 31		Feinschmeckerwochenende, Rittermahle
	●				●	●	●			**Hotel Molitors Mühle** 5561 Eisenschmitt-Eichelhütte, T. 0 65 67/5 81	82	kostenloses Angeln in eigenen Gewässern
	●						●	●		**Eifel Sporthotel** 5521 Gondorf, Tel. 0 65 65/20 51	84	Discothek
	●		●					●		**Hotel Burg Bollendorf** 5521 Bollendorf, Tel. 0 65 26/6 90		Gästeprogramme für Kurz- und Langzeitaufenthalt, Discothek
	●	●			●	●	●	●		**Dorint Sporthotel Südeifel** 5521 Biersdorf, Tel. 0 65 69/8 41		Kurse in Bauernmalerei, Batiken Glasritzen, Discothek
Zwischen Mosel, Rhein und Nahe												
							●			**Hotel Eurener Hof** 5500 Trier, Tel. 06 51/8 80 77		
										Hotel Nicolay Zur Post 5553 Zeltingen, Tel. 0 65 32/23 15 + 24 66		zahlreiche Gästeveranstaltungen
							●	●		**Ürziger Würzgarten** 5564 Ürzig/Mosel, Tel. 0 65 32/20 83		Weinbergwanderungen, Weinproben Grillabende
	●	●		●				●		**Hotel Klostergut Jakobsberg** 5407 Boppard, Tel. 0 67 42/30 61-69		Rittermahle, Schiffstouren
										Schloß-Hotel auf Burg Rheinfels 5401 St. Goar, Tel. 0 67 41/20 71-73	85	Mittelalterliche Arrangements, z.B. „Rittertafel“
	●		●	●	●	●				**Best Western Bellevue Rheinhotel** 5407 Boppard 1, Tel. 0 67 42/10 20		Weinseminare, Burgwandern, mittelalt. Klostermahl, Kneippanwendung
	●	●						●		**Hotel Mosel Hotelpark** 5550 Bernkastel-Kues, Tel. 0 65 31/20 11		Tennisschule, Weinseminar, 40 Ferienappartements, Discothek
	●									**Hotel Jagdschloß Niederwald** 6220 Rüdesheim, Tel. 0 67 22/10 04		
	●	●					●	●		**Sporthotel Kurzentrum** 6649 Weiskirchen, Tel. 0 68 76/70 80		Penthouse-Sauna, Hot-Whirlpool, Squash
	●						●	●		**Seehotel Weingärtner, Ringhotel Bostalsee** 6697 Nohfelden-Bosen, Tel. 0 68 52/16 01		zahlreiche Gästeprogramme, Discothek
					●					**Silencehotel Forellenhof** 6571 Reinhartsmühle, Tel. 0 65 44/3 73		kostenloses Angeln
								●		**Steigenberger Hotel Kurhaus** 6550 Bad Kreuznach, Tel. 06 71/20 61		Discothek
							●			**Kurhotel Krone** 6552 Bad Münster am Stein, Tel. 0 67 08/20 22		
Taunus und Rhein-Main-Gebiet												
								●		**Hilton International Mainz** 6500 Mainz, Tel. 0 61 31/24 50		Wäscherei, Reinigung, Casino, Discothek
	●						●			**Hotel Kurmainz** 6500 Mainz-Finthen, Tel. 0 61 31/49 10		Röm. Dampfbad, Zimmer-Safe, Föhn
	●									**Burkartsmühle-Landhotel** 6238 Hofheim, Tel. 0 61 92/2 50 88-89		Tenniskurse
	●									**Hotel Sonnenhof** 6240 Königstein, Tel. 0 61 74/2 90 80		

Sauna	Solarium	Schwimmbad	Massage	Kosmetik	Kinderfreundlich	Kinderbetreuung	Behindertengeeig.	Tiere erlaubt	Lage: Stadt	Lage: Land	Gebiet: Wandern	Gebiet: Langlauf	Gebiet: Ski Alpin	Sport in der Nähe: Tennisplatz	Tennishalle	Reitplatz	Reithalle	Angeln	Wassersport	Wellenbad	Schießplatz	Drachenfliegen	Segelflugplatz	Golf
•	•	•			•		•	•		•	•	•	•	•		•	•	•	•		•			
•	•	•			•			•		•	•	•		•	•	•	•	•	•			•		•
•	•	•	•	•	•		•	•		•	•			•		•	•	•	•		•		•	
•	•	•	•		•			•		•	•					•	•							
•	•	•	•		•			•	•		•			•		•		•	•					•
•	•	•	•		•			•		•	•			•		•	•	•	•				•	•
•	•	•			•			•		•	•			•		•		•						
•	•	•			•			•		•	•			•		•		•						•
•	•	•			•		•	•		•	•			•		•		•	•		•		•	•
•	•	•			•		•	•		•	•			•	•			•	•				•	
•	•	•	•	•	•			•		•	•	•		•		•		•	•		•	•	•	•
•	•	•	•	•	•			•		•	•	•		•	•	•	•	•	•		•	•	•	•
•	•	•	•	•	•			•		•	•	•			•	•	•	•	•		•	•		
•	•	•			•			•		•	•	•												
•	•				•			•		•	•			•				•	•		•		•	
•	•	•			•			•		•	•					•	•	•	•		•			
•	•	•									•			•	•	•	•	•	•				•	
•	•	•			•			•		•	•			•				•	•			•	•	
•	•	•			•		•	•		•														
•	•	•	•	•	•		•	•		•	•			•		•		•			•			
•	•	•	•		•	•		•	•		•			•	•			•	•				•	•
•	•	•	•		•		•	•	•		•			•										
•	•	•	•	•	•		•	•		•	•			•	•			•	•			•	•	•
•	•	•			•			•		•	•			•									•	•
•	•	•	•	•	•		•	•		•	•			•				•						
•	•	•			•		•	•		•	•			•		•		•	•				•	
•	•				•		•			•	•	•		•	•			•						
•	•	•	•	•	•		•	•	•		•			•	•	•	•	•		•				•
•	•	•	•		•			•	•		•			•				•						•
•	•	•	•	•	•		•	•	•		•			•	•	•	•	•	•	•	•		•	•
•	•	•	•	•	•	•	•	•	•		•			•	•	•	•							
•	•	•	•		•			•		•	•			•	•	•	•							•
•	•	•						•		•	•	•								•			•	•

Freizeithotels in Deutschlands Mitte

Orte nach Regionen geordnet	Sport: Tennisplatz	Tennishalle	Reitplatz	Reithalle	Angeln	Wassersport	Fahrradverleih	Kegelbahn	Golf	Hotelname, Ort und Tel.-Nr.	Redaktion Seite ...	Der besondere Hotelservi
Taunus und Rhein-Main-Gebiet												
	●						●	●		**Gasthof-Sporthotel Erbismühle** 6495 Weilrod-Neuweilnau, Tel. 0 60 83/28 80		hoteleigener Skilift mit Flutlicht
								●		**Hotel am Hochwald GmbH** 6350 Bad Nauheim, Tel. 0 60 32/34 80		
										Maritim Kurhaus Hotel 6380 Bad Homburg, Tel. 0 61 72/2 80 51		
						●	●	●		**Parkhotel Atlantis** 6074 Rödermark-Ober-Roden, T. 0 61 06/7 40 11	86	
Vogelsberg, Rhön, Spessart												
								●		**Hotel am Kurpark** 6430 Bad Hersfeld, Tel. 0 66 21/16 40		Römer-Therme, Sole-Erlebnisbad
	●		●	●	●		●	●		**Hessen Hotelpark Hohenroda GmbH** 6431 Hohenroda, Tel. 0 66 76/5 11		geführte Wanderungen, Hüttenabende, Reiter- und Animationsprogramme
								●		**Maritim Hotel Am Schloßgarten** 6400 Fulda, Tel. 06 61/28 20		
	●	●			●			●		**Hotel Zum Stern** 6435 Oberaula, Tel. 0 66 28/80 91		Tenniswochen, Grillabende, Golf-wochen, Schönheitswochen
		●					●	●		**Sporthotel Vogelsberg** 6326 Alsfeld-Romrod, Tel. 0 66 36/8 90		Tennisschule, Aerobic-Kurse, Blumen-steck-, Kosmetik- und Kochkurse
	●							●		**Kurhotel Gersfelder Hof** 6411 Gersfeld, Tel. 0 66 34/70 11	91	
	●	●								**Ahorn Kur- und Sporthotel** 6427 Bad Salzschlirf, Tel. 0 66 48/5 20		FKK-Gelände, Tenniswochen, Frischze kur, Discothek, Body-Building-Center
								●		**Rhön-Hotel Sinai** 6416 Poppenhausen-Wasserk., T. 0 66 58/5 11		
										Silencehotel Hohenzollern 6482 Bad Orb, Tel. 0 60 52/8 00 60	89	
				●				●		**Steigenberger Kurhaus-Hotel** 6482 Bad Orb, Tel. 0 60 52/8 80		Umfangreiches Unterhaltungsprogram
	●	●						●		**Rhön-Park-Hotel** 8741 Hausen-Roth, Tel. 0 97 79/91-0		geführte Wanderungen, Animations-Programme, Kurse, Schönheitswochen
	●									**Panorama Hotel Heimbuchenthaler Hof** 8751 Heimbuchenthal, Tel. 0 60 92/70 58		
								●		**Hotel Restaurant Schloßberg** 8755 Alzenau-Wasserlos, Tel. 0 60 23/10 58	90	
	●						●			**Hotel Schmitt** 8761 Mönchberg, Tel. 0 93 74/3 83		Kutschfahrten, geführte Wanderungen, Unterhaltungsmusik mit Tanz
	●	●					●	●		**Dorint Kurhotel Bad Brückenau** 8788 Bad Brückenau, Tel. 0 97 41/8 50		Tennisschule, Rhön-Wanderwochen, Kochseminar, Anti-Streß-Diätwochen
			●	●	●	●				**Spessarthotel Gut Dürnhof** 8786 Rieneck, Tel. 0 93 54/10 01		geführte Wanderungen, Reitpferde, Ang Ausflüge, Kurse, Kutschfahrten

Sauna	Solarium	Schwimmbad	Massage	Kosmetik	Kinderfreundlich	Kinderbetreuung	Behindertengeeig.	Tiere erlaubt	Lage: Stadt	Lage: Land	Gebiet: Wandern	Gebiet: Langlauf	Gebiet: Ski Alpin	Sport in der Nähe: Tennisplatz	Tennishalle	Reitplatz	Reithalle	Angeln	Wassersport	Wellenbad	Schießplatz	Drachenfliegen	Segelflugplatz	Golf
●	●	●	●		●		●	●	●		●	●		●	●	●	●	●		●			●	●
●	●	●	●		●	●	●	●			●			●		●		●		●			●	●
●	●	●	●		●		●	●	●		●			●		●								●
●	●	●			●			●		●	●	●		●	●	●		●	●		●		●	●

Sauna	Solarium	Schwimmbad	Massage	Kosmetik	Kinderfreundlich	Kinderbetreuung	Behindertengeeig.	Tiere erlaubt	Lage: Stadt	Lage: Land	Gebiet: Wandern	Gebiet: Langlauf	Gebiet: Ski Alpin	Sport in der Nähe: Tennisplatz	Tennishalle	Reitplatz	Reithalle	Angeln	Wassersport	Wellenbad	Schießplatz	Drachenfliegen	Segelflugplatz	Golf
			●	●	●		●	●	●		●			●	●	●	●	●	●		●		●	●
●	●	●			●	●	●	●		●	●	●											●	
●	●	●	●		●		●	●	●		●	●		●	●								●	●
●	●	●		●	●		●			●	●	●		●	●	●	●	●			●			●
●	●	●	●		●	●		●		●	●	●		●		●		●						
●	●	●	●		●	●		●		●	●	●	●	●	●	●	●	●			●	●	●	●
●	●	●	●	●	●	●		●		●	●	●						●		●				
●	●	●	●	●	●		●	●		●	●	●	●	●				●	●			●	●	●
●	●	●	●					●	●		●	●		●	●			●			●			●
●	●	●		●					●		●	●		●	●	●	●	●			●			●
●	●	●	●	●	●	●		●		●	●	●				●	●					●	●	
●	●	●								●	●			●										
		●			●			●		●	●			●		●							●	●
●	●	●			●					●	●			●		●	●		●					
●	●	●			●		●	●	●		●	●		●	●	●	●	●			●			●
●	●	●			●		●	●		●	●	●				●		●	●		●			

Oase im Grünen: Maritim Hotel Schnitterhof

In Sassendorfs Umgebung findet man Ruhe und Entspannung

Ein einziger ausgedehnter Naturpark ist das Land rings um den Arnsberger Wald. Stundenlang kann man durch Buchenwälder auf siedlungsarmen Anhöhen wandern, ohne einem Menschen zu begegnen.

Der Möhnesee mit seiner gewaltigen Staumauer und seinem Freizeitwert ist im Norden des Naturparks Arnsberger Wald einer der Hauptanziehungspunkte für Ausflügler und Erholungsuchende. Ca. 13 km in nördlicher Richtung entfernt, nahe der kulturhistorischen Stadt Soest, liegt der Heil- und Kurort Bad Sassendorf. Es ist Deutschlands jüngstes Moorbad und Westfalens alter Solekurort. Kurpark mit Gradierwerk, Inhalationsräume, Klimakammern, Solbäder und vieles mehr sind hier bei der Behandlung von Rheuma- und Atemwegserkrankungen hilfreich. Zahlreiche Freizeit- und Unterhaltungsmöglichkeiten bringen Abwechslung in den Kurbetrieb und laden ein zu Ferien, Wochenende, Kur oder Kurzurlaub – je nach Wunsch. Wo früher in einem Gutshof Erntehelfer einquartiert waren, können Sie heute – nach originalgetreuem Wiederaufbau – in erstklassiger Umgebung Ihren Aufenthalt verbringen.

Eine Fassade, die hält, was sie verspricht

Mit viel Liebe und Ehrgeiz wurde der 200 Jahre alte Schnitterhof mit 3 weiteren Fachwerkhäusern zu einem wahrhaft gelungenen Hotel – dem Maritim Hotel Schnitterhof – verbunden. Die ruhige Lage inmitten des Kurparks und die prächtige Aussicht auf die Parkanlagen von Bad Sassendorf sowie die mit vortrefflicher Eleganz und behaglichem Komfort ausgestatteten Räume dieses erstklassigen Hauses werden in Ihnen den Wunsch erwecken, sich hier einmal so richtig verwöhnen zu lassen. Sei es im Tennenrestaurant mit seiner exklusiven Küche, im gemütlichen Kaminzimmer bei knisterndem Feuer oder bei Sport und Freizeit in Hallenbad und Fitneßraum – immer eine prickelnde Atmosphäre.

Ein Bad wie aus dem Bilderbuch

Und wenn Sie das Haus verlassen, sind Sie im Nu bei den Kureinrichtungen und Annehmlichkeiten Bad Sassendorfs: Sole-Thermalbad mit 1100 m² Wasserfläche, Saunen, Solarium, Massage, Gymnastik und Vitaminbar. Zu Spaziergängen und Kreislauftraining locken Kur- und Naturpark sowie das Gradierwerk, das der Freiluftinhalation dient. Unterhaltung finden Sie bei Konzerten, Tanz, Sport und Spiel oder bei Hobbykursen in Töpfern und Glasmalen. Lehr- und abwechslungsreich sind Wanderungen und Ausflüge in die interessante Umgebung.

Am nächsten liegt die Kreisstadt Soest, die 836 erstmals erwähnt wurde, aber wahrscheinlich noch älter ist und eine Fülle historischer Sehenswürdigkeiten vorzuweisen hat. Vor allem zu nennen: die vielen kunstgeschichtlich wertvollen Kirchen wie St.-Patroklus-Dom, Kirche Maria zur Wiese, Hohnekirche, die Stadtumwallung, das Burghofmuseum und die Städtischen Kunstsammlungen. Wenige Kilometer weiter südlich trifft man auf den 10 km langen Stausee des Möhneflusses. Ein beeindruckendes Erlebnis. Viele Strandbäder, Möglichkeiten zum Segel-, Ruder- und Angelsport, zum Windsurfen und zu Schiffsrundfahrten lassen den Besucher nur schwer wieder loskommen. Im sich anschließenden Naturpark Arnsberger Wald öffnet sich Wander- und Naturfreunden eine idyllische Landschaft mit vielen Reizen. Eine empfehlenswerte Tour ist z.B. nach Warstein im Bilsteinstal mit Wildpark und Tropfsteinhöhle.

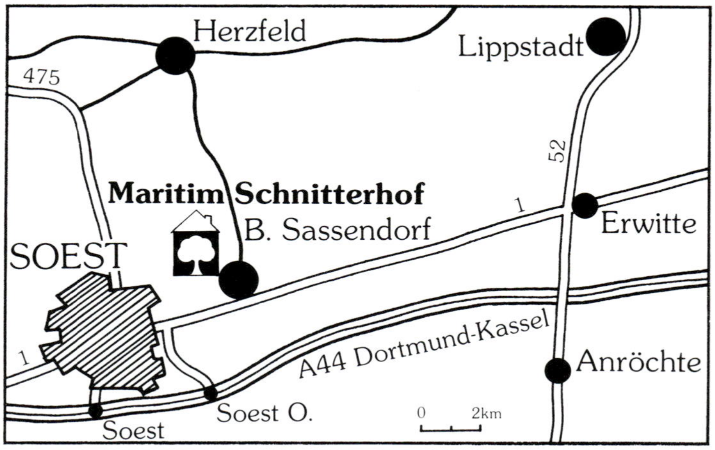

Idyllisches Erholungs-zentrum: Torhaus Möhnesee

Das größte zusammenhängende Waldgebiet Nordrhein-Westfalens ist der Naturpark Arnsberg. 40 km² Wald kann man auf 500 Kilometern gekennzeichneten Wanderwegen vorbei an Bächen und Wiesen erkunden.

Der Möhnesee ist ein Paradies für alle Wassersportler

Möhnesee ist eine Großgemeinde am gleichnamigen See zwischen Haarstrang und Arnsberger Wald, die sich aus 15 urwestfälischen Dörfern zusammensetzt. Vom Frühjahr an bis weit in den Herbst hinein besteht in dieser Region ein angenehmes Schonklima. Beeindruckend ist der Stausee des Möhneflusses mit seiner 40 m hohen und 650 m langen Sperrmauer, die bis zu 135 Millionen Kubikmeter Wasser zurückhält. Bei Delecke überspannt eine lange Brücke den See, und hier liegt in einmalig schöner Lage, unmittelbar am Vogelschutzgebiet, das elegante Silencehotel Torhaus Möhnesee. 1980 wurde das Torhaus – nach völliger Umgestaltung im landhausartigen Stil mit Reetdach – Freunden kulinarischer Genüsse und traditioneller Gastlichkeit zugänglich gemacht.

Woher kommt dieses Kaffeewasser?

Diese Frage werden sich wohl viele beim Verzehr der hauseigenen Konditoreierzeugnisse auf der Café-Terrasse stellen. Aus dem eigenen Brunnen – versteht sich. Die Gasträume strahlen stilvolle Behaglichkeit aus und laden zu vielerlei Gelegenheit ein, sei es für festliche Anlässe, für Zünftiges oder dezente und exklusive Stunden. Wöchentlich wechselt die Speisekarte des Restaurants, und es wird wohl kein Kenner um die „Möhnesee-Fischplatte" herumkommen. Bewegung finden die Gäste gleich vor dem Haus mit den vielen Wassersportmöglichkeiten oder im Haus am Ping-Pong-Tisch. Wer möchte, kann sich auch ein Rad für eine Fahrt um den See leihen.

Knotenpunkt der Wanderwege

Durch seine vortreffliche Lage bedingt, kreuzen sich verschiedene Wanderstrecken beim Torhaus Möhnesee. Eine hübsche Tour ist z. B. vom Torhaus zur Neuhauser Pforte. Bei dieser Wanderung kann man die Ruhe und Stille des Arnsberger Waldes zu allen Jahreszeiten kennenlernen. Der Möhnesee ist aber auch ein Paradies für Wasservögel und somit eine Fundgrube für Vogelkundler. Der südliche Hevearm wurde zum Vogelschutzgebiet erklärt, damit die Vielfalt der Arten erhalten bleibt. Ebenso ist der See ein beliebter Tummelplatz für Freunde des Wassersports: viele Strandbäder, Gelegenheit zum Rudern, Paddeln, Segeln, Windsurfen und Angeln und natürlich die Möglichkeit, diese Wassersportarten bei erfahrenen Fachleuten zu erlernen. Wer die Umgebung mit ihren Sehenswürdigkeiten erkunden möchte, dem sei als erstes die Kreisstadt Soest empfohlen, eine der ältesten westfälischen Städte, die der Hanse angehörten und deren Soester Recht (1120) zur Rechtsgrundlage für andere Städte wurde. Von kunstgeschichtlich hohem Rang sind die beiden Kirchen St. Maria zur Wiese (westfälische Gotik) und die romanische St.-Patrokli-Kirche. Ferner sind die erhaltene Stadtbefestigung und das Burghofmuseum sehenswert. Einen Besuch der Tropfsteingebilde in der Bilsteinhöhle bei Warstein sollte man sich nicht entgehen lassen. Außerdem befindet sich dort ein Wildpark mit Schwarz-, Rot- und Damwild und das interessante Heimatmuseum im Haus Kupferhammer. Auf dem Programm sollte auch ein Abstecher zu den Künstlern in Wamel, dem „Worpswede an der Möhne", stehen. An den „Grafik-Tagen" halten die Künstler ihr Haus offen und fördern mit Ausstellungen den Nachwuchs – besonders in der Vorweihnachtszeit.

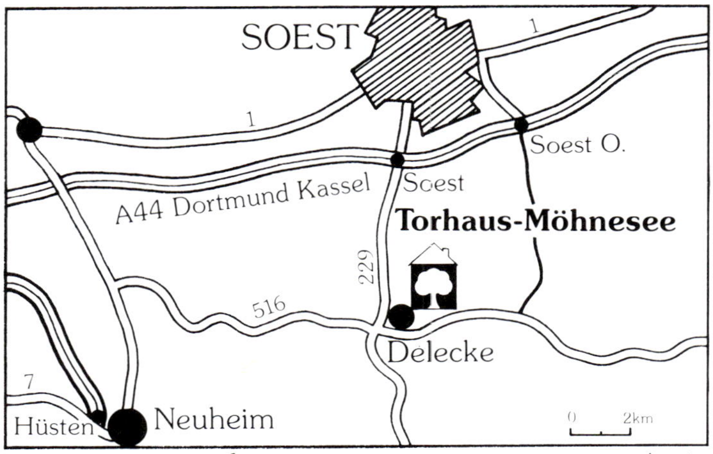

Im Naturpark Diemelsee: Waldhotel Willingen

Eine bucklige Welt der fichtenbestandenen Hügel und tief eingeschnittenen Täler, eine Heidelandschaft mit leuchtender Farbenpracht und dichte Wälder mit Wildbestand — einzigartig für Wanderer.

Modernste Einrichtungen im Hotel-Tenniszentrum

Willingen ist ein heilklimatischer Kurort, Kneippkurort und Aktivzentrum des Hochsauerlandes zwischen dem Upland und dem Diemelstausee. Das einstige Bergwerksdorf hat sich zum Magnet für Ruhe- und Erholungsuchende sowie für Aktivurlauber, die Spannung und Entspannung in einer noch weitgehend unzerstörten Natur suchen, entwickelt. Wenn Sie hier einen Aufenthalt planen, dann gibt es ein ruhig gelegenes Hotel im Grünen: das Waldhotel Willingen. Die einsame Lage bedeutet hier nicht, daß man weit weg vom Schuß ist. Nein! Hier ist man gerade deswegen mitten im Zentrum seiner Urlaubs- und Freizeitwünsche. Wer Wert auf gediegene Atmosphäre, verbunden mit den neuesten Errungenschaften der Gastronomie, legt, der hat bei seiner Entscheidung für das Waldhotel Willingen die richtige Wahl getroffen.

Ein Haus mit sportlicher Note

Neben komfortablen Räumlichkeiten und einem ehrgeizigen Service bietet das Hotel ein ansprechendes Angebot an Fitneßeinrichtungen. Eine supermoderne Tennishalle mit 4 Plätzen, Ballwurfmaschinen, Ballwänden und Videoanlagen sowie 3 Freiplätzen und einem erfahrenen Profitrainer stehen den Besuchern zur Verfügung. Für Entspannung sorgen Massagen, Sauna und Solarium sowie das 28° C Quellwasser des Hallenbades oder das Heißwasser im Whirl-Pool. Und wer mal richtig atemlos werden möchte, für den gibt es hier die vom Haus angebotenen Fitneßprogramme. Außerdem steht noch ein Tischtennisraum zur Verfügung.

Langeweile gibt es nicht

Im Sommer ist Willingen ein Wanderparadies. Es empfehlen sich Touren zum Hohen Eimberg oder zum Ettelberg (828 m), zu dem auch — für weniger Geübte — ein 1400 m langer Sessellift hinaufführt.
Man kann die Berge und Täler des Hochsauerlandes allein oder — wer es lieber in Gesellschaft mag — mit den vom Hotel geführten Gruppen erwandern. Ein Ziel sollte man auf jeden Fall im Auge haben: den Diemelstausee. Der ist ein Treffpunkt für Naturliebhaber wie für Wassersportler, die hier nach Herzenslust baden, segeln, angeln oder surfen. Reiter, die auch ihre eigenen Pferde mitbringen können (für Unterstellmöglichkeiten ist gesorgt), werden hier ebenso ihrem Hobby nachgehen können wie z.B. Drachenflieger, die an den Hängen der Umgebung gute Startmöglichkeiten finden. Und wer's nicht kann und trotzdem mal versuchen möchte, der meldet sich einfach zu einem Kurs an. Wenn die kalte Jahreszeit kommt, wird Willingen zu einem großen Wintersportplatz. Direkt vom Hotel aus kommt man auf den Hang — idealer geht es nicht. In unmittelbarer Umgebung sind Skilifte und Abfahrten für Anfänger und für Könner. Ferner gibt es Skischulen für Alpin und Nordisch und natürlich Langlauf mit gespurten Loipen. Eine Attrakion ist die Skisprungschanze — die größte Westdeutschlands mit internationalen Wettbewerben — sowie die großzügig angelegte Eissporthalle. Sollte mal das Wetter einen Strich durch die Rechnung machen, kann man im Waldmuseum oder im Besuchsbergwerk lehrreiche Stunden verbringen.

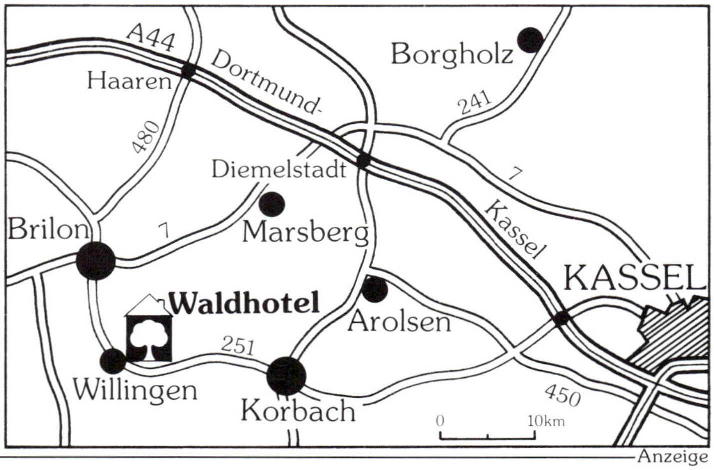

Erholung vom ersten Augenblick an Zwischen den höchsten Bergen des Hochsauerlandes liegt Willingen, ein heilklimatischer Kurort und Wintersportplatz. In absolut ruhiger und aussichtsreicher Waldlage befindet sich das geschmackvoll und komfortabel ausgestattete Waldhotel Willingen. Hier beginnt der Tag mit einem reichhaltigen Frühstücksbüffet, das auch Morgenmuffel fröhlich stimmt. Das Restaurant serviert Augen- und Gaumenschmaus der Sauerländer und internationalen Küche sowie Diätkost. Darüber hinaus sind urige Garten-und Grillpartys in geselliger Runde angesagt. Und nach dem Tennisspiel ist ein Erfrischungsbier im Stoppenzieher (Bierstube) obligatorisch.

Im Naturpark Ebbegebirge: Burg Schnellenberg

Land der 1000 Berge nennt man das Sauerland, dessen westlicher Teil hier mit dem Lennegebirge und Ebbegebirge als höchste Gebirgszüge mit schier endlosen und dichten Wäldern hervortritt.

Ein beliebtes Ausflugsziel ist Kirchhundems Panoramapark

Die Attendorner Talsenke, im westlichen Sauerland gelegen, bildet zusammen mit dem Biggestausee und der Lister-Talsperre ein besonders reizvolles Erholungsgebiet inmitten einer herrlichen Waldlandschaft.
Am Nordufer des Biggesees liegt Attendorn, und 2 Kilometer davon entfernt – in Richtung Helden – ragt die Burg Schnellenberg auf. Sie ist die mächtigste Burganlage des Sauerlandes – umrahmt von Buchenwäldern und fernab jeglichen Lärms. Im Jahr 1225 wurde sie erstmals urkundlich erwähnt und erlebte nach wechselvollen Geschicken im 16. Jahrhundert ihre Blütezeit. Inzwischen wurde die Burg in ein vorzügliches Hotel umgewandelt, ohne die historische Anlage zu verändern.

Dem Reisenden öffne sich die Tür

Hier dürfen Sie sicher sein, daß Sie willkommen sind. Schon am Torweg zur Burg ist in einem alten Sandstein ein verwitterter lateinischer Spruch, der übersetzt lautet: Draußen nicht bleibe der Fremdling, meine Tür öffne sich dem Reisenden ... Seit Jahrhunderten hat er Gültigkeit und bezieht sich auf den Reisenden unserer Tage genauso wie auf die Ritter und Edelleute, die in vergangenen Zeiten hier Quartier suchten. Als Gast steht Ihnen eine historische Umgebung zur Verfügung: Turmzimmer, Rittersaal, Wappenkeller und Gartenterrassen. Selbstverständlich ist der Komfort der heutigen Zeit in jeder Beziehung angepaßt; er läßt jedoch nie – und das ist das reizvolle – die historische Atmosphäre vergessen.

Lassen Sie sich Ihre Freizeit mal organisieren

Hier können Sie einmal wie ein Ritter wohnen. Und nach dem Burgherrenfrühstück geht's auf den Tennisplatz, zur Kegelbahn, zum Trimmpfad in herrlicher Waldlage oder zum Hobbyangeln in die burgeigenen Gewässer. Bei der Planung Ihrer Freizeit ist Ihnen das Haus gerne behilflich. Folgende Arrangements können nach vorheriger Anmeldung gebucht werden: Ein Besuch der Attendorner Tropfsteinhöhle (Attahöhle), die zu den schönsten und größten Deutschlands zählt. Während eines fast 2 Kilometer langen Rundgangs kann man hier, mehr als 100 Meter unter der Erdoberfläche, die phantasievollsten Gebilde der Tropfsteine bewundern. Ein weiteres Angebot ist eine Rundfahrt auf dem Biggesee in bewirtschafteten und beheizten Fahrgastschiffen oder eine Besichtigung des Kreisheimatmuseums in Attendorn. Ferner organisiert das Hotel für Sie Planwagenfahrten in geselliger Runde zum Auskundschaften der prächtigen Gegend oder eine Wanderung zur Blockhütte „Sonnenalm" mit Bewirtung. Wer lieber auf eigene Faust losgehen möchte, kann z.B. am Südufer des Biggesees die Kreisstadt Olpe mit Stadtbefestigungsanlagen und Hexenturm und dem Stadtwald besuchen. Nicht versäumen darf man das Zinnfigurenmuseum des Pfarrherrn in Neulisternohl (3,5 km von Attendorn), das eine faszinierende winzige Wunderwelt darstellt. Nur einen Katzensprung ist es nach Helden zur romanischen Kirche mit Krypta und nach Attendorn mit seiner historischen Innenstadt mit Resten der alten Stadtbefestigungen und dem Sauerländer Dom.
Wer sich gerne sportlich betätigen will, hat neben den vielen Wassersportmöglichkeiten auf dem Biggesee Gelegenheit zum Golfspielen auf einem 9-Loch-Golfplatz bei Wenden (6 km südlich von Olpe) oder zum Segelfliegen.

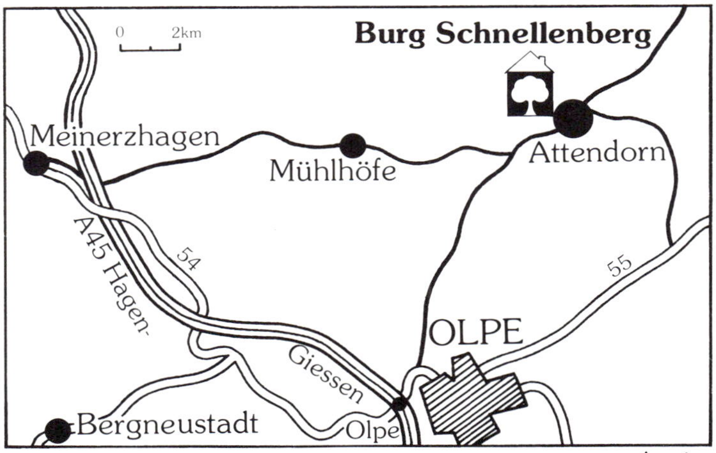

Einmal wie ein Ritter wohnen
Hoch über dem Biggetal und Attendorn thront in einzigartig ruhiger Waldlage die 1225 erstmals erwähnte Burg Schnellenberg. Hier werden historische Anlagen mit modernem Komfort harmonisch vereint: romantisch eingerichtete Burgzimmer, Rittersaal, Wappenkeller und Gartenterrassen stehen den Gästen zur Verfügung.

Die exquisite Küche und die Auswahl erlesener Weine werden höchsten Ansprüchen gerecht. Für Aktivitäten und Unterhaltung sorgen die burgeigenen Angelgewässer, der Tennisplatz und der Trimmpfad sowie Planwagenfahrten.

Aktiv sein im Sauerland: Sporthotel Haus Platte

Das Sauerland erleben, entdecken, zu Fuß oder hoch zu Roß: Sporthotel Haus Platte.

Romantisch umgeben von Wald, Wiesen und dem Repebach

Hier ist der Sport nicht Mord, wie es der alte Churchill einmal für sich feststellte, hier ist Sport Erholung: im Sporthotel Haus Platte. Platte ist bekannt als Reiterparadies. 50 Pferde gehören zum Hotel, eine Reithalle, ein Dressurplatz, ein Springbahn, und wer sich den Rössern erst nähern möchte, kann Reitunterricht nehmen. Das gilt natürlich auch für Kinder.
Auf Ihr eigenes Pferd brauchen Sie auch in den Ferien nicht zu verzichten: Nehmen Sie es einfach mit, im Haus Platte gibt es Gästepferdeboxen.

Ob mit oder ohne Pferd – Sport ist angesagt

Ob nun mit dem eigenen oder einem Pferd des Hauses, hoch zu Roß können Sie das schöne Süd-Sauerland erleben.
Das Sporthotel bei Attendorf-Niederhelden liegt im idyllischen Repetal, umgeben von endlosen Wäldern und grünen Wiesen. Wenn Sie Ihre Satteltaschen mit Proviant und Badeanzug gefüllt haben, sollten Sie den Reitweg zum Biggesee einschlagen. Der größte Stausee Westfalens lockt zum Baden und Picknicken. Natürlich lockt er nicht nur die Reiter. Hier haben auch andere Sportfreunde ihr Vergnügen: Sie können angeln, und das Haus Platte arrangiert für Sie auch Möglichkeiten zum Surfen und Segeln.
Im Winter ist Sport keineswegs passé: Skilanglauf, Pferdeschlittenfahrten und Winterwanderungen sind nur einige Möglichkeiten, auch in der kalten Jahreszeit aktiv zu sein.

Winklige Gassen mit biederen Bauten . . .

Attendorn selbst zeigt sich zu allen Jahreszeiten von seiner schönsten Seite. An Sehenswürdigkeiten gibt es zum Beispiel den „Sauerländer Dom“ aus dem 14. Jahrhundert. Typisch für diesen Baustil im Sauerland wirkt er eher bieder als protzig. Mächtig und gedrungen ragt der Turm des Doms nur knapp über die Dächer Attendorns.
Oder Sie machen einen Ausflug in die „Unterwelt“, in die nahegelegene Attahöhle mit ihren phantastischen Stalagmiten und Stalaktiten. Im Biggetal liegt das Schanhollenloch, das noch zu Attendorn gehört. In Richtung Heggen ist die Torbogen-Höhle und die Wilhelms-Höhle. Diese soll nach alten Berichten einst die schönste im Gebiet gewesen sein; sie wurde von Steinbrucharbeitern 1874 entdeckt.

Gaumenfreuden mit Sauerländischer Hausmannskost

Ob Sie nun Ihre Freizeit hoch zu Roß, im oder am Biggesee, in Attendorn oder der Traumwelt unter der Erde verbringen, irgendwann meldet sich mit Sicherheit Ihr Magen zu Wort, und spätestens dann sollten Sie sich wieder ins Haus Platte begeben: Die anerkannt erstklassige Küche bietet für jeden etwas, von der „Sauerländischen Hausmannskost“ bis zu Leckerbissen für den Feinschmecker oder – nicht jeder will sich alles wieder anfuttern, was er tagsüber mit Sport abtrainiert hat – Besonderheiten der Diätküche.

Romantische Spaziergänge am Repebach . . .

Den Abend können Sie ganz nach Laune beschließen: Für den Aktiven lädt hinter dem Haus Platte der Wald zu einem Abendspaziergang zum Repebach ein. Oder Sie nutzen das Hallenbad im Haus mit Fitneßraum, Solarium und Sauna. Nette Unterhaltung und ein Tänzchen erwarten Sie an der Hausbar. Falls Sie nur ein Wochenende Zeit haben, Haus Platte arrangiert auch Sportwochenenden und bietet Spezialprogramme für Clubs.

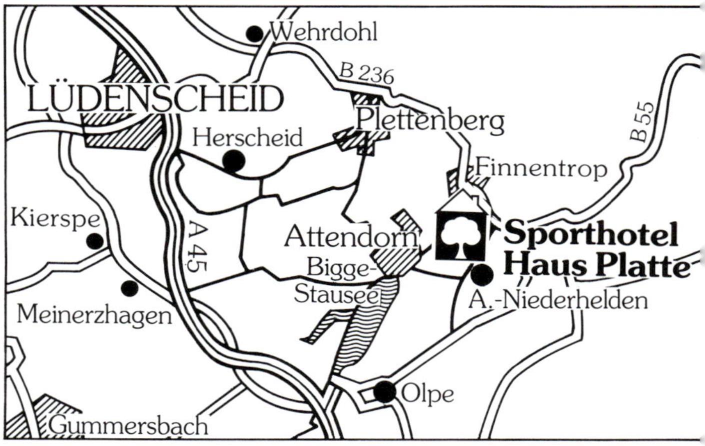

Anzeige

Das richtige Hotel für Pferdefreunde
Hinter dem hübschen Fachwerkhaus liegen Reitställe, in denen auch Gastpferde ein Zuhause finden, ein Springplatz, eine Reithalle, ein Dressurplatz und 50 Pferde können ausgeliehen werden. Wer sich mit den Rössern erst anfreunden will, kann natürlich auch Reitunterricht nehmen. Für erfahrene Reiter gibt es idyllische Möglichkeiten zum Ausreiten.

Sporthotel „Haus Platte“
D 5952 Attendorn-Niederhelden, Tel. 02721/1310, Fax 02721/131455, Josef Platte
Der besondere Hotelservice: geführte Wanderungen, Barbecue, Grill- und Unterhaltungsabende, Planwagenfahrten, Kegelturniere

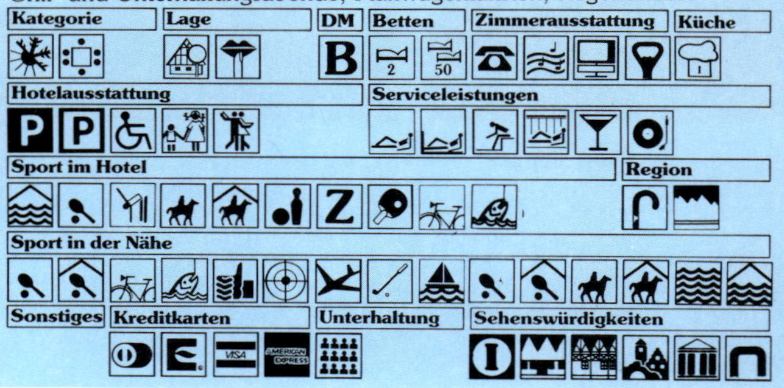

Romantik, Berg und Tal: Hotel Tommes

Im Land der tausend Berge und Täler, der kleinen Flüsse und der großen Talsperren, der verschwiegenen Sommerfrischen und der mondänen Winterkurorte ist das ganze Jahr über Saison.

Die besondere Attraktion: Ausflüge im Geländewagen

Soweit die Füße tragen, kann man hier über federnde Waldböden und Wiesen laufen, über Berg und Tal, an murmelnden Bächen entlang. Alles das finden Sie in Nordenau, einem staatlich anerkannten Luftkurort im östlichen Teil des Bezirks Schmallenberger Sauerland. Die Berge haben Nordenau nicht viel Raum gelassen, und so steht alles dicht beieinander, was den Urlaub in diesem hübschen Ort attraktiv macht. Damit Sie das alles so richtig genießen können, sollten Sie aber auch eine Weile hierbleiben. Und wo? Im Hotel Tommes!

Eine sauerländische Atmosphäre

Abseits jeglichen Verkehrslärms, unmittelbar am Waldrand gelegen, finden Sie dieses komfortable und typisch sauerländische Haus. Behagliche Gästezimmer sowie Restaurationsräume von gediegener Eleganz werden auch verwöhnten Ansprüchen gerecht. Genauso die weithin bekannt gute Küche, die neben internationalen Gerichten Spezialitäten von Wild und Forelle zu ihren Höhepunkten zählt. Zur Steigerung Ihres Wohlbefindens sollten Sie im temperierten Hallenbad mit Gegenstromanlage mehr als ein paar Schwimmzüge machen, im Fitneßraum oder auf dem Allwetter-Tennisplatz ins Schwitzen kommen und sich in Sauna, Solarium und Ruheraum wieder entspannen.

Klein, aber fein

Nordenau liegt aber nicht am Ende der Welt, auch hier kommt man in den Genuß moderner Freizeit- und Urlaubsfreuden. Schmucke Souvenir-Boutiquen und lockende Cafés, Haus des Gastes, Kurpark, Minigolfplatz, Naturlehrpfad und Wassertretbecken sind nur einige der Möglichkeiten. Die kugelige Spitze des Kirchturms hilft als Kompaß bei einer Wanderung zur Burgruine Rappelstein. Und überhaupt erschließt ein dichtes Netz an Wander- und Spazierwegen mit vielen Ruhebänken an schönen Aussichtspunkten dem Erholungsuchenden das waldreiche Feriengebiet mit seiner erhabenen Ruhe und dem günstigen Reizklima. Unumgänglich erscheint eine Tour zum Kahlen Asten (841 m), dem höchsten Berg des Sauerlandes zu sein, von dessen Aussichtsturm man bei gutem Wetter die Reize dieser hügeligen Landschaft erst so richtig wahrnehmen kann. Dies kann man auch alles in geselliger Runde erleben: bei Planwagenfahrten und gemeinsamen Wanderungen zu Grillplätzen und Hütten, Jeeptouren, Radwanderungen und dergleichen. Fragen Sie den Verkehrsverein am Ort bzw. im Hotel, im Hotel Tommes, danach. Besuchen Sie mal die Museen und kunsthistorischen Schätze dieser Region. In Holthausen z.B. ist das einzige Schieferbergbaumuseum Deutschlands zu besichtigen. Sehenswert ist das Erzbergbaumuseum und Besucherbergwerk in Ramsbeck. In der Schatzkammer der katholischen Kirchengemeinde St. Walburga (Meschede) sind Kostbarkeiten kirchlicher Goldschmiedekunst und Dokumente zur Geschichte der Kirche zu bewundern. Wer's gerne lustig mag, kann eines der Freizeitzentren wie z.B. den Wild- und Freizeitpark Rothaargebirge mit Wildwasser-Bobbahn, die Schmallenberger Sommerrodelbahn oder Fort Fun, eine gigantische Freizeitanlage mit Westernstadt in Bestwig-Wasserfall besuchen. Aufmerksamkeit ist aber auch den Freunden des Wintersports gewidmet: Rund um Schmallenberg sind über 25 gespurte Loipen zwischen 5 und 40 km Länge sowie zahlreiche Skiabfahrten.

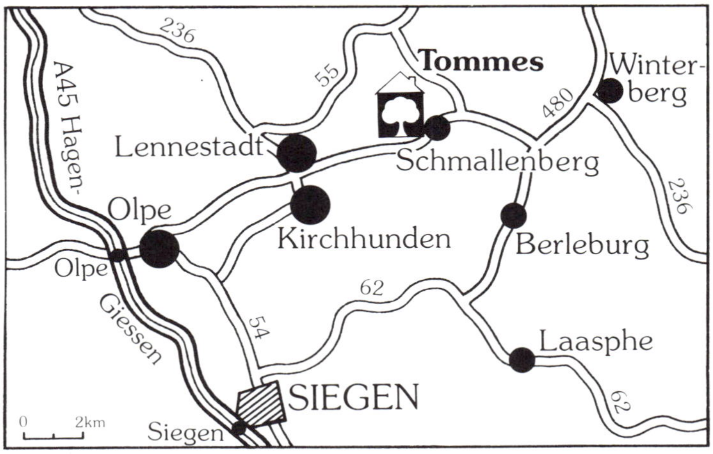

Anzeige

Ein behagliches Ferienhotel
In absolut ruhiger und naturnaher Waldrandlage von Nordenau, einem malerischen Luftkurort im Schmallenberger Sauerland, befindet sich das äußerst komfortabel ausgestattete Hotel Tommes. Hier werden Sie unter Gästezimmern verschiedener Kategorien und Appartements das Richtige für Ihren Geschmack finden. Angenehme Atmosphäre herrscht in den eleganten Restaurationsräumen, in denen exzellente Fisch- und Wildgerichte (die Spezialitäten des Hauses) serviert werden. Einladend sind der neue Allwetter-Tennisplatz, das Hallenbad mit Gegenstromanlage sowie die Gelegenheit zum Trimmen und Billard.

Hotel Tommes
D 5949 Nordenau/Schmallenberg, Tel. 02975/220, Fax 02975/8827, G. Tommes
Geschlossen: 24.11.–21.12.
Der besondere Hotelservice: Wanderungen, Grillabend in Hütte, hoteleigene Schwimmschule, Bridge-Turnier-Wochen

Kategorie | Lage | DM | Betten | Zimmerausstattung | Küche
B | 15 | 46
Hotelausstattung | Serviceleistungen
P P
Sport im Hotel | Region
Sport in der Nähe
Sonstiges | Kreditkarten | Unterhaltung | Sehenswürdigkeiten

Ein Gasthof mitten im Dorf: Landhotel Gasthof Schütte

Ein Schmuckstück der Hotellerie des schönen Sauerlands ist das Landhotel Gasthof Schütte in Oberkirchen, einem wunderschönen Dorf mit Fachwerkhäusern im Hochsauerland.

Oberkirchen – Ein günstiger Ausgangspunkt für Wanderungen

Gastlichkeit wird im Hause Schütte seit Generationen gepflegt; Anton Schütte, der 61jährige Hausherr erinnert gern daran, daß seine Vorfahren zusammen mit den Gästen an einer Tafel gespeist haben. Die gemeinsame Mahlzeit am großen Wirtshaustisch galt als ein Zeichen der Verbundenheit mit den Gästen.
Auch heute noch ist die Nähe zum Gast bei den Schüttes eine schöne Tradition. Sie verwalten ihren inzwischen auf beachtliche Größe angewachsenen Hotelbetrieb nicht vom Schreibtisch aus, sondern sozusagen „vor Ort". Man kennt seine Gäste meist mit Namen, denn ein Großteil von ihnen gehört zum treuen Stammpublikum, das seit langem die Vorzüge dieses erstklassigen Hauses zu schätzen weiß. Dem Betrachter bietet das 70-Bettenhaus das Bild eines Bilderbuchgasthofes: Eine schwarzweiße Fachwerkfront mit Sprossenfenstern und darüber ein fast zierlich anmutender Dachgiebel und vor den Fenstern im Sommer der leuchtende Geranienschmuck.

Ein Gasthof aus dem Bilderbuch

Man hat auf exclusive Ausstattung allergrößten Wert gelegt. Ob nun in der Halle, dem Herzstück des Hotels, in den Feststuben oder der Bar, dem Speisesaal und den Zimmern für die Gäste – das Ambiente wirkt immer überzeugend geschmackvoll.
Urkundlich wurde der Gasthof Schütte 1460 erweitert; heute hat er sich Belangen angepaßt, die den Abwechslungen eines Aktivurlaubs gerecht werden müssen. Hier finden Sie das größte Hallenschwimmbad des Sauerlandes (8 x 18 m), im Sommer steht ein beheiztes Freibad zur Verfügung, dem eine Liegehalle angegliedert ist. Ein kleines Cafe hält Köstlichkeiten für zwischendurch bereit. All dies liegt in einem Hotelpark von stolzen 7000 Quadratmetern Größe. Sauna, Sonnenbank und Massagen stehen dem Gast zur Regeneration zur Verfügung. Reiter können die Reithalle benutzen, überdies sind auch Boxen für Ihre eigenen Vierbeiner vorhanden. Die liebste Beschäftigung der Gäste ist jedoch das Wandern. Am Ausgangspunkt von fünf idyllischen Tälern gelegen, ist man bald inmitten der ausgedehnten Wälder der Rothaargebirges. Ein besonderer Service sind die geführten Wanderungen, die zusammen mit dem Seniorchef oder dem Junior Carl-Anton die landschaftlichen Schönheiten bis ins Wittgensteiner Land, nach Berleburg erschließen. Mittagessen gibt's im Wald – mit Sekt und Suppe! Und später folgen dann Kaffee und Kuchen im hauseigenen Bulli. Eine bleibende Erinnerung sind auch die Hüttenwanderungen mit dem beliebten Waffelessen.

Die Köstlichkeiten des Sauerlandes

Bleibt noch die überaus köstliche Küche zu erwähnen. Wie wäre es zum Beispiel mit einer Sauerländer Rehpastete oder der hausgeräucherten Entenbrust mit kleinen Salaten und Apfelsauce? Oder Maronencremesuppe mit Rehklößchen? Taubenbrust auf Trüffelrisotto? Wie schrieb doch ein Herr aus Köln ins Gästebuch?: „Ich bin in allen Ländern gewesen – Was war ich für ein ein Narr und wußte nicht, welche Perle direkt vor der Haustür liegt!"

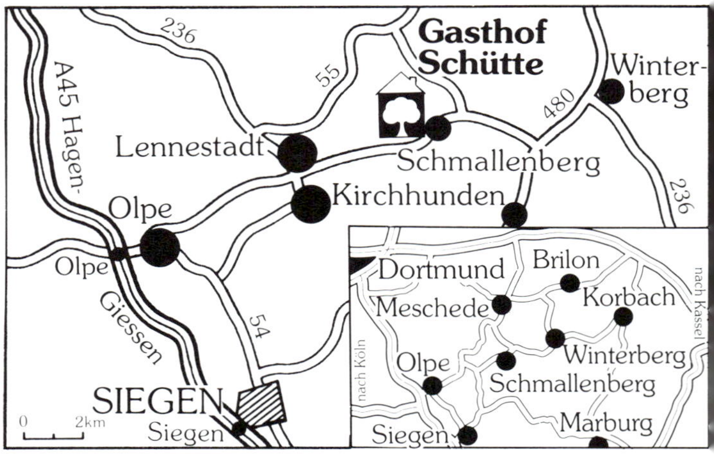

Anzeige

Ein Landhotel mit Tradition
Typisch für das Sauerland sind die Dörfer mit den weißen Fassaden und dem dunklen Fachwerk; am Fuße des Rothaargebirges steht das idyllische Landhotel Schütte.
Seit fünfhundert Jahren schon ist die Familie Schütte in Oberkirchen ansässig, seit 1774 kehren Reisende gerne in den Gasthof ein.

Ein gemütlicher Abend am Kamin nach einem ereignisreichen Urlaubstag. Zum Service des Hotels gehören auch die Beratung zur aktiven Urlaubsgestaltung: Ausgedehnte Wanderungen in den waldreichen Bergen des Hochsauerlandes, Hüttennachmittage, Besichtigungsfahrten, Konzertbesuche, Vorträge und Tanzabende stehen zur Auswahl.

Gasthof Schütte Ringhotel Oberkirchen
D 5948 Schmallenberg-Oberkirchen, Tel. 02975/820, Fax 02975/82522, Telex 841558, A. Schütte
Geschlossen: 29. Nov. bis 26. Dez.
Der besondere Hotelservice: 1 x wöchentlich Gala-Buffet, Wandern mit Picknick. Golf-Wochen: Mai u. August, Wander-Wochen: April

Kategorie | Lage | DM | Betten | Zimmerausstattung | Küche
B | 25 | 45
Hotelausstattung | Serviceleistungen
P
Sport im Hotel | Region
Sport in der Nähe
Sonstiges | Kreditkarten | Unterhaltung | Sehenswürdigkeiten

Das Hotel mit Charakter Deimann zum Wilzenberg

Langlauf-, Wander- und Golfaktionswochen

werden besonders angeboten. Golfer bekommen auf Green- und Rangefee ganzjährig 50% Ermäßigung. Das Clubhaus ist ein Zweigbetrieb des Hotel Deimann und wird als öffentliches Café-Restaurant geführt. Hier, im erstklassigen á la Karte-Restaurante des Hotels oder im Lokal „Wilzenkeller" mit Bier-, Weinstube und Kegelbahn sowie den Club- und Aufenthaltsräumen erfüllen freundliche Deimann-Mitarbeiter jeden Wunsch.
Dem Hotel sind in verschiedenen Gebäudeteilen Ferienwohnungen angegliedert.

Anno 1883 wurde im Herrenhaus des Gutshofes das Hotel zum Wilzenberg eröffnet. Im Laufe der Jahre wurde das direkt am Wald gelegene Anwesen zu einer weitläufigen Hotelanlage ausgebaut. Liebevoll wurde auf Stil und Erhaltung des großzügigen Charakters geachtet. Heute erwartet den Gast ein Hotel der Spitzenklasse mit der Behaglichkeit familiärer Atmosphäre, gediegenem Komfort und umfangreichem

Bade-, Kur- und Freizeitangebot

Die hauseigene med. Badeabteilung rechnet Massagen, Bäder, Packungen, Kneippsche- und andere Anwendungen der physikalischen Therapie mit den Kassen ab. Benutzung von Hallenbad 30°, Hot-Whirl-Pool 37°, den Saunen und der Fitneßeinrichtungen sind im Logierpreis enthalten. Park mit Liegewiese und Weiher, Kinderspiel-,

Reit- und Tennisplatz, Angelgewässer,

Waldhütte mit Grillplatz, Wander- und Radwege, Loipen und Natureisbahn direkt am Haus. Skilifte, Tennis- und Reithalle am Ort. 500 m vom Hotel entfernt auf einem sonnigen Bergplateau liegt ein reizvoller Golfplatz (9 Löcher, Standard und Par 72).

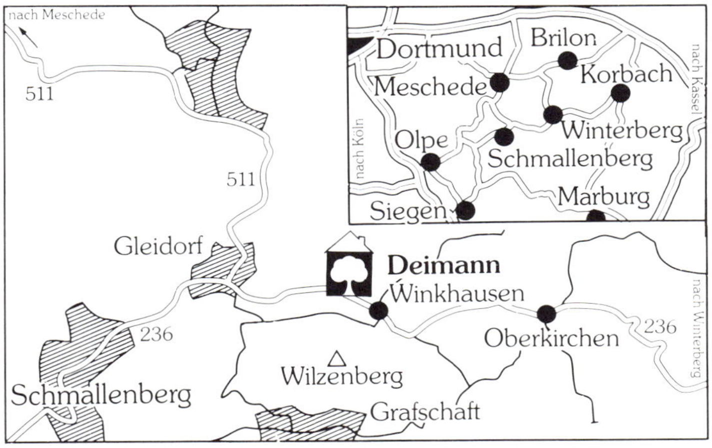

Hotel Deimann zum Wilzenberg
D 5948 Schmallenberg-Winkhausen, Tel. 0 29 75/8 10, Herr Deimann
Geschlossen: 24. und 25. Dezember
Der besondere Hotelservice:
geführte Wanderungen, Kutsch- und Pferdeschlittenfahrten.

Kategorie | Lage | DM | Betten | Zimmerausstattung | Küche

Hotelausstattung | Serviceleistungen

Sport im Hotel | Region

Sport in der Nähe

Sonstiges | Kreditkarten | Unterhaltung | Sehenswürdigkeiten

Natur hautnah erleben: Silencehotel Waldhaus

Schlemmen im Sportivurlaub — Sporturlaub einmal ganz anders. Dieses Hotel hat keinen Park, sondern gleich einen ganzen Wald. Die ideale Umgebung für Erholung und Fitneß.

Wanderung in den weiten Wäldern rund um Schmallenberg

Am Anfang stand ein kleines Haus am Waldrand — dort, wo Fuchs und Hase sich gute Nacht sagen. So blieb es bis 1962. Doch so, wie die Tannen im Wald größer wurden, so wuchs auch die kleine Pension zu einem ausgereiften Hotel heran. Geblieben aber sind die Stille, die abgeschiedene Lage und die persönliche Atmosphäre der gemütlichen Pension von damals mit dem immer noch unvergeßlichen Blick von der Sonnenterrasse auf die beeindruckenden Bergzüge des Rothaargebirges. Geblieben ist auch das Erlebnis Natur.
Wer vor Jahren schon einmal die vielen Wanderwege um das Haus herum durchstreift hat, der wird auch heute noch die gleiche Freiheit verspüren, sobald er durch die Wälder und Fluren wandert, die das Haus von der Bergseite her einschließen.

Kulinarische Köstlichkeiten, liebevoll zubereitet

Noch etwas, was es früher schon gab, wird im Waldhaus heute noch gepflegt — die Freude am individuellen Kochen, mit dem Ehrgeiz, selbst dem Gourmet noch etwas Besonderes zu bieten. Die Küche bereitet alle Gerichte nur aus frischen Produkten zu, vom Krebs bis zum Löwenzahnsalat, von Wachteleiern bis zur Rehleber. Der Weinkeller wird zwar jedes Jahr um einige ausgesuchte Tropfen erweitert, doch Sie finden heute schon Kostbarkeiten, die ihre eigene Geschichte haben. Doch auch wer Diät halten muß, kommt hier nicht zu kurz: Man bereitet Ihnen jede Kost individuell nach Ihrem Diätplan zu.

Hier gibt's Sport total!

Was es zu Zeiten der alten Pension noch nicht gab, bietet das Haus heute dem zu Recht anspruchsvolleren Gast. Um sich sportlich betätigen zu können,

Auch Golfer müssen ihrem Ho

müssen Sie sich nicht erst ins Auto setzen oder längere Wege in Kauf nehmen: Hier gehört alles zum Hotel. Da sind der waldumsäumte Tennisplatz und das großzügig dimensionierte Hallenbad mit Sauna und Solarium, dann der Reitstall mit Einstellbox für Gästepferde.
Nah-, Fern- und Rundwanderwege sowie weitverzweigte Langlaufloipen führen direkt am Haus vorbei oder beginnen hier. Und schließlich: Wassertreten, wie es einst Pfarrer Kneipp empfahl, das ist gesund und macht obendrein auch noch Spaß. Wer sich bei der Fülle des Angebots nicht so recht entscheiden kann,

Anzeige

Besonders ruhig gelegen: das Waldhaus

Der Geheimtip im Wald
In ruhiger Hang- und Einzellage, umgeben von herrlichen Wäldern, lädt das Hotel Waldhaus seine Gäste ins Hochsauerland ein. Hier finden Sie alles, was Urlaub so schön macht: die persönliche Atmosphäre, die modernen, komfortablen Zimmer und die Küche, die selbst dem Gourmet immer noch etwas Besonderes zu bieten hat. Doch damit die Schlemmermahlzeiten nicht allzugut anschlagen, ist für vielfältige Gelegenheit zu sportlicher Betätigung gesorgt. Beim Tennisspiel, bei Ausritten, Skiwanderungen, ausgedehnten Spaziergängen oder beim Schwimmtraining im Hallenbad bleiben Sie ganz bestimmt schlank und fit. Aktuelle Tagestips zur kurzweiligen Freizeitgestaltung liefert

ub nicht entsagen

bekommt Hilfestellung besonderer Art: Pünktlich zum Frühstück erscheint Ihre Waldhaus-Zeitung, voll von aktuellen Freizeitinformationen. Ganz in der Nähe liegt der Ort Winterberg, den passionierte Golfspieler aufsuchen, denn er hat einen 9-Loch-Golfplatz zu bieten: Bevor man aber in Winterberg ist, kommt man zum Kahlen Asten, dem mit 841 m höchsten Berg des Sauerlandes. Wintersportler schätzen den Berg wegen seines Schneereichtums und Naturliebhaber wegen der Hoch-heide mit arktisch-alpiner Flora.
Vom Aussichtsturm auf der Spitze hat man Ausblicke bis zum Teutoburger Wald.

Der Wilde Westen à la Sauerland

Wenn Sie Spaß und Unterhaltung suchen, sollten Sie mal einen Ausflug nach Bestwig-Wasserfall planen. Dort liegt nämlich die große Freizeitanlage Fort Fun. Das ist eine tolle Westernstadt mit vielen Attraktionen wie der einzigen originalgroßen Westerneisenbahn sowie Deutschlands längsten Rutschbahnen (über 700 m).
Ein anderer Anziehungspunkt ist der Wild- und Freizeitpark Rothaargebirge mit einer Wildwasserbobbahn, und in Schmallenberg finden Sie eine Sommerrodelbahn mit Grasskiabfahrt.
Wenn Sie am Bergbau interessiert sind, hier zwei Tips:
In Holthausen das einzige Schieferbergbaumuseum in Deutschland, und in Ramsbeck können Sie in ein Besucherbergwerk einfahren sowie das dazugehörige Erzbergbaumuseum besichtigen.

Fünf Seen und eine herrliche Tropfsteinhöhle

Schließlich ist das Sauerland auch ein Land der Stauseen, und auch ein etwas weiterer Anfahrtsweg lohnt sich. Sie haben die Wahl zwischen Henne-, Bigge-, Diemel-, Sorpe- und Möhnesee, die alle Strandbäder und vergnügliche Dampferfahrten bieten. Und wenn das Wetter einmal nicht so mitspielt, ist auch das kein Grund zur Langeweile. Sie können z.B. Attendorn besuchen mit der Burg Schnellenberg und der Attahöhle, die eine der schönsten Tropfsteinhöhlen unseres Landes ist. Oder Sie sehen sich die Abteikirche Königsmünster in Meschede an, die als beispielhafter Sakralbau der neueren Zeit gilt, sowie die weiteren interessanten Burgen, Schlösser und Kirchen der Gegend.

Im Winter ist die Hotelumgebung ein Langlaufparadies

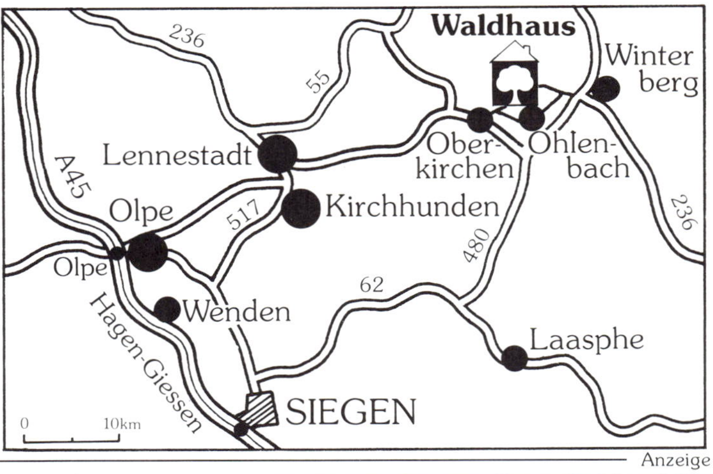

die Waldhaus-Zeitung, die Sie jeden Morgen frisch auf den Frühstückstisch bekommen.
Und wenn Sie ein nettes Andenken an Ihren unvergeßlichen Urlaub suchen oder jemanden, der zu Hause bleiben mußte, etwas mitbringen möchten, sollten Sie sich einmal in der Keramik-Boutique des Hotels Waldhaus umsehen. Hier stellen nämlich Töpfer aus ganz Deutschland ihre Arbeiten vor, so daß Sie bestimmt das Richtige finden werden.

Am Fuß des Kahlen Asten: Hotel Gnacke

Umkränzt von den höchsten Bergen des Sauerlandes liegt Nordenau, ein malerisches Fachwerkdörfchen, das Ausgangspunkt für viele Wanderungen ist.

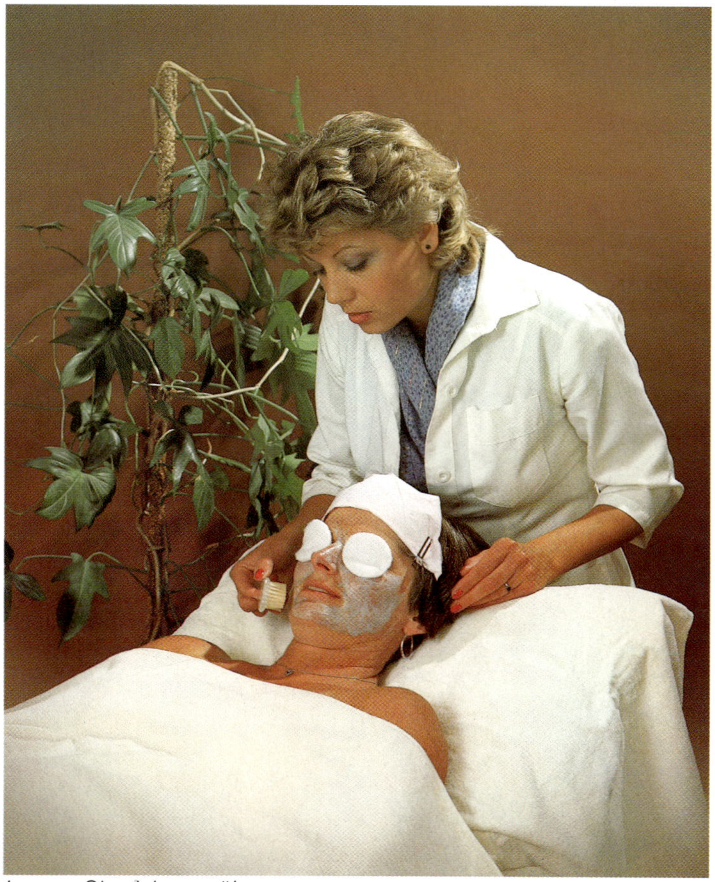

Lassen Sie sich verwöhnen

Auf 600 bis 800 Meter Höhe breitet sich im Herzen des Hochsauerlandes das Fachwerkstädtchen Nordenau aus. Das am westlichen Fuß des Kahlen Asten gelegene Örtchen liegt an einer alten Heerstraße die von Köln nach Kassel führte und schon im 11. Jahrhundert als Salzstraße erwähnt wurde.
Über dem Ort erhebt sich auf dem Rappelstein eine sehenswerte Burgruine aus dem 13. bis 15. Jahrhundert.

Hier bleiben keine Wünsche offen

In unmittelbarer Nachbarschaft liegt das komfortable, äußerst geschmackvoll eingerichtete Kur- und Sporthotel Gnacke, das eine über 150 Jahre alte Tradition besitzt und heute noch in einem alten Fachwerkhaus untergebracht ist.
„Wasserratten" können sich im Kur- und Sporthotel nach Herzenslust im 140 Qudratmeter großen Soleschwimmbad vergnügen, das ständig auf 30 Grad Celsius erwärmt ist und über eine Gegenstromanlage verfügt. Anschließend trifft man sich vielleicht noch zu einem gemütlichen Plausch im Hot-Whirl-Pool. Oder wie wäre es mit dem Besuch der finnischen Sauna, einem Aufenthalt in der türkischen Dampfsauna oder mit einer ruhigen halben Stunde in einem der beiden Sonnenstudios? Selbstverständlich verfügt das Hotel aber auch über einen Fitness-Raum mit verschiedenen Geräten.

Lassen Sie sich in Eifel-Fango packen

Etwas für die Gesundheit tun kann man in der Kurmittelabteilung, wo von Fachpersonal medizinische Anwendungen – auch mit Rezept – verabreicht werden. Bäder, Massagen und Natur-Eifelfangopackungen gehören hier zum Programm. Daneben führt – nicht nur während der speziell

Die Gegend um Nordenau ist ein

angebotenen Schönheitswochen – eine Fachkosmetikerin Behandlungen durch.
Hauseigene Fahrräder stehen für Freunde dieser Sportart zur Verfügung, Modeschauen sprechen besonders die Damenwelt an, bei Grill- und Hüttenabenden wird in der hoteleigenen Hellerberger-Gruben-Hütte schnell „Brüderschaft" getrunken und beim wöchentlichen Galabuffet zeigt sich die Küche von ihrer besten und der Gast von seiner elegantesten Seite. Natürlich wird in dieser wunderschönen Gegend vor allem Wandern groß geschrieben. Auf dieses Bedürfnis hat sich das Hotel ganz

Anzeige

Die Anlage des Hotels Gnacke

Kururlauben neben einer alten Ritterburg
An die Zeit der alten Rittersleute erinnern in Nordenau im Hochsauerland noch heute die Reste einer alten Ritterburg. In unmittelbarer Nähe dieser altehrwürdigen Gemäuer befindet sich das komfortable, bestens ausgestattete Kur- und Sporthotel Gnacke, ein Haus, das eine solche Fülle von Sport- und Freizeitmöglichkeiten anbietet, daß Ihnen bestimmt eher die Urlaubstage ausgehen als die Möglichkeiten, diese ideenreich zu verbringen. Hier nur einige Stichworte: Soleschwimmbad auf 30 Grad erwärmt, Hot-Whirl-Pool, Natur-Eifelfango, finnische und türkische Sauna, Sonnenstudios, Fitness-Raum, geführte Wanderungen zum Kahlen Asten und entlang der

radies

besonders eingestellt: Es bietet geführte Wanderungen, zum Beispiel auf der alten Heerstraße, rund um den Kahlen Asten oder über die Hunsau nach Fredeburg. Wer will, kann hier sogar eine Wanderauszeichnung in Form einer Bronze-, Silber- oder Goldnadel erwerben.

Und in der Umgebung…

Von A wie Angeln bis Z wie zünftig Wandern reicht das überaus reiche Freizeitangebot für Sport und Gesundheit, das den Gast in und um Nordenau erwartet. Erwähnt seien hier nur die Möglichkeit zum Drachenfliegen, Golfspielen, Segeln und Surfen auf einem der nahe gelegenen Stauseen sowie als kleine Attraktion Skispringen auf einer Mattenschanze bei Winterberg.
Im Winter lockt das schneesicherste Wintersportgebiet Westdeutschlands rund um den Kahlen Asten Abfahrts- und Langläufer an. Für geselligere Stunden bietet sich an, am Eisstockschießen teilzunehmen, eine Rodelpartie zu unternehmen, Eishockey zu spielen oder einfach nur Schlittschuh zu laufen.

Wie wäre es mit einer Sauerlandrundfahrt?

Start für eine traumhaft schöne Hochsauerland-Rundfahrt ist sozusagen der Hotelparkplatz. Von dort ist es nicht weit zur höchsten Erhebung Nordrhein-Westfalens, dem 841 Meter hohen Kahlen Asten. Dort oben entdecken Naturliebhaber auf einer Hochheide seltene arktisch-alpine Pflanzen. Weiter geht es nach Winterberg mit seiner Kunsteisbobbahn. Die Eissporthalle hat Olympiamaße, und auf der St. Georgs-Schanze wurden schon große Wettkämpfe ausgetragen. Silbach und Siedlinghausen liegen auf der folgenden Wegstrecke, die nach Olsberg zu den Bruchhauser Steinen führt, einem 87 Meter hohen Quarz-Porphyr-Felsen. Über Assinghausen am „Reisen-Spieger", dem ältesten erhaltenen Zehntspeicher Westfalens aus dem Jahre 1556, vorbei führt die Route zur Hochheide nach Niedersfeld, einem Naturschutzgebiet, das die höchste Hochheide Westdeutschlands umschließt. Wieder in Winterberg angelangt, geht es über den Kamm des Rothaargebirges zurück nach Nordenau.
Sollte das Wetter einmal schlecht sein, könnte man ja einen Museumstag einplanen. Da wäre zum Beispiel das Bergbaumuseum in Ramsbeck.

Wie wäre es mit einem Tennismatch?

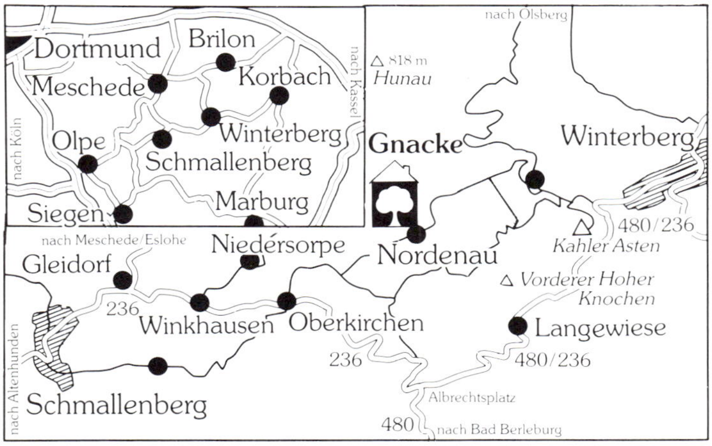

Im Land der tausend Berge Hotel Knoche Rimberg

In Einzellage auf 713 Meter Höhe erwartet das Hotel Knoche seine Gäste. Hier werden Ruhe und Erholung, sowie die individuelle Betreuung der Feriengäste groß geschrieben.

Fast wie gewachsen schmiegt sich das Haus an den bewaldeten Hügel.

Das Land der tausend Berge – so bezeichnen die Sauerländer gern ihre Heimat. Diese Bezeichnung ist keine patriotische Übertreibung, denn tatsächlich erheben sich zwischen Möhne und Ruhr im Norden sowie Sieg und Eder im Süden dichtbewaldete Höhen soweit das Auge reicht. Fast als hätte die Natur extra ein Plätzchen für das Hotel Knoche freigelassen, schmiegt sich das Haus an diese saftig grüne Wald- und Wiesenlandschaft des Hochsauerlands.

Das Haus strahlt Behaglichkeit und Atmosphäre aus

Seit über 100 Jahren ist das Hotel Knoche im Familienbesitz, hier weiß man, was man seinen Gästen schuldig ist. Behaglichkeit und Atmosphäre zeichnen dieses Haus aus. Das ganze Jahr über läßt es sich hier „königlich" leben. Die Küche bietet regionale Gerichte, mit viel Liebe und raffiniert zubereitet. Schlachtfeste und Wildwochenenden werden organisiert, an denen man einmal so richtig deftig schlemmen kann. Die großen Panoramafenster des Restaurants lassen den Blick beim guten Essen frei auf die herrliche Natur.

Großzügiger Freizeitbereich mit finnischer Sauna und Solarium

Das Hallenbad ist mit einer Gegenstromanlage ausgestattet. Von hier aus hat man im Sommer direkten Zugang auf die großzügige Liegewiese. Zum Freizeitbereich gehört außerdem eine finnische Sauna, das Solarium, das Fitnesscenter und der Tischtennisraum. Wer sich im Freien draußen sportlich betätigen möchte, kommt rund um das Jahr auf seine Kosten: Die Wanderwege sind markiert, und das Hotel bietet geführte Wanderungen beziehungsweise ganze Wanderwochen mit Hüttenabenden an. Einstellboxen für Reitpferde sowie ein gepflegter Reitplatz stehen zur Verfügung.

Beste Wintersportmöglichkeiten

Im Winter haben die Gäste ein kleines Skiparadies vor der Türe: Bis zum Skilift ist es ein „Katzensprung", und die Langlaufloipen sind ganz in der Nähe gespurt. Wer das Sportgerät nicht von zu Hause mitbringen mag, kann sich an den hoteleigenen Skiverleih wenden. Für Anfänger und Fortgeschrittene werden Skikurse angeboten.

Nicht nur zum Urlaub machen eignet sich das Sportiv-Hotel Knoche: Die großzügigen Tagungsräume sind ideal geeignet für einen Arbeitsurlaub.

Heiraten und Flitterwochen – für alles ist gesorgt

Wer sein Herz nicht nur an die wunderschöne Landschaft des Sauerlands vergeben hat, sondern sich mit dem Gedanken trägt zu heiraten, kann sich in der Hauskapelle des Hotels sogar trauen lassen.

Für Gäste, die ihr Augenmerk hauptsächlich auf den gesundheitlichen Aspekt beim Urlaub richten, ist bestens gesorgt. Im nahe gelegenen Fredeburg läßt sich bei medizinischen Bädern, Massagen, Kneipp'schen Anwendungen die Leistungskraft und Gesundheit erhalten und stärken. Dazu trägt in besonderm Maße auch das Fahrradfahren bei. Die Drahtesel können überall in der näheren Umgebung für eine Sommer-Tour durch die schattigen Wälder und Blumenwiesen der reizvollen Umgebung ausgeliehen werden.

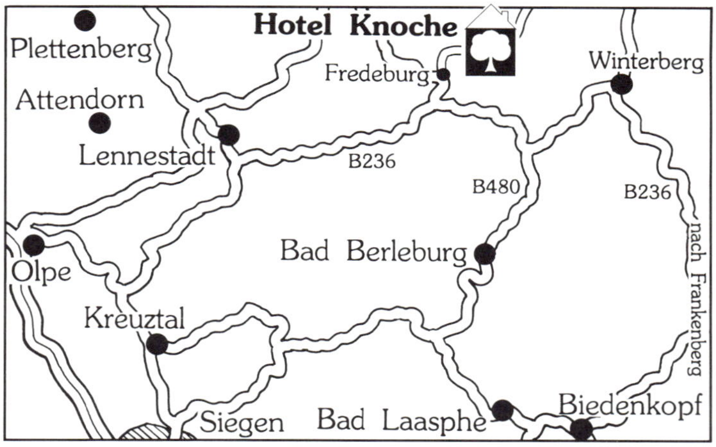

Anzeige

Wo der Mensch noch im Einklang mit der Natur steht

Herrlich gelegen, bietet das Sportiv-Hotel Knoche Gelegenheit, sich die schönsten Tage im Jahr so zu gestalten, wie man es für richtig hält. Ruhe und Erholung stehen hier im Vordergrund. Und auch für die sportliche Betätigung steht den Gästen allerhand zur freien Verfügung: Zur Fitness tragen das Hallenbad mit Gegenstromanlage, die Finnische Sauna, Tischtennisraum und weitere Einrichtungen bei. Großzügige Zimmer, teilweise mit sonnigem Balkon, und die gemütliche Kaminecke (siehe Abbildungen) tragen ihren Anteil zum gelungenen Urlaub bei.

Hotel Knoche Rimberg
D 5948 Rimberg, Tel. (0 29 74) 77 70, Fax (0 29 74) 777 90
Der besondere Hotelservice:
geführte Wanderungen, Hüttenabende, Wanderwochen, Schlachtfeste, Wildwochenende

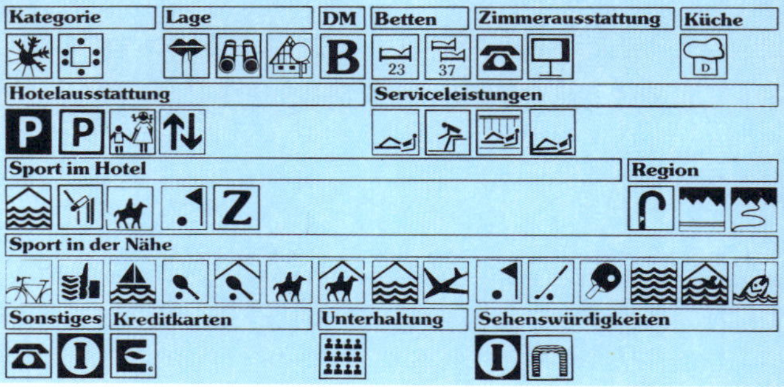

Im früheren Herzogtum Berg: Hotel zur Post

Sport treiben und Geschichte entdecken – beides bietet sich vom Luftkurort Wiehl im Bergischen Land aus an: erlebnisreiche Urlaubstage sind also sicher.

Badespaß im Wiehler Freibad

Früher hieß die Landschaft noch Herzogtum Berg. Das ist lange her, aber fürstlich ist es am Westabfall des Sauerlandes zwischen Ruhr und Siegen auch heute noch – das Bergische Land garantiert also eine interessante Ferienzeit.
Am Feizeitpark des Luftkurortes Wiehl im Oberbergischen Land gelegen, lädt das Hotel zur Post zum Verweilen ein. Das elegant ausgestattete Hotel kann seine Geschichte bis ins Jahr 1830 zurückverfolgen. Doch hat sich seit damals einiges geändert. Heute schätzen die Gäste in diesem Haus die Annehmlichkeiten und den Komfort: die Zimmer sind mit Bad oder Dusche und WC ausgestattet, haben Telefon und Fernsehen.
Für das individuelle Fitness-Programm der Erholungssuchenden wartet das Hotel zur Post mit einem vollklimatisierten Hallenbad mit Sauna und Solarium auf. Abends wird dann in geselliger Runde der Versuch unternommen, auf der hauseigenen Kegelbahn „alle Neune“ zu treffen. Es versteht sich von selbst, daß die Bahn vollautomatisch betrieben ist.
Die „Nouvelle Cuisine“ ist im seit über 150 Jahre bestehenden Hotel zur Post zur selbstverständlichkeit geworden. Das „Wasser läuft einem im Munde zusammen“ bei einem Blick auf die Speisekarte der Posthalterei, einem rustikal und gemütlich eingerichteten Lokal, in dem oberbergische Spezialitäten serviert werden. Guten Appetit! All diese Vorzüge haben auch Fußball-national-Mannschaften erkannt und nehmen deshalb immer wieder gerne Quartier in Wiehl.

Solarbeheiztes Schwimmbad mit 54-Meter-Rutschbahn

Welch ein Vergnügen, eine 54 Meter lange Rutschbahn hinunterzurutschen, hinein in ein solarbeheiztes Schwimmbad!
Der Luftkurort Wiehl im Oberbergischen Land macht's möglich! Wiehl, der Fluß, der dem Örtchen seinen Namen gegeben hat, zieht Freunde des Angelsportes an. Doch auch Reiten und Tennis sind Sportarten, denen im Ort nachgegangen werden kann. Spaß bereitet auch immer wieder ein Besuch der Minigolfanlage. Knifflig sind die Aufgaben, die dort mit Ball und Schläger bewältigt werden sollen. Und im Winter laden Langlaufloipen und Eisplatz zur sportlichen Betätigung. Wie schon erwähnt, für Naturfreunde ist der Luftkurort Wiehl inmitten des Naturparks „Bergisches Land“ geradezu ideal. Vielfältig sind für sie die Entdeckungsmöglichkeiten: Wie wäre es denn zum Beispiel mit einem Ausflug in das Tal der Homburger Bröl, wo die „Dicken Steine“ von Wiehl liegen. Über 340 Millionen Jahre sind sie alt und geben Aufschluß über die Erdgeschichte dieser Region.

Hinein in die Welt der bizarren Tropfsteingebilde

Eine Sehenswürdigkeit besonderer Art ist die Wiehler Tropfsteinhöhle. 1,6 Kilometer weit führt sie ins Erdinnere, wo sich dann plötzlich eine Welt der bizarren Tropfsteingebilde auftut. Eine schöne Wanderung kann ihrem Besuch am südlichen Ortsrand von Wiehl vorausgehen. Nicht weniger reizvoll ist die 12 Kilometer von Wiehl entfernte Aggertalhöhle. Einmal dort, sollte man sich auch die Agger-Talsperre anschauen. Hier wurde die Agger, der rechte Nebenfluß der Sieg, auf einer Fläche von 1,5 Quadratmeter auf 40 Meter Höhe gestaut: Heute hat die Talsperre, die in den Jahren 1927 bis 1929 erbaut wurde, 19,3 Millionen Kubikmeter Inhalt.

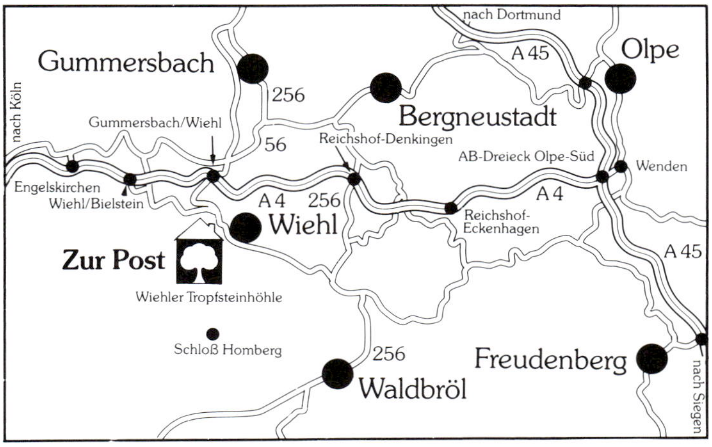

Ruhe und Erholung: Hotel „Haus Westerwald“

Der Westerwald ist ein Urlaubsland mit ganz eigenem Charakter. „Reizvoll herb“ ist wohl die passende Bezeichnung. Eingeweihte wissen, daß man sich hier bestens und rundum erholen kann.

Ein Ferienhotel mit nächster Nähe zur Natur.

Das Haus Westerwald liegt in ruhiger Waldrandlage im staatlich anerkannten Luftkurort Ehlscheid (365 m ü. NN). Dieser Erholungs- und Tagungskurort auf den Höhen des Naturparks Rhein-Westerwald bezaubert durch die herrliche Ruhe in gesunder Luft. Allerlei Kurzweiliges wie Freiluftschach, Reiten, Tennis und sogar einen Schießstand bietet die Gemeinde ihren Kurgästen und Freizeiturlaubern. Ehlscheid ist bekannt und beliebt durch seine einladende Gastlichkeit. So gibt es zahlreiche, ebene und gut gekennzeichnete Wanderwege. Viele Bänke, Schutzhütten und Wildgehege laden zu interessanten Naturbeobachtungen ein. Schöne Kurkonzerte und eine Lesehalle im neu erstellten Kurzentrum runden das Angebot ab.

Liebevoll ausgestattete Hotelzimmer mit Komfort

Die Zimmer des Hauses Westerwald sind liebevoll ausgestattet und verschönen den Gästen den Aufenthalt in diesem ohnehin sehr gastfreundlichen Hotel durch ihren hohen Komfort. Für diverse Wertsachen steht ein Safe zur Verfügung und auf Wunsch wird auch ein Fernseher auf das Zimmer gestellt.

Für das Freizeitprogramm ist gesorgt

Doch viel Zeit zum Fernsehen wird bei dem Freizeitangebot, welches das Hotel seinen Gästen bietet, vermutlich gar nicht bleiben. Ein modernes, großes Hallenschwimmbad mit Gegenstromanlage lädt zum Schwimmen im wohltemperierten Naß ein. Danach geht's gemütlich in die Sauna, und wer genug entschlackt hat, kann sich im Solarium je nach Jahreszeit noch etwas vor- oder nachbräunen. Die „Freunde der Kugel“ finden sich immer wieder gerne auf der Kegelbahn ein oder treffen sich bei einem Tischtennismatch.

Landestypische Küche sorgt für Gaumenfreude

Nun wird es aber Zeit für einen stärkendens Mahl: Die Küchenbrigade hält eine ganze Palette erlesener Köstlichkeiten bereit. Zum einen pflegt man die internationale Küche, zum anderen steht die typisch Westerwälder Kost auf dem Speiseplan: Spezialitäten sind Kartoffelbrot, Eierkäs, Handkäs mit Musik und vieles mehr. Dazu gibt es – was läge näher – einen Riesling aus dem Rheingau oder auch schon mal den bekannten Apfelwein. Das Hotel Haus Westerwald empfiehlt sich weiterhin durch seine hellen und freundlichen Tagungsräume, die natürlich auch für Festivitäten aller Art genutzt werden können.

Das Töpfern hat Tradition im Westerwald

Rund um Ehlscheid gibt es viel zu entdecken: Dieser besonders reizvolle Teil des Rheinischen Schiefergebirges wird auch die „grüne Oase zwischen Köln und Frankfurt“ genannt. Viele Natur- und Wildparks, mittelalterliche Städte und natürlich das Kannenbäckerland gilt es zu erforschen. Die uralte Westerwälder Tradition des Töpferns steht in vielen Betrieben auch den Besuchern zum selbst Ausprobieren offen. Das Komforthotel Haus Westerwald ist in jedem Fall ein sehr guter Ausgangspunkt für interessante Tagesausflüge und unterschiedlichste Freizeitaktivitäten.

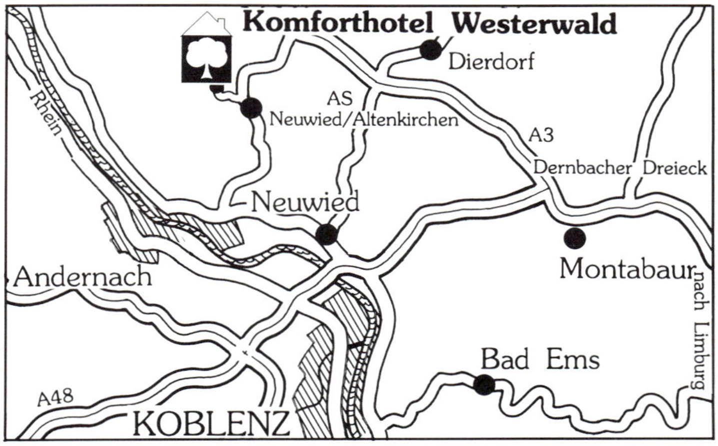

Anzeige

Trotz seiner idyllischen Lage liegt das Komforthotel Haus Westerwald in Ehlscheid verkehrsgünstig, sozusagen im geografischen Herzen Deutschlands. Wer mit dem Auto anreist hat ab der Autobahnausfahrt Neuwied-Altenkirchen nur noch fünf Kilometer. Für Bahnreisende gibt es ab dem Neuwieder Bahnhof die passenden Busverbindungen. Das Hotel bietet seinen Gästen neben dem modernen Hallenbad ein gelungenes Freizeitprogramm. Die Kegelbahn ist immer wieder ein beliebter Treffpunkt für jung und alt. Danach geht es ins Restaurant, wo es sich bei einem guten Essen und einem ebenso guten Glas Wein gemütlich sitzen läßt.

Haus Westerwald
D 5451 Ehlscheid, Parkstr. 3–5, Tel. (02634) 2626 + 2278,
Fax (02634) 2921
Der besondere Hotelservice:
Auf Anfrage

Kategorie | Lage | DM | Betten | Zimmerausstattung | Küche

A | 26 | 33

Hotelausstattung | Serviceleistungen

Sport im Hotel | Region

Sport in der Nähe

Sonstiges | Kreditkarten | Unterhaltung | Sehenswürdigkeiten

Ein Ferienland par excellence: Die Eifel

Maare, weite Heide- und Vennflächen, die lieblichen Täler von Ahr, Erft, Brohl und Kyll, die Seenplatte der Nordeifel, die Wildparks – hier lebt ein Stück Natur aus erster Hand.

Haus mit geschnitztem Fachwerk in Ahrweiler

Ob sich nun jemand für Reitsport, Mineralogie, Drachenfliegen, Folklore oder die Geschichte der Römerzeit begeistert – in der Eifel kann jeder nach seiner Fasson urlaubsselig werden. Im letzten

Schloß Bürresheim ist das Wahrzeichen des Nettetals

Jahrhundert fast vergessen und von schwerster Armut geplagt, hat sich dieser Landstrich zwischen Aachen und der Mosel heute zu einem der vielfältigsten Feriengebiete Deutschlands entwickelt.

In keiner anderen Landschaft vereinigen sich die Zeugen der Vergangenheit zu einem solch anschaulichen Bilderbogen; Kelten, Alemannen, Römer und Franken – alle haben sie hier ihre Spuren hinterlassen, und nirgendwo kann man so viele Klöster, Altäre, Schlösser und Ruinen ohne Gedränge und in Ruhe besichtigen. Sportlern steht, vom Angeln bis zum Wassersport, ein nahezu unbegrenztes Betätigungsfeld zur Verfügung.
Voller Kuriositäten und Überraschungen steckt die Eifel, wo sonst man hat man schon die Gelegenheit einem Köhler bei der Arbeit zuzusehen oder den Guß einer Glocke zu verfolgen? Auch die Küche ist, allen Vorurteilen zum Trotz, voller Vielfalt. Köstliche Fisch- und Wildspezialitäten, raffinierte Gerichte französischer Provenienz und nicht zuletzt der funkelnde rubinrote Ahrburgunder – wem läuft da nicht das Wasser im Munde zusammen!

Kirschen-, Wein- und Winzerfeste, Blumenmärkte, Ritterspiele, Kirmes, Karneval – in der Eifel wird gern gefeiert, ein Grund mehr diesem liebenswerten Land ein Besuch abzustatten.

Mekka für Motorsportfans: Der Nürburgring

Idylle zwischen Bergen und Eifelwäldern: Landhaus Kallbach

Das milde Reizklima der Eifelwälder, ein herrliches Tal zwischen Düren und Aachen mit seinen Naturschönheiten – Wandererherz, was begehrst Du mehr?

Das idyllisch gelegene Hürtgenwald

„Fast wie im Märchen" kommt es einem in den Sinn, hat man sich das Landhaus Kallbach in Simonskall in der Eifel als Urlaubsziel auserwählt. In dem idyllischen Tal zwischen Düren und Aachen liegt das verträumte Haus sozusagen wie eine „Perle der Eifel". Zur Gruppe der Silencehotels gehörend, wird es höchsten Ansprüchen gerecht. Die Zimmer sind äußerst geschmackvoll und wohnlich eingerichtet, der Service läßt kaum einen Wunsch des Gastes offen. Das auf 26 Grad angeheizte Hotelhallenbad mißt 11,5 auf 4,5 Meter und fordert auch den sportlichen Schwimmer. Sauna und Sonnenbank lassen das „Relaxen" zur Wohltat werden.

Dem Oberförster auf der Spur

Hürtgenwald nennt sich das kleine Örtchen, zu dem das Hotel und Landhaus Kallbach gehört. Peter von Agris, der Hausherr, hat viel Phantasie walten lassen bei einem ansprechenden Programmangebot für seine Gäste: Gourmetwochenende, Wanderwoche, Tennisarrangement, Angelarrangement, Ladyweek-Arrangement und für Jungvermählte ein Flitterwochenarrangement.

Beispielsweise bei der Wanderwoche sind die Gäste einen halben Tag mit dem Oberförster unterwegs und besuchen ein Wildfreigehege. Zum Ladyweek-Arrangement gehört ein ausgeklügeltes Fitness-Programm mit Morgengymnastik ebenso dazu wie das kreative Arbeiten mit dem Küchenchef, der das Tische dekorieren oder das Gestalten der Menükarte zeigt. Fehlen dürfen natürlich nicht der Schminkkurs und ein Einkaufsbummel in Aachen.

Internationale Spezialitäten und Gerichte aus der elsässischen Küche stehen auf der Speisekarte des gemütlich eingerichteten Restaurants, in dem sich Kallbach-Gäste so richtig verwöhnen lassen können: schlemmen und genießen ist also angesagt.

Reiten, Wassersport, Tennis und Golf sind Freizeitangebote, die die Sportlerseele ansprechen. Wer's lieber luftig mag, kann sich als Drachenflieger über die Eifelhöhen tragen lassen und im Winter sind die Loipen für Langläufer gespurt.

Reizvolle Touren und Wanderungen haben für den Wanderfreund ihren Ausgangspunkt an der Hoteltür des Landhauses Kallbach. Ein Streifzug durch die Eifelwälder, ein Besuch im Naturschutzpark Nordeifel oder eine Tageswanderung im Erholungsgebiet Dürener Rureifel lassen gerade den Stadtmenschen aufatmen in dieser reinen und sauerstoffreichen Luft. Viele Eindrücke bringt der Naturliebhaber vom Rurstausee mit nach Hause.

Im Urlaubsprogramm sollte nicht fehlen

Ein Ausflug zum Kloster Mariawald, das noch aus dem Jahre 1480 datiert ist, oder zur Burgruine nach Nideggen sollte unbedingt ins Urlaubsprogramm aufgenommen werden.

Und hier noch ein paar Worte zur Landschaft: Die Eifel, der nordwestliche Teil des Rheinischen Schiefergebirges, liegt nördlich der Mosel. Sie geht mit der Nördlichen Schnee-Eifel ohne deutliche Grenze in das Hohe Venn, eine Hochfläche bis zu 600 Meter, über. Steil eingeschnittene Täler sind ihr Charakteristikum. Waldwirtschaft und Viehzucht sind dort auch noch heute zuhause, und die Natur zeigt sich hier nur noch in ihrer unverfälschten Schönheit.

Wen es dann noch während seiner Urlaubstage in die Stadt zieht, kann durch das historische Aachen bummeln und sogar im Spielcasino sein Glück versuchen.

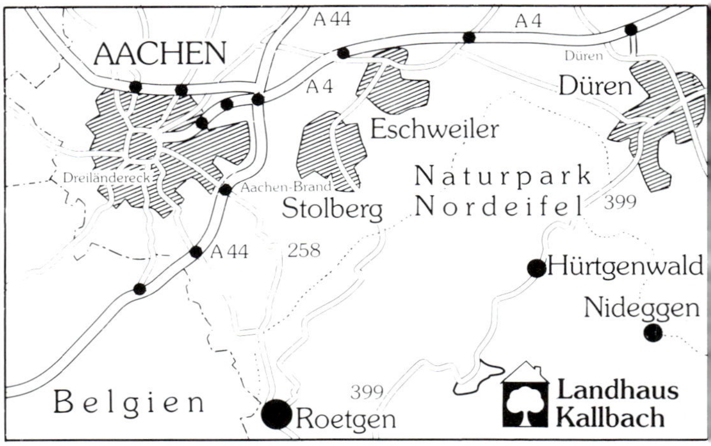

Spezialität Wildgerichte: Hotel Haus Hubertus

Im idyllischen Nettetal liegt der Luftkurort Riedener Mühlen. bis an den Ort heran reichen die dichten, hohen Eifelwälder: Dort steht das Haus Hubertus.

An der Sonnenseite eines malerischen Tales liegt das Haus Hubertus

Die Eifel ist ein Teil des Rheinischen Schiefergebirges; im Süden wird sie von der Mosel begrenzt, im Osten durch das Mittelrheintal. Die wechselvolle geologische Geschichte ließ hier eine der abwechslungsreichsten Landschaften Deutschlands entstehen. Das alte Schiefergebirge zerbrach im Laufe der Zeit zu einzelnen Schollen, an deren Bruchkanten Schwachstellen in der Erdkruste entstanden. Diese wurden von Magma in Vulkanschloten durchbrochen. Die erloschenen Vulkane füllten sich später mit Wasser. Das größte dieser Eifelmaare ist der Laacher See bei Koblenz; ebenso bekannt wie der See ist Maria Laach, eine Benediktinerabtei mit einer kunstgeschichtlich bedeutenden romanischen Abteikirche, deren Gründung ins Jahr 1093 zurückgeht.

Ein Haus ganz im Zeichen des Patrons der Jäger

Westlich der A 61, die in ca. 1 km Entfernung am Laacher See vorbeiführt, liegt im Nettetal der Luftkurort Riedener Mühlen, Standort des Hotels Haus Hubertus. Ende des 15. Jahrhunderts stand hier eine Mühle, die zum Bestitztum des nahen Schlosses Bürresheim gehörte. Die Brüder Hackenbruch erhielten die Riedener Mühle vom Grafen von Renesse als Lehen, und 1833 ging sie urkundlich in den Besitz der Familie Hackenbruch über. Schon damals bot sie dem Wanderer Schutz vor den Unbilden der Witterung und war als gastliches Haus bekannt, eine Familientradition, die sich bis unsere Zeit bewahrt hat.
Der Heilige Hubertus erfuhr seine Bekehrung während einer Jagd durch die Erscheinung eines Hirsches mit einem leuchtenden Kreuz im Geweih, so will es die Legende wissen. Später avancierte er dann zum Patron der Jäger, zu denen auch Hans-Peter Hakkenbruch, der Hotelier des Hauses Hubertus zählt. Ein großes Bild, das die Begegnung mit dem wunderbaren Tier darstellt, ziert eine Wand in der Empfangs-Halle, auch Dekor und Mobiliar sind rustikal und im Jagdstil gehalten.
Heute bietet das Haus seinen Gästen jeden erdenklichen Komfort. Alle Zimmer sind mit Bad oder Dusche, WC, Radio und meist mit einem Balkon ausgestattet. Der aktiven Körperkultur dient das Hallenbad mit Sauna, Solarium und einem Fitness-Raum. In unmittelbarer Nähe stehen den Hausgästen zwei Tennisplätze zur Verfügung. Für diejenigen, die lieber ein Match im Tischtennis oder auf der Kegelbahn austragen, ist bestens gesorgt. Die ausgezeichnete Küche bereitet Speisen regionaler und internationaler Art, wobei besonders die Wildgerichte – und hier macht das Haus seinem Namen alle Ehre – von jagdfrischen Zutaten zu erwähnen sind.

Schloß Bürresheim, das Wahrzeichen des Nettetals

Am Hotel beginnt ein Rundweg, der den Spaziergänger zum Wildpark und zu dem idyllischen Waldsee führt, der zudem Gelegenheit zu wassersportlichen Aktivitäten bietet. Dort befinden sich auch Liegewiesen und Kinderspielplätze, ein nahes Ausflugsziel für die ganze Familie also. Etwas weiter entfernt und auf wunderschönen Wanderwegen erreichbar liegt das romantische Schloß Bürresheim, das Wahrzeichen des Nettetales.
Auch ein Besuch des Eifelstädtchens Mayen lohnt sich. Bemerkenswert sind dort der schiefe Kirchturm und die Genovevaburg mit dem Eifelmuseum. Für Freunde des Motorrennsports empfiehlt sich natürlich ein Besuch des Nürburgrings mit seinen 172 Kurven. Dort kann man gegen eine Gebühr die Strecke abfahren und Rennfahrergefühle erleben.

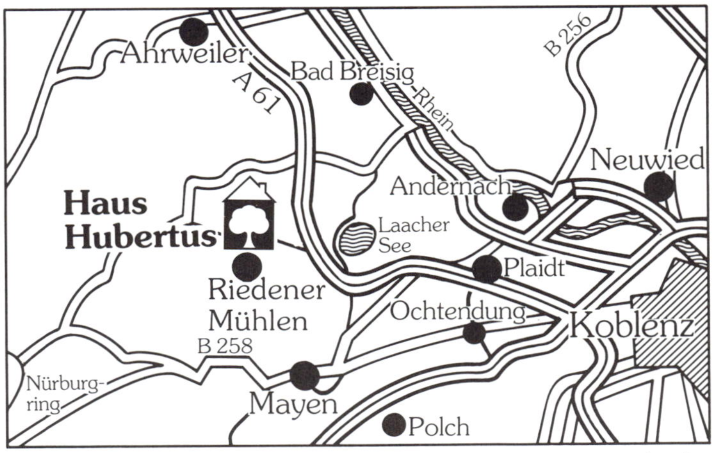

Seit über 150 Jahren als gastliches Haus bekannt und geschätzt
Tradition schätzt man in der Eifel. Das Haus Hubertus braucht in dieser Hinsicht nicht hinter dem Berg zu halten. Der Vorläufer war die Riedener Mühle, die Anfang letzten Jahrhunderts der Familie Hackenbruch übereignet wurde. Aus der Mühle wurde ein Hotel mit komfortabler, moderner aber doch gemütlicher Ausstattung.

Weithin bekannt und vorzüglich geführt: Molitors Mühle

Im herrlich idyllischen Salmtal, an einem Platz, den Sie allein niemals finden würden, steht das Hotel-Restaurant „Molitors Mühle". 1990 Das gastliche Haus mit Auszeichnung in der Vulkaneifel. 1991 Internationale Trophäe für Touristik und Hotel (Madrid 1991)

In der Vulkaneifel liegt einem die Erdgeschichte im wahrsten Sinne des Wortes zu Füßen; vor nicht allzu langer Zeit – geologisch gesehen natürlich – spuckten hier zahlreiche Vulkane ihren feurigen Atem in eine wilde Urlandschaft.

Das Land der geheimnisvollen Maare

Irgendwann jedoch ging den Feuerschloten die Puste aus und zurück blieben die Krater, die sich im Lauf der Zeit mit Wasser füllten und die wir heute als Maare kennen, jene runden Kraterseen, die Wahrzeichen der Vulkaneifel, die sich zu einem Feriengebiet erster Güte entwickelt hat. Im Südosten dieser faszinierenden Landschaft zwischen den Orten Kyllburg und Wittlich liegt 300 m von der Straße entfernt das Hotel-Restaurant „Molitors Mühle", ungefähr einen Kilometer vor dem alten Zistersienserkloster Himmerod. Bis 1860 befand sich an dieser Stelle ein Eisenwalzwerk. An jene Zeit erinnert noch der alte Kamin, das unverwechselbare Merkmal des Hauses. 1870 wurde das Anwesen von der Familie Molitor erworben und zur Getreide-Mühle umgebaut. Das Mühlrad wurde mit Wasserkraft betrieben. Große

Molitors Mühle liegt an lieblichen Waldseen.

Ferienparadies im Grünen

Floristikkurs für Blumenliebhaber

Schlagzeilen machte Molitors Mühle 1889, als hier die dritte elektrische Lichtanlage der Rheinprovinz installiert wurde – damals ein absolutes technisches Novum. Heute läuft an demselben Platz eine selbstkonstruierte Wärmepumpe, die den Heißwasserbedarf des Hauses deckt und mit der vorhandenen Wasserkraft betrieben wird. 1917 nahm die Fremdenpension ihren Anfang; sie ist heute zu einem der schönsten Hotels der Eifel angewachsen, mittlerweile in der dritten Generation.
Bedingt durch die wald- und gewässerreiche Landschaft stehen Spezialitäten von frischem Wild und fangfrischen Forellen an erster Stelle des weithin bekannten und vorzüglich geführten Hotel-Restaurants. Den hausgeräucherten Wildschweinschinken und die verschiedensten filierten Forellenvariationen sollten Sie sich nicht entgehen lassen. Wer den Pfunden den Kampf angesagt hat, kann dies unter ärztlicher Aufsicht tun, es werden Heil- und Gesundfastenkuren angeboten, ebenso Schönheits- und Fitnesskuren. Freizeitspaß und Erholung stehen in Molitors Mühle an erster Stelle.

Alle Sportmöglichkeiten zum Nulltarif

Die hoteleigenen Gewässer – Seen und Flußlauf – eignen sich wunderbar zum Angeln oder für vergnügte Kahnpartien; auf dem Tennisplatz kann unter Anleitung eines Tennislehrers unseren Sportidolen nachgeeifert werden. Die überdachte Tischtennisplatte lädt ebenso zum fröhlichen Spiel ein wie das Hallenschwimmbecken. Und das Schönste an all diesen sportlichen Einrichtungen – für die Gäste des Hauses Molitor ist die Benutzung kostenlos!

Wanderungen in vulkanischer Urlandschaft

Für die Unterhaltung der Gäste wird vortrefflich gesorgt. Hütten- und Grillabende, geführte Wanderungen mit Picknick sowie die Gartenfeste tragen bestens zur Geselligkeit bei. Blumenliebhaber haben die Möglichkeit, an einem Floristikkurs teilzunehmen. Wer sich in alte Zeiten zurückversetzen möchte, kann sich an einem Spinnkurs beteiligen und sein eigenes Garn spinnen.
Was unter gar keinen Umständen versäumt werden sollte, ist die Teilnahme an den Sternwanderungen in die geheimnisvolle, sagenumwobene Landschaft der Maare.

Ein heißes Match kostenlos.

Entdeckungsurlaub auf Schritt und Tritt

Sportler finden hier ein weites Betätigungsfeld: Klettern in den Gerolsteiner Dolomiten, Drachenfliegen am Meerfelder Maar, Fallschirmspringen in Daun, Golf in Hillesheim und Trier, Surfen auf den Kraterseen oder eine schnelle Runde auf dem weltberühmten Nürburgring. Lohnend sind die geologischen Sehenswürdigkeiten, wie die Vulkanbombe bei Strohn oder der Wachsende Wasserfall bei Nohn und die Dürren Maare. Die „Deutsche Wildstraße", die Glockengießerei in Brockstedt, Schlösser, Burgen und römische Ruinen, Ritterspiele und Volksfeste – für einen unterhaltsamen Urlaub Stoff mehr als genug!

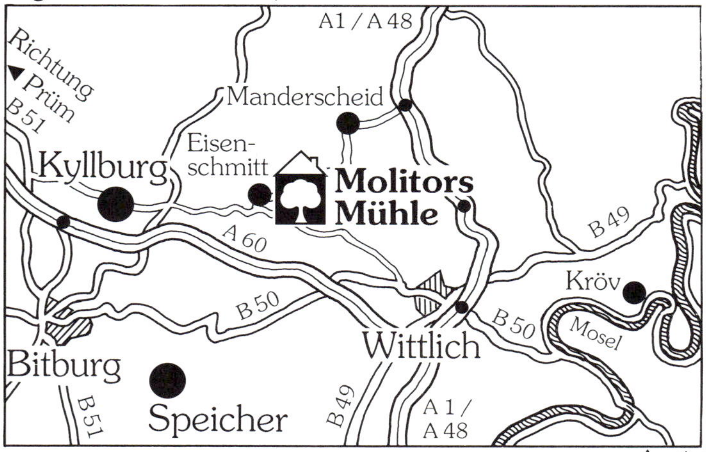

Ein gastliches Haus in der schönen Eifel
Inmitten der faszinierenden Vulkanlandschaft der Südeifel liegt das Hotel Molitors Mühle. Hier werden dem Gast alle nur erdenklichen Annehmlichkeiten geboten, die rund um einen Erholungsurlaub gehören, um einmal so richtig Abstand vom Alltagsstress zu bekommen. Das Haus ist wunderschön in die grüne Landschaft eingebettet und lädt zu kurzweiligen Ausflügen in die Umgebung ein. Die Zimmer sind stilvoll und mit viel Geschmack eingerichtet (Abbildung), so richtig zum wohlfühlen. Wer gern und gut speist, kann dies ganz vorzüglich im Hotel-Restaurant tun.

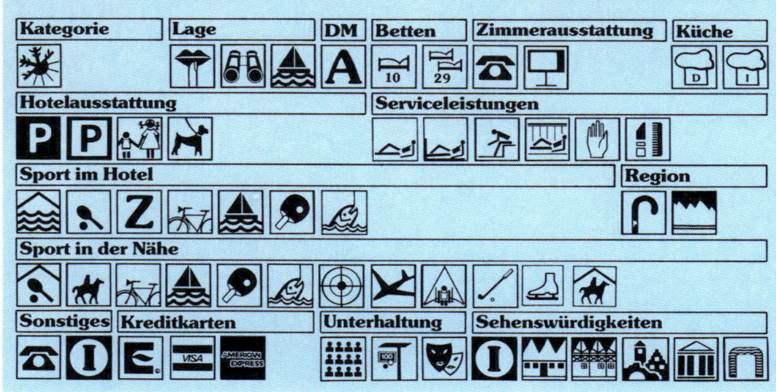

Aussichtsreiche Urlaubstage im Eifel-Sport-Hotel

Das romantische Kylltal und der Eifelpark Gondorf mit der Bärenschlucht machen Appetit auf schöne Urlaubstage. Im hoteleigenen Karibikbad „Barbados" genießt man karibische Stunden vor der Kulisse der Südeifel.

Karibische Stunden mitten in der Eifel

Mit Blick auf das romantische Kylltal liegt das Eifel Sporthotel in bester Hanglage. Mit Recht wird dieses Hotel als Haus der vielen Möglichkeiten bezeichnet. Besonders das 1990 neu eröffnete Karibikbad „Barbados" ist ein außergewöhnliches Urlaubserlebnis für Jung und Alt.

Exotische Strandatmosphäre mitten in der Eifel

Wer das Bad betritt, fühlt sich gleich um tausende von Kilometern in die Karibik versetzt: Strandatmosphäre, Felslandschaften mit Wasserfall und eine Bar mit exotischen Drinks laden zum Verweilen ein. Das Glas-Kuppeldach läßt auch bei niedrigen Außentemperaturen die Kälte draußen und die bräunenden Sonnenstrahlen durch. Das Spaßangebot wird durch Kinderbecken, Wellenbad, Whirlpool, Wasserrutsche und Solarien vervollständigt. Für die Gesundheit sorgen das Römische Dampfbad, die Sauna und die Massagepraxis. Und das alles kostet den Hotelgast keinen Pfennig Eintritt.

Kinder bis zu 18 Jahren zum Nulltarif

Doch damit sind die Vorteile, die man als Gast im Eifel-Sport-Hotel hat, noch lange nicht ausgeschöpft. Dieses Haus hat sich wegen seiner Familien- und Kinderfreundlichkeit einen Namen gemacht. Die Übernachtungen für Kinder und Jugendliche bis 18 Jahren gibt es ebenfalls zum Nulltarif. Auf dem Kinderspielplatz können sich die Kleinen nach Herzenslust austoben. Für die Größeren und Großen stehen hoteleigene Tennisplätze zur Verfügung. Lehrgänge und Turniere werden vom Haus organisiert. Und damit die ganze Familie die Gegend auch auf eigene Faust erkunden kann, werden Fahrräder verliehen. Für Freunde des Kegelsports stehen eine Bowlingbahn und zwei Kegelbahnen bereit, wo auch das Preiskegeln stattfindet. Wer sich lieber ausruhen will, findet auf der Südhang-Sonnenterrasse oder auf der Liegewiese ein schönes Plätzchen.

Biergarten und Grillhütte

Und wer sein Bier gern an der frischen Luft genießt, wird sich sicher über den Biergarten und die einladende Grillhütte freuen. Abends lädt dann die Hotelbar „Klub 1900" zum Tanzen ein. Auch im Restaurantbereich scheut man keine Mühe, den Aufenthalt des Gastes zu einem Erlebnis werden zu lassen. So wartet beispielsweise das Restaurant Belle vue mit herrlichem Blick ins waldreiche Kylltal und einer ideenreichen Speisekarte auf, die auch Gourmets begeistern wird. Denn hier reicht die Palette von der heimischen Küche bis hin zur Nouvelle Cuisine. Doch auch an Gäste, die mehr Herzhaftes lieben, ist gedacht: Sie werden in der Bauernstube schnell Gefallen an den verschiedenen Eifeler Gerichten finden. Und wer sich selbst einmal am Herd versuchen will, sollte einen der angebotenen Kochkurse belegen.

Urlaubserlebnis Eifelpark Gondorf

Eines der beliebtesten Ausflugsziele der ganzen Eifel liegt direkt vor der Tür des Sporthotels: Im Eifelpark Gondorf gibt die Natur Anschauungsunterricht: Wenn man Glück hat, führt einen der Weg auf dem Waldlehrpfad an verschiedenen Hirsch- und Schwarzwildarten, Gemsen und Steinböcken vorbei. Sogar richtige Braunbären kann man in der Bärenschlucht bewundern.

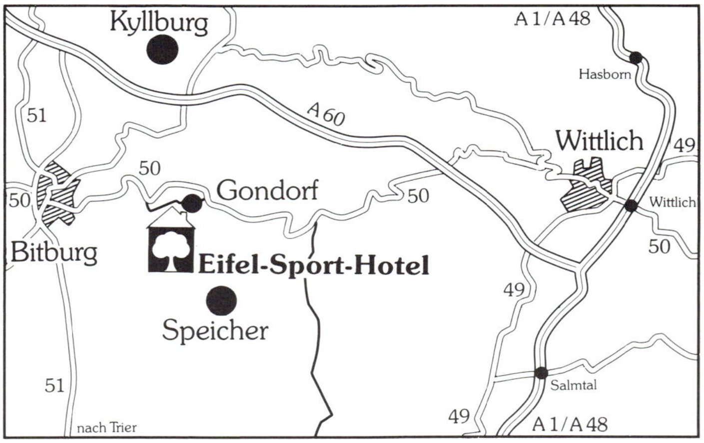

Anzeige

Exotisches Flair
Im Eifel Sporthotel sorgt das Karibikbad „Barbados" für exotischen Flair. Dach und Wände sind großzügig verglast, so daß man auch bei kalten Außentemperaturen vom Bad aus einen herrlichen Blick auf die Südeifel hat. Neben Whirlpool, Wasserfall und Rutsche gibt es eine Sauna und das Dampfbad.

Eifel-Sport-Hotel
D 5521 Gondorf, Philippsheimer Str. 8, Tel. (06565) 2051,
Telex 176565911 d
Der besondere Hotelservice: Karibikbad mit Wasserrutsche

Kategorie | Lage | DM: B | Betten: 11, 57 | Zimmerausstattung | Küche

Hotelausstattung: P P | Serviceleistungen

Sport im Hotel: Z | Region

Sport in der Nähe

Sonstiges | Kreditkarten: E, VISA | Unterhaltung | Sehenswürdigkeiten

Ritter auf Zeit im Schloßhotel auf Burg Rheinfels

Auf den Mauern der größten deutschen Burgruine steht das Schloßhotel, unmittelbar gegenüber der sagenumworbenen Loreley. Durch seine ruhige, unvergleichliche Lage ein idealer Treffpunkt für Urlaube jeder Art.

Das Hotel auf Deutschlands größter Burgruine Rheinfels.

Wenn Sie sich zu einem Aufenthalt im Schloßhotel auf Burg Rheinfels entschließen, betreten Sie geschichtsträchtigen Boden. Im Jahr 1245 ließ Graf Diether von Katzenelnbogen zum Schutz des St.-Goar-Zolles die Burg Rheinfels errichten und baute sie innerhalb von zehn Jahren zur stärksten Burganlage am Mittelrhein aus. Die ursprüngliche Zollburg wurde im darauffolgenden Jahrhundert das bedeutendste Verwaltungszentrum der Grafen von Katzenelnbogen. Ende des 15. Jahrhunderts fiel die Burg mit dem Aussterben des Geschlechts der Katzenelnbogen an die Landgrafschaft Hessen.
Die kampflose Übergabe an die französische Revolutionsarmee 1794 läutete das Ende der stolzen Burg ein: 1796/97 wurde sie gesprengt.

Modernes Wohnen in mittelalterlichen Gemäuern

Heute dient die teilweise restaurierte Burganlage friedlichen Zwecken. Der Besucher kann sich bei einem ausgedehnten Rundgang durch die Wehr- und Minengräben einen Überblick über die einstige Macht der Burg verschaffen.
Mit dem Bau des Terrassenrestaurants 1956 und dem Neubau des Schloßhotels 1972 wurden auf der Burg die Möglichkeiten geschaffen, den Gästen einen komfortablen und angenehmen Aufenthalt zu garantieren.
Das Schloßhotel verfügt über 46 Zimmer, die mit allen Annehmlichkeiten der Neuzeit ausgestattet sind, wie separatem Bad, Telefon und Fernseher.
Von der großen Aussichtsterrasse kann der Urlauber den freien Blick auf das romantische Tal der Loreley genießen. Die rieslingbewachsenen Weinberge laden Wanderfreunde zu erholsamen Stunden ein.
Aktive Erholungsmöglichkeiten für einen abwechslungsreichen Aufenthalt sind im Hotel ausreichend vorhanden: Ein hauseigenes Hallenschwimmbad steht den Gästen ebenso zur Verfügung wie Sauna, Solarium und Massageraum. Und nur 800 Meter vom Schloßhotel entfernt können Tennisfans auf Freiluftplätzen auf ihre Kosten kommen.

Werden Sie Ritter auf Zeit

Die Historie verpflichtet natürlich, und so bietet das Schloßhotel spezielle Arrangements für „Ritter auf Zeit". Einige Beispiele: Tafeln auf „Ritterart", das heißt wohnen in Einzelzimmern und anstelle eines Abendmenüs wird die „Majestäten-Völlerei" zelebriert, „Met und Fraß soviel er mag". Anschließend erfolgt eine Fackelwanderung durch die Burganlage. Oder „Glück zu Zweit" – fürstlich wohnen auf Deutschlands größter Burgruine. In der Fürstensuite werden Sie mit Rosen und Champagner empfangen. Das „Candle-Light-Diner" wird in der Erkernische serviert. Weiter gehören dazu Rheinschiffahrtstickets nach Rüdesheim mit einem Besuch von „Siegfrieds Musikkabinett". Und zum Ende, damit der Abschied nicht so schwer fällt, bekommen die Gäste ein Überrasschungsgeschenk.
Seit über zehn Jahren ist die „Rheinfels" der Inbegriff für besonders ausgefallenes Essen. Getreu diesem Grundsatz wird Ihnen kein deutsches Kücheneinerlei geboten, sondern Qualität und Phantasie. So zum Beispiel eine Entdeckungsreise ins Mittelalter beim Rittermahl.
Wenn Sie also den Atem der Vergangenheit auf Schritt und Tritt spüren wollen, werden Sie zum „Ritter auf Zeit" im Schloßhotel auf Burg Rheinfels.

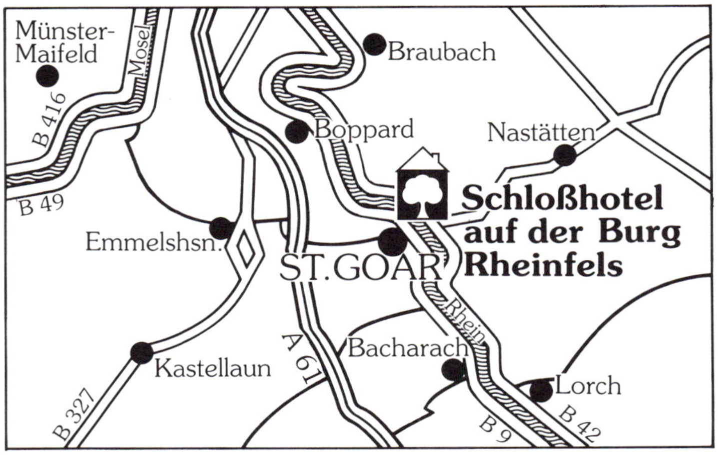

Insel der Ruhe vor Frankfurts Toren: Parkhotel Atlantis

Ist die Bezeichnung „eine Oase der Ruhe und Erholung“ im wirtschaftlichen und industriellen Rhein-Main-Gebiet überhaupt vertretbar? Ja! Im Parkhotel Atlantis auf jeden Fall.

Ganz in der Nähe liegt das Hanauer Schloß Philippsruhe

Im Schnittpunkt der Städte Frankfurt am Main, Offenbach, Hanau und Darmstadt liegt Rödermark, in dessen Ortsteil Ober-Roden sich das erstklassige Parkhotel Atlantis befindet. Die idyllische Lage des Hotels, das in einem über 28000 m² großen Park liebevoll eingebettet ist, wird Sie begeistern und in Ferienstimmung versetzen. Und Sie werden erleben, daß man Ihnen nicht zuviel verspricht, hier abseits vom Fahrverkehr, wo Ruhe und Erholung großgeschrieben werden. Und dennoch ist die Metropole Frankfurt über die Autobahn in knapp 30 Minuten zu erreichen.

Ein komfortables Zuhause

Als Gast dieses elegant ausgestatteten Hauses werden Sie gleich die Wärme und behagliche Atmosphäre spüren, die von Holztäfelungen, Kunstarbeiten aus rosa Marmor und stilvollen Einrichtungen der verschiedenen Räume ausstrahlt. Eine exzellente und vielseitige Küche wartet darauf, Sie mit ständig wechselnden kulinarischen Leckerbissen sowie den Gerichten der internationalen Speisekarte verwöhnen zu dürfen und Ihnen erlesene Weine zu kredenzen. Für Ihre körperliche Kräftigung und Entspannung sorgen das Hallenbad mit Jet-Stream-Anlage, das Fitness-Center, die Kegelbahn und natürlich nicht zuletzt Sauna und Solarium.

Der Veranstaltungskalender

Einen Service besonderer Art bietet das Haus durch sein monatlich wechselndes Veranstaltungsprogramm. Hier kurz die wichtigsten Stationen: Februar – Mittelmeerspezialitäten, März – österreichische Gaumenfreuden, April – Lammspezialitäten und Osterhasen-Überraschung für die Kleinen, Mai – Mütter kochen nicht zu Haus, man führt sie ins Atlantis aus, Juni – Spargelzeit und neapolitanischer Markt, Juli – Dixieland-Frühschoppen auf der Seeterrasse und Grillfeste, August – Pfälzer Weinabend mit Weinkönigin, Tanz im neuen Festsaal, September – Pilzwochen mit abschließendem Tanzball, Oktober – man bläst zum Halali und danach Tanzvergnügen, November – Martinsgans-Schmaus und skandinavische Woche, Dezember – ausgesuchte Menüs und großer Silvesterball mit Show-Kapelle. Doch genug der Festivitäten und kulinarischen Genüsse. Sie wollen sicher die Freizeiteinrichtungen am Ort und die Sehenswürdigkeiten der Umgebung kennenlernen? In der Nähe finden Sie Möglichkeiten zum Angeln und Wassersport, Trimmpfad, Reit- und Tennismöglichkeiten sind natürlich auch vorhanden, ebenso Minigolf, Tischtennis und Eislaufgelegenheit. Für Wagemutige steht bei Babenhausen (östlich von Ober-Roden) ein Segelfluggelände zur Verfügung. Und wem der Golfsport wirklich was bedeutet, der nimmt gerne die paar Kilometer bis zum Frankfurter Stadtrand in Kauf. Auch Fahrräder kann man hier ausleihen und durch die sanft-hügelige Landschaft bequem bis zum Spessart oder Odenwald fahren. Fast mühelos kann man das entzückende Jagdschloß Kranichstein bei Darmstadt erreichen und sollte, wenn man schon mal da ist, gleich der Stadt einen Besuch abstatten, um die Sehenswürdigkeiten, wie z.B. das Schloß, das Landesmuseum und die Porzellansammlung im Prinz-Georg-Palais zu besichtigen. Im nahen Dieburg (südlich von Ober-Roden) sind das prächtige Wasserschloß und die Wallfahrtskapelle einen Besuch wert.

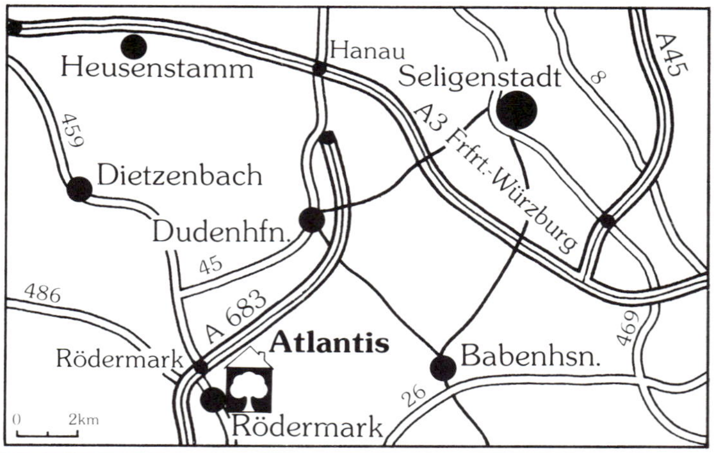

Im schönen Mittelhessen: Hotel Wettenberg

Mit seiner zentralen Lage im Herzen der Bundesrepublik ist das Hotel Wettenberg geradezu prädestiniert für Sportfans.

Idealer Ort für Sportfans, Tagungen und Konferenzen

In unmittelbarer Nachbarschaft befindet sich ein Tenniscenter mit 6 Hallenplätzen mit dem idealen Tennisbelag „Bross Slide“. Die integrierte Tennisschule bietet Anfängern eine erstklassige Einführung in das Tennisspiel – und den Fortgeschrittenen wird eine deutliche Verbesserung der Spielstärke ermöglicht. Das Programm beinhaltet Wochenendkurse ebenso wie Aktivwochen. Unmittelbar neben dem Hotel Wettenberg ist ein Sauna- und Fitness-Paradies.

Fitnessparadies und Tenniscenter

Inmitten eines idyllisch gelegenen Areals bietet es dem erholungssuchenden Gast eine Fülle von Freizeitmöglichkeiten. Hier sind die wichtigsten Einrichtungen auf einen Blick:

- 32 Grad warmes Thermalbad
- Hot Whirlpool
- 2 Kräuter Heilbäder
- 1 Sole-Bad mit Salzen aus dem Toten Meer
- Griechisch-Römisches Dampfbad
- 3 Finnische Saunen
- eine original Finnische Rauchsauna.

Für Sonnenhungrige gibt es außerdem eine große Solarwiese und ein Bräunungsstudio. Darüberhinaus befindet sich im Sauna- und Fitneßparadies Wettenberg ein 1000 qm großes Bodybuilding-Studio sowie eine Massagepraxis und ein FKK-Gelände. Vier vollautomatische Kegelbahnen stehen zur Gestaltung von geselligen Abenden zur Verfügung. Sämtliche Einrichtungen sind behindertenfreundlich ausgebaut, so daß sie auch von Rollstuhlfahrern mühelos in Anspruch genommen werden können. Der Gast findet im Hotel Wettenberg komfortable Zimmer vor, mit Einrichtungen wie Dusche, WC, Telefon, Minibar und häufig mit Color-TV.
Dem Hotel angegliedert ist das Restaurant „Jahreszeiten“ mit einer der besten Küchen in und um Gießen. Köstliches aus deutschen Landen, wie zum Beispiel Wildgerichte und hessische Spezialitäten, dazu gepflegte Biere und erstklassige Spitzenweine werden hier serviert. Eine liebevoll gedeckte Tafel und ein zuvorkommender Service sind natürlich obligatorisch. Abends trifft man sich zum Dämmerschoppen in der Hotelbar, und bei warmem Wetter kann der Gast seinen Tag im Sommergarten unter freiem Himmel ausklingen lassen.

Idealer Standort

Durch seine zentrale Lage ist das Hotel Wettenberg hervorragend geeignet für Tagungen, Konferenzen, Gesellschaften und Empfänge. Namhafte Firmen, die ihren Schulungsteilnehmern etwas Besonderes bieten möchten, veranstalten hier ihre Meetings. Die Räumlichkeiten bieten bis zu 150 Teilnehmern Platz.
Das Hotel Wettenberg arrangiert auch Familienfeiern und Empfänge. Menüs, kalte und warme Buffets, sowie Kaffeetafeln können für Gesellschaften bis zu 300 Personen veranstaltet werden. Dafür stehen mehrere Räumlichkeiten in verschiedenen Größen zur Verfügung.
Wettenberg liegt an einem Punkt, wo Taunus, Westerwald und Vogelsberg aufeinandertreffen. Ausflugsziele gibt es in allen drei Regionen zur Genüge: genannt seien hier nur die historischen Städte Marburg und Wetzlar, doch auch ein Ausflug ins nahe Gießen ist durchaus lohnend.

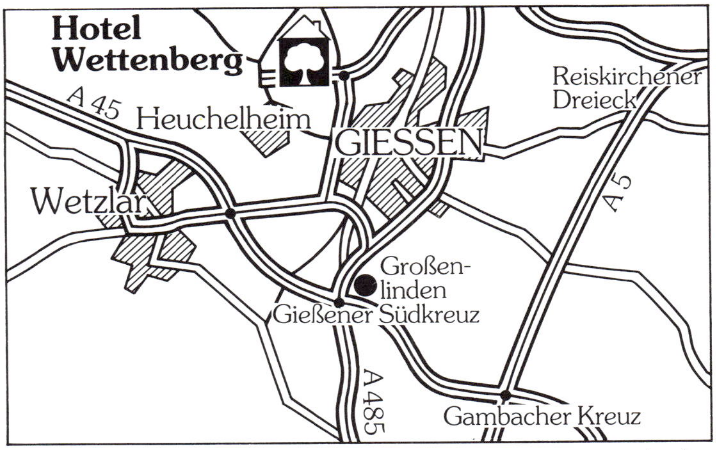

Ein Eldorado für Tennisfans und solche, die es werden wollen
Tennisspieler finden in dem in unmittelbarer Nähe gelegenen Tenniscenter ideale Bedingungen vor. Für Anfänger werden erstklassige Einführungskurse unter der Anleitung erfahrener Trainer angeboten, die Fortgeschrittenenkurse bewirken eine deutliche Verbesserung der Spielstärke. Das Hotel-Restaurant „Jahreszeiten“ führt eine der besten Küchen im Umkreis. Erstklassiger Service und eine geschmackvoll gedeckte Tafel sind selbstverständlich. Hessische Spezialitäten werden mit ebenso großer Sorgfalt und Hingabe zubereitet wie Gerichte der deutschen Küche.

Hotel Wettenberg
D 6301 Wettenberg 1, Im Augarten 1, Tel. 0641/82017, Fax 0641/81958, Telex 4821144 howe
Der besondere Hotelservice: Arrangements für Wochenenden mit Tanz oder Tennis-Arrangements, Planwagenfahrten, Rittermahl auf Burg Gleichberg

Kategorie | Lage | DM B | Betten 14 30 | Zimmerausstattung | Küche D I
Hotelausstattung P | Serviceleistungen
Sport im Hotel | Region
Sport in der Nähe
Sonstiges | Kreditkarten VISA AMERICAN EXPRESS | Unterhaltung | Sehenswürdigkeiten

Wanderparadiese: Vogelsberg, Rhön und Spessart

Diese Mittelsgebirgslandschaften bilden drei Erholungsgebiete, die nahtlos ineinanderübergehen und Erholungssuchenden eine Vielfalt an Möglichkeiten bieten, ihre Freizeit abwechslungsreich zu gestalten.

Idyllische Fachwerkfassaden mit Blumenschmuck

Von Fulda bis dicht heran an Frankfurt reicht der Vogelsberg mit einem Durchmesser von rund 60 Kilometern. Wellige Flächen mit zahlreichen Bächen und Flüßchen, Bergkuppen, die aus Wiesen und Wäldern herausragen gestalten das Bild dieser kargen Landschaft. Ebenso wie der Vogelsberg ist die Rhön vulkanischen Ursprungs; So finden sich hier überall Kegel und Kuppen, die das weite Land überragen.

Wiesen mit Baumgruppen am Vogelsberg

Den zentralen Teil der Rhön bildet die Hohe Rhön, eine Hochfläche, die nach Süden hin zur Dammersfeldkuppe und zum Kreuzberg allmählich ansteigt. Wiesen, vereinzelte Hochmoore und Heiden bedecken die kahlen, baumlosen Flächen. Die höchste Erhebung der Rhön ist die Wasserkuppe mit 950 m, Wiege und Zentrum des deutschen Segel- und Drachenflugsports. Ihr Gipfel wird von einem Fliegerdenkmal gekrönt, an dessen Spitze ein Adler über die weite Landschaft blickt.

Eine der reizvollsten deutschen Mittelgebirgslandschaften ist der Spessart, bekannt durch Märchen und Räubergeschichten. Sonnendurchflutete Eichen- und Buchenwälder, deren Existenz wir im Hochspessart der Jagdleidenschaft der ehemaligen geistlichen Herrschaft von Würzburg und Mainz verdanken laden zu ausgedehnten Waldwanderungen ein.

Typisch für Rhön und Vogelsberg sind die Hochmoore

Für Ballonfahrer: Silencehotel Hohenzollern.

In luftiger Höhe bei einer Ballonfahrt den Alltag hinter sich lassen, sich bei einer „Wiedemann-Kur" regenerieren und dem Golfsport frönen, das ist Entspannung à la Silencehotel Hohenzollern.

Der Golf Club Spessart ist gleich in der Nähe

Ist von der „grünen" Mitte Deutschlands die Rede, so ist damit der Spessart gemeint. Eingebettet in ein wunderschönes Wandergebiet liegt der Kurort Bad Orb. Direkt an seinem Kurpark befindet sich das Silencehotel Hohenzollern, eine Oase der Ruhe für den Erholungssuchenden.

Auf Phototour hoch über den Wolken

Schon in dritter Generation befindet sich das ausgesprochen kinderfreundliche Silencehotel in Familienbesitz. Eine Tatsache, die für sich spricht. Kultivierte Behaglichkeit strahlen die Räume des Hauses aus. Sommerterrassen, Liegewiesen und geschützte Balkone steigern das Erholen in Kurparknähe. Die sprichwörtlich gute Küche des häufig für Tagungen genutzten Hotels hält auch verwöhnten Ansprüchen stand. Mehrfach wurde die Küchenleistung – auch für regionale Spezialitäten – prämiert. Besonders gerne halten sich die Gäste am Abend in der Zollernschänke auf, einem stilvoll eingerichteten Kellerlokal mit Holzkohlengrill.
„Über den Wolken muß die Freiheit wohl grenzenlos sein...", wer möchte dieses Freiheitsgefühl, von dem Reinhard Mey singt, nicht selbst einmal nachempfinden. Das Silencehotel in Bad Orb bietet die Möglichkeit, denn es organisiert Ballonfahrten. Den Photoapparat sollte man bei diesem Ausflug auf keinen Fall auf dem Hotelzimmer lassen. Aus luftiger Höhe zurückgekehrt, lädt das großzügig angelegte, stets auf 28 Grad erwärmte Hotelhallenschwimmbad zum Entspannen und Ausruhen ein. Fitneßgeräte und Solarium tragen zum Wohlbehagen bei. Massageraum und Sauna befinden sich unmittelbar neben der Schwimmhalle, die eine direkte Verbindung zur Liegewiese hat. „Fit bleiben und gesund werden" ist ein Slogan, der im Hause Hohenzollern schon eine langjährige Tradition hat. In diesem Zusammenhang darf die im Hotel angebotene „Wiedemann-Kur" nicht unerwähnt bleiben. Bei dieser Naturheilmethode wird Regeneration und Heilung durch eine kombinierte Serum-Therapie erzielt. In einem dreiwöchigen Pauschalangebot offeriert man dem Gast volle Verpflegung, ärztliche Kurleistung und die ärztlich verordneten Kurpräparate und -mittel. Auch Kneipp'sche Güsse und Fangoparaffinpackungen werden von geschultem Personal im Hotel verabreicht. Ideale Verhältnisse tun sich für Golfspieler und solche, die es werden wollen, auf der Anlage des Golf-Clubs Spessart auf, die auf dem nahegelegenen Alsberg bei Wächtersbach liegt. Spezielle Golfwochen und Golfveranstaltungen gehören zum Angebot des Hauses Hohenzollern. Wessen Glück allerdings auf dem Rücken der Pferde liegt, der ist auf der Reitanlage und dem Reitplatz in Bad Orb herzlich willkommen.

Die Luft prickelt wie Sekt

„An lauen Sommerabenden ist die Luft auf unserer Terrasse wie prickelnder Sekt", beschreibt Kurt Graulich, Hausherr im Hotel Hohenzollern, den Einfluß, den das im Kurpark gelegene Gradierwerk auf sein Hotel hat. Dieses Gradierwerk gehört zu den großen Attraktionen Bad Orbs: In der 150 Meter langen und 20 Meter hohen Anlage rieselt die Sole über 76 Felder mit 26600 Bündeln Schwarzdorn-Reiser. So wurde einst der Salzgehalt angehoben und unerwünschte Bestandteile aus dem Heilwasser ausgeschieden. Das Gradierwerk ist seit 1806 in Betrieb und heute das einzige der ursprünglich vierzehn Werke.

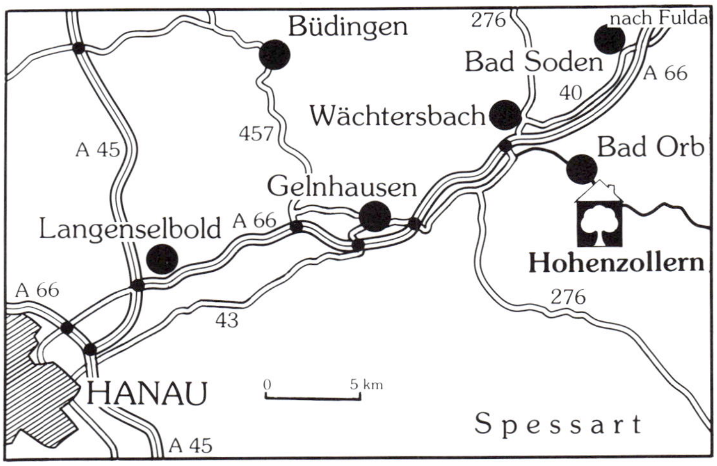

Mitten im Weinberg: Hotel-Restaurant Schloßberg

In den Naturparks Hessischer und Bayrischer Spessart hat sich eine der schönsten deutschen Landschaften und wohl auch eine der bekanntesten ihre Ursprünglichkeit erhalten.

Probieren Sie doch einen Frankenwein in einem Weinkeller

Klare Quellen, dichte Mischwälder, rieselnde Bergbäche, unerschlossene Naturpfade und sich unvermutet öffnende Fernblicke kennzeichnen das Gebiet der steilen und doch anmutigen Spessarthöhen. Hier eröffnen sich dem Erholungsuchenden genauso wie dem Kulturinteressierten und den Freunden des Sports vielfältige Möglichkeiten zur Gestaltung eines erlebnisreichen Aufenthaltes. Und da der Spessart nun mal ein gastliches Revier ist und auch eine Prise der für Weingegenden typischen Heiterkeit (durch seine Frankenweine) mitbekommen hat, braucht man nach den Aktivitäten vom Tage keine langweiligen Abende befürchten. Wer sich dennoch ganz der Ruhe verschreiben möchte, kann sich auch in eines der behaglichen Gästezimmer zurückziehen.

Ein bezauberndes Panorama

Im Laufe vieler Jahre hat sich dieses stilvolle und elegante Haus vom kleinen Winzerhäuschen bis hin zum komfortablen Hotel der heutigen Größe entwikkelt. Mitten im Weinberg – nahe dem Waldrand – mit herrlichem Blick über das Maintal bis zum Taunus wird Ihnen ein Aufenthalt in ruhiger und naturnaher Umgebung geboten. Doch nicht nur das. Eine weithin bekannte Küche mit regionalen und internationalen Spezialitäten sowie die rund um das Haus geernteten Frankenweine werden Sie begeistern. Bundeskegelbahnen, das Hallenbad und der Tischtennisraum sorgen für die nötige Bewegung.

Entdecken Sie den Spessart

Im Hotel-Restaurant Schloßberg ist man Ihnen gerne auch bei der Vermittlung von Tennis- und Reitgelegenheiten in nächster Nähe behilflich und kann Ihnen außerdem eine Menge nützlicher Tips für Wanderungen und Ausflüge in den Spessart mit auf den Weg geben. Hier bietet sich gleich in nächster Nähe Aschaffenburg – die Pforte zum Spessart – mit seinem prächtigen Renaissanceschloß Sankt Johannisburg (1616) an. Interessant ist hier auch das Pompejanum (Nachbildung der in Pompeji ausgegrabenen Villa des Castor und Pollux) und die über 1000 Jahre alte Stiftskirche mit einem spätromanischen Kreuzgang. Wenn man schon in dieser Region ist, sollte man unbedingt einen Abstecher zum traumhaften Wasserschloß Mespelbrunn (1419) bei Hessenthal machen. Die romantische Anlage der Grafen von Ingelheim ist einer der herausragenden Anziehungspunkte dieser Gegend. Nur wenige Kilometer vom Hotel entfernt liegen Hanau mit seiner großzügigen Anlage des Schlosses Philippsruhe und Seligenstadt mit einer mittelalterlichen Kaiserpfalz und der größten erhaltenen Basilika aus der Karolingerzeit. Nordöstlich bieten sich Gelnhausen mit der Kaiserpfalz Barbarossas und das 900jährige Bad Orb (einziges Heilbad des Spessarts) an. Wanderfreunde können gleich vom Hotel aus ihre Touren zu den lohnenden Zielen des Nordspessarts, der mit seinen vielen Burgruinen und Schlössern manchen Entdeckungsfreudigen eine Überraschung bereitet, starten. Und wer morgens, vor dem Sprung ins Hotelschwimmbad, Lust verspürt, seinen Kreislauf in Schwung zu bringen, dem sei der Trimm-dich-Pfad am Ort bestens empfohlen. Golfspieler finden im nahen Hanau einen ansprechenden Platz, und Sportflieger haben bei Zellhausen oder Großostheim (südlich Aschaffenburgs) Gelegenheit, ihrem Hobby nachzugehen.

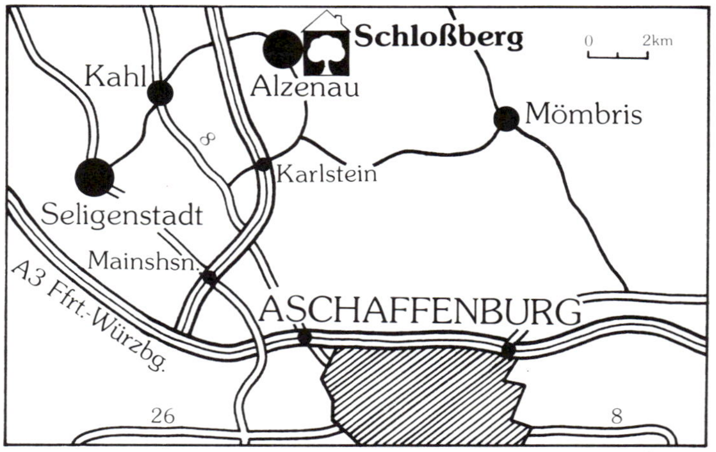

Hier merkt man die Ruhe
Stellen Sie sich vor: Sie wohnen mitten in einem großen Weinberg, ganz nahe den Wäldern, die Sie zum Wandern einladen. Sie genießen nicht nur den hervorragenden Service eines stilvollen und eleganten Komforthotels. Nein, Sie genießen hier außerdem die edlen Gewächse des Frankenlandes, die rings um das Haus wachsen und nur speziell hier zum Ausschank kommen. Außerdem hat man vom Panoramarestaurant aus, in dem A-la-carte-Angebote und Spezialitätenwochen dominieren, einen wahrhaft prächtigen Blick über das Maintal bis zum Taunus.

Zwischen Werra und Fulda: Gersfelder Hof

Unweit der Wasserkuppe, des weithin bekannten „Berges der Segelflieger“, findet der Gast inmitten der Rhön im Gersfelder Hof ein gemütliches Freizeithotel.

Action auf hoteleigenem Tennisplatz

Im Naturpark Rhön finden Sie am Fuß der Wasserkuppe der renommierte Kneipp- und Luftkurort Gersfeld. An seinem Stadtrand liegt sehr ruhig der Gersfelder Hof, ein komfortables Hotel, das auf Kurz- und Langzeiturlauber eingestellt ist.

Sportmöglichkeiten zu jeder Jahreszeit

Für das Wohl des Gastes sorgen Kurse für Autogenes Training sowie die hauseigene Kneipp- und Bäderabteilung, die von Fachleuten geführt wird. Hier kann man sich auch nach dem Besuch des Hallenschwimmbades, der Sauna oder des Solariums einmal massieren lassen oder an Bewegungstherapieübungen – zum Beispiel an einer Senioren-, Atem-, Wasser oder Massagegymnastik – teilnehmen. Gesellig sind stets die Stunden, die in der hauseigenen Kegelbahn verbracht werden. Für weitere Abwechslung sorgen ein Tischtennisraum und ein hoteleigener Tennisplatz. Freunde des königlichen Spiels finden vielleicht Vergnügen an der Gartenschachanlage im Hotelgarten. Der Ort selbst ist auch auf Urlauber eingestellt und bietet das ganze Jahr über für jeden etwas an: Von Angelplätzen, über eine Reithalle, Tennisplätze, Trimm-Dich-Pfade, einen Schießplatz, einen Segelflugplatz, Berge zum Drachenfliegen bis hin zu Langlaufloipen und Ski-alpin-Abfahrtsstrecken. Ganz abgesehen davon, daß die Rhön ein herrliches Wanderparadies ist. Ergänzt wird das Sportangebot noch durch einen Golfplatz, der nur 15 Kilometer von Gersfeld entfernt liegt.
Abends trifft man sich zum Essen in der Rhönstube zu einer zünftigen Brotzeit oder wärmt sich je nach Jahreszeit in gemütlicher Runde in der Ofenstube am wunderschönen Kachelofen auf.
Auf der täglich wechselnden Speisekarte findet der Gast alles für einen verwöhnten Gaumen, insbesondere leckere Rhönspezialitäten wie Fisch- und Wildgerichte. Nachtschwärmer verziehen sich anschließend an die Hausbar oder halten vor dem Kamin noch einen gemütlichen Plausch.

Eldorado für Segel- und Drachenflieger

Die Rhön, eine Mittelgebirgslandschaft zwischen Werra, Fulda, Fränkischer Saale und Sinn, ist eine alte Vulkangegend und daher sehr kuppenreich. Typisch für die Gipfellagen sind ausgedehnte Hochheiden, die beste Voraussetzungen für Segel- und Drachenflieger bieten.
Deshalb entstand schon vor vielen Jahren auf dem höchsten Berg der Rhön, der Wasserkuppe, ein großes Segelfliegerzentrum.
Auf den „Berg der Segelflieger“ gelangt man von Gersfeld über den Hochrhön-Ring, ein Rundkurs, der in eine der schönsten Teile der Hessischen Rhön führt. Am „Roten Moor“ biegt die Straße nach links und führt, vorbei an der Fuldaquelle, direkt zum Gipfel. Wer sich die Rhönlandschaft einmal aus der Vogelperspektive anschauen möchte, kann dort selbst einmal ans Steuer eines Segelflugzeuges. Oder man bucht einen Rundflug und läßt sich einfach einmal eine Stunde über die Gipfel fliegen. Auf jeden Fall sollte man natürlich seinen Photoapparat nicht im Hotel lassen, da sich bestimmt sehr schöne Ausblicke ergeben. Wieder Boden unter den Füßen, führt der Weg vielleicht dann zum Fliegerdenkmal oder in das sehr interessante Segelfliegermuseum.

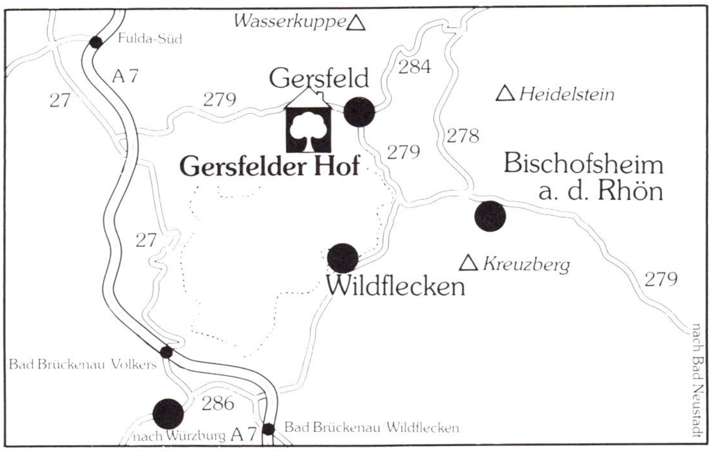

DEUTSCHLANDS SÜDEN

Nirgendwo sonst in Deutschland ist das Landschaftsbild auf engstem Raum so mannigfaltig wie südlich von Main und Hunsrück.

Die Pfalz

Links des Rheins liegt die Pfalz, eine historische Landschaft im äußersten Süden des heutigen Bundeslandes Rheinland-Pfalz. Sie reicht von den fruchtbaren Feldern des Westrichs in der Gegend um Zweibrücken ostwärts bis an den Oberrhein und vom längst erloschenen Vulkanmassiv des an schönen Aussichten reichen Donnersberges (678 m) im Norden bis zur deutsch-französischen Grenze im Süden. Charakteristisch für die abwechslungsreiche Landschaft der Pfalz ist eine deutliche Zweiteilung in die Mittelgebirgshöhen des Pfälzer Waldes (Hinterpfalz) und die ostwärts anschließende Ebene des Oberrheingrabens (Vorderpfalz). Genau auf der Trennlinie beider Landschaften, zwischen dem Weintor bei Schweigen und Bockenheim, verläuft die Deutsche Weinstraße. In dieser Landschaft sind die Menschen, ihre Häuser und ihre Dörfer vom Weinbau geprägt. Wer der 83 Kilometer langen Weinstraße folgt, kann sich nicht nur ein lebendiges Bild vom Weinbau machen, er kann gleich vor Ort entscheiden, welcher Wein

ihm am besten mundet. In den Winzerkellern probiert man, bevor man sich zum Kauf entscheidet, die edlen Tropfen aus kleinen Gläsern. In den zahlreichen Weinlokalen, die die Weinstraße säumen verköstigt man den Wein in gemütlicher, geselliger Atmosphäre bei Kerzenschein und launigen Liedern. Das älteste Weingut der Pfalz, der Herrenhof, der Sitz des Johanniterordens, befindet sich in Mußbach bei Neustadt an der Weinstraße.

Bergstraße, Odenwald und Spessart

Der Odenwald ist zusammen mit dem Spessart eine der reizvollsten deutschen Mittelgebirgslandschaften: sonnendurchflutete, von Obstbäumen und Weinreben überzogene Vorhügel, tief eingeschnittene Täler, dicht bewaldete Hochflächen und kuppige Bergeshöhen, von denen sich einzigartige Rundblicke auf die nähere und weitere Umgebung bieten. Die Westgrenze des Odenwalds bildet das Oberrheinische Tiefland, zu dem das Gebirge zwischen Wiesloch (südlich von Heidelberg) und Darmstadt mit einem markanten, teilweise mehr als 400 m hohen Steilhang abfällt. Genau auf der Grenze zwischen Ebene und Bergland verläuft die berühmte Bergstraße, eine 1-2 km breite Übergangszone, die besonders im Frühjahr, zur Zeit der Obstbaumblüte, von Ausflüglern von nah und fern besucht wird. Schon zur Römerzeit zog sich ein Verkehrsweg am Westhang des Odenwalds entlang; die Römer nannten sie „strata montana" – Bergstraße also. Sie berührt eine Reihe von malerischen kleinen Orten, die beliebte Ferienziele sind. Das besonders milde Klima läßt hier im Frühling sogar Mandelbäume blühen. Die wichtigsten Orte an der Bergstraße sind Heidelberg, die weltberühmte altehrwürdige Universitätsstadt mit romantischen Winkeln und traditionsreichen Lokalen; Schriesheim mit der Burgruine Strahlenberg und dem schönen alten Rathaus; Weinheim, das am meisten besuchte Ausflugsziel an der Weinstraße, mit dem Gerberviertel voller winkliger Gassen und Fachwerkhäuser; Heppenheim bezaubert durch sein historisches Stadtbild; das gastliche Bensheim liegt am Rande des 2320 km großen Naturparks Bergstraße-Odenwald; Zwingenberg schließlich ist bekannt durch den romantischen Marktplatz. In Darmstadt, dem einstmals höfischen Mittelpunkt Hessens, endet die Bergstraße.

Die Fränkische Schweiz

Seit englische Touristen die Schweiz im vorigen Jahrhundert als Reiseland entdeckten, wurde dieser Name in anderen Landschaften Europas zum Modewort – sofern Berge, egal welcher Höhe, vorhanden waren. Eine der zahlreichen „neuen Schweizen" ist die zwischen Bamberg, Bayreuth und Nürnberg gelegene Fränkische Schweiz, deren bizarre Felsbastionen über tief eingeschnittenen Tälern tatsächlich in mancherlei Hinsicht an das Alpenland erinnern. In dieser Landschaft, meinte Jean Paul, der große Romancier der Goethezeit, „läuft der Weg von einem Paradies ins andere". Mit ihm haben schon vor 150 Jahren viele Dichter und Feinschmecker unter den Wandersleuten die Schönheit dieses Himmelsstrichs mit Versen und Prosa verherrlicht. Immer noch fesselt die Fränkische Schweiz ihre Besucher mit ihrer landschaftlichen Vielfalt und ihrer verwinkelten Innigkeit. Am schönsten ist eine Fahrt durch das Wiesental. Unterhalb von Gößweinstein, dessen alte Burg und die Wallfahrtsbasilika Balthasar Neumanns schon weithin sichtbar sind, mündet das nicht minder reizvolle Ailsbachtal ein, zusammen mit dem Püttbachtal, dessen romantisches Felsendörfchen Tuchersfeld zu den am schönsten gelegenen Orten der Fränkischen Schweiz gehört.

Der Bayerische Wald

Wie ein grünes, wogendes Meer sieht der Bayerische Wald aus der Vogelschau aus, wenn man von einem der hohen Berggipfel über die endlosen Nadelwälder blickt, die einen Großteil dieser ausgedehnten Mittelgebirgslandschaft im Südosten Deutschlands überziehen. Die Wälder sind es auch, die das ausgedehnte Bergland zu

Vom Turm der Kirche St. Jakob bietet sich ein herrlicher Blick über das mittelalterliche Rothenburg ob der Tauber.

einem beliebten Erholungsgebiet werden ließen, das Jahr für Jahr von unzähligen Wanderfreunden besucht wird. Das Besondere an den Wäldern ist aber nicht nur ihre Größe. Noch viel ungewöhnlicher ist in einem so dicht besiedelten Raum wie Mitteleuropa die Unsprünglichkeit der Waldgebiete, deren Bestände auf weiten Strecken vom wirtschaftenden Menschen unberührt geblieben sind. Baumriesen wie man sie sonst nirgends mehr sieht, sind im Bayerischen Wald keine Ausnahme, und auch so seltene Tiere wie der Luchs kommen hier noch vor. Landschaftlich besonders schön sind neben dem Nationalpark mit seinen bereits von Adalbert Stifter geschilderten „Urwäldern" und dem aus dem Eiszeitalter stammenden Rachelsee auch die herrlichen Naturschutzgebiete im Gebiet des Arbers. Zu Füßen des mächtigen Bergmassivs liegen zwei verträumte Seen, deren Bekken ebenfalls von eiszeitlichen Gletschern ausgeschürft wurden. Eine Attraktion ist auch der aus Millionen von Felsblöcken bestehende vegetationslose Gipfel des Lusen. Die Besiedlung des urigsten der Deutschen Mittelgebirge begann erst im Hochmittelalter. Rodeweiler und Waldhufendörfer sind die charakteristischen Dorfformen. Städte entstanden nur vereinzelt in den größeren Tälern. Die Bevölkerung lebte von der Holzwirtschaft, vom Berbau und von der Glasbläserei. In Frauenau am Fuß Rachels und in Zwiesel gibt es — neben einem Glasmuseum — noch Glasbläsereien, die die alte einheimische Handwerkskunst fortführen.
In Bodenmais kann der Tourist in ein stillgelegtes Silberbergwerk einfahren und einen Eindruck davon gewinnen, wie man in alter Zeit dem Berg das wertvolle Erz abtrotzte. Tradition wird großgeschrieben im Bayernwald; die zahlreichen Sitten und Bräuche sind für den Reisenden immer wieder ein Gegenstand des Erstaunens. Der Kötztinger Pfingstritt, das Englmariesuchen in St. Englmar die Pfingstmontagsprozession mit ein 13 Meter langen Kerze auf den Bogenberg sind jedes Jahr wieder neue Attraktionen.

Der Schwarzwald

Nur wenige Landschaften Deutschlands sind in aller Welt so bekannt geworden wie der Schwarzwald. Kaum ein Landstrich auch, der so kontrastreich und abwechslungsvoll ist, daß er sich mit der Gegend zwischen den Städten Pforzheim und Karlsruhe, Waldshut und Basel messen könnte. Vom fruchtbaren Hügelland des Kraichgaus im Norden bis zum 160 km entfernten Hochrheintal im Süden, von der rauhen Baar und dem oberen Nekkarland im Osten bis zu den Rebhängen der rund 50 km entfernten Oberrheinebene ist fast das gesamte Repertoire dessen ausgebreitet, was eine Feizeit- und Ferienlandschaft zu bieten hat. Vom Wind kahlgefegte Berggipfel und alpin anmutende Felsschluchten, liebliche Wiesentäler und sanft geschwungene, rebumkränzte Hügel, weite, waldreiche Hochflächen und kristallklare Bergseen. Eindrucksvoll sind auch die Täler der dem Rhein zustrebenden Flüse; Aufgrund ihres starken Gefälles haben sie tiefe Schluchten in das Urgebirge geschnitten. Am bekanntesten sind das von Freiburg aus bequem erreichbare wildromantische Höllental, die mit seltener Flora geschmückte Wutachschlucht, das an der Nordkante des Kandels verlaufende liebliche Simonswälder Tal, das zum Hochrhein führende Albtal, das Murgtal bei Forbach und das Tal der Kinzig bei Alpirsbach. Die romantischen Schwarzwaldseen sind Hinterlassenschaften der eiszeitlichen Gletscher: Im Norden Mummelsee und Wildsee, im Süden Titisee, Feldsee und Wingfällweiher. Auch der Schwarzwald wurde erst spät besiedelt, nur zögernd wagte sich der Mensch in den tiefen Wald hinein und auf die Höhen hinauf. Als letzte kamen vor über 100 Jahren die Kur-und Feriengäste. Weltberühmte Namen wie Baden-Baden, Wildbad, Freudenstadt, Titisee und Hinterzarten sprechen für sich.

Die Schwäbische Alb

Wer sich der Alb von Norden her nähert, dem bietet sich ein einzigartiger Anblick: Jäh erhebt sich die gigantische, bis zu 400 m mächtige Schichtstufe des Weißen Juras über das Vorland. Zahlreiche Täler führen nach Süden ins Innere des bis über 1000 m hohe Gebirges, das eigentlich

gar keins ist – gebirgig ist nämlich bloß der Stufenrand, während sich dahinter eine weite Hochflächebis zur Donau ausdehnt.
Die geologischen Besonderheiten der Schwäbischen Alb gehen auf die Kalksteinschichten des Weißen Jura zurück, die vor 150 Millionen Jahren im Meer abgelagert wurden. Im Museum Hauff in Holzmaden können die weltberühmten Fossilienfunde, versteinerte Meerestiere und Lebewesen aus der einstigen Küstenzone, besichtigt werden. Eine weitere Besonderheit sind die zahlreichen Albhöhlen: Bärenhöhle, Wimsener Höhle, Nebelhöhle und viele andere. Verkarstung bewirkt die Bildung von Dolinen und wasserlosen Tälern, läßt ganze Flüsse, wie die Donau, urplötzlich versikkern und an anderer Stalle wieder zutage treten (Blautopf, Achtopf). In den ausgedehnten Wacholderheiden, die für diese trockene Karstlandschaft typisch sind, trifft man häufig auf Wanderschäfer mit ihren Herden. Orchideen und andere seltene Pflanzen kommen hier noch immer häufig vor.
Vielfältig wie die Sehenswürdigkeiten der Natur sind auch die kulturellen Schätze der Alb. Berühmte Burgen wie Hohenstaufen, Hohenrechberg, Teck und Hohenzollern krönen den steilen Albtrauf. Die prachtvollen Klosterkirchen von Beuron, Neresheim, Obermarchtal und Zwiefalten, das berühmte hochgotische Ulmer Münster mit dem höchsten Kirchturm der Welt und das Münster in Schwäbisch Gmünd gehören zu den größten Kleinoden dieser Landschaft.

Oberschwaben und der Bodensee

Der Bodensee ist eines der beliebtesten deutschen Ferienziele. - Entscheidenden Anteil daran hat vor allem die aus lieblichen Hügeln bestehende Bilderbuchlandschaft mit ihren ausgedehnten Obstgäten, Weinbergen alten Städten und freundlichen Dörfern vor der im Hintergrund aufragenden Kulisse der Alpen.
Wo der Rhein die nördliche Voralpenkette durchstößt liegen die östlichen Ufer des Schwäbischen Meeres.
Viel fürs Auge bietet der malerische Bodensee: berühmtester Ausflugsort ist die Insel Mainau, deren ungewöhnliches Klimas allerlei exotische Gewächse gedeihen läßt, sogar Bananenstauden wachsen dort. Auch die abgeschiedene Insel Reichenau ist einen Besuch wert, deren romanische Bauwerke zu den großartigsten Deutschlands zählen. alterlichen Sakralbauten und der wunderbaren Seepromenade ein unvergleichliches Stadtbild. Auf der Gegenseite wartet das romantische alte Meersburg auf einen Besuch, Nicht weniger anziehend sind die Hafenstädte Lindau und Friedrichshafen, die eine wegen ihrer berühmten Hafenansicht, die andere als Wirkungsstätte des Grafen Zeppelin.
Im Norden setzt sich die Hügellandschaft des Voralpenlandes nach Oberschwaben fort, das wegen seiner schönen Kirchen als deutsches Barockland bekanntgeworden ist.

Vom Allgäu bis zum Königssee

Unvermittelt ragt die Alpenkette über die grünen, von eiszeitlichen Geltschern abgelagerten Vorhügel auf: im Westen, zwischen dem Bodenseeufer bei Bregenz und dem Lechtal bei Füssen, erheben sich die von steilen Kalksteingipfeln gekrönten, weichgeformten „Grasberge" der Allgäuer Alpen; östlich anschließend folgen die schroffen Kalksteinwände der Bayerischen Alpen mit dem grandiosen Panorama des Wettersteingebirges. Ganz im Osten, jenseits des Inntals, beherrschen die massigen Kalkklötze der Berchtesgadener Alpen mit dem bekannten Watzmann das Gebiet um den idyllisch gelegenen Königssee. Im lebhaften Auf und Ab des Alpenvorlands und an den Ausgängen der großen Täler blinken herrliche Badeseen, die wie Perlen an einer Schnur aufgereiht sind: Ammersee, Starnberger See und Chiemsee, Staffelsee, Forggensee und Tegernsee.
Angesichts dieser Kontraste zwischen Hochgebirge und Hügelland, Wasser und Wald, Almen und schroffen Gipfeln ist es nicht verwunderlich, daß der Alpenraum das beliebteste Reiseziel und Feriengebiet Deutschlands ist.

Die Mischung von Seen, Wäldern und hohen Bergen machen den Reiz der Landschaft im Voralpenland aus.

Feste und Bräuche in Deutschlands Süden

Pfalz, Hessen und Saarland

Fastnacht: Mainzer Karneval, Umzüge in Karlsruhe, Kaiserslautern, Worms und Speyer.
Frühlingsbräuche: Sommertagszüge in Heidelberg, Laundau, Weinheim/Bergstraße (4. Fastensonntag), Grünstadt (März) und Bruchsal (Mai), Hansel-Fingerhut-Spiel in Forst/Weinstraße und Stabaus in Wattenheim (4. Fastensonntag), Pfingstquak z.B. in Gerhardsbrunn/Pfalz.
Frühlingsfeste, Messen, Kirmes: Wäldchestag in Frankfurt, Waldfest in Eppstein/Taunus, Schnook in Heidenrod/Taunus, Kemeler Markt, Heddesdorfer Pfingstkirmes in Neuwied, Bratwurstfest in Ochsenfurt/Main (Pfingsten), Lamboyfest in Hanau (Juni) und Orgelbornskirmes in Boppard (3. Monatag nach Pfingsten), Gollemer Kerb in Hilgenroth (Juli).
Umritte: St. Gangolfs-Ritt in Amorbach (Mai) und Pfingstritt in Ochsenfurt.
Johannisfeiern: 24. Juni in Mainz und vielen Orten der Pfalz.
Sommer-, Straßen- und Brunnenfeste: Strohhutfest in Frankenthal (Christi Himmelfahrt oder Fronleichnam), Kirchweger Kerb in Oestrich-Winkel/Rheingau (1. Wochenende nach Pfingsten), Brunnen und Gässelfest in Hambach bei Neustadt, Neckarfest Heilbronn (beide Juni).
Grenzgang: Waldumgang in Kaiserslautern (alle 7 Jahre im Mai, 1992 usw.) und Grenzgangfest in Kiedrich/Rheingau (17. Juni).
Gildefeste und Zunfttage: Schiffer und Fischerfest in Neuburg und Schiersteiner Hafenfest in Wiesbaden-Schierstein (Juli), Backfischfeste in Ketsch und Worms (August).
Schützenfeste: Boppard (Fronleichnam) und St. Goar (Juli).
Trachtenfeste: Schlitzländer Heimat- und Trachtenfest (alle 2 Jahre im Juli).
Lokalhistorische Feste: Handkäsfest in Lustadt (Mai), Hahnenfest in Freinsheim (Pfingsten), Geißbockversteigerung in Deidisheim (Dienstag nach Pfingsten), Ziegenhainer Salatkirmes (2. Wochenende nach Pfingsten).
Winzerfeste: Bergsträßer Weinmarkt in Heppenheim (Juni), Hambacher Weinkerwe (Juli), Heilbronner Herbst, Winzerfeste in Trier, Nierstein, Kurpfälzisches Winzerfest in Wiesloch, Mainzer Weinmarkt (August), Weinfeste in Edenkoben, Rüdesheim (September).
Märkte, Messen: Dürkheimer Wurstmarkt, Gallusmarkt in Ulm und Purzelmarkt in Billigheim (Oktober).

Leonhardi-Ritt in Bad Tölz

Baden-Württemberg

Fastnachtstreiben: Hochburgen der schwäbisch-alemannischen Fastnacht sind die Städte Rottweil, Rottenburg, Laufenburg, Stockach und Elzach.
Frühlings-, Mai- und Höhlenfeste: Frühlingsfest in Stuttgart auf dem Cannstatter Wasen (April), Nürtinger- und Göppinger Maientag, Bärenhöhlen- und Nebelhöhlenfest.
Prozessionen, Wallfahrten: Mooser Wasserprozession (Juli), Blutfest auf der Insel Reichenau (Mai), Schwedenprozession in Überlingen (Mai/Juni), Blutritt in Weingarten und Heiligblutfest in Bad Wurzach (Blutfreitag), Pfingstritt zu Wurmlingen.
Patronatsfeste, Feiertage: Fronleichnam in Hüfingen, Hausherrenfest in Radolfzell (Juli), Markusfest auf der Insel Reichenau (April), Fridolinsfest in Bad Säckingen (März).
Schul- und Kinderfeste: Biberacher Schützenfest, Rutenfest in Ravensburg, Tänzelfest in Memmingen.
Straßen- und Sommerfeste: Backnanger Straßenfest, Mülemer Stadtfest (Mülheim), Seehasenfest in Friedrichshafen, Nepomuksfest in Neuburg/Rhein (alle Juli) und Hohentwielfest in Singen (Juni).
Zunfttage und Gildefeste: Fischerstechen in Langenargen (August), Fischertag in Memmingen und Fischerstechen in Ulm (beide Juli), Schäferlauf in Urach, Wildberg (Juli) und Markgröningen (August) sowie Schwertletanz in Überlingen (Juli).
Lokalhistorische Feste: Schwörmontag mit Wasserfestzug „Nabada“ in Ulm (Juli), Montfortfest in Tettnang (Juli), Waldshuter Chilbi (August), Schwyzertag in Tiengen, Schweizerfeiertag in Stokkach, Kuchenritt in Sindelfingen, Peter- und- Pauls-Fest in Bretten (alle Juni).
Weinfeste: Stuttgarter Weindorf, Fellbacher Herbst, Meersburger Weinfest (alle Oktober).
Volksfeste, Märkte: Cannstatter Volksfest in Stuttgart mit Landwirtschaftlichem Hauptfest, Leonberger und Bietigheimer Pferdemarkt (Februar), Bietigheimer Pferdemarkt (September), Schellenmarkt auf dem Fohrenbühl bei Hornberg (Pfingsten), Ledigenmarkt in Haslach (November), Weihnachtsmärkte in Stuttgart, Freiburg.
Alpabtriebfeste: Hindelang, Oberstdorf und Oberstaufen.
Umritte: Eulogiustritt in Aftholderberg bei Pfullendorf (Juli).
Silverster, Neujahr: Silversterumzug in Schiltach, und Sternsingen im Schwarzwald, Altjahrabendfeier in Leonberg.

Franken, Niederbayern

Reiterbrauch: Pfingstritt in Kötzting (Bayerischer Wald).
Prozession, Wallfahrten: Schwedenprozession in Kronach (Sonntag nach Fronleichnam), Drachenstich in Fürth im Wald (August).
Patronatsfeste und Umritte: Leonhardifahrt in Fürth im Wald und Osterritt in Regen (Ostern), St.-Benno-Volksfest in Bodenmais (Juni), Englmari-Suchen in St. Englamar (Pfingsten), Annafest in Forchheim und Kiliani-Volksfest in Würzburg (Juli), Mooswiesenmesse in Feuchtwangen (September).
Kirchweih: Bergkirchweih in Erlangen (Pfingsten), Kirchweih in Roth und Woiz Kirwa in Sulzbach-Rosenberg (August), Michaelis-Kirchweih in Fürth und Etwashäuser-Kirchweih in Kitzingen (Oktober).
Kinderfeste: Wiesenfeste in Bad Berneck, Münchberg und Maila (Juli), Gregoriusfeste in Coburg, Kulmbach (Juli) und Pegnitz (4. Dienstag nach Pfingsten) und Maifest in Feuchtwangen.
Volks- und Sommerfeste: Chamer Volksfest, Kunikundenfest in Lauf a.d. Pegnitz, Pichelsteinerfest in Regen (alle Juli), Deggendorfer Volksfest, Jura-Volksfest in Neumarkt, Blumenfest in Rothenbach a.d. Pegnitz (August) und Kulmbacher Bierwoche (Juli/August).
Straßen- und Brunnenfeste: Kuchen und Brunnenfest der Salzsieder in Schwäbisch- Hall (Pfingsten), Brunnenfest in Wunsiedel (Juni) und Raczy-Fest in Bad Kissingen (August).
Zunfttage und Gildefeste: Schlappentag in Hof a.d. Saale (1. Sonntag nach Pfingsten), Porzelinerfest in Arzberg (Juli) und Sandkerwa mit Fischerstechen in Bamberg (August).
Schützenfeste: In Coburg und Kronach (August).
Lokalhistorische Feste: Meistertrunk und Schäfertanz in Rothenburg o.d. Tauber (Pfingsten bis September), Kinderreche in Dinkelsbühl (Juli), Johannistag in Spalt (Juni), Säumerfest in Grafenau und Burgfest in Hilpoltstein (August) und Coburger Religionsfriedensfest (alle 10 Jahre im August, nächster Termin 1991).
Herbst- und Winzerfeste: Zwiebelmarkt in Coburg (September), Herbstfest und Bockrennen in Löwenstein bei Heilbronn (alle 2 Jahre im September), Winzerfest in Würzburg (September/Oktober),Fränkisches Winzerfest in Volkach am Main (August) und Patenweinfest in Kronach (Juli).
Märkte: Fränkisches Volksfest in Crailsheim (September), Nürnberger Christkindlsmarkt.

Oberbayern

Faschingstreiben: In München: Tanz der Marktfrauen auf dem Viktualienmarkt und der alle sieben Jahre gereigte Schäfflertanz (1991 usw.) sowie Schellenrühren in Mittenwald und Garmisch-Partenkirchen.
Osterzeit: Prozessionen am Palmsonntag, Osterfeuer in Lenggries und Kochel, Passionsspiele in Oberammergau (alle 10 Jahre, nächster Termin 1990).

Trachtenfest in Konstanz

Maibräuche: Maibaumsetzen in Seehaupt, Traunreuth bei Traunstein; Maibaumstehlen im Landkreis Starnberg.
Frühlingsfeste und -märkte: Auer Maidult in München, Maidult in Passau, Frühjahrsplärrer in Augsburg (nach Ostern), Hofdult in Altötting (Pfingsten).
Prozessionen, Wallfahrten: Fronleichnamsprozessionen in München, Lenggries, Schliersee, Tegernsee, Benediktbeuren und Weyarn, Wasserprozession auf dem Chiemsee, Kerzenwallfahrt von Holzkirchen nach Bogen (Pfingsten), Almer Wallfahrt, Berchtesgaden (August), Wallfahrten nach Andechs (Mai/August), nach Altötting und Trachtenwallfahrt auf den Hohenpeißenberg bei Peiting.
Schüler- und Kinderfeste: Tänzelfest in Kaufbeuren (Juli), Ruethenfest in Landsberg am Lech (Juli).
Sommerfeste: Seefest in Dießen am Ammersee (August), Sonnwendfeuer in Tegernsee (Juni).
Zunfttage und Gildefeste: Fischerstechen in Starnberg (August, alle 5 Jahre, 1992 usw.), Bergfest in Berchtesgaden (Pfingsten), Schwertertanz in Traunstein (Ostermontag).
Lokalhistorische Feste: Landshuter Hochzeit 1475 (Juni/Juli), König Ludwig- Feier in Oberammergau (24. August), Limesfest in Markt Kipfenberg, Säumerfest in Grafenau (beide August), Agnes-Bernauer-Spiel in Straubing (Juni/Juli).
Herbstfeste, Dulten: Oktoberfest in München, Herstdult in München (Oktober) und Passau (September), Michaelidult (September) und Herbstplärrer (August/September) in Augsburg, Auer Hopfenfest in Maria Au i.d. Haltertau (Juli).
Volkstrachtenfeste: Trachtenfest der Wallberger in Rottach-Egern (15. August), Schützenzug in München (Oktober).
Leonhardifahrten: In Aigen bei Bad Füssing, in Kreuth, Murnau, Holzhausen, Kirchweidach, Forst, Weyarn, Schliersee und Bad Tölz (6. November).
Weihnachtszeit: Christkindlsmärkte in München und Augsburg.

Sommerstimmung im Wiesenttal

Das Pegnitztal in der Frankenalb

Munter rauscht der Weißmain im Fichtelgebirge

Freizeithotels in Deutschlands Süden

Orte nach Regionen geordnet	Sport: Tennisplatz	Tennishalle	Reitplatz	Reithalle	Angeln	Wassersport	Fahrradverleih	Kegelbahn	Golf	Hotelname, Ort und Tel.-Nr.	Redaktion Seite ...	Der besondere Hotelser
Saarland und Pfalz												
	●				●		●	●		**Hotel zur Saarschleife** 6642 Mettlach, Tel. 0 68 65/7 11-7 12		
	●							●		**Hotel Hochwiesmühle** 6652 Bexbach, Tel. 0 68 26/81 90	115	geführte Wanderungen, Mühlenfeste, Kegelwochenenden
										Romantik-Hotel Fasanerie 6660 Zweibrücken, Tel. 0 63 32/4 40 74		
							●			**Hotel-Restaurant Kupper** 6789 Eppenbrunn, Tel. 0 63 35/4 38	116	geführte Wanderungen, Weinproben, Kräuterwanderungen
							●			**Aparthotel Kastanienhof** 6765 Dannenfels, Tel. 0 63 57/8 15-17		1. Pfälzer Wanderschule, Hüttenabende, Kräuterseminare
										Hotel Leininger Hof 6702 Bad Dürkheim, Tel. 0 63 22/60 20		Rahmenprogramme, Weinproben, Führungen entlang der Weinstraße
										Gartenhotel Heusser 6702 Bad Dürkheim, Tel. 0 63 22/20 66		geführte Wanderungen, Grillabende
							●			**Hatterer's Hotel Zum Reichsrat** 6705 Deidesheim, Tel. 0 63 26/60 11	118	Goldschmiede-, Emallier- und Seidenmalkurse
							●			**Hotel Garni Tenner** 6730 Neustadt-Haardt, Tel. 0 63 21/65 41		verschiedene Naturheilkuren, Weinproben
							●			**Silence-Parkhotel Bad Bergzabern** 6748 Bad Bergzabern, T. 0 63 43/24 15 + 83 41	120	geführte Wanderungen, Weinproben
Odenwald und Bergstraße												
	●									**Schnellertshof** 6101 Brensbach-Stierbach, Tel. 0 61 61/23 80		
			●	●					●	**Hotel Hof Herrenberg** 6126 Brombachtal, Tel. 0 60 63/24 42		Reitunterricht der gehobenen Klasse, Reitkurse Dressur
	●							●		**Hotel Kreidacher Höhe** 6948 Wald-Michelbach, T. 0 62 07/26 38 + 32 57		
	●		●				●			**Ringho. Ferien- u. Kurhotel Siegfriedbrunnen** 6149 Grasellenbach, Tel. 0 62 07/4 21-4 24		geführte Wanderungen
	●						●			**Silence-Forsthotel Carnier** 6123 Bad König, Tel. 0 60 63/20 51		geführte Wanderungen, Sportbetreuung
										Maritim Parkhotel Mannheim 6800 Mannheim, Tel. 06 21/4 50 71		Discothek
								●		**Hotel Winzerhof Ringhotel Rauenberg** 6909 Rauenberg, Tel. 0 62 22/6 20 67		Weinproben aus eigenem Anbau, Wanderungen
							●			**Hotel-Restaurant Burg Hornberg** 6951 Neckarzimmern, Tel. 0 62 61/40 64		
	●						●			**Silencehotel Pension Stumpf** 6951 Neunkirchen, Tel. 0 62 62/8 98-8 99		geführte Ausflüge mit hoteleigenem Bus
Hohenlohe, Schwäbischer Wald, Filder												
							●			**Maritim Parkhotel Mergentheim** 6990 Bad Mergentheim, Tel. 0 79 31/5 61 00	124	
	●									**Wald- und Schloßhotel Friedrichsruhe** 7111 Friedrichsruhe, Tel. 0 79 41/70 78		
								●		**Panorama Hotel Waldenburg** 7112 Waldenburg, Tel. 0 79 42/20 01		Sonderarrengements
							●		●	**Schloßhotel Liebenstein** 7129 Neckarwestheim, Tel. 0 71 33/60 41		18-Loch-Golfplatz
			●	●						**Schloßhotel Monrepos** 7140 Ludwigsburg-Eglosheim, T. 0 71 41/3 01 01		
								●		**Hotel Hohenlohe, Ringhotel Schw. Hall** 7170 Schwäbisch Hall, Tel. 07 91/7 58 70		Ausflüge, Weinproben
	●				●					**Schloß Vellberg** 7175 Vellberg, Tel. 0 79 07/70 01		geführte Wanderungen
			●	●	●		●	●	●	**„Haghof" Hotel-Restaurant** 7077 Alfdorf 2, Tel. 0 71 82/5 45	121	Schlemmerdiät, gef. Wanderungen, Weinproben, Planwagenfahrten
	●	●			●		●		●	**Landhotel Hirsch** 7061 Ebni-Kaiserbach, Tel. 0 71 84/29 20	122	Schnapsschnüffeln, Kochseminare, Weinproben, Wanderservice
	●						●			**Waldhof Degerloch** 7000 Stuttgart 70, Tel. 07 11/76 17 90 + 76 50 17		
Schwäbische Alb												
										Silence-Höhenhotel Achalm 7410 Reutlingen, Tel. 0 71 21/1 70 11		
						●				**Hotel International** 7320 Göppingen, Tel. 0 71 61/7 90 31-36		

										Lage		Gebiet			Sport in der Nähe										
…isniveau	Sauna	Solarium	Schwimmbad	Massage	Kosmetik	Kinderfreundlich	Kinderbetreuung	Behindertengeeig.	Tiere erlaubt	Stadt	Land	Wandern	Langlauf	Ski Alpin	Tennisplatz	Tennishalle	Reitplatz	Reithalle	Angeln	Wassersport	Wellenbad	Schießplatz	Drachenfliegen	Segelflugplatz	Golf
	•	•	•			•		•	•		•	•			•		•	•				•			
	•	•	•			•	•		•	•		•			•	•	•	•	•			•		•	
	•	•	•			•		•	•		•	•			•	•	•	•			•				•
	•	•	•			•			•		•	•			•	•			•						
	•	•	•			•			•		•	•	•						•				•		
	•	•	•		•	•			•	•		•			•	•	•	•			•	•		•	
	•	•	•			•			•			•			•	•	•	•			•	•		•	
		•				•			•		•	•			•	•						•		•	
	•	•	•			•			•		•	•			•	•	•	•	•					•	•
	•	•	•	•		•		•	•		•	•			•	•	•	•	•					•	
	•	•	•			•			•		•	•		•											
	•	•	•			•		•	•		•	•	•		•	•						•			•
	•	•	•		•	•		•	•		•	•	•	•	•		•	•	•						
	•	•	•			•		•			•	•			•		•		•					•	
	•	•	•	•					•		•	•			•	•	•		•			•		•	•
	•	•	•	•		•		•		•					•	•	•	•	•	•	•			•	•
	•	•	•			•			•		•	•			•		•					•		•	•
						•			•	•		•			•		•		•		•		•	•	•
	•	•	•	•		•		•	•		•	•	•				•		•				•	•	•
	•	•	•	•				•	•	•		•			•	•	•	•	•		•	•			•
	•	•	•	•		•			•		•	•													•
	•	•	•			•		•	•		•	•	•		•	•	•		•						
						•			•		•	•			•	•									
	•	•	•	•		•		•	•		•	•			•			•	•	•					•
	•	•	•	•		•		•		•		•			•		•		•			•	•	•	
	•	•				•	•		•	•									•			•			
	•	•	•			•		•	•		•	•	•		•	•									
	•	•	•	•	•	•		•	•		•	•	•				•	•	•	•				•	•
	•	•				•		•	•	•		•	•		•	•	•	•	•	•	•	•		•	•
						•			•	•		•	•		•	•	•	•			•	•		•	•
	•	•	•	•					•	•		•	•		•	•	•		•		•	•	•	•	•

Orte nach Regionen geordnet	Sport: Tennisplatz	Tennishalle	Reitplatz	Reithalle	Angeln	Wassersport	Fahrradverleih	Kegelbahn	Golf	Hotelname, Ort und Tel.-Nr.	Redaktion Seite ...	Der besondere Hotelserv
Schwäbische Alb												
								●		**Badhotel Stauferland (Silence)** 7325 Bad Boll, Tel. 0 71 64/20 77-79		geführte Wanderungen
			●	●	●					**Hotel Restaurant Schloß Weitenburg** 7245 Weitenburg, Tel. 0 74 57/80 51		Weinprobe mit dem Schloßherren, Holzhackerfondue
Franken												
	●						●	●		**Hotel Sonnenhügel Bad Kissingen** 8730 Bad Kissingen, Tel. 09 71/8 30	127	Schönheitsfarm, Kissingen-Diät Hallen-Wellenbad, Discothek
										Steigenberger Kurhaushotel 8730 Bad Kissingen, Tel. 09 71/80 41-0		Kur- und Golfpauschalen
							●			**Hotel Fürst Bismarck** 8730 Bad Kissingen, Tel. 09 71/12 77		Schlankheitswochen, Kutschfahrten, timerverleih, div. Kuren, Schönheitsw
			●	●	●		●			**Landhaus Sulzenmühle** 8729 Hofheim, Tel. 0 95 23/64 12	126	Töpfer- und Reitkurse, veg. Küche, Radtouren
										Maritim Hotel Würzburg 8700 Würzburg, Tel. 09 31/5 08 31		diverse Rahmenprogramme, Discothe
								●		**Hotel Schloß Steinburg** 8700 Würzburg, Tel. 09 31/9 30 61		Weinproben Kleeblattarrangement
	●						●			**Wald- u. Sporthotel Polisina** 8701 Frickenhausen, Tel. 0 93 31/30 81		
								●		**Kurhotel Residenz** 8532 Bad Windsheim, Tel. 0 98 41/91-1		
										Hotel Eisenhut 8803 Rothenburg, Tel. 0 98 61/20 41		
										Romantikhotel Greifen Post 8805 Feuchtwangen, Tel. 0 98 52/20 03	128	Bastelkurse
	●		●	●			●	●		**Sporthotel Adidas** 8522 Herzogenaurach, Tel. 0 91 32/80 81	132	Programme
							●	●		**Atrium-Hotel Nürnberg** 8500 Nürnberg 50, Tel. 09 11/4 90 11	130	
										relexa Kurhotel Bad Steben 8675 Bad Steben, Tel. 0 92 88/72-0	131	geführte Wanderungen, Schönheitswo Fitnesswochen, Spielabende, Kutschfa
	●	●						●		**Hotel Selau** 8524 Neunkirchen a. Brand, Tel. 0 91 34/70 10		Aktivwochen, Fränkische Abende
										Hotel Lindenhof Ringhotel Hubmersberg 8561 Pommelsbrunn, Tel. 0 91 54/10 21		Hüttenfeste, Saisonveranstaltungen
							●	●		**Pfaums Posthotel Pegnitz** 8570 Pegnitz, Tel. 0 92 41/72 50		Gourmetwanderungen, Planwagenfahrten
	●		●			●	●	●		**Landhotel Sonnenhof** 8835 Pleinfeld, Tel. 0 91 44/5 41		Sonderarrangements
Fichtelgebirge												
										Hotel Bayerischer Hof 8580 Bayreuth, Tel. 09 21/2 20 81		
								●		**Sporthotel Sonnenbichl** 8581 Warmensteinach, Tel. 0 92 77/5 15		
										Romantik-Hotel Post 8655 Wirsberg, Tel. 0 92 27/8 61	133	Romantik-Woche Wochenend-Arrangement
							●	●		**Sporthotel Schneider** 8583 Bischofsgrün, Tel. 0 92 76/10 55	134	Transfer zum Tennisplatz Wanderwochen
	●	●					●	●		**Sport-Hotel Kaiseralm** 8583 Bischofsgrün, Tel. 0 92 76/8 00		Floß-Fahrten, diverse Programme
							●			**Hotel Alexandersbad** 8541 Alexandersbad, Tel. 0 92 32/88 90		Schönheitsprogramm, Kuren und Bäd geführte Wanderungen
Oberpfalz												
	●	●	●		●	●			●	**Schloßhotel Ernestgrün** 8591 Neualbenreuth, Tel. 0 96 38/8 00	136	eigene Jagd mit 680 ha.
	●				●			●		**Hotel St. Hubertus** 8476 Schönsee, Tel. 0 96 74/415-16		Fitnesswoche mit Massage und Sauna Jagdmuseum, Dampfbad
Bayerischer Wald und Niederbayern												
	●	●						●		**Steigenberger Hotel Sonnenhof** 8496 Lam, Tel. 0 99 43/7 91		Ski-Kurse, Kinderbetreuung, gef. Wanderungen, Schlankheitskur
										Ferienhotel Bayerwald 8496 Lam, Tel. 0 99 43/7 12 + 7 13		
	●	●	●	●				●		**Kur- und Sporthotel St. Englmar** 8449 St. Englmar, Tel. 0 99 65/312-315		Reit- und Tennisunterricht, geführte Wanderungen, Römisches Dampfbad

…eisniveau	Sauna	Solarium	Schwimmbad	Massage	Kosmetik	Kinderfreundlich	Kinderbetreuung	Behindertengeeig.	Tiere erlaubt	Lage: Stadt	Lage: Land	Gebiet: Wandern	Gebiet: Langlauf	Gebiet: Ski Alpin	Sport in der Nähe: Tennisplatz	Tennishalle	Reitplatz	Reithalle	Angeln	Wassersport	Wellenbad	Schießplatz	Drachenfliegen	Segelflugplatz	Golf
	•	•	•			•		•	•		•	•	•	•	•	•	•	•				•			
	•	•	•			•		•	•		•	•			•				•					•	•
	•	•	•	•	•	•		•	•	•		•			•	•	•	•	•			•		•	•
	•	•	•	•		•		•	•	•		•			•	•	•	•	•		•	•		•	•
		•	•	•	•	•		•	•	•		•			•	•	•	•	•	•	•	•		•	•
						•	•	•	•		•	•	•		•							•		•	•
	•	•	•			•		•	•	•		•			•	•	•	•	•	•					
	•	•	•			•			•	•		•			•	•								•	
	•	•	•	•		•	•	•	•		•	•	•			•	•	•	•	•		•		•	•
	•	•	•	•	•	•			•	•		•			•	•		•				•		•	
						•				•		•	•		•	•	•	•	•			•		•	
	•	•	•	•		•		•	•	•		•	•		•	•	•	•	•			•	•	•	•
	•	•	•	•		•	•	•	•		•	•			•		•					•			•
	•	•	•			•		•	•	•		•			•	•	•	•		•	•	•		•	•
	•	•	•	•		•			•		•				•		•								•
	•	•	•			•		•	•		•	•	•		•	•	•		•	•		•		•	
	•	•	•	•					•		•	•	•		•	•	•	•	•			•		•	•
	•	•	•			•		•	•		•	•			•	•	•	•	•	•					
	•	•	•	•		•			•	•		•	•		•		•		•					•	•
	•		•			•		•	•		•	•	•	•	•				•			•			
	•	•	•	•		•			•		•	•	•		•	•		•							•
	•		•						•		•	•	•	•	•	•	•	•		•		•		•	•
	•	•	•	•	•	•			•		•	•	•	•	•		•	•		•		•		•	•
		•	•	•	•	•		•	•		•	•	•		•				•						
	•	•		•	•	•			•		•	•	•	•	•		•								
				•	•	•			•		•	•	•	•			•	•				•			
	•	•	•	•	•	•	•		•		•	•	•	•	•	•			•					•	•
	•	•	•	•		•			•		•	•	•	•	•	•			•						•
	•	•	•	•	•	•			•		•	•	•	•	•	•	•	•							

Orte nach Regionen geordnet

Bayerischer Wald und Niederbayern

Tennisplatz	Tennishalle	Reitplatz	Reithalle	Angeln	Wassersport	Fahrradverleih	Kegelbahn	Golf	Hotelname, Ort und Tel.-Nr.	Redaktion Seite …	Der besondere Hotelserv
									Feriengut-Hotel „Böhmhof“ 8373 Bodenmais, Tel. 0 99 24/2 22		Schönheitswochen Dampfbad, Billard
		●	●						**Hotel Mooshof** 8373 Bodenmais, Tel. 0 99 24/70 61		
●	●								**Wald- und Sporthotel „Riederin“** 8373 Bodenmais, Tel. 0 99 24/70 71		Medizin. Bäderabteilung offene Badekuren
									Kur- und Sporthotel Adam 8373 Bodenmais, Tel. 0 99 24/70 11		Unterhaltungsabende
									Schmaus-Ringhotel Viechtach 8374 Viechtach, Tel. 0 99 42/16 27		geführte Wanderungen Hüttenabende
●	●						●		**Steigenberger Hotel Sonnenhof** 8352 Grafenau, Tel. 0 85 52/20 33		Kinderbetreuung, Animation, Disco, Kinderskikurse, Schönheitswochen
									Romantik-Hotel Bierhütte 8351 Bierhütte, Tel. 0 95 58/315 + 316		geführte Wanderungen, Hotel-See
				●		●			**Parkhotel** 8352 Grafenau, Tel. 0 85 52/24 44		versch. Kosmetik- und Kurprogramme geführte Wanderungen, tägl. Gymnast
						●			**Bayerwaldhotel Antoniushof** 8399 Ruhstorf a. d. Rott, Tel. 0 85 31/30 44-45		Schönheits- und Gesundheitsprogram Schlankheitskuren
●						●	●		**Hotel Wastlsäge** 8379 Bischofsmais, Tel. 0 99 20/1 70	137	Waldrundfahrten geführte Wanderungen
●	●						●		**Steigenberger Hotel Griesbach** 8399 Griesbach, Tel. 0 85 32/10 01		Aphrodite-Therme mit Thermalbad, Ferienprogramme
●	●					●	●	●	**Golf- und Sporthotel Reutmühle** 8392 Waldkirchen, Tel. 0 85 81/20 30	138	
									Parkhotel Griesbach 8399 Griesbach, Tel. 0 85 32/2 81		medizinische Thermalbadeanlage
●									**Bergland-Hof** 8391 Neureichenau, Tel. 0 85 83/12 86		
●		●		●				●	**Hotel Gut Giesel** 8391 Neukirchen vom Wald, T. 0 85 05/7 87-89		Grillabende, geführte Wanderungen Tennis- und Asphaltstockturniere
●									**Waldhotel Burgenblick** 8391 Thurmannsbang, Tel. 0 85 04/83 83		
●	●						●		**Hotel Schrammel Wirt** 8401 Regenburg-Pentling, Tel. 0 94 05/10 14		Squashcourts

Nordschwarzwald

Tennisplatz	Tennishalle	Reitplatz	Reithalle	Angeln	Wassersport	Fahrradverleih	Kegelbahn	Golf	Hotelname, Ort und Tel.-Nr.	Redaktion Seite …	Der besondere Hotelserv
									Hotel Harzer 7506 Bad Herrenalb, Tel. 0 70 83/30 21		Weinseminare, Spiel- und Diaabende
									Mönchs Posthotel 7506 Bad Herrenalb, Tel. 0 70 83/20 02		geführte Wanderungen
●						●			**Sommerberghotel** 7547 Wildbad, Tel. 0 70 81/17 40		Weinseminare, Kochkurse, Glasmalen
●				●					**Kronen-Hotel Haus Tannhof** 7263 Bad Liebenzell, Tel. 0 70 52/20 81		Wanderungen, Hüttenabende, Candle-Light-Dinner
						●			**Silencehotel Waldhotel Standke** 7202 Malsch-Waldprechtsw., Tel. 0 72 46/10 88	140	geführte Fototouren
●						●	●		**Kapfenhardter Mühle** 7267 Unterreichenbach, Tel. 0 72 35/79 00		Grill- und Schießfeste, Planwagenfahrten, Weinproben
●							●		**Hotel Kloster Hirsau** 7260 Cal-Hirsau, Tel. 0 70 51/56 21-23		zahlreiche Hotelveranstaltungen
●								●	**Brenners Park-Hotel** 7570 Baden-Baden, Tel. 0 72 21/35 30		Badetempel, Beautyfarm, Boutiquen, Golf
							●		**Hahnhof Holiday-Hotel Der Selighof** 7570 Baden-Baden, Tel. 0 72 21/21 71		
						●			**Hotel Quisisana** 7570 Baden-Baden, Tel. 0 72 21/34 46		Gymnastik-Programme, Schönheits- Wochen, Single-Programme
									Holland Hotel 7570 Baden-Baden, Tel. 0 72 21/35 60		
●						●			**Golf-Hotel** 7570 Baden-Baden, Tel. 0 72 21/3 60 10		Busausflüge
									Steigenberger Hotel Badischer Hof 7570 Baden-Baden, Tel. 0 72 21/2 28 27		
●									**Kurhaus Schloß Bühlerhöhe** 7580 Bühl 13, Tel. 0 72 26/2 11-15		
●	●								**Plättig-Hotel** 7580 Bühl 13, Tel. 0 72 26/2 26-29		Plättig-Wanderidee mit Rückholservice
									Hotel Götz Sonne-Eintracht 7590 Achern, Tel. 0 78 41/64 50	142	geführte Wanderungen, Ausflüge

										Lage		Gebiet			Sport in der Nähe										
eisniveau	Sauna	Solarium	Schwimmbad	Massage	Kosmetik	Kinderfreundlich	Kinderbetreuung	Behindertengeeig.	Tiere erlaubt	Stadt	Land	Wandern	Langlauf	Ski Alpin	Tennisplatz	Tennishalle	Reitplatz	Reithalle	Angeln	Wassersport	Wellenbad	Schießplatz	Drachenfliegen	Segelflugplatz	Golf
	●	●				●			●		●	●	●	●	●	●		●						●	
	●	●	●	●	●	●		●			●	●	●	●	●	●	●	●						●	
	●	●	●	●	●	●		●			●	●	●	●											
	●	●	●	●	●	●		●	●		●	●	●	●	●	●	●	●	●					●	
	●	●	●			●		●	●	●		●	●	●	●		●	●	●	●		●			
	●	●	●	●	●	●	●		●		●	●	●		●	●		●	●		●	●	●		
	●	●				●			●		●	●	●		●	●	●	●	●						●
	●	●	●	●	●	●		●	●	●		●	●	●	●	●	●	●	●	●	●	●	●	●	
	●	●	●	●	●	●			●		●	●			●				●	●		●		●	●
	●	●	●	●	●	●		●	●		●	●	●	●	●	●	●	●	●		●				●
	●	●	●	●	●	●			●		●	●	●		●		●	●	●						●
	●	●	●	●		●			●		●	●	●	●	●		●								●
	●	●	●	●	●	●		●	●		●	●	●		●		●	●	●						●
	●	●	●			●			●		●	●	●	●	●	●					●				
	●	●	●	●	●	●		●	●		●	●	●					●	●						●
	●	●	●			●			●		●	●	●												
	●	●				●	●	●	●	●		●	●							●	●				
	●	●	●	●					●		●	●	●		●	●	●	●	●				●		●
		●	●	●	●	●					●	●	●		●	●	●	●	●				●		●
	●	●	●	●	●	●			●		●	●	●		●	●	●	●	●			●			
	●	●	●							●		●	●		●	●			●						
	●	●	●			●			●		●	●			●	●	●		●			●			●
	●	●	●	●		●		●	●		●	●	●				●	●	●	●					
	●	●	●	●		●		●	●		●	●	●		●	●	●	●	●			●			
	●	●	●	●	●	●		●	●	●		●	●		●	●	●		●	●				●	●
	●	●	●	●		●		●		●		●	●		●	●	●		●	●				●	●
	●	●	●	●	●				●	●		●	●		●	●	●		●	●				●	●
						●		●	●	●		●	●		●	●	●	●	●			●		●	●
	●	●	●	●		●		●	●	●		●	●		●	●	●		●	●				●	●
	●	●	●	●		●			●	●		●	●		●	●	●		●	●				●	●
	●	●	●	●	●	●		●			●	●	●	●			●		●	●		●	●		
	●	●	●	●		●			●		●	●	●	●			●		●	●		●	●		
			●			●		●	●	●		●	●		●	●	●	●		●		●			

Orte nach Regionen geordnet

Sport: Tennisplatz	Tennishalle	Reitplatz	Reithalle	Angeln	Wassersport	Fahrradverleih	Kegelbahn	Golf	Hotelname, Ort und Tel.-Nr.	Redaktion Seite...	Der besondere Hotelserv
Nordschwarzwald											
				●			●		**Hotel Forsthof Sasbachwalden** 7595 Sasbachwalden, Tel. 07841/644-0		Hüttenabende, Wanderungen, Fackel-wanderungen, Kegel- und Schießturn
									Hotel Restaurant Pflug 7593 Ottenhöfen, Tel. 07842/2058 + 2085		Grillparty, Schnaps-Quiz-Wanderung
●						●	●		**Zur Oberen Linde Romantik-Hotel** 7602 Oberkirch, Tel. 07802/3038	154	Weinproben, Armbrustschießen, Schw Rundflüge, Brennerei, Besichtigungen
●				●		●	●		**Waldhotel Grüner Baum Ringhotel Ödsbach** 7602 Oberkirch-Odsbach, Tel. 07802/8090	153	Weinlehrpfad, Sommerfeste, Wanderu Radtouren, Tennisturniere, Kegelaben
				●					**Schwarzwaldhotel Erdrichshof** 7603 Oppenau, Tel. 07804/565 u. 3036		Grillabende, geführte Wanderungen
●						●		●	**Kur- und Sporthotel Dollenberg** 7605 Bad Peterstal-Griesbach, T. 07806/780		Wanderungen, Weinprobe, offene Bad Tenniswochen, Grill- und Hüttenabend
●					●	●			**Hotel Waldhorn-Post** 7546 Enzklösterle, Tel. 07085/150	144	vom Hotelier geführte Wanderungen, eigene Jagd
									Kurhotel Lauterbad 7290 Freudenstadt-Lauterbad, Tel. 07441/81006	148	
●						●	●		**Club Sonnenbühl** 7272 Altensteig-Wart, Tel. 07458/7710	147	Animationsprogramme
●						●			**Hotel Oberwiesenhof** 7291 Seewald, Tel. 07447/1001		Planwagenfahrten, eigene Jagdhütte, Modelleisenbahn-Anlage
●				●					**Forsthaus Auerhahn** 7292 Baiersbronn, Tel. 07447/390-404	152	Modeschauen, Wildgehege
●						●	●		**Kurhotel Mitteltal** 7292 Baiersbronn-Mitteltal, Tel. 07442/471	150	Tanzseminare, Weinproben, Kochkurse, Whirlpool
●	●					●	●		**Kur- und Sporthotel Traube Tonbach** 7292 Baiersbronn, Tel. 07442/4920		div. Kuranwendungen
									Kurhotel Sonnenhalde 7292 Baiersbronn-Tonbach, Tel. 07442/3044		Eisstockschießen, geführte Wanderungen, Kegeln, Whirl
						●			**Schwarzwaldhotel Rose** 7292 Baiersbronn, Tel. 07442/2035		geführte Wanderungen, Grillfeste
							●		**Kurhotel Berghof-Cafe** 7292 Baiersbronn, Tel. 07442/7018		Kurbad im Hause, Kneipp-Kuren, Winter-wanderungen, Eisstockschießen, Ausflugs
●	●		●				●		**Steigenberger Hotel Freudenstadt** 7290 Freudenstadt, Tel. 07441/81071		großes Ferienprogramm, Discothek
									Hotel Hohenried 7290 Freudenstadt, Tel. 07441/2414-16		Candlelight Dinner, Wanderungen, Animationsprogramme
						●	●		**Schwarzwaldhotel Birkenhof** 7290 Freudenstadt, Tel. 07441/4074		
						●			**Sanatorium Hohenfreudenstadt** 7290 Freudenstadt, Tel. 07441/534-0	149	geführte Wanderungen, Ausflugsfahrte Volkstanz, kreatives Gestalten, Kuren
									Eden Kur- und Sporthotel 7290 Freudenstadt, Tel. 07441/5300		zahlreiche Hotelveranstaltungen, Discothek
		●	●			●		●	**Ringhotel Freudenstadt** 7290 Freudenstadt, Tel. 07441/6044	146	eigene Pferde, Golfpauschalen
						●			**Hotel Grüner Wald** 7290 Freudenstadt-Lauterbad, Tel. 07441/7051		geführte Wanderungen, Grillfeste, Ponyverleih, Ausflüge
Südschwarzwald											
									Parkhotel Wehrle 7740 Triberg, Tel. 07722/86020		Wandern ohne Gepäck
						●			**Hotel Dorer** 7741 Schönwald, Tel. 07722/1066	159	Schönheits-, Sport- und Wanderwochen
●									**Silence-Hotel Hirschen** 7804 Glottertal, Tel. 07684/810	155	Whirl-Pool
●				●		●	●		**Elztalhotel Schwarzbauernhof** 7809 Oberwinden/Ebtal, Tel. 07682/8567	156	tägl. Sportlertreff, Zitherabende, Haus-Kino, Kochkurse, Animationsprogramm
●									**Panoramahotel am Jägerhäusle** 7800 Freiburg, Tel. 0761/551011		
				●					**Berghotel Halde** 7801 Oberried, Tel. 07602/211, 212+230	162	hauseigene Skilifte (kostenlos für Gäst Sommerrodelbahn, Wildpark
						●			**Appartement-Hotel Amselhof** 7812 Bad Krozingen, Tel. 07633/2077		Thermalbad
●				●		●			**Romantik Hotel Spielweg** 7816 Münstertal, Tel. 0736/618		geführte Wanderungen, Hüttenabende
									Kur- und Sporthotel Mangler 7868 Todtnauberg, Tel. 07671/639 + 8581		Kur-, Fitness- und Schönheitswochen geführte Wanderungen
							●		**Waldhotel am Notschrei** 7801 Oberried 2, Tel. 07602/219-20		
●									**Silencehotel Bad Sulzburg** 7811 Bad Sulzburg, Tel. 07634/8720		

											Lage	Gebiet			Sport in der Nähe										
…eisniveau	Sauna	Solarium	Schwimmbad	Massage	Kosmetik	Kinderfreundlich	Kinderbetreuung	Behindertengeeig.	Tiere erlaubt	Stadt	Land	Wandern	Langlauf	Ski Alpin	Tennisplatz	Tennishalle	Reitplatz	Reithalle	Angeln	Wassersport	Wellenbad	Schießplatz	Drachenfliegen	Segelflugplatz	Golf
	•	•	•	•		•			•		•	•	•	•	•	•	•	•	•			•	•		•
		•	•			•		•	•		•	•	•	•	•				•						
						•		•	•		•	•			•	•	•	•	•			•		•	•
	•	•	•	•		•		•	•		•	•			•	•	•	•	•			•		•	•
	•	•	•			•					•	•	•	•	•	•			•						
	•	•	•	•	•	•			•			•	•	•	•				•			•			•
	•	•	•	•		•		•	•		•	•	•	•	•	•	•	•	•	•					•
	•	•	•	•		•			•		•	•	•		•		•	•	•			•			
	•	•	•			•			•		•	•	•					•	•	•					
	•	•	•			•			•		•	•	•	•	•		•		•			•	•		•
	•	•	•	•	•	•	•		•		•	•	•	•			•	•	•			•	•		•
	•	•	•	•	•	•					•	•	•	•	•	•	•	•	•			•	•		•
	•	•	•	•							•	•	•	•	•	•	•	•				•	•		•
	•	•	•			•			•		•	•	•	•	•	•	•	•	•				•		•
	•	•	•	•		•		•	•		•	•	•	•	•	•	•	•	•			•	•		•
	•	•	•	•	•	•		•	•	•		•	•	•	•	•	•	•	•		•	•	•	•	•
	•	•	•	•	•	•		•		•		•	•	•	•	•	•	•	•	•	•	•	•	•	•
	•	•	•	•		•			•	•		•	•	•	•	•	•	•	•	•		•	•	•	•
	•	•	•	•				•		•		•	•		•	•	•	•				•	•	•	•
	•	•	•	•		•		•	•	•		•	•		•	•	•	•				•	•	•	•
	•	•	•	•						•		•	•		•	•	•	•				•		•	•
		•	•	•		•			•		•	•	•		•	•	•	•	•	•	•	•	•	•	•

	•	•	•	•		•			•		•	•	•	•	•		•	•	•						•
		•	•	•	•				•		•	•	•	•	•				•						
	•	•				•		•	•		•	•							•			•	•		•
	•	•	•	•	•	•					•	•	•	•	•	•	•	•	•				•		•
	•	•	•	•		•			•	•		•			•		•		•				•	•	•
	•	•	•	•		•			•		•	•	•	•	•				•						•
		•	•	•	•	•			•		•	•			•		•				•		•	•	•
	•	•	•	•		•			•		•	•	•	•								•			•
	•	•	•	•	•	•					•	•	•	•	•		•	•							
	•	•	•			•		•	•		•	•	•	•	•	•	•	•	•						
	•	•	•	•		•			•		•	•			•				•						•

Südschwarzwald

Tennisplatz	Tennishalle	Reitplatz	Reithalle	Angeln	Wassersport	Fahrradverleih	Kegelbahn	Golf	Hotelname, Ort und Tel.-Nr.	Redaktion Seite…	Der besondere Hotelserv
●									**Hotel Römerbad** 7847 Badenweiler, Tel. 0 76 32/7 00		Golfwochen, Schlankheitswochen, Ballon-Fahrten, Ausflüge
●		●		●	●	●	●		**Parkhotel Adler** 7824 Hinterzarten, Tel. 0 76 52/7 11		Discothek, Segelfliegen, Whirlpool, Konzerte
									Kaiser's Tanne-Wirtshaus 7821 Breitnau, Tel. 0 76 52/15 51-3		geführte Wanderungen mit Förster
●							●		**Dorint Hotel Feldberger Hof** 7821 Feldberg-Ort, Tel. 0 76 76/3 11		
●		●							**Hotel Sonnenhof** 7822 Menzenschwand, Tel. 0 76 75/5 01-2		Bridgeseminar, offene Badekur
●					●		●		**Treschers Schwarzwaldhotel am See** 7820 Titisee-Neustadt, Tel. 0 76 51/81 11		
●									**Hotel Josen** 7820 Titisee-Neustadt, Tel. 0 76 51/56 50		
							●		**Titiseehotel** 7820 Titisee-Neustadt, Tel. 0 76 51/81 52		Casino im Haus, Discothek
						●			**Romantik-Hotel-Adler Post** 7820 Titisee, Tel. 0 76 51/83 30		Wanderungen, Segel- und Surfschule Beauty Farm
				●		●			**Hotel Waldeck** 7820 Titisee, Tel. 0 76 51/82 27		geführte Wanderungen, Wander-Bus-Rückholdienst, incl. Betreuung
				●	●	●			**Seehotel Wiesler** 7820 Titisee, Tel. 0 76 51/83 30		Weinproben, geführte Wanderungen, Skileh im Haus, Segel- und Surfschule, Schönheit
●	●			●	●		●		**Hotel Reppert** 7824 Hinterzarten, Tel. 0 76 52/1 20 80		Cook- u. Bike-Kurse, geführte Wanderungen, Kochseminare, Rafting
				●		●			**Hotel Kesslermühle** 7824 Hinterzarten, Tel. 0 76 52/12 90		Wanderungen, Ski-Ball, Grillfeste
●							●		**Schwarzwaldhotel Ruhbühl** 7825 Lenzkirch 1, Tel. 0 76 53/8 21		wechselnde Programme
●				●			●		**Hotel- und Schwarzwaldgasthof Ochsen** 7825 Lenzkirch-Saig, Tel. 0 76 53/7 35		Tennis- und Angelwochen
									Wiedener Eck-Berghotel 7861 Wieden, Tel. 0 76 73/10 22		geführte Wanderungen, Picknicks, Candlelight Dinner
●	●					●	●		**Hetzel-Hotel Hochschwarzwald** 7826 Schluchsee, Tel. 0 76 56/7 01		Schönheitsfarm, Animationsprogramm Diät- und Vollwertkost, Disco
●									**Kurhotel Schluchsee** 7826 Schluchsee, Tel. 0 76 56/5 33		Discothek
●						●			**Schwarzwaldhotel Adler, Ringhotel Häusern** 7822 Häusern, Tel. 0 76 72/3 24	158	Hoteleigenes Segelboot, Kutsch- und Schlittenfahrten, gef. Wanderungen
						●	●		**Porten Hotel Kurhaus Höchenschwand** 7821 Höchenschwand, Tel. 0 76 72/41 11	160	gef. Wanderungen, Grillfeste, Modeschauen, Schönheitsfarm, Kurklinik
								●	**Hotel Öschberghof** 7710 Donaueschingen, Tel. 07 71/8 41		Golfkurse vor dem Hause
●		●		●					**Aparthotel Waldpark Wies** 7861 Wies-Stockmatt, Tel. 0 76 29/4 27-4 29		geführte Wanderungen, Hüttenabende

Bodensee

Tennisplatz	Tennishalle	Reitplatz	Reithalle	Angeln	Wassersport	Fahrradverleih	Kegelbahn	Golf	Hotelname, Ort und Tel.-Nr.	Redaktion Seite…	Der besondere Hotelserv
●	●					●			**Silence Parkhotel St. Leonhard** 7770 Überlingen, Tel. 0 75 51/80 80		Schönheitsfarm, eigener Wald mit Wildgehegen, Billardraum
									Bad-Hotel Überlingen 7700 Überlingen, Tel. 0 75 51/610 55		Ausflugsfahrten in die Schweiz und nach Österreich
									Steigenberger Inselhotel 7750 Konstanz, Tel. 0 75 31/2 50 11		Konzerte, kulinatirsche Veranstaltunge
●									**Hotel Seeblick** 7750 Konstanz, Tel. 0 75 31/5 40 18		
				●	●	●			**Hotel Restaurant Traube** 7990 Friedrichshafen, Tel. 0 75 41/4 20 38/78		
●	●					●	●		**Hotel Krone,** 7990 Friedrichshafen-Schnetzenhausen, Tel. 0 75 41/49 01	163	Tenniskurse, Wanderungen, Familienprogramm, KK-Schießen
					●	●			**Silence-Hotel Strandhotel Tannhof 8990 Lindau-Schachen, Tel. 0 83 82/60 44**	164	
						●			**Berghotel Baader** 7799 Heiligenberg, Tel. 0 75 54/3 03		Fastenseminare im Frühjahr und im Herbst
				●	●	●			**Hotel Lipprandt** 8992 Wasserburg, Tel. 0 83 82/53 83-84		Whirlpool

Allgäu, Schwaben, Oberbayern

Tennisplatz	Tennishalle	Reitplatz	Reithalle	Angeln	Wassersport	Fahrradverleih	Kegelbahn	Golf	Hotelname, Ort und Tel.-Nr.	Redaktion Seite…	Der besondere Hotelserv
●									**Hotel Schloß Oberstotzingen** 7908 Oberstotzingen, Tel. 0 73 25/60 14		

										Lage		Gebiet			Sport in der Nähe										
…sniveau	Sauna	Solarium	Schwimmbad	Massage	Kosmetik	Kinderfreundlich	Kinderbetreuung	Behindertengeeig.	Tiere erlaubt	Stadt	Land	Wandern	Langlauf	Ski Alpin	Tennisplatz	Tennishalle	Reitplatz	Reithalle	Angeln	Wassersport	Wellenbad	Schießplatz	Drachenfliegen	Segelflugplatz	Golf
	●	●	●	●	●	●		●	●	●		●	●	●	●	●	●	●	●			●		●	●
	●	●	●	●	●	●			●		●	●	●	●	●	●	●	●	●	●		●			●
	●	●	●	●		●			●		●	●	●	●	●	●	●	●	●	●		●	●		●
	●	●	●		●			●	●		●	●	●	●	●										
	●	●	●	●		●			●		●	●	●	●	●		●					●			
	●	●	●	●	●	●		●	●		●	●	●	●	●	●	●		●	●			●		●
	●	●	●			●		●	●		●	●	●		●	●	●	●	●	●			●		●
	●	●	●	●	●	●			●		●	●	●	●	●	●	●		●	●			●		●
	●	●	●	●		●			●		●	●	●	●	●	●	●	●	●	●		●	●		●
	●	●	●	●		●		●			●	●	●	●	●	●			●	●		●	●		●
	●	●	●	●	●							●	●	●	●	●			●	●		●			
	●	●	●	●	●	●	●		●		●	●	●	●	●	●	●		●	●			●	●	●
	●	●	●	●		●	●				●	●	●	●	●	●	●		●	●					
	●	●	●	●		●		●	●		●	●	●	●	●	●	●	●	●	●					
	●	●	●			●		●	●		●	●	●	●		●									
	●	●	●	●		●		●	●		●	●	●	●	●		●	●	●						
	●	●	●	●	●	●		●	●		●	●	●	●					●	●					
	●	●	●	●		●			●		●	●	●	●	●		●		●	●					
	●	●	●			●			●		●	●	●		●			●	●	●		●			
	●	●	●	●	●	●					●	●	●	●	●	●									
	●	●	●			●		●			●	●	●		●	●	●	●	●	●				●	●
	●	●				●	●		●		●	●	●		●	●			●				●		●

	●	●	●	●	●	●		●	●	●		●			●	●	●	●	●	●		●			
	●	●		●				●	●	●		●			●	●	●	●	●	●					
						●		●	●	●		●			●		●		●	●				●	●
		●	●			●			●	●		●			●	●	●	●	●	●					●
	●		●			●			●	●		●			●	●	●	●	●	●	●			●	
		●	●			●					●	●			●	●	●	●		●		●		●	
						●		●	●	●		●			●	●	●		●	●					●
	●	●	●			●		●	●		●	●	●		●									●	
	●	●	●	●		●		●	●		●	●			●		●	●	●	●					●

	●					●			●		●	●							●						●

Allgäu, Schwaben, Oberbayern

Orte nach Regionen geordnet	Sport: Tennisplatz	Tennishalle	Reitplatz	Reithalle	Angeln	Wassersport	Fahrradverleih	Kegelbahn	Golf	Hotelname, Ort und Tel.-Nr.	Redaktion Seite …	Der besondere Hotelser
										Alpenhotel, Ringhotel Augsburg 8900 Augsburg, Tel. 08 21/41 30 51		
								●		**Sporthotel Haus Waltersbühl** 7988 Wangen, Tel. 0 75 22/50 57		
	●				●		●	●		**Sport-Kurhotel Bromerhof** 7972 Isny, Tel. 0 75 66/23 81	165	geführte Wanderungen und Picknicks Candlelight Dinner, div. Kuranwendur
	●						●			**Berghotel Jägerhof** 7972 Isny, Tel. 0 75 62/7 70		Animation Wochenendpauschalen
							●	●		**Hotel Allgäu Sonne** 8974 Oberstaufen, Tel. 0 83 86/70 20		geführte Wanderungen, Hüttenabend Sportlehrer
										Hotel zum Löwen 8974 Oberstaufen, Tel. 0 83 86/4 94-0		Ferienprogramme, Schrotkur
	●									**Kur- und Sporthotel Burtscher** 8974 Oberstaufen-Steibis, Tel. 0 83 86/89 10		geführte Wanderungen, Schönheits- und Tenniswochen, Schrotkuren, Bea
							●			**Interest Aparthotel und Appartements** 8974 Oberstaufen, Tel. 0 83 86/16 33		geführte Wanderungen, Sportlehrerbetreuung
	●	●					●	●		**Kur- und Tennishotel Tannenhof** 8999 Weiler i.A., Tel. 0 83 87/12 35		geführte Wanderungen, Tennisturnier Musik- und Tanzseminare, div. Kuren
										Terrassenhotel-Café Rothenfels 8970 Immen.-Bühl a. Alps., T. 0 83 23/40 87 + 88		
	●							●		**Allgäuer Berghof** 8972 Sonthofen, Tel. 0 83 21/40 61	167	Kinderbetreuung, Discothek zahlreiche Veranstaltungen
							●	●		**Der Allgäu Stern** 8972 Sonthofen, Tel. 0 83 21/7 90		Sporttrainer, Kinderbetreuung, Animations-Programme, Discothek
	●	●				●	●	●	●	**Sport- und Kurhotel Sonnenalp** 8972 Ofterschwang, Tel. 0 83 21/7 20	168	Sportzentrum, Golfplatz, Ski- und Surfschule, Kinderbetreuung, Discoth
							●	●		**Bad-Hotel Sonne** 8973 Hindelang, Tel. 0 8324/20 26		Wanderungen, Radtouren, Kegelabende, Heilfastenkuren
					●	●	●			**Kur- und Sporthotel Hindelang** 8973 Hindelang, Tel. 0 83 24/8 41		geführte Wanderungen, Hüttenabend Schönheitswochen, Animation, Kuren
	●						●			**Hotel Lanig** 8973 Oberjoch, Tel. 0 83 24/77 12-13		Skischule, Rad-, Wander- u. Ski- Einsteigwochen
							●			**Kurhotel Adula** 8980 Oberstdorf, Tel. 0 83 22/709-0		Ballonfahrten, Candle-Light-Dinner, Bayerische Buffets, Kuren
							●			**Parkhotel Frank** 8980 Oberstdorf, Tel. 0 83 22/55 55		verschiedene Gästeprogramme, gef. Wanderungen mit Kindern, div. K
							●		●	**Kur- und Sporthotel Exquisit** 8980 Oberstorf, Tel. 0 83 22/10 34	172	Golf- und Tenniskurse, Badekuren, Bergwandern, Reiten
										Hotel Waldesruh 8980 Oberstdorf, Tel. 0 83 22/40 61		Dampfgrotte, Schonkost
	●						●			**Hotel Almhof Rupp** 8948 Riezlern, Tel. 0 83 29/50 04		geführte Wanderungen, Kochkurse, Kosmetik, Kegelabende, Radtouren
	●						●			**Kur- und Sporthotel Tanneck** 8975 Fischen, Tel. 0 83 26/99 90	171	offene Badekuren, Grillhütte, monatl. Veranstaltungskalender
										Hotel-Pension Rosenstock 8975 Fischen, Tel. 0 83 26/18 95		
	●						●			**Hotel Sonnenbichl** 8975 Fischen, Tel. 0 83 26/18 51	173	Gästeprogramm m. Freizeitbetreuer Tennis-Turniere, Berg- u. Fackelwander
								●		**Hotel Erlebach** 8984 Riezlern, Tel. 0 83 29/51 69 + 53 69		Perlbäder, Skibob- und Rodelverleih
										Sporthotel Riezlern 8984 Riezlern, Tel. 0 83 29/66 51-8		
										Hotel Montana 8984 Riezlern, Tel. 0 83 29/53 61		geführte Wanderungen, Hüttenabende, Kurse
	●									**Walserhof** 8985 Hirschegg, Tel. 0 83 29/56 84 und 51 85		geführte Wanderungen, Bergschule, H abende, Fußball- und Tennisturniere
										Pension Sonnenberg 8985 Hirschegg, Tel. 0 83 29/54 33		Wanderungen, Hüttenabende, Boccia, Gartenkegel, Ritterfeste
								●		**Aparthotel Kleinwalsertal** 8986 Mittelberg, Tel. 0 83 29/65 11-0		Hüttenabende, Wettmelken, Bierkrug- stemmen, geführte Wanderungen
								●		**Kur- und Sporthotel Tirol** 8965 Jungholz, Tel. 0 83 65/81 62		Whirl-Pool, gef. Wanderungen
					●		●			**Hotel „Bergcafé“** 8964 Nesselwang, Tel. 0 83 61/2 23-4		Bergwandern, Rodeln, Eisstockschieß med. Bäderabteilung

…isniveau

									Lage		Gebiet			Sport in der Nähe										
Sauna	Solarium	Schwimmbad	Massage	Kosmetik	Kinderfreundlich	Kinderbetreuung	Behindertengeeig.	Tiere erlaubt	Stadt	Land	Wandern	Langlauf	Ski Alpin	Tennisplatz	Tennishalle	Reitplatz	Reithalle	Angeln	Wassersport	Wellenbad	Schießplatz	Drachenfliegen	Segelflugplatz	Golf
•	•	•			•		•	•	•		•	•		•	•	•	•	•	•				•	
•		•			•			•	•		•	•		•	•	•	•	•	•		•			
•	•	•	•		•		•	•		•	•	•		•	•	•	•	•	•		•		•	•
•	•	•	•		•	•	•	•		•	•	•		•	•			•	•				•	•
•	•	•	•	•	•			•		•	•	•	•	•	•	•	•							
•	•	•	•	•	•			•	•		•	•	•	•	•	•	•	•	•		•			•
•	•	•	•	•	•	•				•	•	•	•	•	•	•	•	•	•		•			
•	•	•	•		•		•	•		•	•	•	•	•	•	•	•					•		
•	•	•	•		•	•		•		•	•	•	•	•	•			•						•
•	•	•			•			•		•	•	•	•	•	•	•	•	•	•			•	•	
•	•	•	•		•	•	•	•		•	•	•	•	•	•	•	•	•				•	•	•
•	•	•	•	•	•	•		•		•	•	•	•	•	•	•	•	•				•	•	•
•	•	•	•	•	•	•				•	•	•	•			•	•	•	•		•	•	•	•
•	•	•	•		•		•			•	•	•	•	•				•				•		
•	•	•	•	•	•	•	•	•		•	•	•	•	•		•	•	•			•	•		
•	•	•			•			•		•	•	•	•	•										
•	•	•	•	•	•	•		•		•	•	•	•	•	•	•	•	•		•	•			•
•	•	•	•	•	•	•				•	•	•	•	•	•	•	•	•		•	•	•		•
•	•	•	•	•				•		•	•	•	•	•	•	•	•	•		•	•	•		•
•	•	•	•		•			•		•	•	•	•	•	•	•	•	•		•	•	•		•
•	•	•	•	•	•			•		•	•	•	•		•			•						
•	•	•	•	•	•	•	•			•	•	•	•	•	•	•	•	•		•	•	•	•	•
•	•	•			•					•	•	•	•	•				•						
•	•	•	•	•	•	•	•			•	•	•	•	•	•	•	•	•		•		•		•
•	•	•			•		•	•		•	•	•	•	•	•			•			•			
•	•	•			•					•	•	•	•	•	•			•			•			
•	•	•	•		•		•	•		•	•	•	•	•	•	•	•				•	•		
•	•	•	•		•	•	•	•		•	•	•	•	•	•	•	•	•			•	•		•
•	•	•	•		•			•		•	•	•	•	•	•	•	•	•			•	•		•
•	•	•	•		•	•		•		•	•	•	•	•	•							•		
•	•	•	•	•	•		•	•		•	•	•	•	•					•					
•	•	•	•		•		•	•		•	•	•	•	•	•	•	•	•	•		•	•		

Orte nach Regionen geordnet

Allgäu, Schwaben, Oberbayern

Sport: Tennisplatz	Tennishalle	Reitplatz	Reithalle	Angeln	Wassersport	Fahrradverleih	Kegelbahn	Golf	Hotelname, Ort und Tel.-Nr.	Redaktion Seite ...	Der besondere Hotelser
●									**Ferien- und Sporthotel Waldhorn** 8965 Jungholz, Tel. 08365/8135-75		geführte Wanderungen, Hüttenabend Schönheitswochen
					●	●			**Hotel Bavaria** 8962 Pfronten-Dorf, Tel. 08363/5004	170	geführte Wander- u. Fahrradtouren Töpferkurse
				●		●			**Kur- und Sporthotel Mittelburg** 8967 Mittelberg-Oy, Tel. 08366/180		Wanderungen, Hüttenabende, Kurse, Schönheitswochen, Traktorsaf
									Kurhotel Geiger 8958 Füssen-Hopfen, Tel. 08362/6450		
				●		●			**Hotel Bergruh** 8958 Füssen-Weissensee, T. 08362/7142 u. 7182		offene Badekuren, Zithermusikabende
						●			**Hotel Königshof** 8923 Lechbruch am See, Tel. 08862/7171		Fasten- und Vollwertkostwochen, Whi gef. Alpinwanderungen, Hüttenabend
						●			**Gästehaus Der Magnushof** 8959 Eisenberg, Tel. 08363/1566	166	Spezialitäten-Frühstück
●						●	●		**Sport- und Kurhotel Seeg** 8959 Seeg, Tel. 08364/880		Modenschau, Heimatabend, Zitherabe Wanderungen, Bingo-Spiel
						●	●		**Hotel Bannwaldsee** 8959 Buching, Tel. 08368/851 + 852		
		●				●	●		**Parkhotel Sonnenhof** 8103 Oberammergau, Tel. 08822/971		geführte Wanderungen Rodelabfahrten
●						●	●		**Hotel „Ludwig der Bayer"** 8107 Ettal, Tel. 08822/6601-6602		
●									**Grand Hotel Sonnenbichl** 8100 Garm.-Partenkirchen, Tel. 08821/7020		
									Hotel Obermühle 8100 Garm.-Partenkirchen, Tel. 08821/7040	181	geführte Wanderungen, Hüttenabende
						●			**Partenkirchner Hof** 8100 Garmisch.-P., Tel. 08821/58025		Beautyfarm, Bergwanderungen und Kutschfahrten
							●		**Hotel Königshof** 8100 Garm.-Partenkirchen, Tel. 08821/53071		Hotelkino, Freizeitprogramme, Discothek
●		●	●		●	●	●		**Schloß Elmau** 8101 Post Klais, Tel. 08823/1021		Musikwochen, Konzerte, Dichterlesungen, Ta Kreativprogr., Sportprogr., Vorträge, Wander
									Silencehotel Berghotel Latscheneck 8102 Mittenwald, Tel. 08823/1419		zahlreiche Gästeprogramme gef. Wanderungen, Weinproben
									Der Bichlerhof, Hotel Gasthof Alpenrose 8102 Mittenwald, Tel. 08823/5055-57		
●				●	●	●			**Alpenhotel Waxenstein Ringhotel** 8104 Grainau, Tel. 08821/8001-3	182	geführte Wanderungen, Beauty Farm, Hüttenabende
●	●			●	●	●		●	**Eibsee Hotel** 8104 Grainau, Tel. 08821/8081		Tauch-, Gleitschirm-, Segel-, Surf- un Skikurse, Schlittenhunderennen
									Alpenhof Murnau 8110 Murnau, Tel. 08841/1045		
				●	●	●	●		**Seehotel Marina** 8139 Bernried, Tel. 08158/6046	174	Segelkurse, eig. Liegeplätze, Koch- u Blumensteckkurse, Grillabende
						●			**Hilton International München** 8000 München 22, Tel. 089/340051		Talk-Shows, Vernissagen, München-Treff, Discothek
									Hotel Vier Jahreszeiten Kempinski München 8000 München 22, Tel. 089/230390		
									Hotel Bayerischer Hof, Palais Montgelas 8000 München 2, Tel. 089/2120-0		
									Arabella Hotel München 8000 München 81, Tel. 089/9232-0		Badelandschaft, Röm. Dampfbad, Finn. Saunen
						●			**Hotel Tölzer Hof** 8170 Bad Tölz, Tel. 08041/806-0	180	geführte Wanderungen, Grillabende, Kuren
									Jodquellenhof-Alpamare 8170 Bad Tölz, Tel. 08041/5091		div. Bäder, Weihnachts-/Silvester-arrangements, Wildwasserrutsche
●	●	●		●	●	●	●	●	**Silencehotel Piushof** 8036 Herrsching, Tel. 8152/1007		
									Alba Seehotel 8036 Herrsching, Tel. 08152/2011		Hoteleigener Badesteg, Whirlpool
									Silencehotel Landhaus Sapplfeld 8182 Bad Wiessee, Tel. 08022/82067-68	178	günstige Frühjahr- und Winter-Pauschalwochenenden
					●		●		**Hotel Terrassenhof** 8182 Bad Wiessee, Tel. 08022/82761-62		Wassergymnastik, gef. Wanderungen, Bastelkurse, Eisstockschießen
●		●		●	●				**Hotel Lederer am See** 8182 Bad Wiessee, Tel. 08022/8291		Schönheitsfarm, div. Sportprogramme Eisstockbahn, Whirlpool
									Brauneck-Hotel 8172 Lenggries, Tel. 08042/2021		
				●	●	●	●	●	**Hotel Bachmair am See** 8183 Rottach-Egern, Tel. 08022/2720	176	div. Schönheitsprogramme, Kutsch- und Schlittenfahrten

…eisniveau	Sauna	Solarium	Schwimmbad	Massage	Kosmetik	Kinderfreundlich	Kinderbetreuung	Behindertengeeig.	Tiere erlaubt	Lage: Stadt	Lage: Land	Gebiet: Wandern	Gebiet: Langlauf	Gebiet: Ski Alpin	Sport in der Nähe: Tennisplatz	Tennishalle	Reitplatz	Reithalle	Angeln	Wassersport	Wellenbad	Schießplatz	Drachenfliegen	Segelflugplatz	Golf
	•	•	•	•	•	•			•		•	•	•	•	•										
	•	•	•	•		•	•	•	•		•	•	•	•	•	•	•	•	•	•			•	•	
	•	•	•	•	•	•	•		•		•	•	•	•	•	•	•	•	•	•	•	•	•	•	•
	•	•		•				•	•		•	•	•	•	•	•	•	•	•	•			•	•	
	•	•	•	•		•		•	•		•	•	•	•	•	•	•	•	•	•		•	•	•	
	•	•		•		•	•		•		•	•	•	•	•		•		•	•			•		
	•	•	•								•	•	•	•											
	•	•	•	•		•			•		•	•	•	•	•								•		
	•		•			•			•		•	•	•	•	•					•			•		
	•	•	•	•		•		•	•		•	•	•	•	•	•			•	•	•	•	•		
	•		•			•			•		•	•	•												•
	•	•	•	•		•		•	•	•		•	•	•	•	•	•	•	•	•	•	•	•	•	•
	•	•	•			•		•	•		•	•	•	•	•	•	•	•	•	•	•	•	•	•	•
	•	•	•	•	•	•	•	•	•		•	•	•	•	•	•	•	•	•	•	•	•	•	•	•
	•	•	•		•	•			•		•	•	•	•	•	•	•	•	•	•	•	•	•	•	•
	•	•	•			•	•	•			•	•	•	•									•		
	•	•	•			•					•	•	•	•	•		•	•	•			•	•		
	•	•	•			•		•	•	•		•	•	•	•	•	•	•	•	•		•	•		
	•	•	•	•	•	•		•	•		•	•	•	•	•	•			•	•		•	•		•
	•	•	•	•		•	•		•		•	•	•	•	•	•			•	•	•		•		•
									•		•	•	•	•	•	•	•	•	•	•					•
	•	•	•	•		•		•	•		•	•			•	•									•
	•	•	•	•	•	•		•	•	•					•	•	•	•	•	•	•	•	•		•
	•	•	•	•	•	•	•	•	•	•	•				•	•	•	•	•	•	•	•	•		•
	•	•	•	•	•			•	•	•					•	•	•	•	•	•	•	•	•	•	•
	•	•	•			•	•	•	•		•				•	•	•	•			•	•	•	•	•
	•	•	•	•	•	•		•	•	•		•	•	•	•				•		•	•	•	•	•
	•	•	•	•	•	•		•		•		•	•	•	•				•		•	•	•		•
						•	•		•		•	•	•		•	•	•		•	•					•
	•	•							•		•	•	•		•	•				•					•
	•	•	•	•	•	•		•			•	•	•	•	•	•	•	•	•	•		•	•	•	•
	•	•	•	•	•	•			•		•	•	•	•	•	•	•	•	•	•		•	•		•
	•	•	•	•	•	•			•		•	•	•	•	•	•	•	•	•	•		•			•
	•	•				•			•		•	•	•	•	•	•			•	•			•		
	•	•	•	•	•	•					•	•	•	•	•	•			•	•		•	•		•

Orte nach Regionen geordnet	Sport: Tennisplatz	Tennishalle	Reitplatz	Reithalle	Angeln	Wassersport	Fahrradverleih	Kegelbahn	Golf	Hotelname, Ort und Tel.-Nr.	Redaktion Seite …	Der besondere Hotelserv
Allgäu, Schwaben, Oberbayern												
	●	●							●	**Hotel Bachmair Weissach** 8183 Rottach-Egern, Tel. 0 80 22/27 10	175	Frischzellen-Sanat., Driving, Ranch, Golf-Pro., Beauty-Farm, Vital-Zentrum
							●			**Walter's Hof im Malerwinkel** 8183 Rottach-Egern, Tel. 0 80 22/27 70		Fitness- und Schönheitswochen, familienfreundliche Ferien
						●	●	●		**Schliersee-Hotel Arabella** 8162 Schliersee, Tel. 0 80 26/40 86		wechselnde Ferienprogramme, Ballonflüge, Wanderungen
					●	●				**Hotel Schlierseerhof am See** 8162 Schliersee, Tel. 0 80 26/40 71		Beauty-Farm, Hüttenabende geführte Wanderungen
	●					●	●	●		**Spitzingsee-Hotel Arabella** 8162 Schliersee, Tel. 0 80 26/70 81		wechselndes Ferienprogramm
					●	●	●			**Hotel Dahms** 8162 Neuhaus/Schliersee, T. 0 80 26/70 94-95		Sommer- und Eisstockbahn, Surfboar verleih, Hausbibliothek
	●						●	●		**Sporthotel Achental** 8217 Grassau, Tel. 0 86 41/4010		gef. Wanderungen, Hüttenabende, Be Farm, Gymnastik u. autogenes Trainin
	●	●					●			**Kurhaus Seidl** 8221 Teisendorf, Tel. 0 86 66/80 10		Fitness- und Tenniswochen, Tanzaben Moor- und Kneippkuren
						●	●	●		**Yachthotel Chiemsee** 8210 Prien am Chiemsee, Tel. 0 80 51/69 60		Aktiv-Kuren, Segel-Turns, Rafting Schlauchbootfahrten, Frühgymnastik
	●		●	●			●			**Sporth. „Am Westernberg", Ringh. Ruhpold.** 8222 Ruhpolding, Tel. 0 86 63/16 74-75		eigenes Gestüt, 40 Pferde, Rundflüge, Kinderbetreuung
							●			**Bayerischer Hof** 8221 Inzell, Tel. 0 86 65/67 70		Animationspr., Wanderungen, Kutschfahrten, Ballonflüge etc.
	●							●		**Steigenberger Hotel Axelmannstein** 8230 Bad Reichenhall, Tel. 0 86 51/40 01-08		Gästebetreuerin, versch. Schönheitsprgramme
							●			**Hotel-Restaurant Neu-Meran** 8230 Bad Reichenhall-Nonn 94, T. 0 86 51/40 78		Bergwanderungen, Freilichttheaterbesuche
							●	●		**Bayerischer Hof** 8230 Bad Reichenhall, Tel. 0 86 51/50 84		div. Bäder und Massagen, Gästekegeln, Fondue-Abende
										Hotel Geiger 8240 Berchtesgaden, Tel. 0 86 52/50 55		
										Stoll's Hotel Alpina 8240 Berchtesgaden, Tel. 0 86 52/50 91		
										Hotel Demming 8240 Berchtesgaden, Tel. 0 86 52/50 21-22		
	●									**Kur- und Sporthotel Alpenhof** 8240 Schönau am Königsee, Tel. 0 86 52/60 20		Fitnesswochen, Tanzabende, Kuranwendungen
	●						●			**Hotel Rehlegg** 8423 Ramsau, Tel. 0 86 57/12 14		Armbrustschießen, Schlittenfahrten, geführte Wanderunge

…eisniveau

									Lage		Gebiet			Sport in der Nähe										
Sauna	Solarium	Schwimmbad	Massage	Kosmetik	Kinderfreundlich	Kinderbetreuung	Behindertengeeig.	Tiere erlaubt	Stadt	Land	Wandern	Langlauf	Ski Alpin	Tennisplatz	Tennishalle	Reitplatz	Reithalle	Angeln	Wassersport	Wellenbad	Schießplatz	Drachenfliegen	Segelflugplatz	Golf
•	•	•	•	•	•			•		•	•	•	•	•	•	•	•	•		•	•		•	•
•	•	•	•	•	•		•	•		•	•	•	•	•				•	•		•	•		•
•	•	•			•			•		•	•	•	•	•	•			•	•		•		•	•
•	•		•	•	•		•	•		•	•	•	•	•	•			•	•		•		•	•
•	•	•						•		•	•	•	•	•		•		•	•	•	•		•	•
•	•	•	•		•		•	•		•	•	•	•	•				•	•		•			
•	•	•	•	•	•			•		•	•	•												
	•	•	•		•		•	•		•	•	•		•	•						•			
•	•	•	•	•	•	•	•	•		•	•	•	•	•	•	•	•	•	•	•	•	•	•	•
•	•	•	•		•	•		•		•	•	•	•	•	•	•	•	•			•	•		
•	•	•	•	•	•	•	•	•		•	•	•	•	•							•			
•	•	•	•	•	•	•		•	•		•	•	•	•	•	•	•				•			
	•	•			•			•		•	•	•		•		•	•							
•	•	•	•	•	•		•	•	•		•	•	•	•	•	•	•	•	•		•			
•	•	•	•		•				•		•	•	•	•	•	•	•	•	•			•		•
•	•	•	•	•	•			•		•	•	•	•	•	•	•	•	•		•		•		•
•	•	•	•		•			•	•		•	•	•	•	•	•	•	•			•	•		•
•	•	•	•		•			•		•	•	•	•	•	•	•	•	•				•		•
•	•	•	•		•			•		•	•	•	•											

Wein und Wald: Die Pfalz

Zwei Superlative kann das sinnenfrohe Land im Südwesten der Republik für sich beanspruchen: das größte Weinbaugebiet und das größte zusammenhängende Waldareal.

Wer seinen Fuß auf pfälzisches Gebiet setzt, betritt historischen Boden. Kelten, Römer und Franken besiedelten den fruchtbaren Landstrich im äußersten Süden des heutigen Bundeslandes Rheinland-Pfalz. Die Baudenkmäler in Worms und Speyer sind beeindruckende Zeugen dieser über zweitausendjährigen Vergangenheit. In Worms, der einstigen Hauptstadt des Burgunderreiches, verteidigte Martin Luther 1521 auf dem Reichstag seine berühmten Thesen. Eines der großartigsten hochromantischen Bauwerke Deutschlands ist der Kaiserdom. Noch eindrucksvoller ist jedoch der Kaiserdom in Speyer, wo sich das Historische Museum der Pfalz befindet, in dem man zahlreiche Schätze von der Antike bis zur Neuzeit bestaunen kann. Am Haardtrand künden zahlreiche Burgen von glorreichen Zeiten, beispielsweise die berühmte Barbarossaburg Trifels bei Annweiler, einst Gefängnis von Richard Löwenherz, die Hardenburg bei Burg Dürkheim, das Hambacher Schloß und die Rietburg nahe Edenkoben.

Heute ist die Pfalz das größte deutsche Weinland und ein sonniges Wanderland.

375 Kilometer (mit Gepäckservice) kann man auf dem „Großen Westpfalz-Wanderweg" durch Wald und Flur tippeln.

Weinliebhaber – und vor allem die Autofahrer unter ihnen – sind auf dem „Wanderweg Deutsche Weinstraße" allemal auf dem richtigen Weg.

Deutschlands ältestes und größtes Weinbaugebiet

Mittelalterliches Gepräge

Winzerdenkmal

Gradierwerk in Bad Dürkheim

Brunnen in Neustadt

Pfalz und Wein – ein festes Begriffspaar

Nach den Kelten kamen die Römer und brachten den Wein. Zu Zeiten Karls des Großen war die Pfalz schon ein bedeutender Weinlieferant des Hofes. Neustadt entwickelte sich zum großen Weinhandelszentrum an der Weinstraße. Die Lust am Wein hat die Jahrhunderte überdauert; die Weinstraße ist in aller Welt berühmt. Zu den Attraktionen gehören die Wein- und Winzerfeste, die hier von Mai bis November gefeiert werden, angefangen vom Neustädter Mandelblütenfest bis zum Dürkheimer Wurstmarkt, dem größten Weinfest der Welt.

Am Fuße des Höcherberges: Hotel Hochwiesmühle

Im Südosten, zwischen Lothringen und der Pfalz, liegt der Saar-Pfalz-Kreis, eine Landschaft der reizvollen Übergänge.

Fremdenverkehr mit Rücksicht auf die Natur in der Saar-Pfalz

Mit 518 m ist der Höcherberg die höchste Erhebung des Saar-Pfalz-Kreises. An seiner Südflanke befindet sich zwischen Homburg und Neunkirchen, das Städtchen Bexbach.
Das Schmuckstück der Stadt, der schöne Bexbacher Blumengarten mit dem Hindenburgturm befindet sich am Fusse des Höcherberges. Im Blumengarten gibt es gleich zwei Museen: Eines zur Geschichte der Stadt, und da diese vom Bergbau geprägt war, ein Grubenmuseum mit unterirdischer Bergwerksanlage. Ein zweiter Turm steht auf dem Höcherberg, von dem man den Rundblick weit ins Pfälzer Land genießen kann, bis zur Hardt, zum Schwarzwald und zu den Vosgesen.

Wer gern sein Bier im Freien trinkt, ist hier am rechten Platz

Gastronomisch wie landschaftlich ist die Saarpfalz voller Gegensätze: Pfälzisch-deftig, lothringisch-kräftig oder bien français, Gäste kommen hier gut und gerne auf ihre Kosten. „Haubdsach, mir hann gud gess" gehört nicht umsonst zu den wichtigsten einheimischen Maximen, und da macht auch das Hotel Hochwiesmühle keine Ausnahme. Der Küchenchef versteht es immer, die Gäste mit kulinarischen Besonderheiten, frischen Salaten oder deftigen Spezialitäten angenehm zu überraschen. Großer Beliebtheit erfreut sich der Biergarten, wo man an den typischen langen Bänken und Tischen im Schatten lichter Birken dem kühlen Gerstensaft zusprechen kann. Ein Bierland ist das Saarland ja allemal, mit 200 Litern pro Kopf liegt es auf dem zweiten Platz hinter Bayern.

Gemütlichkeit und aktive Freizeitgestaltung

Die Hochwiesmühle ist nicht nur ein überaus geschätzter Treffpunkt für gutes Essen und Gemütlichkeit; die Vielfalt des Hauses besteht auch in dem Angebot an aktiver Freizeitgestaltung. Unter dem Motto „Wir bringen Bewegung in Ihr Spiel" bietet die Hotelleitung Tenniskurse in allen Variationen an: Vom „Schnupperten-nis" für Neugierige bis zum „Powertennis" für die Fortgeschrittenen, Einzel- oder Gruppentraining, im Freien oder in der Halle – hier kann man alles über Topspin, Slice und Smash lernen. Auch das Hallenbad mit Sauna und Fitnessraum und die 4 Bundeskegelbahnen mit Pilsstube sind Orte, an denen aktive Geselligkeit gepflegt wird. Auch die Bildung kommt im Hotel Hochwiesmühle nicht zu kurz. Sprachkurse in englisch, spanisch, niederländisch oder deutsch stehen den Lernbeflissenen zu Gebote.

Die Saar-Pfalz: Ein Wanderparadies

Das Saarland hat das größte zusammenhängende Waldgebiet der Bundesrepublik; riesige Waldflächen mit sonnigen Hügeln und sanften Tälern, in denen glitzernde Weiher und Seen eingebettet liegen. Wer diese liebliche Landschaft erkunden will, sollte sich den geführten Wanderungen der Hochwiesmühle anschließen – er wird gewiß nicht enttäuscht werden!
Im Umkreis von 35 – 40 km, also gut erreichbar, befinden sich überaus interessante Ausflugsziele, z.B. die faszinierenden Buntsandsteinhöhlen im Homburger Schloßberg, das Römische Freilichtmuseum in Schwarzenacker, der Gollenstein auf dem Hohberg oder die barocke Residenzstadt Blieskastel.

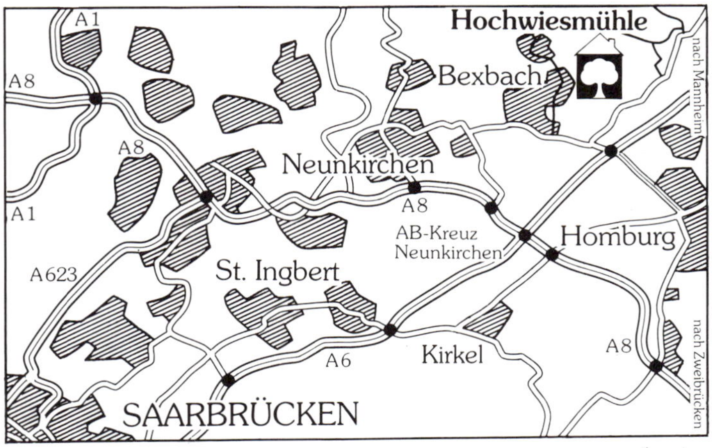

Zwischen Felsen: Hotel-Restaurant Kupper

Wiesen, Wälder, Felsen, eingerahmt von Höhenzügen und durchsetzt von idyllischen Ortschaften – eine Landschaft, die Ruhe und Abwechslung zugleich schenkt.

Imposante Altschloß-Felsen bei Eppenbrunn

Der Wasgau ist der südliche Teil des Naturparks Pfälzerwald, des größten zusammenhängenden Waldgebiets der Bundesrepublik Deutschland. An seinem südwestlichen Rand, nur drei Kilometer von der französischen Grenze entfernt, liegt der kleine Ort Eppenbrunn, Luftkurort und Ausgangspunkt für ausgedehnte Wanderungen. Das angenehme Reizklima und die sauerstoffreiche Luft wirken gesundheitsstärkend und steigern das allgemeine Wohlbefinden.

Als Feriendomizil bietet sich das gemütliche Hotel-Restaurant Kupper an. Seine ruhige Lage direkt am Waldrand garantiert Ruhe und Entspannung, die freundlichen, in Gastronomie und Service höchst erfahrenen Gastgeber lassen es an Aufmerksamkeit nicht fehlen. Zu den kulinarischen Genüssen, darunter manche Spezialitäten des Landes, trinkt man natürlich den erfrischenden Pfälzer Wein.

Zur Freizeitbetätigung im Haus locken ein Hallenschwimmbad (mit Sauna und Solarium) und vier super moderne Asphaltkegelbahnen.

Vom Pfälzer Wein war schon oben kurz die Rede. Wer sich in dieser Hinsicht kundiger machen möchte: Das Hotel-Restaurant Kupper organisiert Weinproben sowie Sekt- und Champagnerproben, die mit einem delikaten Menü verbunden sind.

Was man im Ort unternehmen kann

Auch Tennis, in der Halle und draußen, Tischtennis, Gymnastik, Boccia und Minigolf bringen in Schwung, halten fit und sind vergnüglich. Trimm-Dich-Übungen spornen zu Leistungen an, während Angeln eher eine beschauliche Angelegenheit ist. Im Haus des Gastes erhält man weitere Anregungen zur Freizeitgestaltung, und im Kurbad findet man alle Einrichtungen der Physikal-, Kneipp-, Bewegungs-, Elektro- und Ultraschalltherapie.

Angeln ist an den Pfälzer Seen n

Mannigfaltig die Landschaft – interessant die Orte

Der Wasgau gilt als die schönste und abwechslungsreichste Landschaft des Pfälzerwaldes, nicht zuletzt wegen der eigentümlichen Felsgebilde, die an den Flanken der Täler entstanden sind, sich oftmals zu einem schmalen Spalt verengen, oder den Höhenrücken ihre unregelmäßige Silhouette geben. Auswaschung und Verwitterung haben ihnen diese bizarre Gestalt gegeben. Manche tragen Namen, die auf ihre Form hinweisen, wie der berühmte

Teufelstisch bei Hinterweidenthal. Ein Höhepunkt ist das Dahner Felsenland und ein ideales Wandergebiet. Manche Gebilde gleichen mächtigen Naturburgen. Oftmals werden sie von Burgen – jetzt interessante Ruinen – gekrönt, die weit sichtbar aus den dichten Wäldern emporragen. Oberhalb von Dahn, einem hübschen Fachwerkort, stehen auf einem Höhenrücken allein drei Burgruinen, Altdahn, Grafendahn und Tanstein, und ihnen gegenüber, auf der anderen Seite des Ortes erhebt sich die guterhaltene Burgruine Neudahn. Auch das Fachwerkstädtchen Annweiler wird von mehreren Burgruinen umrahmt, die eindrucksvollste ist Trifels, die zu den bedeutendsten Reichsburgen zählte.

Für kulturhistorisch Interessierte

Reizvolle Flußtäler wie das Saarbach-, Salzbach- und Mosbachtal und manchen verträumten Weiher kann man entdecken.
Und wen es zu kulturellen Sehenswürdigkeiten zieht – auch sie sind zahlreich in diesem Raum. In Bad Bergzabern stehen der schönste Renaissancebau der Pfalz, der jetzige Gasthof zum Engel, ein ehemaliger Adelshof, und das Schloß der Herzöge von Zweibrücken mit zwei mächtigen Rundtürmen, die einst zur Stadtbefestigung gehörten. In Pirmasens lohnt das Schuhmuseum einen Besuch. Hier sind historische Schuhmodelle aus aller Welt zu sehen. Die Sammlung ist in dem schönen Rokokorathaus untergebracht, das noch aus der Zeit stammt, als Zweibrücken Residenzstadt war. Der Wallfahrtsort Maria Rosenberg bei Burgalben, die Ruine Heidelsberg und die Wappenschmiede im Schwarzbachtal sind weitere schöne Ausflugsziele.

Nahe der französischen Grenze

Von ganz besonderem Reiz ist auch Eppenbrunns Lage nahe der französischen Grenze. Das ausgedehnte Wanderwegenetz ist grenzüberschreitend. Mit dem internationalen Wanderpaß kann man überall die Grenze passieren. Die Felsen- und Waldlandschaft setzt sich zwar in Lothringen fort, im Forêt de Sturzelbronn etwa, aber die Ortschaften haben ihren ganz eigenen Charakter.

Ehemalige Gefechtsstände bei Saarlouis

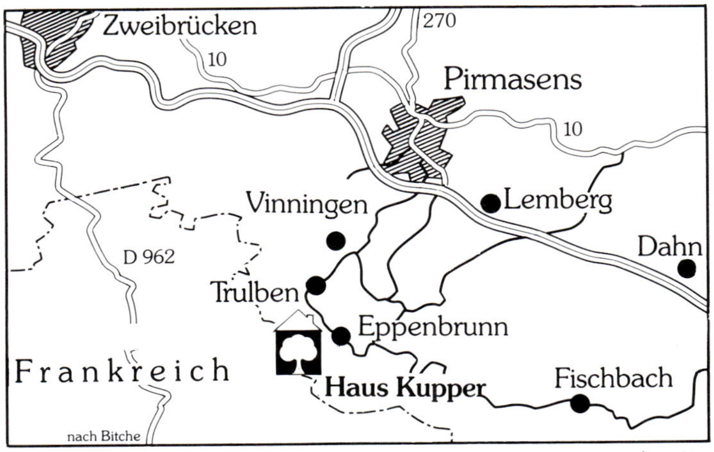

Bonjour Mesdames et Messieurs: Hotel zum Reichsrat

„Kellerparties“ mit Weinkellerbesichtigungen, Geißbockversteigerung am Pfingstdienstag und Weinkurse im August – sind nur einige gute Gründe den renommierten Pfälzer Weinort Deidesheim zu besuchen.

Der Küchenchef ist Franzose

Wollen Sie sich einmal etwas ganz besonderes gönnen? Dann sind Sie bei Hatterer's im Hotel Zum Reichsrat in Deidesheim genau richtig. Hier werden Sie fürstlich verwöhnt: Das fängt mit „A“ wie Aperitif an und hört mit „Z“ wie Zubettgehen auf. Wohlige Behaglichkeit bestimmt die bestens ausgestatteten Zimmer des Hauses mit der individuellen Note und der rustikalen Atmosphäre.
Gourmets läuft schon beim Blick in die Speisekarte das Wasser im Munde zusammen. Denn, dort, wo ein Franzose Küchenchef ist, darf höchste Qualität erwartet werden. Und so ist es auch im Hotel Zum Reichsrat; im Elsässer Restaurant werden die köstlichsten Spezialitäten aus Frankreich serviert und auf der großen Gartenterrasse schmecken besonders die verschiedenen Eisspezialitäten.

Einladung zu einem lukullischen Wochenende

Da läßt man sich doch nicht zweimal bitten, wenn die Familie Hatterer auf ein lukullisches Wochenende einlädt. Jeden Morgen mit einem reichhaltigen Frühstücksbüfett den Tag beginnen und ihn mit dem Gourmet- oder Schlemmer-Menü beenden, wenn das kein Wochenende ist, das in Erinnerung bleibt! Verführerisch klingen die Gerichte, die während der Lamm- und Wildentenzeit im März, während der Hummer- und Flußkrebszeit im April oder der Spargel- und Morchelzeit im Mai auf der Speisekarte stehen. Einfach köstlich!

Deidesheimer Kunst-Seminare

Das wäre doch einmal eine Idee, sich im Urlaub künstlerisch zu betätigen. Den Gedanken daran hat sicher so mancher von Ihnen bestimmt schon gehabt, aber nicht den Mut, alleine mit Seiden-

Wie wäre es mit einem Seidenma

malerei, Emaillieren oder Gold- und Silberschmieden zu beginnen. In Deidesheim freuen sich nun Gertrud Rittmann-Fischer und der Goldschmiedemeister Harald Meyer darauf, mit Ihnen gemeinsam kreativ zu arbeiten. Entscheiden Sie sich beispielsweise für ein Wochenend-Seminar „Gold- und Silberschmieden“ dann sieht das Programm so aus: Zunächst wird die Idee des Schmuckstückes zu Papier gebracht, dann geht's ans Werk, sprich ans Gestalten und Schmieden mit den edlen Materialien. Heraus kommt dann ein ganz individuelles Schmuckstück

Anzeige

Das Haus mit den vielen Möglichkeiten

Im Zentrum des Pfälzer Weinbaus
Deidesheim ist ein zauberhaftes Örtchen, nordöstlich von Neustadt an der Deutschen Weinstraße gelegen. Es wird als Zentrum des Pfälzer Weinbaus bezeichnet, zahlreiche weltberühmte Weingüter haben dort ihren Sitz.
Auch Hatterer's Hotel Zum Reichsrat hat ein eigenes Weingut namens Reichsrat von Buhl. Gäste des komfortablen und sehr gut ausgestatteten Hauses können an einer Weinprobe und Kellerbesichtigung in den Gewölbekellern dieses Weingutes teilnehmen. Edle Tropfen weltberühmter Lagen kommen dort zum Ausschank. Deidesheim hat ein wunderbar mildes Klima. Nicht nur Weintrauben gedeihen dort prächtig, sogar Mandeln und

oder Mitbringsel für die Daheimgebliebenen. Jedes Seminar ist unter ein bestimmtes Thema gestellt: „Die tragbare Brosche", „Der bewegliche Anhänger" und andere. Wählen Sie sich eines aus!

Entwerfen Sie das Muster für ein Seidentuch

Der Wert Ihres Mitbringsels dürfte in Mark und Pfennig gar nicht aufzurechnen sein. Darauf kommt es ja aber auch gar nicht an. Das Besondere daran ist, daß Sie das Muster des Seidentuchs selbst entworfen und dann auch gezeichnet, gemalt oder in Batik-Technik gefärbt haben. Ihr Monogramm darf bei diesem edlen Stück natürlich nicht vergessen werden.

Pfalzkenner wissen Deidesheims Reize längst zu schätzen, und Fremde sind im Nu von diesem zauberhaften Örtchen begeistert. Eigentlich ist der Begriff Örtchen hier völlig falsch, denn Deidesheim ist eine Stadt mit etwa 3000 Einwohnern, ein Weinort in der Rheinpfalz, an den Hardthängen, nordöstlich von Neustadt an der Weinstraße gelegen. Deidesheim ist Zentrum des Pfälzer Weinbaus. Zahlreiche weltberühmte Weingüter haben dort ihren Sitz.

Im Hotel Zum Reichsrat werden die Weine des hauseigenen Weingutes Reichsrat von Buhl ausgeschenkt. Selbstverständlich können die Gäste an einer Weinprobe und Kellerbesichtigung in den Gewölbekellern dieses Weingutes teilnehmen und die edlen Tropfen der weltberühmten Lagen kosten.

Wo Weintrauben, Mandeln und sogar Feigen reifen...

In dem herrlich milden Klima gedeihen sogar Mandeln und Feigen. Keine Frage, daß ein Ausflug entlang der Deutschen Weinstraße mit ihren lieblichen Weinorten bei einem Besuch in Deidesheim fest auf dem Programm steht. Und wer sich darüber hinaus sportlich betätigen möchte, findet viele Freizeitangebote in und um Deidesheim, so zum Beispiel auch in einer Entfernung von 10 Minuten den Golf-Club-Pfalz.

Trinken Sie ein Glas in einem netten Weinkeller

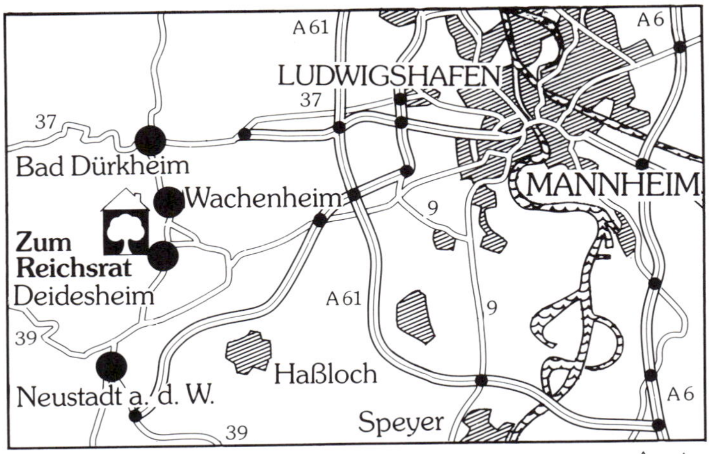

Feigen werden hier geerntet. Am Rand dieses wunderhübschen Urlaubsortes liegt das im Jahre 1983 renovierte Hotel Zum Reichsrat mit seiner gemütlich-rustikalen Ausstattung. Ein Franzose ist hier Küchenchef und versteht sich besonders gut auf die elsässische Küche. Gourmets läuft schon allein beim Betrachten der Speisekarte das Wasser im Munde zusammen....

Künstlerisch betätigen würde sich so mancher gerne während seiner Urlaubstage. Doch wie geht eigentlich das Seidenmalen, wie das Goldschmieden oder das Emaillieren vor sich? Im Hotel kann man sich in diese kreativen Betätigungen einweisen lassen und dann mit einer selbstgefertigten Goldbrosche nach Hause kommen.

Inmitten eines riesigen Privatparks: Parkhotel Bad Bergzabern

Teils in der Ebene des weiten Rheintals, teils an den Berghängen der Oberhaardt liegend, bildet Bad Bergzabern die Pforte zum Wasgau.

Wer in westlicher Richtung das Staatsbad und dennoch romantische Pfalzstädtchen Bad Bergzabern verläßt, um sich bald nach Norden, Süden oder Westen zu wenden, den grüßt in der Mitte des Kurtales an dem schönsten und ruhigsten Platz von Bad Bergzabern das auf der Höhe liegende Parkhotel. Der Neubau, das Stammhaus und Haus Waldeck mit der zauberhaften Lage, umgeben von einem 21 000 Quadratmeter großen Privatpark mit seltenem Baumbestand stehen dem Gast zur Verfügung. Wahrlich ein Traum, der hier nur mit wenigen Worten angedeutet sei: Teiche mit plätschernden Springbrunnen, ein Forellenweiher, der Schwanensee, die Liegewiese am nahegelegenen Misch- und Edelkastanienwald...

Diese besondere Atmosphäre wird bereichert durch die erstklassige Ausstattung des Hotels, den ausgezeichneten Service des geschulten Personals und die vortreffliche Küche sowie eine hauseigene Konditorei des Silencehotels. Hallenbad mit Jet-Stream-Anlage, Sauna, Solarium 8000 (Groß-Sonnenbräunungsanlage), Fitness-Raum sowie eine Kneipp- und Medizinische Abteilung runden das Angebot zum Wohle des Gastes ab. Über den Philosophenweg erreicht der Hotelgast rasch das Thermalbad von Bergzabern, dessen Natrium-Chlorid-Therme äußerst gesundheitsfördernd ist.

Ran an den Reis – runter mit den Pfunden

Sprichwörtlich gut ist die Küche des Parkhotels, besonders erwähnenswert ist die Spezialkarte mit zahlreichen Forellenzubereitungen der fangfrischen Fische aus dem hauseigenen Weiher. Doch immer gut essen, wer kennt nicht das Leid, bringt nicht nur Genuß, sondern auch überzählige Pfunde mit sich. Denen geht es an die Substanz, wenn es heißt: „Ran an den Reis – runter mit den Pfunden" bei der Plus-Minus-Diät, einer Reiskur auf der Basis der polarisierten Vollgetreide-Diätetik nach der Heilpraktikerin und Ernährungstherapeutin Gertraude Radke. Mit dieser Diät kann das individuelle Energiegleichgewicht bei gleichzeitiger Freisetzung neuer geistiger und körperlicher Tatkraft wiederhergestellt werden. Linderung und Besserung von Stoffwechselkrankheiten wird bewirkt, die Gewichtsabnahme auf gesunde Art garantiert. Zusätzlich zum Reis werden grüner und schwarzer Tee sowie Vollkornzwieback serviert. Gertraud Radke betreut die Reiskur im Parkhotel, deren Wirkung hier kurz nochmals zusammengefaßt sei: Rasche Gewichtsreduktion, beschleunigte Bluerneuerung, Regulierung des Mineral- und Wasserhaushaltes, Aktivierung des Zellstoffwechsels und eine allgemeine Vitalisierung.

Und wer meint, das schöne Parkhotel mit seinem Grillroom im Dachgeschoß und dem Panoramacafé als Kurender gar nicht richtig genießen zu können, denkt falsch. Auch dort wird der Tee serviert.

Herrlich sind die Wanderwege, sie beginnen direkt im Park, der das Hotel umgibt.

Ein Ausflug in die Geschichte: Besuch auf dem Hambacher Schloß

Eines Ihrer Ausflugsziele könnte zum Beispiel die Maxburg sein. Diese Salierburg aus dem 11. Jahrhundert wurde 1832 durch das Hambacher Fest, eine große demokratisch-republikanische Volksversammlung, bekannt und wird daher Hambacher Schloß genannt.

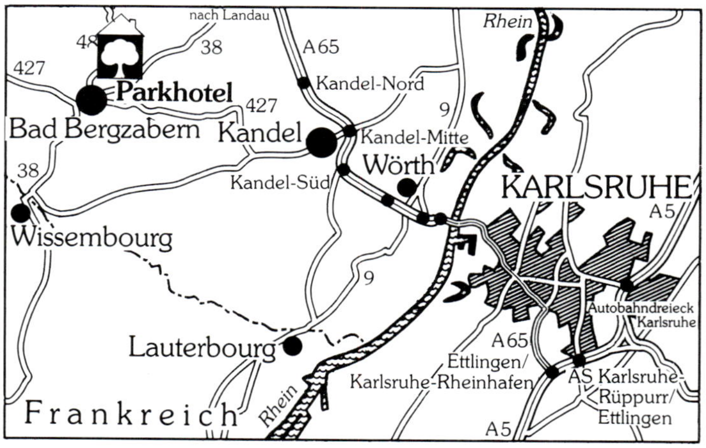

Anzeige

Ferien- und Diätresidenz im Park
Bad Bergzabern ist ein Kneippheilbad und heilklimatischer Kurort am Eingang zu den pfälzischen Wasgaubergen im Naturpark Pfälzer Wald. Der Ort ist Ausgangspunkt für zahlreiche Burgenwanderungen, für die sich das Parkhotel Bad Bergzabern als Domizil vortrefflich eignet. Wer seinen überzähligen Pfunden zuleibe rücken will, kann dies mit der Plus-Minus-Diät, einer Vollwertreis-Kur, in diesem Hause tun. „Ran an den Reis – runter mit den Pfunden" lautet dann die Devise. Entspannung und Erholung vom Alltagsstreß findet man im 21 000 Quadratmeter großen Privatpark, der das Hotel umgibt, ebenso wie im Hallenbad mit Jet-Stream-Anlage.

Parkhotel Bad Bergzabern
D 6748 Bad Bergzabern, Kurtalstr. 83, Tel. 06343/2415+8341

Der besondere Hotelservice:
geführte Wanderungen, Weinproben.

Kategorie | Lage | DM | Betten | Zimmerausstattung | Küche

B | 16 | 26

Hotelausstattung | Serviceleistungen

Sport im Hotel | Region

Sport in der Nähe

Sonstiges | Kreditkarten | Unterhaltung | Sehenswürdigkeiten

Im Sattel am Limes entlang: Hotel Haghof

Nördlich von Göppingen liegt im Schwäbischen Wald zwischen Welzheim und Schwäbisch Gmünd der reizvolle Ort Alfdorf.

Entspannung und Erholung beim Golf

Zwei schöne Renaissanceschlösser, eine Rokokokirche und ein Park geben dem Dorf ein herrschaftliches Gepräge. Die Landschaft um Alfdorf herum ist besonders schön an den ersten Frühlingstagen, wenn warm die Sonne scheint und hier die Wiesen mit Blumen übersät sind. Eine Sehenswürdigkeit ist auch der bekannte Mühlenwanderweg, der Sie an plätschernden Bächen und historischen Mühlen vorbeiführt; eine dieser Mühlen ist die Haghofer Ölmühle, neben der das Hotel-Restaurant Haghof liegt, ein führendes Haus mit 70 Betten in ruhiger Lage, umgeben von Wald und Wiesen.
Der Haghof ist ein Hotel, in dem für Ihre Erholung und Entspannung ein breites Angebot von Freizeitmöglichkeiten bereitsteht. Schon die sanften blauen Hügelketten des Schwäbischen Waldes, die Sie auf Ihrem Morgenspaziergang bewundern können, lassen richtige Ferienstimmung aufkommen. Mit dem Fahrrad, das Sie im Hotel ausleihen können, auf Radwegen durch die Wiesen zu fahren, das bringt müde Beine so richtig in Schwung!
Durch sanfte Täler und ruhige Laubwälder, an gluckernden Bächen und stillen Seen entlang können Sie mit den lustigen Haghof-Ponys ausreiten, was natürlich für Ihre Kinder ein toller Ferienspaß ist!

Ein Hotel mit Reithalle, Dressurplatz und Pferde-Pension

Ihr eigenes Pferd können Sie im Stall des Haghofs unterstellen – ein interessantes Angebot für alle Reiterfreunde!
Wenn Sie es gemütlicher mögen steht für Sie ein Dogcart bereit, mit dem Sie genüßlich in der Gegend herumkutschieren dürfen. Oder Sie lagern an einem schönen Sommertag am Ufer eines der nahen Seen und angeln.
Wohltuende Erfrischung nach den morgendlichen Aktivitäten finden Sie in der Schwimmhalle des Hotels. Wenn Sie Ihre langen Bahnen im glitzernd sauberen Wasser ziehen (Becken 5 x 12 m mit Gegenstromanlage, das Wasser wird ständig gefiltert und entkeimt), freuen Sie sich schon auf das Solarium, die Massage oder auf den Aperitif, den Sie direkt am Schwimmbeckenrand einnehmen können. Natürlich fehlt auch die Sauna nicht!
Direkt am Haghof liegt eingebettet zwischen den grünen Hügeln ein 9-Loch-Golf-Course. Für Könner und Fortgeschrittene ist das Spiel in ländlicher Umgebung eine Erholung von Streß und Alltag. Tennisplätze gibt es im nahen Welzheim, und wer sich auf den Trimm-Dich-Pfad begeben will, findet diesen in der Nähe des Hotels.

Wildbret aus eigener Jagd

Wohlverdiente Stärkung nach des Tages Ferienvergnügen wird Ihnen im Hotel-Restaurant zuteil: Blättern Sie ruhig in der Speisekarte – das umfangreiche und vielseitige Angebot werden Sie auch in 8 Tagen nicht schaffen! Von Kaviar und frischen Austern bis zur hausgemachten Landleberwurst reicht die Palette, Wild und Fisch sind hier in Topf und Pfanne zuhause. Nicht umsonst führt der Haghof einen springenden Hirsch im Wappen – das Wildbret stammt aus der hoteleigenen Jagd! Zu den köstlichen Haghof-Spezialitäten werden edle Weine aus allen guten Lagen Europas kredenzt, vor allem aber der gute Württemberger, der keinen langen Weg zum Haghof-Keller hat. Auch an Ausflugszielen mangelt es nicht. Die historische Landschaft um den Haghof bietet so mancherlei lohnendes Ausflugsziel – vom Limes der alten Römer oder dem weltberühmten Kloster in Lorch bis zur Stauferburg auf dem Hohenstaufen.

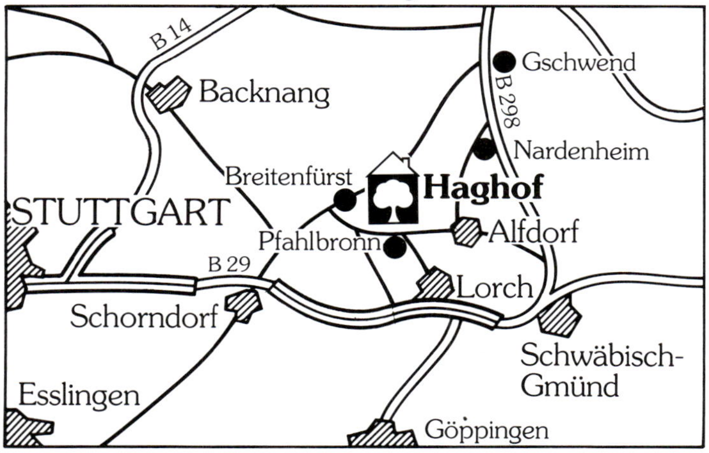

Eine Oase der Ruhe: Landhotel Hirsch

Wald, Wasser, Wiesen und himmlische Ruhe: Auf diese Kurzformel läßt sich die reizvolle Umgebung des idyllisch am Ebnisee inmitten des Welzheimer Waldes gelegenen Urlaubshotels bringen. Ein Geheimtip für Naturfreunde, Aktivurlauber und Gourmets.

Schnapsschnüffeln im Hotelkeller

Es war einmal eine große, blumenreiche Wiese auf der Ebene im Welzheimer Wald. Als man das Holz jenes Waldes — anstatt es in verschiedenen Glashütten zu verbrennen — gewinnbringender verkaufen wollte, es aber am Abtransportweg fehlte, ließ man den Floßmeister Prameier einen Stausee bauen. Auf eben jener großen, blumenreichen Wiese auf der Ebene: den Ebnisee. Man schrieb das Jahr 1745.
Die harte Arbeit der Scheiterholzflößerei rief viele Forst- und Floßknechte an den See, so daß bald die Nachfrage und das Bedürfnis nach einer Wirtschaft entstand. Der Bürger und Wagner von Ebni, Johann Jakob Häffner, war es, der im Jahr 1758 den ersten „Hirsch" erbaute, als Herberge und Flößereinkehr. Bald darauf wurde der Gasthof zum Sitz der königlichen Flößerdirektion Welzheim ernannt. Aber zunächst lag die Haupterwerbsquelle des „Hirsch" noch eindeutig in der Landwirtschaft. Im Sommer war geschlossen, damit jeder bei der so wichtigen Futterernte helfen konnte.

Die Flößereinkehr wird zum Landhotel

Nach und nach wurden die Gasträume vergrößert, wurde um- und angebaut. Und der „Hirsch" wurde von Generation zu Generation in der Familie weitergegeben. So ist das Haus entstanden, das sich heute immer noch bescheiden „Landhotel" nennt. Die Holzflößerei gibt es schon seit 1865 nicht mehr, seit 1884 ist der idyllische Ebnisee „nur" Badesee und Erholungsgebiet. Der „Hirsch" mit seiner 225-jährigen Tradition hat sich einen Namen gemacht als Oase der Gemütlichkeit, als kulinarisches Paradies, als Urlaubshotel zu jeder Jahreszeit — kurz gesagt, ein Landhotel der Nobelklasse. Außergewöhnliches bietet — wie könnte es anders sein — auch das Restaurant. Die Speisenkarte reicht von schwäbisch-rustikaler

Der Ebnisee ist ausgesproch

Kost bis hin zur perfekten Nouvelle Cuisine. Und wer hier gern etwas lernen möchte, dem bietet der Chef sogar ein-wöchige Küchenpraxis an.

Ein Paradies auch für Aktivurlauber

Die Küchenpraxis ist aber bei weitem nicht das einzige, was den Gästen hier geboten wird — das geht vom Spätzlesschabe-Wettbewerb über Reitkurse, Pilzseminare und Weinseminare bis hin zu Planwagenfahrten und diversen anderen Arrangements. Rund um den „Hirsch" findet man noch die heile Urlaubswelt

des Schwäbischen Waldes vor. Das bedeutet vor allem einmal Ruhe, manchmal fast Einsamkeit. An idyllischen Plätzchen ist im Landschaftsschutzgebiet kein Mangel, wo man auch Angeln, Rudern und Baden kann — und das zu jeder Jahreszeit. Romantik für den, der sie sehen mag.

Die Gegend erkunden – zu Fuß und per Auto

Einer der vielen herrlichen Wanderwege führt rund um den Ebnisee, ein anderer zu uralten Mühlen, durch Schluchten, vorbei an sagenhaften Grotten. Wald und Wiesen wechseln ab, immer wieder geht der Blick weit über das hügelige Land.

Den Spuren der Römer und Staufer kann man auf dem Limes-Wanderweg folgen, vorbei an Kastellen und alten Wachttürmen. Eine Attraktion, besonders für Kinder- und Jugendliche, ist der nahe gelegene Schwaben-Park, der sich schon unter seinem früheren Namen Safaripark zum beliebten Ausflugsziel entwickelt hat. In nächster Nähe kann man auch Bobfahren auf der Sommerbobbahn, das begehbare Affenreservat mit dem größten Schimpansentheater Europas besichtigen und vieles mehr. Heimatmuseum, Kristallschleifereien, Töpfereien und die Württemberger Weinbaugebiete sind kleine Ausflugsfahrten wert. Außerdem stehen im Hotel kostenlos mehrere Drahtesel bereit, so daß man die reizvolle Umgebung auch auf zwei Rädern erkunden kann.

Kunst und Kultur im Schwabenland

Der „Hirsch" ist auch ein zentraler Ausgangspunkt für Besucher kulturhistorischer Stätten, an denen das Schwabenland so reich ist. Beispielsweise Murrhardt mit seinem Juwel, der an den Nordturm der Stadtkirche angebauten Walterichskapelle (1220 bis 1230). Oder die von den Staufern im 12. Jh. gegründete Reichsstadt Schwäbisch Gmünd, Geburtsort so bedeutender Künstler wie der Maler Hand Baldung Grien und Jörg Ratgeb sowie des Baumeisters Peter Parler; oder Schwäbisch Hall, alte Reichsstadt im Kochertal mit ihrem prächtigen Stadtbild … oder …

Fahrräder kann man im Hotel ausleihen

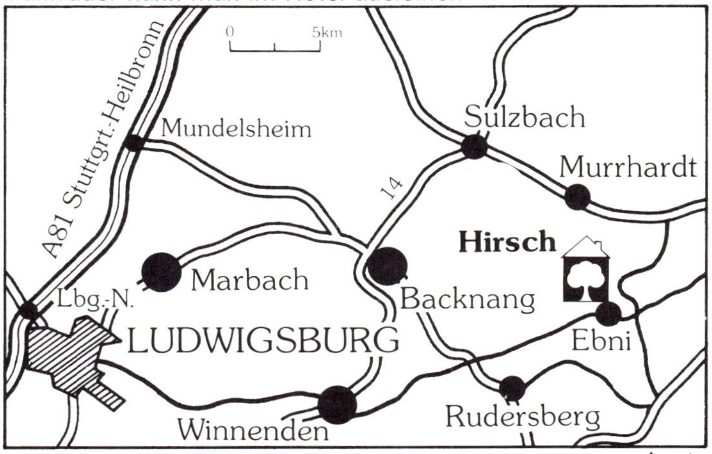

Geschenk-Boutique „Lädle", Tagesausklang an der Hotelbar. Wöchentliches Unterhaltungsprogramm. Arrangements für bestimmte Jahreszeiten. Kochseminare mit Abschluß-Diplom. Tennis-Intensivkurse (im Winter in der Halle). Reitkurse, Planwagenfahrten im Schwäbischen Wald. Kulinarische Wochen, Seniorenwochen, Tanzwochen, Golfwochen …

Doch dies alles sollen ja nur Anregungen sein — für Ihre Eigeninitiative ist immer noch genügend „Spiel-Raum" offen: Auf alle Fälle können Sie versichert sein: Egal, wann Sie Urlaub haben – im „Hirsch" ist immer was los!

Hotelwohnen im Kurpark: Maritim ParkHotel Bad Mergentheim

Dort, wo sich die Romantische Straße, die Schwäbische Dichterstraße und die Schwäbische Weinstraße treffen, liegt das bekannnte Heilbad Bad Mergentheim.

Pferdenarren müssen auf ihr Hobby nicht verzichten

Eine Oase der Ruhe und Erholung finden Sie im ParkHotel Bad Mergentheim, einem architektonisch sehr reizvoll gestalteten modernen Haus, das direkt inmitten des Kurparks steht. Hier wohnen Sie in behaglich stilvoll eingerichteten Zimmern, die alle verglaste windgeschützte Loggien besitzen, von denen aus sich ein herrlicher Blick auf den Kurpark mit seinem wertvollen alten Baumbestand ergibt.

Bad Mergentheim genießt als Heilbad für Leber-, Magen-, Galle- und Darmleiden sowie für Übergewicht und Diabeteskrankheiten einen internationalen Ruf.

Gesünder leben – seinen Stil bewahren

Ursprung dieser heilsamen Tradition sind die vor 150 Jahren von dem Schäfer Franz Gehrig wiederentdeckten Mineralquellen, die in unmittelbarer Nähe des ParkHotels sprudeln. Eine davon ist die Karlsquelle, deren Brunnentempel beim Blick aus dem Hotelfenster sofort ins Auge fällt. Dem Parkhotel unmittelbar gegenüber liegt, unter der Leitung eines Arztes mit einer eigens eingerichteten Badeabteilung, das Sanatorium im Park.

Hier erholen sich in einem gepflegten Rahmen Gäste getreu dem Motto: Gesünder leben – seinen Stil bewahren.

Ein Grund mehr im ParkHotel Urlaub zu machen, ist die neueröffnete Schönheitsfarm. Gerlinde Weber praktiziert hier das von Gertraut Gruber entwickelte Prinzip der Ganzheitskosmetik.

Schönheitsfarm mit der Gruberschen Ganzheitskosmetik

Dazu gehört nicht nur äußere Körperpflege, sondern auch Gesundheit und Wohlbefinden von innen heraus. All das will die Schönheitsfarm im ParkHotel ihren Gästen zugutekommen lassen – also auch ein Aspekt für das Hotelwohnen, das Erholung für Geist und Körper verspricht. Die Produkte der Gruberschen Kosmetik, die teilweise schon sein 30 Jahren erprobt sind, stammen übrigens alle aus eigener Herstellung und enthalten kaum Konservierungsstoffe.

Heilbad im Erholungsland

Wo soll man anfangen, wo aufhören beim umfangreichen Frei-

Anzeige

Das repräsentative Portal des ParkHotels

Internationaler Gastgeber Bad Mergentheim

Eine Oase der Ruhe und Erholung, umgeben von wertvollen alten Bäumen und weitläufigen Grünflächen ist das neue ParkHotel mitten im Kurpark des renommierten und international bekannten Kurortes Bad Mergentheim im Taubertal.

Die vorzügliche und exzellente Gastronomie dieses Hauses, das höchsten Ansprüchen gerecht wird, kann im Park-Restaurant, im Götzkeller und in der Fränkischen Hofstube genossen werden. Auch Gäste, die Diätkost benötigen, werden im Maritim ParkHotel im Rahmen ihres Diätfahrplans verwöhnt. „Gesünder leben – seinen Stil bewahren", hat man sich in dem neuen Hotel zur Devise gemacht.

zeit- und Sportangebot, mit dem das ParkHotel Bad Mergentheim und seine Umgebung aufwarten? Im Haus selbst lockt ein auf 28 Grad Celsius erwärmtes Hallenbad sowie eine Kegelbahn. Nicht uninteressant ist auch, daß das Haus Fahrräder verleiht, da sich viele Fahrten durch das liebliche Taubertal anbieten. Weitere Sport- und Freizeiteinrichtungen finden sich in Bad Mergentheim, so zum Beispiel zahlreiche Tennisplätze, Reitanlagen, ein Wellenbad sowie eine Minigolfanlage und einen Schießplatz. Ein weiterer Anziehungspunkt ist eine gepflegte 9-Loch-Anlage, auf der Golfanfänger und Fortgeschrittene herrliche Stunden erleben können. Nicht weniger erholsam sind Spaziergänge durch den nahen Kurpark oder auch Wanderungen durch den Taubergrund. Auf Wunsch organisiert das Hotel in der Ferienzeit sogar geführte Wanderungen. Daneben veranstaltet das Haus von Zeit zu Zeit Hütten- und Grillabende und lädt zu Besichtigungsfahrten ein. Abwechslung wird also im Park Hotel groß geschrieben. Dies gilt auch für die Küche, die mit ihrem Angebot verschiedener internationaler Spezialitäten unerschöpflich erscheint. Für verwöhnte Ansprüche stehen hier beispielsweise die vornehm gestaltete Fränkische Hofstube oder das Park-Restaurant zur Verfügung. Herzhafteres entdekken Sie auf der Speisekarte im Götzkeller, und süße Freuden werden schließlich im Café Rosengarten serviert. Und abends trifft man sich dann an der Hotelbar.

Erholen Sie sich bei einem Golfspiel

Tennisfreaks kommen voll auf ihre Kosten

Die stolzen Türme des Deutschordensschlosses grüßen

Die stolzen Türme des Deutschordensschlosses prägen die mittelalterliche Stadt mit ihren malerischen Fachwerkhäusern. Die Hoch- und Deutschmeister des Deutschen Ordens hatten hier 1525 bis 1809 ihre Residenz. Daran erinnert nicht nur das Schloß mit seinem dicken Bläserturm und dem prunkvollen Renaissanceportal, sondern auch das prächtige Renaissancerathaus mit seinem Staffelgiebel und der Brunnen mit dem Standbild des Deutschmeisters Johann Schutzbar, »Milchling« genannt, der den großzügigen Marktplatz schmückt.
Nicht weit von Bad Mergentheim entfernt liegt ein sehr lohnendes Ausflugsziel: das mächtige Renaissanceschloß Weikersheim. Für einen Besuch dieses Stammsitzes der Grafen und späteren Fürsten von Hohenlohe sollte man sich allerdings schon etwas Zeit nehmen, da schon allein der 1709 angelegte Schloßgarten und der prachtvolle Rittersaal große Aufmerksamkeit verdienen.

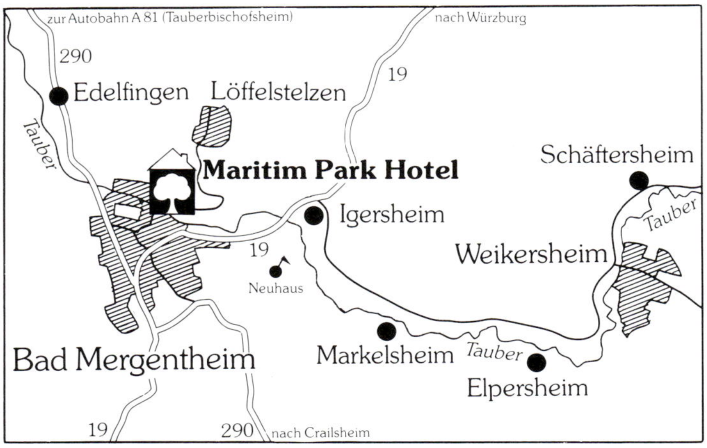

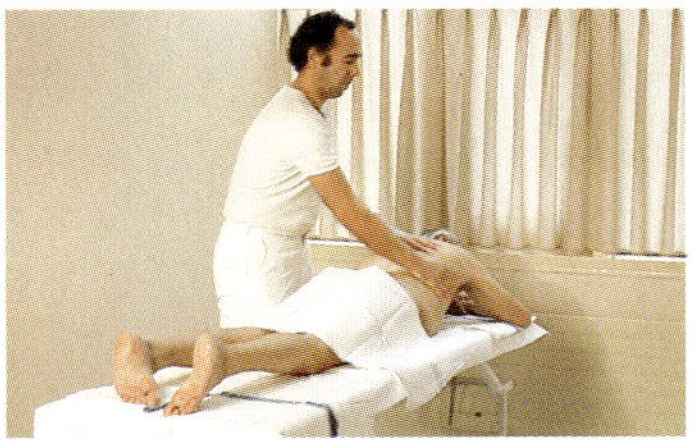

Kuranwendungen gegen Stoffwechselerkrankungen werden verabreicht und harmonieren ausgezeichnet mit der erholsamen Atmosphäre des Hauses. Ruhe, Erholung, Zuwendung, seelisches und körperliches Wohlbefinden und vorsorgende Gesundheitspflege gehören zur Ganzheitskosmetik von Gertraud Gruber. All das will die Schönheitsfarm im ParkHotel ihren Kunden zugute kommen lassen, die mit Produkten von Gertraud Gruber behandelt werden.
Umfangreich ist die Palette der Freizeitmöglichkeiten: Vom Schwimmen im Hotelhallenbad bis hin zum Golfen oder Drachenfliegen ist alles möglich.

Ein Gasthof in stimmungsvoller Landschaft: Landhotel Sulzenmühle

Der malerische Haßgau zwischen Coburg und Schweinfurt steckt voller Reize: Stille Wälder und Wiesen, verträumte Dörfer und romantische Schlösser bieten dem Reiter, Radler oder Wanderer ein vielfältiges Bild.

Die Sulzenmühle liegt fernab von Hektik und Stress

Eingebettet in eine der schönsten Mittelgebirgslandschaften Deutschlands - fernab von Lärm, Hektik und Streß – liegt die Sulzenmühle. Seit ihrer ersten urkundlichen Erwähnung im Jahre 1753 hat sie sich zu einem schmucken Landhotel entwickelt, das seinen Gästen außer dem gewohnten häuslichen Komfort ein breit gefächertes Betätigungsfeld bietet.

Schon die Lage im fränkischen Naturpark Haßberge erschließt eine Umgebung, die es an kulturhistorischen Sehenswürdigkeiten (Bamberg, Banz, Vierzehnheiligen, Würzburg) nicht fehlen läßt.

Ausspannen, erholen, wohlfühlen

Weit geht der Blick von den Zimmern über die romantischen Winkel und Ecken des Hauses ins schöne Frankenland. Einladend rustikal präsentiert sich das Restaurant. Es bietet neben abwechslungsreicher einheimischer Küche auch internationale Gerichte und vor allem die von den Gästen mehr und mehr bevorzugte vegetarische Kost in schmackhafter Vielfalt. So ist z.B. auch Halb- und Vollpension für Vegetarier möglich. Das Frankenweinschild in Gold garantiert eine große Auswahl an gut ausgebauten, heimischen Kreszenzen. Stilvolle Antiquitäten geben dem gesamten Haus seine besondere Atmosphäre. Für Nichtraucher gibt es gemütliche Aufenthaltsräume. Das angenehm temperierte Hallenbad mit Sauna und Ruheraum verführt geradezu, etwas für die Gesundheit zu tun, während das Töpferstudio mehr die schöpferischen Qualitäten zur Entfaltung kommen läßt.

Freuen kann man sich auch auf die umfangreiche Hausbibliothek, die daran erinnert, wie lange man schon nicht mehr genug Muße zum Lesen hatte.

Im Außenbereich der Hotelanlage finden besonders die Reiter hervorragende Einrichtungen: Eine großzügige Reitanlage mit Reithalle, Reitbahn und Springgarten mit Vielseitigkeitshindernissen, sowie zwei Longierzirkel für den Anfängerunterricht. Und natürlich Boxen für Gastpferde, die hier ideal trainiert werden können. Tischtennis und Leihfahrräder warten auf den Gast, doch muß er die Langlaufausrüstung mitbringen, wenn er sich auf die gespurten Loipen begeben oder als Skiwanderer einsame Spuren in die verschneite Landschaft malen möchte. Der nahegelegene Ellertshäuser See und andere verschwiegen gelegene Badeseen locken zum Surfen, Angeln, Segeln und Baden.

Fachwerk, Kultur und Spaß

Der Dichter Victor von Scheffel hat diese Landschaft als „Gottesgarten" gepriesen und tatsächlich scheint hier die Zeit stehengeblieben zu sein: Entlang der „Straße der Fachwerkromantik" finden Sie märchenhafte Dörfer und Städtchen mit mittelalterlichem Erscheinungsbild.

Der „Rückert-Wanderweg" führt, von Schweinfurt kommend, in Erinnerung an die Lebensstationen des Dichters durch die landschaftlich sehr reizvollen Gegenden der Haßberge bis Coburg. Dort befindet sich auch einer der drei Golfplätze der Umgebung.

Weitere Abwechslung bieten vergnügliche Schiffahrten auf dem Main entlang den sonnigen Weinbergen mit anschließender Weinprobe.

Auch Wasserski, Rundflüge und der Besuch von Märchen- und Wildparks sind attraktive Ziele.

Wer Thüringen kennenlernen will, findet bei uns sieben interessant ausgearbeitete Routen für Pkw und Fahrrad.

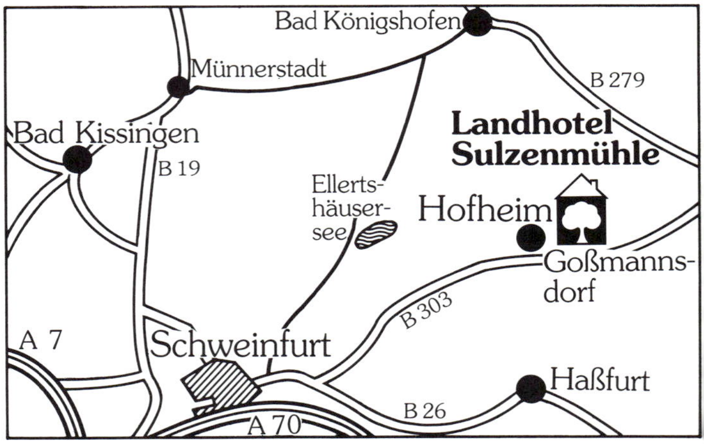

Anzeige

Landhotel Sulzenmühle
Die Haßberge sind eine der schönsten deutschen Mittelgebirgslandschaften. Durch sie führt die berühmte, 250 km lange Straße der Fachwerkromantik, die von mittelalterlichen Dörfern und Städtchen gesäumt wird. Die Sulzenmühle bietet sich als idealer Ausgangsort an, diesen gesegneten Landstrich zu erkunden.

Straße der Fachwerk-Romantik

Naturpark Haßberge

Landhaus Sulzenmühle
D 8729 Hofheim, Tel. 09523/6412, Fam. Toelle

Der besondere Hotelservice: Vegetarische Küche, Personen- und Pferdetransport, Gastpferdeboxen, Töpferstudio, Wandern ohne Gepäck.

Kategorie | Lage | DM | Betten | Zimmerausstattung | Küche

Hotelausstattung | Serviceleistungen

Sport im Hotel | Region

Sport in der Nähe

Sonstiges | Kreditkarten | Unterhaltung | Sehenswürdigkeiten

Eine ganze Urlaubslandschaft: Hotel Sonnenhügel

Sport, Fitneß, Unterhaltung — die richtige Mischung für Aktivurlauber ist im Hotel Sonnenhügel, in Bad Kissingen und seiner Umgebung geboten.

Vergnügen für Wasserratten: das Wellenbad

Bad Kissingen — das ist ein Ort mit Geschichte. Um 58 n. Chr. schon stritten sich die Thüringer und die Hessen um den Besitz der hiesigen Salzquellen. 801 erstmals unter dem Namen Chizziche erwähnt, hatte der Ort über die Jahrhunderte wechselnde Besitzer. Der erste Kurgast, Domherr Dietrich von Thüngen, stellte sich 1520 ein, und zu seinen zahllosen Nachfolgern gehörten Berühmtheiten wie die Dichter Leo Tolstoi und Victor Scheffel, gekrönte Häupter und große Staatsmänner.
Als 1973 das Hotel Sonnenhügel eröffnete wurde, setzte sich hier die Tradition illustrer Gäste fort, zu denen auch bekannte Künstler gehören; so waren erste Gäste des neu eröffneten Hauses Lieselotte Pulver und Helmut Schmid.
Doch um im „Sonnenhügel“ freundliche Aufnahme zu finden, muß man keinen großen Namen tragen. Dieses Hotel ist schon etwas Besonderes, eine ganze Urlaubslandschaft für sich, wo jeder Gast die ihm gemäße Art von Ferien verbringen kann.

Ein Paradies für Aktivurlauber

Nur einen Spaziergang vom schmucken Stadtkern Bad Kissingens und den gepflegten Kuranlagen entfernt, erstreckt sich auf einem Areal von 47000 m² die Hotel-Appartementanlage des Hotels Sonnenhügel. Die Zimmer und Appartements verteilen sich auf drei Häuser, die umgeben sind von Freizeiteinrichtungen und Grünflächen.
Und diese Freizeiteinrichtungen sind es, die den Sonnenhügel zu einem wahren Paradies für Aktivurlauber machen. Die Möglichkeiten sind so zahlreich, daß man wirklich die Qual der Wahl hat – oder gleich einen längeren Aufenthalt einplanen sollte: Da gibt es ein 33 x 12 m großes Hallen-Wellenbad, Sauna, Solarien, die FKK-Sonnenterrasse, das Fitneßcenter, Kegelbahnen, Schießanlage, Billard, Minigolf, Trimmpfad, Gartenschach, Tischtennis und **neu: ein Tennis-Center** mit 4 Hallen-, 3 Freiplätzen, 2 Squash-Boxen und einer Tennisschule. Für das leibliche Wohl sorgen mehrere Restaurants mit regionaler und internationaler Küche sowie einem 1000-Kalorien-Diätangebot.

Hoch auf dem gelben Wagen

Aber auch außerhalb des Hotelkomplexes gibt es attraktive Angebote für Urlauber, zum Beispiel das Staatsbad Kissingen.
Prickelnden Reiz verheißt ein Abend im Spielkasino, das schon 1880 eröffnet wurde und heute eiligen Gästen auch die beliebten Roulette-Automaten anbietet. Wie wäre es mit einem Besuch im Wildpark? Auf dem Naturlehrpfad kann man bei einem Spaziergang so ganz nebenbei interessante Informationen über die Natur mitnehmen. Wenn das Wetter schön ist, sollte man eine Motorbootfahrt auf der Fränkischen Saale unternehmen – romantisches Dahingleiten zwischen baumgesäumten Ufern.
Und – auf keinen Fall versäumen – eine Fahrt mit der historischen Postkutsche, eine Attraktion, die man anderswo nicht geboten bekommt.
Wer weiter hinaus möchte, kann einen Ausflug nach Bad Neustadt machen. Hier kann man die Ruine der fränkischen Kaiserpfalz Salz besichtigen. Die Befestigungen aus dem 13. und 16. Jahrhundert sind größtenteils erhalten – noch heute ein beeindruckender Komplex. Oder nach Münnerstadt mit interessantem mittelalterlichem Stadtbild und der Stadtpfarrkirche, die Werkte von Veit Stoß und Tilman Riemenschneider besitzt.
Im Deutschherrenschloß ist eines der schönsten Heimatmuseen zu besichtigen.

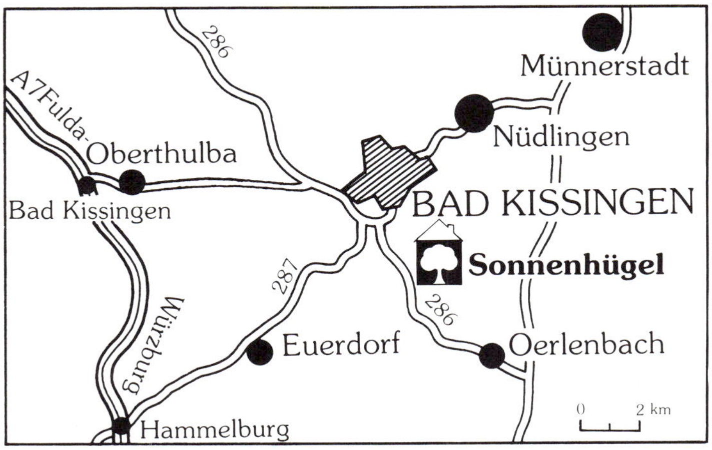

Sport, Spiel, Unterhaltung für jedermann
Ob zu „Ferien für alle“ oder für einen abwechslungsreichen Kurzurlaub — die großzügige Hotel-Appartementanlage Sonnenhügel mit ihrem ausgedehnten Sport- und Erholungspark erwartet Sie. Vielseitig, unbeschwert, komfortabel, dabei ruhig, ohne Verkehrslärm und entspannend.

Sie wohnen in einem der 184 Hotelzimmer oder der 238 Appartements, jedes ist 40 m² groß und hat dazu einen 10 m² großen Sonnenbalkon. Sei es durch Frühsport und Wellenspaß oder einen Abend in der Discobar — es wird immer ein prickelnder Aufenthalt.

Hotel Sonnenhügel Bad Kissingen
D 8730 Bad Kissingen, Burgstr. 15, Tel. 0971/830, Fax 0971/834828, Telex 672893
Der besondere Hotelservice: Schönheitsfarm, Kissingen-Diät, Hallenwellenbad, das demnächst um eine Erlebnisbadelandschaft erweitert wird.

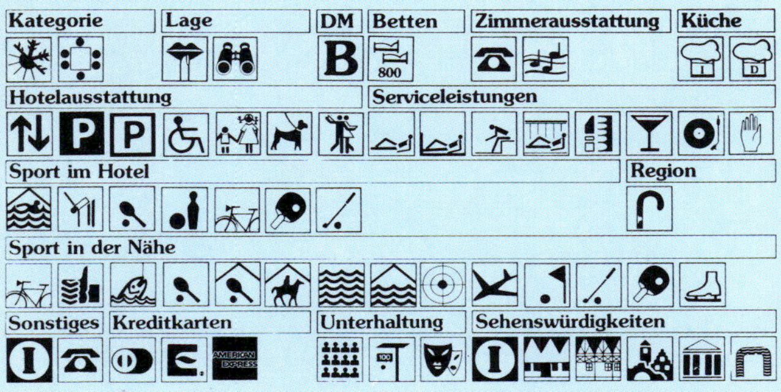

Romantische Straße: Romantik-Hotel Greifen-Post

Diese Gegend weckt in Ihnen bestimmt Entdeckerfreude, denn Sie verbringen Ihren Urlaub in einer Region mit einsamen Landschaften, mittelalterlichen Städtchen und versteckten Schlössern.

Die Kreuzgangfestspiele haben einen guten Ruf

Die fränkische Stadt Feuchtwangen im Sulzachtal ist eine der Perlen an der Romantischen Straße, die von Würzburg nach Füssen führt. Dieses altertümliche Städtchen besitzt einen Marktplatz, den viele Fachwerkbauten und ein schöner barocker Röhrenbrunnen schmücken. Minerva, die Brunnenfigur, ist die Schutzpatronin des heimischen Handwerks. Wenn Sie vor diesem Brunnen stehen, fällt Ihnen gleich das Romantik-Hotel Greifen-Post ins Auge.

Eine ehemalige Fürstenherberge

Die »Post« besteht seit dem Jahr 1369, und der »Greifen« wurde 1450 erstmals als Herberge erwähnt. 1570 übernachtete hier Kaiser Maximilian II. auf seiner Reise zum Reichstag in Speyer. Er führte eine stattliche Reihe gekrönter und ungekrönter Berühmtheiten an. Sie alle haben sich unter dem Dach der Greifen-Post wohlgefühlt. So zum Beispiel der edle Ritter Prinz Eugen, der hier 1734 während des Polnischen Erbfolgekrieges Quartier nahm. Oder die Zarin Katharina von Rußland, die 1818 unter dem Dach der »Post« schlief und für die Weiterreise vom Haus sage und schreibe 120 Postpferde forderte, die man ihr auch besorgte. Im August 1947 speiste hier schließlich die spanische Tänzerin Lola Montez, die den Bayernkönig Ludwig I. betörte. Der Skandal um diese Liaison trug mit dazu bei, daß der König ein Jahr später auf den Thron verzichten mußte.

Der Tradition verpflichtet

Diese große Tradition verpflichtet natürlich, und jeder Besucher wird davon profitieren. Sei es bei einem gemütlichen Abend in der Kamingrillstube, wo man sich bei offenem Feuer etwas Herzhaftes braten lassen kann, oder im eleganten Restaurant, in dem neben den fränkischen Spezialitäten

Im romanischen Kreuzgang fühl

die moderne, feine Küche vorherrscht.
Die Zimmer sind alle sehr behag lich eingerichtet, viele davon noch im Stil glanzvoller Zeiten wie zum Beispiel das Himmelbet und das Romantikzimmer.
Nicht zu vergessen sind die in diesem Hotel – und natürlich in der ganzen Gegend – kredenzte herrlichen trockenen und süffige Frankenweine. Und zur Entspan nung hält das Hotel Greifen-Pos ein beeindruckendes Säulenhallenbad sowie Sauna und Solarium bereit. Zur weiteren sportlichen Betätigung stehen in und um Feuchtwangen Tennisplätze im Freien und in der Halle, eine

derwegen durch die zum Teil noch unberührte Landschaft. Interessant ist auch eine Tour entlang der Sulzach zum Hesselberg bei Gerolfingen, der mit 689 Metern höchsten Erhebung der Frankenalb. Andere schätzen diesen Berg wegen seiner guten Aussicht und Segelflieger wegen seiner exponierten Lage. Doch auch Drachen- und Modellflieger zieht es hierher.
Sehenswert ist auch Sommersdorf östlich von Feuchtwangen. Hier erreicht man durch ein typisch fränkisches Tor eine der schönsten Wasserburgen Bayerns. Naheliegend ist natürlich auch ein Besuch im zwölf Kilometer entfernten mittelalterlich befestigten Städtchen Dinkelsbühl. Sehenswert ist hier die 1448 bis 1499 erbaute St. Georgskirche, eine der bedeutendsten spätgotischen Hallenkirchen. Ansehen sollten Sie sich auch das Deutsche Haus, das als eines der schönsten deutschen Fachwerkbauten gilt.

ıs Mittelalter zurückversetzt.

Reitanlage, ein Schießplatz, ein Segelflugplatz sowie ein Golfplatz und ein Drachenflugplatz zur Verfügung.

Freilichtspiele im Kloster

Eine der Hauptattraktionen Feuchtwangens ist neben dem Marktplatz die Stiftskirche, deren Ursprung ins 8. Jahrhundert zurückgeht. Ihr schließt sich ein eindrucksvoller romanischer Kreuzgang an, der vermutlich von Hirsauer Mönchen aus dem Schwarzwald angelegt wurde. Hier finden alljährlich von Ende Juni bis Anfang August die Kreuzgang-Festspiele statt. Sie sind weit über die Landesgrenzen hinaus bekannt. Dafür bürgen namhafte Schauspieler und Regisseure, die Stücke der Weltliteratur zur Aufführung bringen.

Malerische Südwestecke Frankens

Nun aber zur romantischen Umgebung und zu den wunderbaren Ausflugszielen und Sehenswürdigkeiten rings um Feuchtwangen.
Ein Novum im Landkreis ist der Vogelschutzlehrpfad bei Schnelldorf, westlich von Feuchtwangen. Schön angelegte Wanderparkplätze dienen als Ausgangspunkt zu den gut markierten Rundwan-

Gerade bei gemütlichen Fahrradtouren läßt sich so manches erst entdecken

ser großen Tradition verpflichtet und serviert in stilvollen Räumen neben fränkischen Spezialitäten auch Gerichte, die die Namen der ehrwürdigen Gäste tragen. Kredenzt werden dazu rassige Frankenweine, die in dieser exzellenten Weingegend gedeihen. Feuchtwangen und die Greifen-Post werden daher oft in einem Zug genannt, denn wer einmal hier war, kommt gerne wieder. Vielleicht, um das nächste Mal den berühmten Kreuzgangfestspielen beizuwohnen oder einen Ausflug ins nahe Dinkelsbühl zu machen. In diesem mittelalterlichen Städtchen gibt es nämlich außer malerischen Gassen und alten Fachwerkhäusern auch eine der schönsten deutschen Hallenkirchen zu bewundern.

Das Stadthotel im Grünen: Atrium Hotel

Eine historische Altstadt wie aus dem Märchenbuch, Sport und Unterhaltung für jeden Geschmack und als Oase der Ruhe ein komfortables Hotel – das alles findet man in Nürnberg.

Die Fränkische Schweiz ist ein Paradies der Kanuten

Wer eine Stadt besucht, sei es aus geschäftlichen Gründen oder einfach um sie kennenzulernen, braucht ein Hotel, auf das er sich verlassen kann. Ein entsprechendes Ambiente bietet das Atrium Hotel, das – inmitten weitflächiger Grünanlagen – 1981 eröffnet wurde. Trotz seines sehr zentralen Standorts liegt das anspruchsvolle und komfortable Haus absolut ruhig in der gepflegten Parklandschaft.
Gleich nebenan ist die Meistersingerhalle, ein eleganter Kulturbau, der das Nürnberg von heute wie kaum ein anderes Bauwerk repräsentiert. Jahr für Jahr hat man die Gelegenheit, sich aus der breiten Palette der Veranstaltungen, die über Bühne und Parkett der Halle gehen, das Passende auszusuchen.

Spaß bei Sport und Fitneßtraining

Auch in einem Stadthotel kann man einen Aktivurlaub verbringen, was auch das Atrium Hotel beweist. Schwimmen im Hallenbad, die Benutzung von Sauna und Solarium sind für die Gäste kostenlos, und gegen eine geringe Gebühr kann man die Gegend per Fahrrad erobern. Jogger finden direkt vor der Haustür Pfade durch den Park. Wer es mehr mit der Romantik hat, braucht nur zum 500 m entfernten Dutzendteich zu gehen und kann dort gemächlich im Kahn übers Wasser gleiten. Nicht viel weiter ist es zum Tennisplatz, und in 7 km Entfernung findet sich ein 18-Loch-Golfplatz. Wenn man nach sportlicher Ertüchtigung Appetit bekommen hat, warten die Hotelrestaurants mit internationaler, französischer und fränkischer Küche auf.

Ausflug ins Mittelalter

Was Nürnberg zu einem so besonderen Anziehungspunkt macht, sind die historischen Gebäude und Stätten, wo man sich manchmal wie ins Mittelalter zurückversetzt fühlt. Zwei Brükken verbinden die Sebalder Stadt, die zur Burg ansteigt, mit der im 12. Jahrhundert entstandenen Lorenzer Stadt. Treten Sie ein durch eines der vier Haupttore, und bummeln Sie durch das schluchtartige Gewirr der Gassen Alt-Nürnbergs! Gesellen Sie sich zu der bunten Menge, die sich jeden Mittag auf dem Hauptmarkt versammelt und gespannt auf den Zwölfuhrschlag wartet, denn dann kann man das „Männleinlaufen“ beobachten, ein kunstvolles Uhrwerk, 1509 geschaffen. Als Höhepunkt im wahrsten Sinn des Wortes sollten Sie die Burg besuchen, deren weitläufige Anlage auf einem Sandsteinfelsen erbaut ist, der die Altstadt überragt. Unterhalb der Burg liegt das Dürerhaus, das der große Maler – einer der bedeutendsten Söhne der Stadt – bis zu seinem Tod bewohnte. Unter den Museen ragt das Germanische Nationalmuseum hervor, eine riesige Schatzkammer mit Zeugnissen von Kultur und Geschichte. Und wenn Sie ein Eisenbahnfan sind, dürfen Sie auf keinen Fall das Verkehrsmuseum auslassen, das Originale und Modelle von Bahn- und Postfahrzeugen ausstellt. Unter den vielen anderen Sehenswürdigkeiten sei noch der Handwerkerhof erwähnt, wo Sie den Handwerkern bei der Arbeit zusehen und ein hübsches Souvenir erstehen können.
Und wie wäre es mit einem Besuch im Zoo? Die Hauptattraktion ist das Delphinarium, wo die gelehrigen Tiere halsbrecherische Kunststücke vorführen. Natürlich können Sie in Nürnberg auch Opern, Schauspiele und Konzerte besuchen und – falls sie in der Vorweihnachtszeit hier sind – den Christkindlesmarkt.

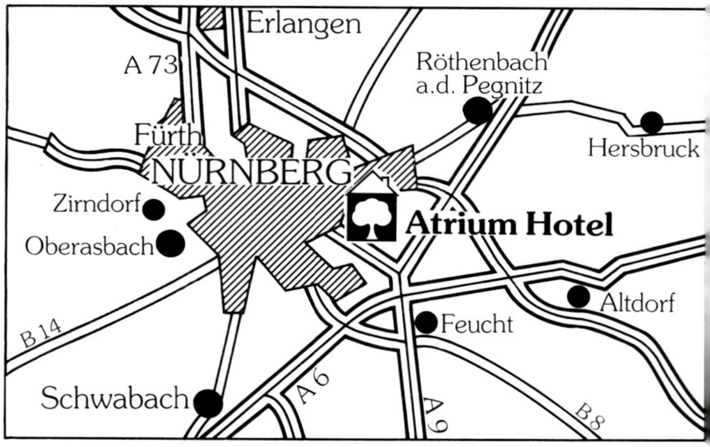

Erholung und Fitness im Naturpark Frankenwald: relexa Kurhotel Bad Steben

Das mit 600 Metern höchstgelegene Bayerische Staatsbad Bad Steben liegt im Naturpark Frankenwald, abseits von störendem Lärm und Alltagshast. Es zeichnet sich besonders durch seine Heilquellen und sein föhnfreies Mittelgebirgsklima aus.

Gelungene Hotel-Architektur inmitten des Kurparks.

„Diesseits des Meeres finde ich wohl nie so einen Ort wieder". Schon 1793 rühmte der bekannte Naturforscher Alexander von Humboldt die Heilkraft der Stebener Quellen, die zusammen mit dem Moor und dem heilkräftigen Klima den Ruf Bad Stebens als Heilbad und Urlaubsziel begründen. Bad Steben versteht sich als Gegenpol zu Lärm und Hast. In einem schön gelegenen Hochtal mitten im romantischen Frankenland gelegen, hat es bei allem bädermedizinischen Fortschritt die Ruhe bewahrt.

Jugendstil und moderne Architektur im Einklang

Inmitten des großen, sehr schön angelegten Kurparks, der unmittelbar in das Stebener Hochtal übergeht, liegt das relexa Kurhotel und Sanatorium Bad Steben. Durch eine augenfällig geglückte Architektur, die Alt und Neu gelungen miteinander verbindet, fühlt sich der Gast hier wohl. Man versteht es, eine behagliche Atmosphäre mit neuzeitlichem Komfort zu verbinden.

Bester Service für die Kur, den Urlaub oder die Tagung

Die 123 Gästezimmer und Suiten genügen höchsten Ansprüchen für die Kur oder für ein paar Erholungstage zwischendurch. Dafür, daß geschäftliche Anlässe wie Tagungen oder Kongresse reibungslos über die Bühne gehen, sorgt der erfahrene, perfekte Service, für den die relexa hotels ja auch in Stuttgart, Bad Salzdetfurth und Düsseldorf-Ratingen bekannt sind. Das Schwesterhotel in Bad Steben steht, was die Kureinrichtungen angeht, freilich an der Spitze: Radon-, Kohlensäure- und Moorbäder sowie alle traditionellen Kuranwendungen sind im Hause möglich. Darüberhinaus ist die medizinische Betreuung der Gäste durch eine angegliederte Arztpraxis gesichert. Moderne Kuranlagen wie das Kurhaus, Wandelhallen, ein Musikpavillion für Kurkonzerte und der gepflegte Park verschönern den Aufenthalt.

Sauna, Solarium und Beauty-Farm

Im Hotel stehen den Gästen Hallenschwimmbad, Sauna und Solarien ebenso zur Verfügung wie Fitness-Center und die hauseigene Beauty-Farm mit Schönheitswochen als Pauschalangebot. Außerdem wird den Hotelgästen ein ausgefeiltes und individuell zugeschnittenes Fitnessprogramm angeboten. Das relexa-hotel offeriert Spieleabende, Kutsch- und Ausflugsfahrten sowie Fahrradtouren. Weiterhin sind Tennis oder Golf, Reiten, Eisstockschießen und Skilanglauf nur ein kleiner Ausschnitt aus dem sportlichen Freizeitangebot Bad Stebens. Zu allen Jahreszeiten bieten sich besonders (geführte) Wanderungen durch die malerische Umgebung, durch Wälder, zu alten Mühlen, Burgen oder Ruinen an. Gerade im Winter fasziniert die verschneite Märchenlandschaft jeden Betrachter.

Die „feine Art der Entspannung"

Kulinarische Genüsse verschiedenster Art erwarten den Gast im Hotel. Das Pensionsrestaurant wechselt täglich sein Menüangebot und bietet darüber hinaus individuelle Diätküche. Für Speisen der regionalen und internationalen Küche begibt man sich in die gediegene Atmosphäre der „Humboldtstube". Und das Café im lichtdurchfluteten Wintergarten ist ein beliebter Treffpunkt am Nachmittag. Wer die „feine Art der Entspannung" sucht – im relexa Kurhotel Bad Steben wird er sie sicher finden.

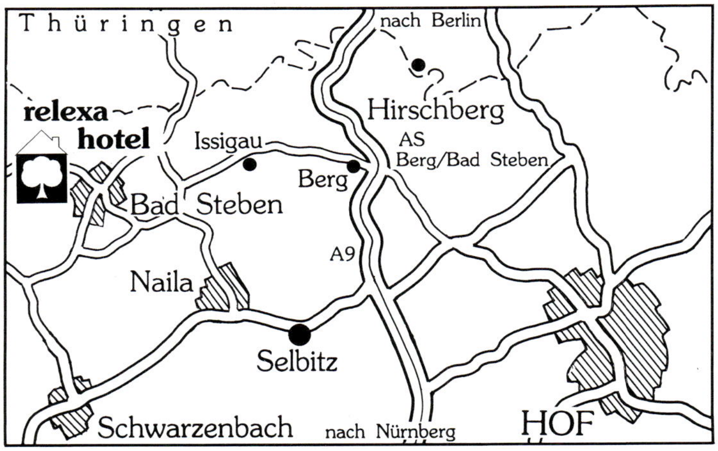

Anzeige

relexa Kurhotel Bad Steben
D 8675 Bad Steben, Badstraße 26–30, Tel. (09288) 72-0,
Fax (09288) 72113, Telex 643423 reho d
Der besondere Hotelservice: geführte Wanderungen, Schönheitswochen, Fitnesswochen, Spieleabende, Kutschfahrten, Ausflugsfahrten, Fahrradtouren

Kategorie | Lage | DM | Betten 85 34 | Zimmerausstattung | Küche

Hotelausstattung | Serviceleistungen

Sport im Hotel | Region

Sport in der Nähe

Sonstiges | Kreditkarten | Unterhaltung | Sehenswürdigkeiten

Zwischen Wäldern und Weihern: Sporthotel Adidas

Zwischen dem Naturpark Steigerwald und den Ausläufern der Fränkischen Schweiz, umgeben von einer Weiherlandschaft und von Regnitz und Anrach eingegrenzt liegt diese Naturregion.

Für Sport und Spiel ist hier allzeit gesorgt

Die Gegend zwischen Forchheim und Fürth gilt im Tal der Regnitz als besonders fruchtbar und wird deshalb oft als Gemüsegarten bzw. Knoblauchland bezeichnet. Westlich dieser Linie liegt etwa auf halber Höhe das Frankenstädtchen Herzogenaurach mit seinen stattlichen Fachwerkbauten. Nördlich des Ortes erstreckt sich eine traumhafte Platte von Seen und Weihern, die bei Biengarten eines der schönsten Vogelparadiese Frankens – inmitten unzähliger künstlich angelegter Karpfenteiche – vorweist. Gleichzeitig ist dies eines der interessantesten Reservate für die dort typische Wasser- und Sumpfflora. Doch nicht nur Naturschönheiten und Sehenswürdigkeiten empfangen hier den Besucher. Sport-, Freizeit- und Erholungsmöglichkeiten stehen hier ebenso hoch im Kurs, besonders im Sporthotel Adidas.

Ein Zentrum nicht nur für Aktive

Ob man sich sportlich aktiv regenerieren möchte, nur mal übernachten oder einen Entspannungsaufenthalt plant – das Sporhotel Adidas bietet hierfür ideale Voraussetzungen. Stilvolle Atmosphäre herrscht in den eleganten und komfortablen Räumlichkeiten. Ein Juwel ist die antike Kassettendecke des vorzüglichen Restaurants, die aus einem Südtiroler Schloß stammt. Kulinarische Genüsse verspricht die anerkannte Küche mit ihrer wechselnden Speisekarte, die regionale und internationale Spezialitäten sowie eine große Auswahl erlesener Weine bietet. Dominierend im und um das Haus sind natürlich die vielen Sport- und Freizeitmöglichkeiten.

Mehr Angebote als Urlaubstage

Hier kann man dem Ferientreiben so richtig freien Lauf lassen: Allwettertennisplätze, Fußballrasenplatz, Eisstockbahnen für Sommer und Winter sowie die moderne Recortan-Laufbahn kann man bis in die späten Abendstunden hinein benutzen, da eine Flutlichtanlage für beste Beleuchtung sorgt. Nahe des Hotels beginnt ein 3 Kilometer langer Trimm-Parcours und ein 6 Kilometer langer Waldwanderweg. Golfspieler können sich am nahe gelegenen 9-Lochplatz ihres Hobbys erfreuen, und das sogar zu günstigem Tarif. Wer jedoch lieber im Haus bleiben möchte, findet hier ebenso ein vielseitiges Angebot: zwei vollautomatische Asphaltkegelbahnen, Hallenschwimmbad mit zwei Gegenstromanlagen, Fitnessraum, geräumige Sauna und Solarium sowie auf Wunsch auch Massagen. Wer die Umgebung dieser reizvollen Landschaft erkunden möchte, sollte doch zuerst Herzogenaurach mit seinem barocken Amtsschloß, der gotischen Pfarrkirche, den gut erhaltenen alten Bürgerhäusern sowie den Wehrtürmen seine Aufmerksamkeit schenken. Im benachbarten Erlangen, der bekannten Universitätsstadt, beeindrucken vor allem das markgräfliche Schloß mit Orangerie, dem Botanischen Garten und dem Hugenottenbrunnen mit seinen 45 Statuetten französischer Flüchtlinge. Von den vielen Kirchen ist vor allem die Altstädter Kirche (1720) sehenswert. Nördlich von Herzogenaurach liegt Dechsendorf mit einem großzügig angelegten Naherholungsgebiet in der Weiherlandschaft und beliebten Strandbädern. Für Wanderfreunde empfehlen sich Touren zum Hetzlas und Walberla, beides aussichtsreiche Bergkanzeln bei Erlangen bzw. Forchheim, die geologische Anziehungspunkte am Rande der Frankenalb darstellen.

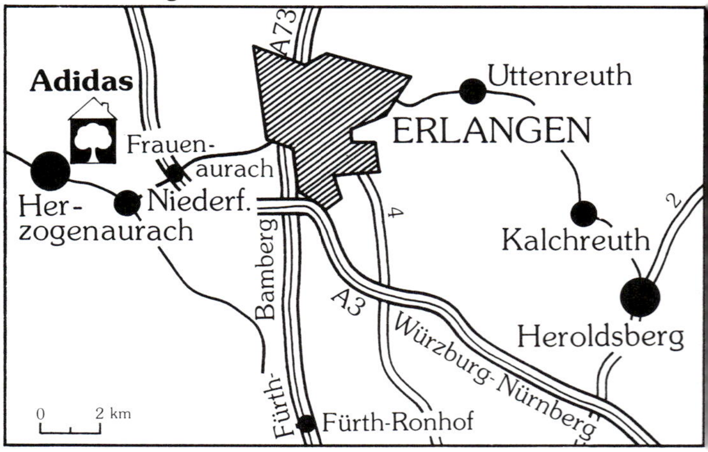

Urlaub wie im Märchen: Romantik-Hotel Post

Ob man Ruhe und Erholung in herrlicher Natur und romantischer Umgebung sucht oder ein gemütliches, stilvolles Domizil als Bayreuther Festspielgast — hier ist man immer willkommen.

Besonders originelle Architektur: das Hotelhallenbad

Am Fuße des Fichtelgebirges und an der Südpforte zum Frankenwald liegt ein kleiner, verträumt wirkender Ort, umgeben von herrlichen Wäldern — der Luftkurort Wirsberg. Doch so abgeschieden, wie es den Anschein hat, ist Wirsberg nicht, denn es liegt nur 5 km von der Autobahn Bayreuth — Hof entfernt. Und so haben es alle, die hierher zum Entspannen und Genießen kommen, leicht, das Romantik-Hotel Post zu erreichen — ein Haus, das traumhaften Urlaubsgenuß gewährleistet.
Und mit dem Verwöhnen der Gäste hat man hier wahrhaftig Erfahrung: Seit 1860 ist die „Post" im Familienbesitz. Schon der äußere Eindruck des Hauses mit seinem reichen Fachwerkschmuck verlockt zum Verweilen, und das Innere bestätigt, was das Äußere verspricht.

Zu Gast im „fränkischen Gretna Green"

Die sieben urgemütlichen Gasträume spiegeln den guten Geschmack der Wirtsleute wider — jeder ist ganz seinem Namen entsprechend eingerichtet. Da gibt es z.B. Kutscherstube mit urigem Gebälk, den eleganten Gelben Salon oder die trophäendekorierte Jägerstube. Bei gutem Wetter aber ist es wohl am schönsten, wenn man die romantische Atmosphäre im Biergarten bei der Burgruine genießt. Die Küche bietet nur Frisches, teilweise aus eigener Jagd und eigenen Gewässern, köstlich zubereitet und vom freundlichen Personal kredenzt.
Wen wundert es, daß es viele Paare hierher zieht, ins „fränkische Gretna Green"? Pfarrer und Bürgermeister haben ein offenes Ohr für Heiratswünsche, und in der „Post" wird die Hochzeit aufs beste arrangiert.

Zwischen Natur und Kultur

Natur kann man hier wirklich in vollen Zügen erleben und auskosten: Zwei Naturparks, der Frankenwald und das Fichtelgebirge, sind in nächster Nähe, und ein dritter, die Fränkische Schweiz, ist bequem mit einer Autotour zu erreichen. Wanderer haben also genügend Gelegenheit, ihrem Hobby nachzugehen. Ein Beispiel: der Peterlesstein bei Kupferberg, der Magnetberg des Frankenwaldes. Die Felsbrocken auf seinem Gipfel enthalten Magneteisen sowie Granate, woraus man früher Perlen für Rosenkränze geschliffen hat. Von oben hat man einen Blick über die Gneislandschaft bis zum Fichtelgebirge.

Beim Stichwort Kultur denkt man natürlich zunächst an das nur 22 km entfernte Bayreuth, die Stadt der Richard-Wagner-Festspiele, aber auch der Kunstbauwerke des Barocks und des Rokokos.
Doch Bayreuth ist nicht der einzige interessante Ort der Umgebung: Nur 2 km von Wirsberg entfernt liegt Neuenmarkt mit seinem Dampflokomotivenmuseum, Kulmbach wartet mit dem größten Zinnfigurenmuseum der Welt auf, Wunsiedel besitzt eine Natur-Freilichtbühne, wo Festspiele stattfinden.
In Wirsberg und Umgebung kommen aber auch Aktivurlauber und Sportler nicht zu kurz: Im Hotel selbst lädt das keltisch-römische Hallenbad zum Schwimmen ein. Das nahe gelegene Waldschwimmbad ist mit einer 120 m langen Rutsche ausgestattet. Im See bei Weißenstadt (22 km entfernt) können Surfer und Segler ihrem Wassersport nachgehen. In 20 km Entfernung liegt ein 18-Loch-Golfplatz, Tennis spielen und reiten kann man in Wirsberg. Und wer sich von all diesen Aktivitäten wieder erholen möchte, kann dies in der hoteleigenen Sauna, im Solarium oder Massageraum tun.

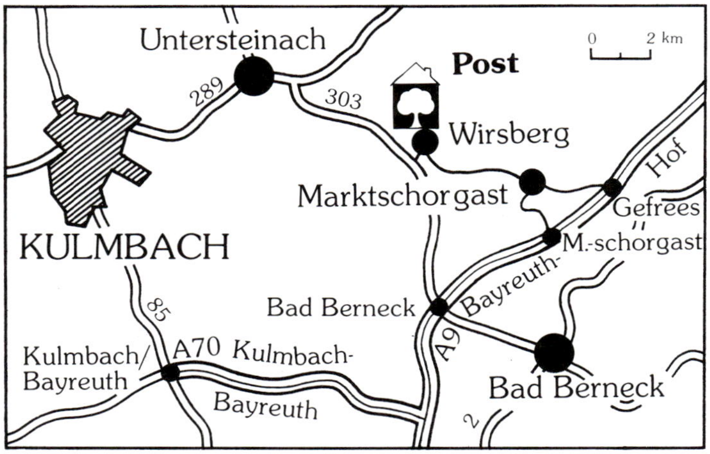

Unter dichten Wäldern: Sporthotel Schneider

Ochsenkopf und Schneeberg bilden den Zentralstock des Fichtelgebirges, um den sich die eindrucksvollen bewaldeten Berge in Form eines nach Norden offenen Hufeisens gruppieren.

Die Sommer- und Wintersprungschanze lockt viele Besucher an

Das Fichtelgebirge liegt im Nordosten Bayerns zwischen der Landesgrenze zur Tschechoslowakei und der Bundesautobahn Bayreuth-Hof. Von weitem schon erkennt man den Ochsenkopf (1023 m) mit dem unübersehbaren Fernsehmast. Hier in der Bergeinsamkeit und dem Waldreichtum des Fichtelgebirges, fernab vom Streß und grauem Alltag kann man sich wohltuend regenerieren und frische Kräfte sammeln. Eine gute Möglichkeit dazu bilden der Luftkurort Bischofsgrün und Schneeberg – in föhnfreier Lage (700 m) und das in Waldnähe ruhig gelegene Sporthotel Schneider.

Moderne Gemütlichkeit

Wenn Sie dieses Haus als Ihr Feriendomizil wählen, werden Sie angenehm überrascht sein. Es erwartet Sie moderner Komfort in behaglicher Atmosphäre, gepaart mit gemütlicher Ausstattung der Räumlichkeiten. Sie werden verwöhnt mit Feinschmecker-Spezialitäten aus der vorzüglichen Küche und der eigenen Konditorei. Der Entspannung dienen ein beheiztes Hallenschwimmbad, Liegewiese, Sauna und Sonnenterrasse.
Ein besonderer Service ist der Hoteltransfer zum Tennissportpark Fichtelgebirge (Halle und Plätze im Freien). Angeboten werden hier auch Tenniskurse und -Trainingswochen, Anfänger und Fortgeschrittene sind gleichermaßen willkommen. Ferner werdden Fahrräder an »Neugierige«, die die Gegend erkunden wollen, verliehen.

Leuchtmoos im Felsenlabyrinth

Zu erkunden gibt es in dieser Gegend wahrhaftig nicht wenig. Wer eine interessante Tour machen möchte, kann sich zur Luisenburg auf den Weg machen. Sie ist keine Burg, sondern ein langgestreckter Bergrücken mit einem einzigartigen Felslabyrinth. Lichtarme Stellen sind von grün-

Spaziergänge durch verschneite T

lich leuchtendem Laubmoos überzogen, an das sich so manche Sage geknüpft hat. Bizarre Felsen bilden die Kulisse zu der ältesten Naturbühne Deutschlands, wo alljährlich von Ende Juni bis Mitte August Festspiele stattfinden. Ein lohnendes Wanderziel ist auch der Große Waldstein (880 m) mit Burgruine am Weißenstädter See (nordöstlich von Bischofsgrün) und einem Abstecher zur Quelle der Sächsischen Saale. Obligatorisch ist von Bischofsgrün aus natürlich die Tour auf den Hausberg, den Ochsenkopf, den man allerdings auch per Sessellift »erklimmen« kann. Es ist ein schönes Erlebnis,

ind erholsam

auf dem Grünen Hügel wurde 1876 eigens für die Aufführung von Wagners künftigen Werken erbaut und damit das älteste und vielleicht berühmteste der neuzeitlichen Festivals begründet. Aber der Grüne Hügel ist zur Festspielzeit nicht nur ein Wallfahrtsort für Wagnerianer, sondern auch eine Stätte modernen Musiktheaters.

Sport zur Sommers- und zur Winterszeit

Neben Tennis stehen im Sommer Reiten, Segelfliegen, Minigolf oder Baden und Rudern in einem der zahlreichen kleinen Seen auf dem Programm.

Auch Wintersportlern bietet sich ein reiches Betätigungsfeld. Der Sessellift bringt die Skiläufer auf den Ochsenkopf. Viele fahren dann gleich auf der anderen Seite des Berges nach Fleckl hinunter. Überhaupt kann man hier einen Urlaub im Schnee machen mit allem, was dazu gehört. Das Fichtelgebirge auf Brettern zu durchstreifen ist für Kenner ein Genuß. In der Umgebung gibt es nicht weniger als 25 Pisten mit einer Gesamtlänge von 15 km, dazu 17 Lifte, zwei Seilbahnen, gespurte Loipen, Nachtlanglauf-Loipen und Skischulen für Kinder und Erwachsene.

Ausritte durch die Wälder werden zu einem Erlebnis

sanft über den Baumwipfeln und Granitblöcken in die Höhe zu schweben.

Bayreuth – immer einen Besuch wert

Ein weiteres lohnendes Ausflugsziel ist die Festspielstadt Bayreuth mit ihren bürgerlichen und höfischen Bauten. Die langgestreckte, leicht gekrümmte Maximilianstraße säumen stattliche Bürgerhäuser, darunter die Mohrenapotheke und das Stirnerhaus, drei Brunnen beleben die flächigen Erweiterungen. Fürstliche Bauten an der prächtigen, einheitlich gestalteten Friedrichstraße, das Alte Schloß mit seiner Kirche in anmutigstem Rokoko und das Neue Schloß mit seinen luxuriös ausgestatteten Räumen zeugen vom Glanz der einstigen Residenzstadt. Zu den schönsten Schöpfungen des Theater-Barock zählt das Markgräfliche Opernhaus, das zu seiner Erbauungszeit 1745-48 über die größte – 34 m tiefe – Bühne verfügte. Das altertümlich reizvolle Gesicht der Stadt mag auch Richard Wagner angezogen haben, dessen Name unlöslich mit Bayreuth verbunden ist. Haus Wahnfried, wo sein »Wähnen Frieden« fand, war Wagners Wohnsitz, sein Grab im Garten ist das Ziel vieler Wagner-Verehrer. Das Festspielhaus

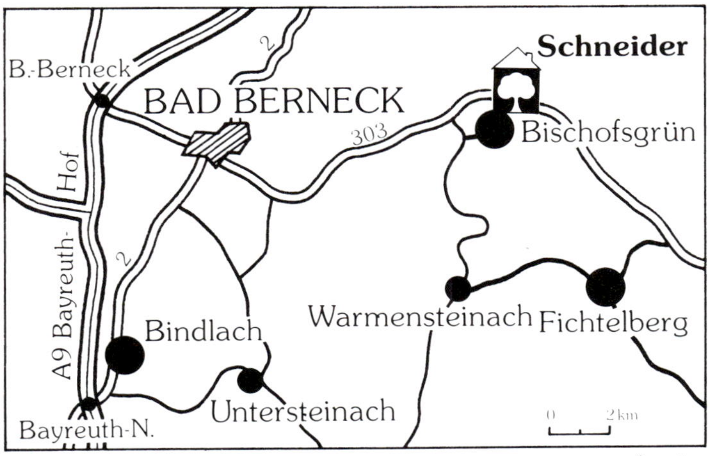

kleinen Seen zu den Angeboten im Sommer, Wintersportler finden zahlreiche Pisten und gespurte Loipen vor. Sie können Eislaufen, Eisstockschießen und Rodeln. Tennisspielen ist das ganze Jahr über möglich.
An lohnenden Ausflugszielen ist kein Mangel. Die Landschaft ist reich an natürlichen Schönheiten: bewaldete Berge, idyllische Seen, das Felslabyrinth Luisenburg mit der ältesten Naturbühne Deutschlands. Kultur bietet die reizvolle Stadt Bayreuth mit ihrem wohlerhaltenen altertümlichen Gesicht, stattlichen Bürgerhäusern, verwinkelten Gassen, prachtvollen höfischen Bauten, darunter das luxuriös eingerichtete Neue Schloß, Haus Wahnfried, Richard Wagners Wohnsitz, und das Festspielhaus.

Erholung, Entspannung und viel Natur: Schloßhotel Ernestgrün

Zwischen den bewaldeten Höhenzügen des Stiftlandes liegt in der Nähe des malerischen Ortes Neualbenreuth ein ideales Feriendomizil für Golfer, Jäger und Angler.

Zwischen Wäldern und Seen: Schloßhotel Ernestgrün

Warum zu Schlössern, die – wie es in dem bekannten Evergreen heißt – im Monde liegen, wo doch das Gute so nah liegt: in Neualbenreuth nämlich, im Oberpfälzer Wald, einer Landschaft voller Abwechslung und der geographische Mittelpunkt Europas.
Doktor Eisenbarth wurde hier geboren, der große Komponist Max Greger stammt von da, und auch die Vorfahren von Georg Philipp Telemann und Richard Strauß lebten hier.

Burgen, Schlösser und altehrwürde Klöster

Ja, die Oberpfalz ist uraltes Kulturland; an der seit Jahrhunderten unverändert gebliebenen Grenze zu Böhmen reihen sich die Burgen und Schlösser mittelalterlicher Hammerherren, die altehrwürdigen Klöster und die unversehrt gebliebenen Stadtbilder wie Perlen an einer Kette; steht man auf einem zahllosen Herrschaftssitze und blickt über das weite Land, so sieht man zu seinen Füßen eine Landschaft mit plätschernden Wildwassern, bunten Wiesen, verträumten Fischweihern, hübschen Orten, in denen freundliche Menschen leben – eine Oase der Erholung. Massentourismus ist hier ein Fremdwort, das merkt derjenige, der auf den stillen Wanderpfaden einsam durchs Land streift. Daß dennoch nicht auf aktive Freizeitgestaltung in gepflegter Umgebung verzichtet werden muß, dafür ist das schon oben erwähnte Schloßhotel Ernestgrün der Beweis. Es liegt zwischen bewaldeten Höhen im traditionsreichen Stiftland, dessen Kern der Ort Waldsassen ist.
Für rund 7,5 Millionen DM wurde das aus dem 16. Jahrhundert stammende Schloß zum gastronomischen Betrieb umgebaut und ist heute ein empfehlenswerter gastlicher Anziehungspunkt. Da sind erst einmal die Freizeitmöglichkeiten zu erwähnen: Für den passionierten Golfer gibt es einen lieblichen 9-Loch-Golfplatz. Wer dem Waidwerk frönt, findet auf 680 ha vielfältige Jagdmöglichkeiten und für die Jünger Petri stehen die hoteleigenen Fischwasser zur Verfügung. Kinder und Erwachsene finden in der Nähe Reitgelegenheiten und Tennisspieler können direkt am Hotel im Freien auf zwei Sandplätzen oder im Winter in einer Traglufthalle dem Ball nachjagen.
Auch für Tagungen ist das Schloßhotel Ernestgrün hervorragend geeignet: Vier gut ausgestattete Tagungsräume bieten 6 bis 85 Teilnehmern Platz für Seminare oder Konferenzen.
Bei der vorzüglichen Schloßküche fällt die Wahl oft schwer. Neben internationalen Gerichten wird viel regionale Küche serviert, vorzüglich vor allem der Fisch aus den heimatlichen Teichen und die leckeren Wildspezialitäten.

Wanderwege und Loipen im Steinwald

Daß Sie sich hier in einem wunderschönen Wandergebiet befinden, werden Sie sehr schnell merken, der Oberpfälzer Wald bietet zahlreiche lohnende Wanderziele. Im Winter locken mehr als 300 km gespurte Loipen im Steinwald, im südlichen Fichtelgebirge und im Oberpfälzer Wald, wo übrigens gelegentlich die Elite des deutschen Biathlon trainiert wird. Ihre Gesundheit wird es Ihnen danken, wenn Sie sich hier sportlich betätigen, um in den Höhenlagen zwischen 600 und 800 m frische Luft und Sauerstoff zu tanken. Und wie halten Sie es mit Segeln oder Surfen? Oder lieber Schwimmen und Paddeln? Kein Problem – Sie befinden sich in einem der seenreichsten Gebiete Deutschlands!
Günstige Lage zur ČSFR

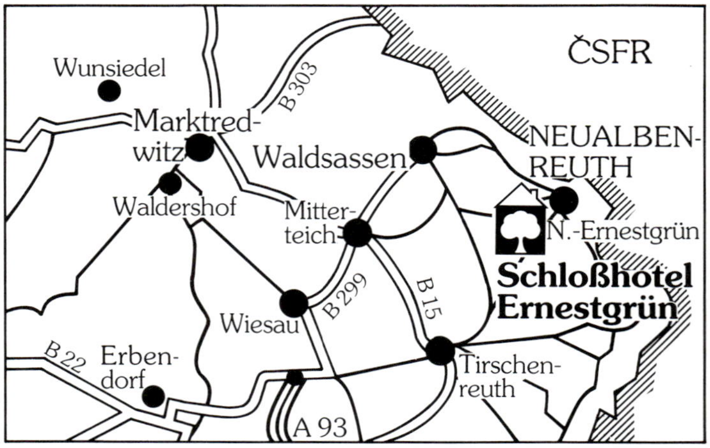

Am geographischen Mittelpunkt Europas: Entspannung, Erholung, Komfort
Die festlich gedeckte Tafel im Schloßhotel Ernestgrün lädt zum köstlichen Mahl ein. Neben den Spezialitäten von Wild aus der eigenen Jagd stehen leckere Fischgerichte auf dem Speisezettel, denn das Land um das Schloß herum ist voller Fischweiher. Aber außer der vielgelobten Schloßküche sollen

die vielseitigen Freizeitmöglichkeiten nicht unerwähnt bleiben: ein 9-Loch-Golfplatz, Tennis im Freien und in der Halle, eigene Jagd von 680 ha, Fischweiher und 7 km Forellengewässer, Reitgelegenheiten für Erwachsene und Kinder in der Nähe, gut ausgeschilderte Wanderwege in Höhenlagen zwischen 600 und 800 Meter – warmes und sonniges Klima.

Schloßhotel Ernestgrün
D 8591 Neualbenreuth, Tel. 09638/800, Fax 09638/80400, Teletex 963880 sloho
Der besondere Hotelservice:
Eigene Jagd, spezielle Gruppenangebote.

Kategorie | Lage | DM: B | Betten | Zimmerausstattung | Küche
Hotelausstattung | Serviceleistungen
Sport im Hotel | Region
Sport in der Nähe
Sonstiges | Kreditkarten | Unterhaltung | Sehenswürdigkeiten

Idyllischer Geheimtip im Bayrischen Wald: Hotel Wastlsäge

Fernab vom Großstadtstreß, umgeben von Wäldern liegt das niederbayrische Dörfchen Bischofsmais. Der ideale Ort für Ruhe und Erholung im Hotel Wastlsäge.

Ein Ferienhotel umgeben von Wald, Wiesen und Feldern

Urig am Hotel ist schon der Name: Wastlsäge. Natürlich verbirgt sich hinter einem solchen Namen eine kleine Geschichte: Das Hotel war früher ein Sägewärk, und sein Besitzer hieß mit Vornamen Sebastian. Die bayrische Abkürzung für Sebastian aber ist Wastl. Aus dem Sägewerk wurde ein Ferienhaus, das ein Berliner Fabrikant seinen Mitarbeitern zur Verfügung stellte. Und dieses Ferienhaus ist seit 1956 das Hotel Wastlsäge mit rund 90 Zimmern bzw. Appartements.

Den Angler locken muntere Forellen im Farnbach . . .

Gut ausgebaute Wanderwege bieten von der kurzen Rundwanderung bis zum Tagesausflug alles, um die Umgebung in Ruhe genießen zu können. Neben Wandergibt es auch Reitwege. Nur wenige Kilometer vom Hotel entfernt, haben die Freunde des Reitsports die Gelegenheit, ein Pferd zu leihen, um sich hoch zu Roß an der herrlichen Landschaft zu erfreuen oder in der Reithalle ihre Runden zu drehen.
Wer sich mit den hohen Vierbeinern nicht so recht anfreunden kann, sich aber auch nicht auf den eigenen Beinen fortbewegen möchte, dem bleibt der Esel – auf diesen kann er sich gleich vor der Hoteltür schwingen, gemeint ist natürlich der Drahtesel. Auch Freunde des Angelsports kommen in der Wastlsäge auf ihre Kosten: Direkt vor dem Haus fließt der Farnbach, und darin tummelt sich die muntere Forelle. Wem es zu umständlich ist, sein Angelzeug mitzubringen, kein Problem: Angelruten können im Hotel geliehen werden.
Für Tennisspieler und Golfer ist ebenfalls gesorgt: Am Hotel liegen zwei Tennisplätze, ein Golfplatz ist in der Nähe. Das Hotel Wastlsäge ist ein Ganzjahreshotel, das heißt natürlich auch sportliche Unterhaltung im Winter. Und das ist im verschneiten Bayrischen Wald kein Problem: Direkt vor der Hoteltür sind präparierte Pisten, vier Skilifte und eine Skischule. Möglichkeiten zum Langlauf, Eislauf und Eisstockschießen sind selbstverständlich.

Mit einer Rund-um-Kur wieder topfit . . .

Im Sommer wie im Winter steht das Hallenbad mit 8 x 16 Meter, auf 26 Grad temperiert, zur Verfügung und ist im Sommer direkt von der angrenzenden Liegewiese zu erreichen. In der finnischen Sauna, im Solarium oder in der Kneipp-Anlage können Sich nach einem aktiv gestalteten Tag Ihren Körper wieder auf Vordermann bringen.
Die Rund-um-Kur ist aber genauso gut mit einer Massage zu beenden. Der Masseur ist bei allen Krankenkassen zugelassen, und somit tun Sie nicht nur etwas für Ihre Gesundheit, sondern entlasten auch noch Ihren Geldbeutel. Wer sich viel bewegt, bekommt Hunger – doch auch dafür, besser dagegen, wird in der Wastlsäge gesorgt. Die Küche ist vielseitig von deftigen niederbayrischen Schmankerln über die feine Küche bis hin zu Vollwertkost, vegetarischen Menüs und Diäten.

Tagesausflüge in die Tschechoslowakei

Nach einem guten Essen kann man sich mit Freunden beim Kegeln oder Billiard treffen. Wer will, hat die Möglichkeit zu einem Tischtennismatch. Romantisch wird es bei einer nächtlichen Fackelwanderung oder beim „Schlummer"-Trunk am offenen Kamin. Die Umgebung hat auch etwas zu bieten: Etwa die Besichtigung der Burgruine Weißenstein, oder Ausflüge nach Passau und Straubing. Auch eintägige Reisen in die Tschechoslowakei lassen sich organisieren.

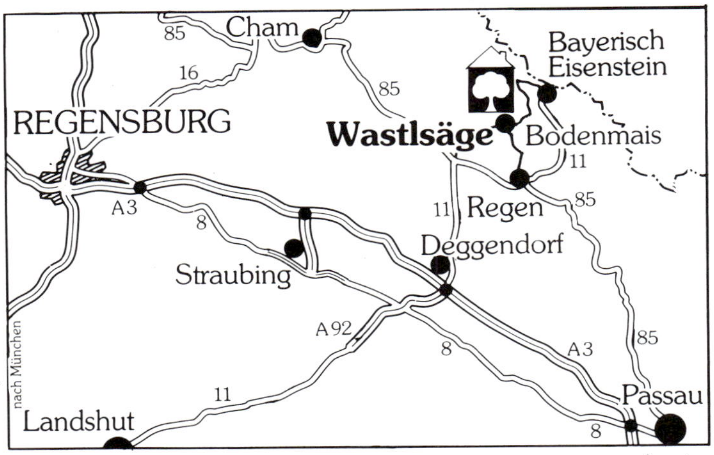

Anzeige

Gesund für Herz und Gemüt
Bischofsmais gehört zu den Geheimtips bei den Freunden idyllischer Ruhe. Fernab von Hektik, Lärm und Streß liegt das Dörfchen in gesunder Luft und heilkräftigem Klima. Die Wastlsäge ist ein ruhiges Ferienhotel, umgeben von Wald und Wiesen. Das Siegel „Chaine des Rotisseurs" verbürgt die Qualität der Küche. Treffpunkte für unterhaltsame Stunden sind die Wastlstube und die Hotelbar. Schwimmen, Sauna, Massagen, Tennis, Wandern, Skilaufen, Eisstockschießen – die Wastlsäge bietet neben dem Service und Komfort alle Freizeitangebote, die man von einem guten Ferienhotel erwartet.

Hotel Wastlsäge
D 8379 Bischofsmais, Tel. 09920/170, Telex 63 158
Der besondere Hotelservice:
Waldrundfahrten, geführte Wanderungen.

1000 und 1 Möglichkeit
Schon vieles wurde versprochen,
hier können Sie es erleben!
Aufmerksames und freundliches
Personal unterstreicht das
rustikale und gemütliche
Ambiente, dessen Behaglichkeit
und Komfort begeistert. Jeder
Gast hat die Möglichkeit,
mit der Erfüllung seiner
individuellen Wünsche, den
"i–Punkt" auf den Urlaub zu
setzen. Unter der
1000 und 1 Möglichkeit finden Sie
zum Beispiel: Tennis,
Squash, Golf,
Skifahren, Massagen
und Entspannung im
Kosmetikstudio etc. Auch
Hüttenparties,
Sommerspiele oder
gesellige Abende am
Kamin geben Ihrem Urlaub
behagliche Akzente.
Detaillierte Information
erhalten Sie aus unserem
umfangreichen Hausprospekt.
Wir freuen uns auf Ihre Anfrage.
SPORTHOTEL
REUTMÜHLE
Das Hotel,
das aus dem Rahmen fällt
Frauenwaldstr. 7 · 8392 Waldkirchen
Telefon: (0 85 81) 20 30 · Telefax: (0 85 81) 20 31 70
Konzeption, Gestaltung, Fotografie, Fotosatz: M. Furtner GmbH · Werbeagentur 06/90

Oase im Grünen: Waldhotel Standke

Ein ruhiges Tal, viel Wald, interessante Ausflugsziele in nächster Nähe — und schließlich ein einladendes gemütliches Hotel —, was braucht man mehr für einen gelungenen Urlaub?

In einem kleinen, verträumten Schwarzwaldtal ohne jeglichen Durchgangsverkehr liegt das Waldhotel Standke in einem etwa 1 ha großen Parkgrundstück, das, durchzogen von einem Bächlein, in die Wälder des nördlichen Schwarzwalds übergeht. Das Hotel gehört zu Waldprechtsweier, einem Ortsteil des Erholungsortes Malsch. Die Umgebung war schon in römischer Zeit besiedelt; urkundlich wurde Malsch im Jahr 1065 zum erstenmal genannt. Obwohl Waldprechtsweier und damit das Waldhotel Standke sehr verkehrsgünstig liegen — von hier sind es nur 15 Minuten bis zur Autobahn Karlsruhe-Basel —, ist es in dieser grünen Oase absolut ruhig, die ideale Voraussetzung für einen erholsamen Aufenthalt.

Wege zu schöner Aussicht

Idyllische Wanderwege führen den Naturliebhaber direkt vom Haus weg in die erkundenswerte Umgebung. Eine besonders lohnende Tour ist die auf den 611 m hohen Mahlberg, von dessen Aussichtsturm man eine sehr schöne Aussicht hat — falls gutes Wetter herrscht, reicht der Blick bis zu den Vogesen. Wenn Sie

An Wasserfällen gibt es lauschige Plätzchen

die Wanderung noch etwas nach Süden ausdehnen, können Sie auf dem Bernberg das einzige Gipfelkreuz in diesem Teil des Schwarzwalds sehen.
Um in Bewegung zu bleiben, müssen Sie aber gar nicht weit vom Hotel weggehen. Das Haus verfügt selbst über ein Hallenbad mit Saunaeinrichtung und Solarium. 600 m entfernt, können Sie den Minigolfschläger schwingen, und in 2 km Entfernung gibt es ein geheiztes Freibad, Tennisplätze und einen Trimm-dich-Pfad. Eine große Tennishalle (4 km entfernt) steht ebenfalls zur Verfügung, und Reitmöglichkeiten werden im Nachbarort vermittelt. Wer gern in Gesellschaft wandert, kann an den vom Schwarzwaldverein veranstalteten und geführten Wanderungen teilnehmen. Obwohl Waldprechtsweier selbst nicht schneesicher ist, brauchen Wintersportler nicht auf ihr Vergnügen zu verzichten: Innerhalb einer halben Stunde erreicht man alle bekannten Wintersportorte der Gegend.
Bei einem Urlaub im Waldhotel Standke sollten Sie von der günstigen Lage profitieren und einige der vielen sehenswerten Ausflugsziele ansteuern.

Die Ettlinger Schloßkonzerte sind berühmt

Eines davon ist Marxzell, wo es ein bemerkenswertes Fahrzeugmuseum zu besichtigen gibt. Von Marxzell aus können Sie gleich noch eine hübsche Rundwanderung machen, die durch das Maisenbachtal, vorbei an einem Hirschgehege, über Schielberg nach Frauenalb führt. Nachdem Sie sich die Klosterruine angesehen haben, geht es durch das liebliche Albtal zurück nach Marxzell. Mittelpunkt der Kreisstadt Ettlingen, die nur etwa 10 km vom Hotel entfernt liegt, ist das um 1730 entstandene Schloß der Markgräfin Augusta Sibylla mit dem barocken Asamsaal, in dem die Ettlinger Schloßkonzerte stattfinden. Gleich „nebenan“ liegt Karlsruhe, dessen Schloß ebenfalls einen Besuch wert ist, denn dort hat man das Badische Landesmuseum untergebracht, und der Schloßgarten lädt zum Spazierengehen ein.
Übrigens: Wenn Sie gern fotografieren, können Sie sich beim Chef des Waldhotels Tips und Anregungen holen, denn er ist selbst ein begeisterter Fotograf.

So ein schönes Foto könnte Ergebnis Ihres Fotokurses sein

Im Schwarzwald rauschen viele Bächlein zu Tal

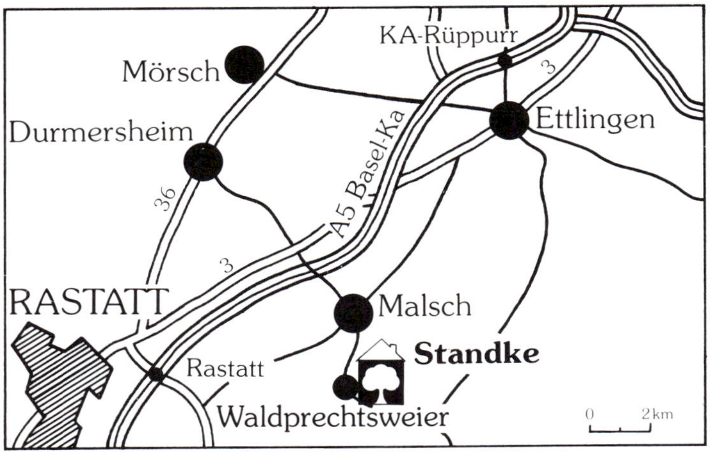

erkunden. 600 Meter vom Haus entfernt, ist ein Minigolfplatz und in zwei Kilometer Entfernung gibt es ein geheiztes Freibad. Tennisplätze und ein Trimm-Dich-Pfad. Außerdem steht in einer Entfernung von vier Kilometern eine Tennishalle zur Verfügung und im Nachbarort können Sie Ihr Glück auf dem Rücken der Pferde finden.
Doch abgesehen von diesen Freizeitangeboten sollten Sie es bei einem Aufenthalt im Waldhotel Standke nicht versäumen, auch einige Ausflüge in die Umgebung zu machen.
Da wäre zum Beispiel Marxzell, der Heimatort des Erfinders des Automobils, Carl Benz. Hier ist das Fahrzeugmuseum mit einer Fülle von Oldtimern sehenswert.

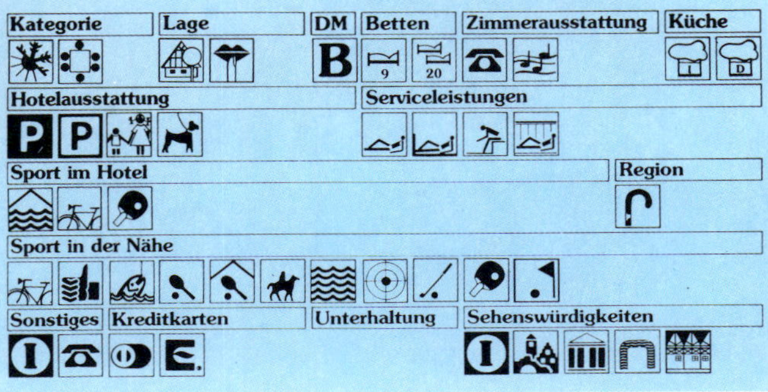

In der „Goldenen Au“: Hotel Götz Sonne-Eintracht

An Europas Hauptstraße, dem Rhein-Tal, zwischen den Tannenhöhen des Schwarzwaldes und Straßburg, liegt Achern im Wein- und Obstgarten der Ortenau, Standort dieses gepflegten Hauses.

Achern ist in der glücklichen Lage, von der Natur rundherum mit allen Schönheiten gesegnet zu sein: Im Herzen des Oberrheinlandes bietet es das ganze Jahr über Sehens- und Genießenswertes.
Wenn auf den Schwarzwald- und Vogesengipfeln der Schnee im Frühling mit der warmen Sonne kämpft, blühen bereits auf den Vorbergen und in der Ebene die ersten Obstbäume.
Wenn im Herbst die endlosen Rebberge der Badischen und Elsässischen Weinstraße wie ein Brokatteppich aufglühen, dann wird es Zeit, sich den kulinarischen Freuden zu widmen. In dieser wunderschönen Gegend, in der neben Wein und Obst auch Tabak, Getreide und Gemüse angebaut werden, liegt das Hotel „Sonne-Eintracht“. Schon 1630 wurde das Haus erstmals erwähnt. Mit Freundlichkeit und persönlichem Bemühen führt die Familie Götz die alte Tradition der Gastlichkeit bis heute fort.

Die „Goldene Au“ bietet Erholung

Natürlich hat sich das Haus seit seiner Gründung beträchtlich verändert. Heute bietet es ursprüngliche Gemütlichkeit mit modernstem Komfort. Die Idylle rundherum bringt die Erholung von ganz alleine: Ebene und Gebirge liegen vor der Haustür, die Wälder der Rheinauen mit ihren Altwassern und der Acherner Hausberg, die Hornisgrinde, 1164 Meter hoch.
Wer an warmen Sommertagen seine Erholung im kühlen Naß sucht, hat die Auswahl zwischen dem hoteleigenen Hallenbad, dem nahegelegenen Achernsee oder stürzt sich ins Getümmel eines der im Ort befindlichen Freibäder.
Weitere Möglichkeiten, die Freizeit sportlich zu gestalten, bieten Tennisplatz und -halle, Golf- und Minigolfanlagen, ein Trimm-Dich-Pfad, ein Schießstand, Angebote zum Segel- und Drachenfliegen sowie ein Reitstall in der Umgebung. Für die Freunde des Wintersports sind die Langlaufloipen und Pisten der Skiarena Schwarzwald ohne Mühe zu erreichen.
Die Stadt Achern ist nicht nur als Einkaufsstadt bekannt, sondern hat den Geschichtsfans ebenfalls einiges zu bieten.

Achern: Historie und Histörchen

Das beginnt schon mit dem Wahrzeichen der Stadt, dem „Klauskirchl“. Das gotische Kirchlein entstand im 13. Jahrhundert. Es ist dem heiligen Nikolaus, dem Patron in Wassernot geweiht.

Hier stößt man gern auf den Urlaub an

Anzeige

Haus mit Tradition

In fröhlichem Weiß präsentiert sich die Sonne-Eintracht dem Besucher
Das gepflegte Hotel Götz Sonne-Eintracht liegt in unmittelbarer Nähe einer der Hauptschlagadern Europas, dem Rheintal. Von allen Richtungen aus gleich gut zu erreichen bietet das gepflegte Haus allen erdenklichen Komfort. Mitten im schönen Grün der Goldenen Au gelegen, einer Landschaft, die von alters her wegen ihrer blühenden Fruchtbarkeit bekannt ist, zu Füßen der Hornisgrinde, ist die Sonne-Eintracht ein ideales Ferien- und Ausflugsdomizil. Die lange Tradition, die dieses Haus hat, verbunden mit modernem Komfort und badischer Gemütlichkeit geben der Sonne-Eintracht die besondere Atmosphäre. Die Familie Götz und ihre Mitarbeiter bemühen

Achern besitzt außerdem ein in der Bundesrepublik wohl einzigartiges Museum: ein Sensenmuseum, das 1976 eröffnet wurde. Es ist ein sorgfältig ausgestattetes Zeugnis der einst bedeutenden Acherner Sensenschmiede.
Eine Attraktion nicht nur für Eisenbahnfans: An zehn Sonntagen von Mai bis September schmaucht und dampft ab Achern die alte Dampflokomotive Nr. 28 „Badenia“ mit Wagen aus der Zeit um die Jahrhundertwende ins

Köstlichkeiten der badischen und französischen Küche

Achertal. Wer die eigenen zwei Beine dem Dampfroß vorzieht, für den findet sich in Achern ein reichhaltiges Betätigungsfeld: Bequeme Spazierwege sind genauso vorhanden wie zünftige Wanderrouten oder Möglichkeiten zum Klettern.
Das Hotel „Sonne-Eintracht“ bietet seinen Gästen geführte Wanderungen und Ausflüge an. So z.B. in die Rheinauen, kleine moorige Seen und Auen, die zum Teil unter Naturschutz stehen. In dieser urwaldartigen Welt parallel zum Rheinstrom finden Sie noch Fischreiher, Haubentaucher, Wildenten und selten gewordene Sumpf- und Wasserpflanzen. Sehr ruhige Spazierwege liegen in der bukolischen Acker- und Wiesenebene, Kiebitze und Fasane haben hier ihr paradiesisches Revier.
Ein technisches Wunderwerk ist die große Iffezheimer Schleuse. Die Rheinauen mit diesem Damm eignen sich auch hervorragend zum Radwandern.

Das „Weltbild“ mit Casino: Baden-Baden

Baden-Baden erreichen Sie von Achern aus ohne Mühe in einer halbstündigen Autofahrt.
Schon die Anreise lohnt sich, die schöne Landschaft bietet Abwechslung fürs Auge.
Für Baden-Baden sollten Sie sich einen ganzen Tag freihalten.
Dort angekommen, am besten in der Tiefgarage am Kurhaus oder unter dem Augustaplatz parken.
Im Verkehrsamt sind detaillierte Führer für die Stadt und ihre Umgebung zu erhalten.
Für einen Einkaufsbummel empfehlen sich die Geschäftsstraßen rund um den Leopoldplatz und die Kurhauspassagen.

Ein lauer Sommerabend unter Bäumen

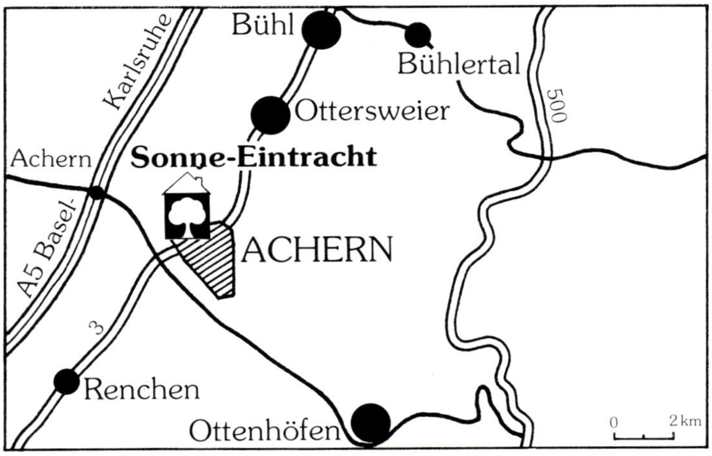

sich, ihren Gästen mit bewährter Aufmerksamkeit in allen Bereichen zu dienen. Man weiß hier, daß Freundlichkeit und guter Service entscheidend für das Wohlbefinden der Gäste sind. Köstlich und niveauvoll ist übrigens auch die Küche, die zwei Wurzeln ihr eigen nennen kann, die gut badische nämlich und die cuisine française. Zu den besonderen Freuden gehört es, vonhier aus die Schönheiten der näheren und weiteren Umgebung zu erkunden. Da ist die berühmte Schwarzwaldhochstraße nach Freudenstadt oder das Kinzigtal mit seinen reizenden alten Fachwerkstädten wie z.B. Gengenbach. Baden-Baden ist nicht weit, und auch das Elsaß liegt sozusagen vor der Tür: Straßburg, Colmar, Murbach, Thann – alles an einem Tag bequem zu erfahren.

Inmitten eines herrlichen Naturparks: Hotel Waldhorn-Post

In jeder Jahreszeit ist Enzklösterle der ideale Erholungsort, mit reiner Luft, klarem Quellwasser, Wiesen, Wäldern, einem großen Freizeitangebot und echter Schwarzwälder Gastlichkeit.

Das Enztal ist eines der reizvollsten Täler des Schwarzwalds. Nur wenige Kilometer flußaufwärts vom weltbekannten Luftkurort Enzklösterle, ein Schwarzwalddorf voller Waldromantik, das erst nach 9 km endet, unweit des Ur-sprungs der kristallklaren Enz. Inmitten dieses einzigartigen Naturparks liegt der historische Schwarzwaldgasthof Waldhorn-Post, seit Urväter Tagen ein Hort der Gastlichkeit. Einst Herberge von Holzfällern und Flößern, später ein beliebter Gasthof und Poststation für Reisende und ihre Pferde, hat er sich immer seinen heimeligen Charakter bewahrt. Es ist kein Zufall, daß dieses Haus, das seit 1766 in Familienbesitz ist, zu einem Dorado für Erholungsuchende wie für Aktivurlauber herangewachsen ist.

Freizeitwert und Tafelfreuden

Das Lied des Postillons ist längst verhallt; geblieben sind aber aus dieser alten Zeit viele Hausrat- und Erinnerungsstücke sowie die behaglichen Gasträume und Wirtsstuben im rustikalen Stil, verbunden mit einem Hauch von Exklusivität und einer einzigartigen Blumenpracht, die von der Chefin persönlich gehegt und gepflegt wird. Die Kochkunst wird hier besonders gepflegt. Der Küchenmeister sorgt vor allem mit Forellen- und Wildspezialitäten für das leibliche Wohl der Gäste, und herrliche Weine liegen in dem uralten Natursteinkellergewölbe. Welchen Wert man der Freizeit und Gesundheit beimißt, wird demonstriert durch das Hallenschwimmbad mit Sauna, Solarium und Fitneßraum, einen hoteleigenen Tennisplatz sowie die Parkanlage mit Liegewiese und überdachter Kaffeeterrasse.

Durch neun Täler nach Enzklösterle

Der Schwarzwald ist bekannt als Wanderparadies, und hierin macht Enzklösterle natürlich keine Ausnahme. In der „Waldhorn-Post" hat man sich dazu sogar etwas Besonderes einfallen lassen: die 9-Täler-Wanderung. Sie wohnen wahlweise 7 oder 14 Tage in der „Waldhorn-Post" und werden fünfmal pro Woche zu näheren oder weiter entfernten Wan-derausgangspunkten befördert, von wo aus Sie nach Enzklösterle zurückwandern. Aber Sie können sich auch ganz zwanglos ab und zu den anderen Gästen anschließen und gemeinsam wandern oder Ausflügen in die herrliche Umgebung, die der Chef des Hauses anführt. Er ist gelernter Forstmann und versteht

Reiten ist in Enzklösterle groß geschrieben

Schon von außen gemütlich: Hotel Waldhorn-Post

In Enzklösterle ist die Welt noch in Ordnung!
Das Hotel Waldhorn-Post ist ein familiär geführtes Freizeithotel, ein sympathisches Haus, wo der Urlaub nicht nur Erholung bringt, sondern auch Spaß und Freude macht.
Das wissen sowohl die Damen der deutschen Skinationalmannschaft, die dort 1984 ihr Sommertraining machten, wie auch die 13fachen Tanzweltmeister Bill und Bobby Irvine aus London, die seit 1974 jedes Jahr hierherkommen – und vor allem die vielen Stammgäste. Das ist eine echte Urlaubswelt mit Geselligkeit beim gemeinsamen Wandern, bei Ausflügen in die wunderschöne Umgebung, wobei es sich der Chef des Hauses nicht nehmen läßt, als gelernter Forst-

seinen Gästen die Natur aufzuschließen.
Die Gemeinde Enzklösterle trägt mit ihrem umfangreichen Freizeitangebot das Ihre zu einem gelungenen Urlaub bei. Da gibt es die Walderholungszentren mit Grill- und Spielplätzen, einen Rotwildpark (Geschenk der Familie Schilling an die Gemeinde Enzklösterle) und einen Waldlehrpfad. Mutige Wasserfreunde können Wildwasserkanu auf der Großen Enz fahren; wer es beschaulicher liebt, kann sein Glück beim Angeln versuchen. Segler und Paddler üben ihr Hobby in der Nagoldtalsperre aus. Reiten Sie gern? Dann können Sie Ihre Fertigkeiten in der hiesigen Reitschule verbessern. Wenn Sie lieber Golf spielen, haben Sie die Wahl zwischen Plätzen in Baden-Baden, Bad Herrenalb und Freudenstadt.

Wintersport macht fröhlich und ist gesund

Doch auch die Wintersportler kommen nicht zu kurz. Enzklösterle ist ein bezaubernder Winterluftkurort mit besten Wintersportmöglichkeiten. Hier können Sie nach Herzenslust schneewandern und auf 45 km gespurten Loipen – mit Anschluß an den Skifernwanderweg – Langlauf treiben. Wer rasante Abfahrten vorzieht, hat drei Skilifte mit Flutlicht zur Auswahl.
Ein besonderer Spaß für jung und alt ist eine Schlittenfahrt durch den tiefverschneiten, märchenhaften Winterwald. Nach soviel Bewegung im Freien und in der gesunden Winterluft trifft man sich dann abends zum Dämmerschoppen am mollig warmen Kaminfeuer.

Städtebummel mit Kultur und Unterhaltung

Mit vielen interessanten Ausflugszielen lockt die nähere und weitere Umgebung. Baden-Baden etwa, die glanzvolle Kurstadt, ist unbedingt einen Besuch wert. Eine reizvolle Kleinstadt ist Altensteig mit seinen altertümlichen Giebelhäusern und dem Bergschloß aus dem 15. Jahrhundert. Nicht zu vergessen ist auch Freudenstadt, das Ende des 16. Jahrhunderts in Form eines Mühlespiels angelegt wurde. Den Marktplatz säumen die typischen Traufenhäuser mit ihren Laubengängen, und die Stadtkirche ist mit ihrem eigenwilligen Grundriß ohne Beispiel.

Der Nordschwarzwald ist ideal für herrliche Wanderungen

Auch Radtouren sind auf der Hochfläche problemlos

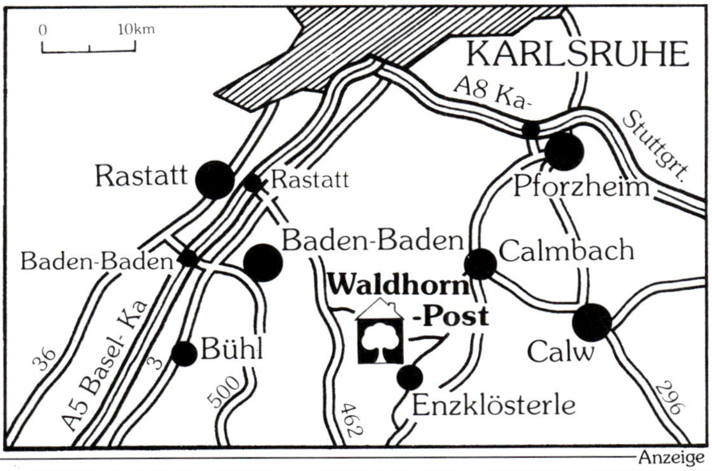

mann selbst der kundige Führer zu sein.
Abends erholt man sich vom „Urlaubsstreß" an der Bar bei einem Gläschen Wein, beim Plaudern am Kamin oder beim Tänzchen auf dem Parkett. Beliebt bei alt und jung sind die „Brotzelstunden" am Holzkohlengrill im Hotelgarten.
Erleben Sie ein Wochenende oder den ganzen Urlaub in den gastlichen Räumen eines Schwarzwaldhotels im sonnigen und windgeschützten Luftkurort.
Vergessen Sie die Sorgen des hektischen Alltags. Lassen Sie sich verwöhnen, und tun Sie, was Ihnen Spaß macht. Herzlich willkommen bei Rose und Herbert Schilling!

Geheimtip für Kenner: Kurhotel Sonne Ringhotel Freudenstadt

Pferdenarren und Feinschmecker kommen hier voll auf ihre Kosten. Das großzügige Hotel liegt direkt am Kurpark.

Schlittenfahrt durch den tiefverschneiten Schwarzwald

Direkt am Kurpark, mitten in wohltuendem Grün, liegt das Kurhotel Sonne am Kurpark Ringhotel Freudenstadt. Seit 1958 ist dies der Standort der „Sonne", mit ihrem dreissigsten Geburtstag wurde gleichzeitig die Beendigung umfassender Renovierungsarbeiten gefeiert. Seit 1966 wird das Haus von Karl Espenlaub geführt, der im Kreise seiner Hoteliers-Kollegen auf lokaler und nationaler Ebene einen gleichermaßen guten Ruf genießt. Unter seiner Leitung wurde auch der Umbau des Kurhotels Sonne vorgenommen. Das neue Erkennungsmerkmal des Kurhotels Sonne ist ein Glasdach, das sich quer über die Frontseite erstreckt und somit zusätzlich den Gästen den trockenen und komfortablen Zugang zum neuen Parkhaus ermöglicht.

Eigene Weine aus dem Remstal

Auf der rechten Seite des Hotels befindet sich der Eingang zum Peacock Pub, ein urgemütliches Lokal mit bunten Glasfenstern, die im Jugendstil gehalten sind. Hier treffen sich die Hotelgäste beim Viertele und Imbiß zum gemütlichen Plausch. Eigene Weine aus dem Remstal werden im „Sonnenstüble" oder im eleganten Restaurant „Sonne Exquisit" kredenzt. Die vielfach mit Goldmedaillen ausgezeichnete Küche zaubert lukullische Köstlichkeiten der internationalen Küche auf den Tisch.

Wo Gesundheitstage zu Ferientagen werden

Ebenso gefragt ist aber auch die Diätküche, die genau auf die im Hause angebotenen Kuren abgestimmt ist. So zum Beispiel die PlusMinus-Kur: Durch natürliche und schmackhafte Ernährung wird die Gesundheit, Vitalität und Lebensfreude bei jung und alt wieder hergestellt. Ohne Hungergefühle und ständigem Verlangen nach Nahrung kann man dabei angenehm entschlacken und sein Gewicht reduzieren bzw. normalisieren – ohne Einschränkung der Freizeitaktivitäten. So werden Gesundheitstage zu Ferientagen. Dem 45-Zimmer-Haus sind ein staatlich anerkanntes Sanatorium und eine medizinische Bäderabteilung angegliedert, wo man sich diversen Heilkuren zur Rekonvaleszenz und Vorbeugung, sowie Diät-, Heilfasten-, Kneipp- und Badekuren unterziehen kann. Im Schwimmbecken des großen Hallenbades läßt sich der Alltagsstreß leicht vergessen, wozu auch der Blick durch die breite Fensterfront in den herrlichen Garten beiträgt. Für weitere Bewegungsmöglichkeiten stehen ein Fitneßraum inklusive Tischtennisplatte und Sonnenbank zur Verfügung.

Ferien im Sattel

Auf die Freunde des Reitsports warten in der Reithalle des Wellerhofs im Dressurviereck hoteleigene Pferde vom Pony bis zum Vollblüter. Damit man den Schwarzwald einmal vom Pferderücken aus betrachten kann sind Ausritte in die Umgebung im Programm inbegriffen – und als Bonbon gibt es eine Springstunde gratis. Wem ein Pferd zu unsicher ist, kann immerhin einen mietbaren Drahtesel besteigen und damit die Gegend erkunden. In der Nähe befinden sich ein schöner 9-Loch-Golfplatz, Tennisplätze und eine Tennishalle. Das Freizeitprogramm des Kurhotels Sonne umfaßt außer kulturellen Veranstaltungen geführte Wanderungen, Kutschfahrten und im Winter romantisch-reizvolle Schlittenfahrten. Übrigens ist die „Sonne" auch für Konferenzen und Tagungen hervorragend geeignet. Mehrere Tagungsräume mit dem entsprechenden Equipment stehen zur Verfügung. Einzigartig ist das Forum mit Glasdach für Ausstellungen und Veranstaltungen.

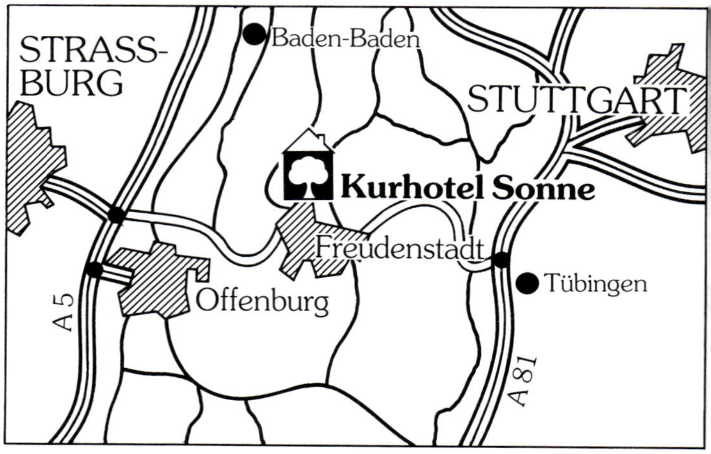

Sport und Spiel. Fit werden. Schön pflegen. Hotel Club Sonnenbühl

Das Hotel und der Club Sonnenbühl in Altensteig/Wart ist auf Sport und Freizeit eingestellt. Hier hat man die Möglichkeit dem Alltagsstress Adieu zu sagen und sich mit einem Aktiv-Urlaub in Topform zu bringen.

Relaxen im Schwarzwald: Hotel Club Sonnenbühl in Wart

Familien mit Kindern sind hier ebenso gut aufgehoben wie Singles. Denn der Club Sonnenbühl bietet eine ganze Freizeit- und Erholungswelt mit einer sehr persönlichen Betreuung. Dabei ist alles völlig zwanglos: Es steht jedem Gast frei, sich an dem umfangreichen Angebot von Sport, Spiel, Unterhaltung und Fitness zu beteiligen oder die ruhevolle Erholung und Entspannung vor der stimmungsvollen Kulisse des Schwarzwaldes zu genießen.

Sportlehrer, Tennislehrer, Physiotherapeut und Kosmetikerin betreuen die Gäste

Beim Aktivprogramm werden die Gäste von Sportlehrern fachmännisch betreut. Die Möglichkeiten sich im Club sportlich zu betätigen sind sehr vielfältig. Auf der hoteleigenen Anlage stehen den Gästen drei Tennisplätze, ein Volleyballplatz und eine Bocciabahn zur Verfügung. Außerdem sind Tischtennis, Billard und Kegeln möglich. Auf diesen hoteleigenen Anlagen werden auch Turniere und Wettbewerbe unter den Gästen veranstaltet. Direkt vom Hotel aus in den Wald führen markierte Jogginwege. Zur Konditionsaufbesserung in der Gruppe trägt sicher auch der Rasenfußballplatz nach internationalen Maßen, der Fahrradverleih und das Fitness-Center bei. Ein heller und freundlicher Gymnastikraum mit entsprechender Geräteausrüstung sorgt dafür, daß die Muskeln schön locker bleiben. Im Winter werden für die Gäste Langlaufski und Schuhe sowie Rodelschlitten bereitgehalten. Im Hallenbad können die aktiven Schwimmer das ganze Jahr über ihre Bahnen ziehen. Nach dem Sport gehts zur Entspannung oder auch Entschlackung in die Sauna und ins Dampfbad. Und wenn die Sonne mal draußen nicht lacht, im Solarium ist immer Saison.

Kochkurse, Grillabende und Fleischfondue-Parties

Die Clubaktivitäten beschränken sich nicht nur auf den Sport. Vom Club Sonnenbühl auch Kutschfahrten im Sommer und Winter angeboten. Besonderen Spaß macht es unter Leitung des Küchenchefs einen Kochkurs zu belegen oder im Backhaus Brot backen zu lernen. Grill- und Barbecue-Abende werden auf eigenem Grillplatz am Waldrand oder auf der Gartenterrasse vom Hotel veranstaltet. Sehr beliebt sind auch die Käse- oder Fleischfondue-Parties in der Weinstube oder in der Schwarzwaldstube. Der Küchenchef pflegt die internationale Küche ebenso wie heimische Spezialitäten aus schwäbisch-schwarzwälder Tradition.

Das Hotel Club Sonnenbühl verfügt über luxuriös eingerichtete Zimmer und Suiten in denen sich der Gast auf Anhieb wohlfühlt. Alles, die gesamte Einrichtung, selbst die Bilder an den Wänden ist farblich aufeinander abgestimmt. Alle Räumlichkeiten des Hauses sind elegant stilvoll und behaglich eingerichtet. Den Nachmittagskaffee nimmt man gerne im Wintergarten oder am Poolbistro mit freiem Blick auf das hauseigene Biotop ein.

Darüber hinaus befindet sich eine moderne medizinische Bäderabteilung mit Kassenzulassung im Hause. Unter ärztlicher Leitung bleibt man hier fit und gesund, eine umfassende Betreuung von geschultem Personal wie Sport- und Gymnastiklehrer sowie Physiotherapeut und Kosmetikerin ist gewährleistet. Zwischendurch besteht die Möglichkeit, sich am Pool-bistro zu erfrischen und mit netten Leuten zu plaudern. Für Veranstaltungen wie Tagungen, Seminare oder auch festliche Anlässe stehen großzügige Räume mit modernen Einrichtungen und Kommunikationsmitteln zur Verfügung.

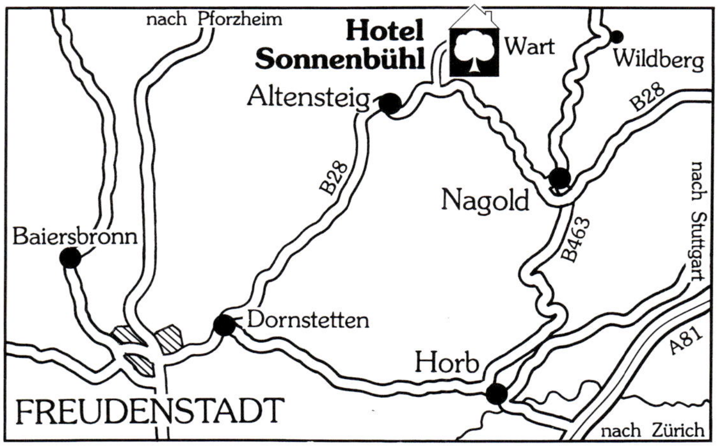

Kurhotel Lauterbad – das charmante Ferienhotel in schönster Lage

Lauterbad ist ein herrlich ruhig zwischen Wäldern gelegener Kurort mitten im Nordschwarzwald an der sonnigen Südseite von Freudenstadt - ein Ort, an dem sich die ganze Familie wohlfühlt, wo man sich so richtig zu der wunderschönen Natur hingezogen fühlt.

Harmonische Architektur in idyllischer Landschaft

Schon beim Betreten der Hotelhalle des Kurhotels Lauterbad, spürt man sofort das gastfreundliche Ambiente und den zeitgemäßen Komfort. Das 70-Betten-Hotel wurde vor kurzem gänzlich um- und ausgebaut und strahlt mit seiner harmonischen Architektur bis ins Detail Ruhe und Gemütlichkeit aus. Die familiäre Gastfreundschaft – charmant und unaufdringlich – ist die beste Voraussetzung, um sich als Ferien- oder Kurgast seinen ganz individuellen Urlaub zu gestalten. Die Rahmenbedingungen sind gegeben, der Phantasie nahezu keine Grenzen gesetzt. Der Gast findet ein modern und ein liebevoll ausgestattetes Feriendomizil vor.

Klassische Küche, Heilfasten oder Vollwert-Kost à la carte

Besonderen Wert legen die Familien Heinzelmann/Schillinger als gute Hoteliers natürlich auf die Küche. So ist dafür gesorgt, daß den Gästen neben einer leichten, klassischen Küche verschiedene Diät- und Vollwertgerichte auch im Rahmen einer Heiltherapie angeboten werden. Auf dem Speiseplan steht biologisch-vegetarische Vollwertkost ebenso wie Entschlackungsdiäten und Trennkost-Kuren mit Gewichtsreduktion. Das große Salatbuffet und freie Menü-Auswahl sind im Kurhotel Lauterbad obligatorisch. Das freundlich eingerichtete Restaurant lädt so richtig zum genießen ein.

Lauter schöne Ferientage im Kurhotel Lauterbad

Ob man einen aktiven Gesundheitsurlaub plant oder sich lieber in aller Ruhe zurückziehen möchte – im Kurhotel Lauterbad hat man beides. Das Haus, in einer „Oase der Ruhe" gelegen, ist von einem großzügig angelegten Garten umgeben, wo es sich sehr schnell vom Alltag abschalten läßt. Hinzu kommen die schöne Sonnenterrasse mit Zugang zur 3000 qm großen Liegewiese, der Wintergarten mit Rundumblick und ein gemütliches Kaminzimmer, in dem man behaglich den Tag ausklingen lassen kann. Oder soll es lieber ein bißchen mehr sportlich-aktiv sein? Das exklusive Hallenschwimmbad mit Dampfbad, Sauna und Solarium lädt zur Benutzung ein.
Weiter geht es im Fitnessraum oder bei der Wassergymnastik. Schönheitsbewußte können sich im modern eingerichteten Beauty-Salon bei fachkundiger Beratung einer wohltuenden und entspannenden Kosmetikbehandlung unterziehen. Wer soviel für Fitness und Schönheit getan hat, möchte sich auch einmal in aller Ruhe und mit allem Komfort zurückziehen können. Im Hotel Lauterbad kein Problem: Die geschmackvoll eingerichteten Zimmer sind mit Radio, Farb-TV und Telefon ausgestattet. Allein im Obergeschoß wurden 18 neue Loggia-Zimmer eingerichtet, die durch ihr behagliches Interieur bestechen.

Fackelwanderungen und Kutschfahrten durch den Schwarzwald

Natürlich hat auch der Luftkurort Lauterbad seinen Besuchern viel Kurzweiliges und Geselliges zu bieten: Da gibt es beispielsweise urige Nachtwanderungen mit Fackeln oder Laternen, Kutschfahrten, Erlebniswandern mit dem Förster, Fitness-Wandern oder für ganz Aktive Mountain-Bike-Fahrten über Stock und Stein. Auch die Nähe zum schönen Schwarzwaldstädtchen Freudenstadt und zu der idyllischen Landschaft in der nächsten Umgebung eröffnen eine ganze Reihe von Freizeitaktivitäten. Neben „sightseeing" und „shopping" ist hier Golf, Tennis, Reiten, Surfen und sogar Segelfliegen möglich. Und natürlich jede Art von Kurbehandlung.

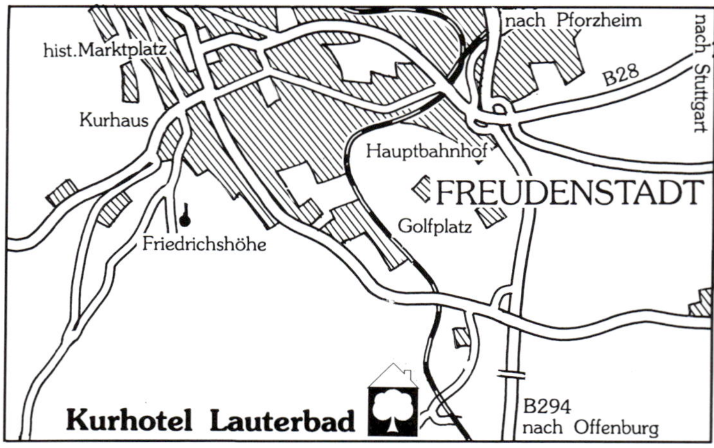

Ein Urlaub Ihrer Gesundheit zuliebe: Das Sanatorium Hohenfreudenstadt

Eine Schwarzwald-Kurklinik im Heilklima, die alle Anwendungsmöglichkeiten zeitgemäßer Therapien bietet.

Heilung und Erholung im Schwarzwald

Die besondere klimageologische Lage auf dem sonnigen Kienberg dient den Heil- und Therapieverfahren maximal; die grünen Matten und der unvergleichliche Schwarzwälder Hochwald lassen den Alltag vergessen und begünstigen die Regeneration von Leib und Seele. Das Kurgebiet, in dem das Sanatorium liegt, erfreut sich wegen des Ausblicks, den man auf Freudenstadt genießt, sowie seiner einladenden Spazierwege halber bei den Kurgästen allergrößter Beliebtheit.

Wenn Sie einmal einen Urlaub ganz Ihrer Gesundheit widmen wollen

Rund 100 Betten stehen als Einzel- oder Doppelzimmer mit Bad oder Dusche/WC, Direktwahltelefon, TV-Anschluß und größtenteils auch mit Balkon den Erholungssuchenden zur Verfügung; selbstverständlich ist das Haus behindertenfreundlich eingerichtet und in jedem Zimmer befindet sich ein Krankenruf mit Gegensprechanlage.
Ein Erholungsurlaub im Sanatorium Hohenfreudenstadt ist besonders angezeigt nach chirurgischen, orthopädischen und gynäkologischen Operationen oder einem Herzinfarkt. Auch Abnutzungserscheinungen der Wirbelsäule und der Gelenke, z.B. Bandscheibenschäden und rheumatische Leiden werden mit nachweislich großem Erfolg behandelt. So bietet sich die Schwarzwald-Kurklinik für Unfallfolgen an, darüber hinaus für psychosomatische Erschöpfungszustände, beispielsweise mit vegetativen Dystonien oder Neigung zu depressiven Verstimmungen. Alle nicht ansteckenden Erkrankungen der Atemwege lassen sich in dem optimalen Bioklima gut therapieren.
Selbst für bestimmte Fälle von Multipler Sklerose, Parkinsonismus und Folgen von Schlaganfall steht das Sanatorium Hohenfreudenstadt als hervorragende Alternative bereit. Weiterhin finden Menschen mit Herz- oder Kreislauferkrankungen beste medizinische und pflegerische Betreuung. Für Patienten mit Stoffwechselerkrankungen und für Übergewichtige ist das Haus in der Lage, neben ärztlich eingestellter Diät auch Schon- und Reduktionskost bis hin zu Heilfastenkuren anzubieten. Dazu gehört auch die individuelle Beratung durch die Diätassistentin sowie die laufende ärztliche Begleitung in Verbindung mit Kontrolluntersuchungen durch das Labor. Wichtig für die Patienten ist auch die persönliche Betreuung, das begleitende Arztgespräch neben der hervorragenden medizinischen und therapeutischen Umsorgung.

Ganzheitliche Heilweisen

Ganzheitliche Kur schließt vieles mit ein, auch die Gemeinschaft: Konzerte, fröhliches miteinander Singen und Spielen, Volkstanz, kreatives Gestalten und Vorträge über Gesundheits- und Sinnfragen. Darüber hinaus stehen dem Gast besondere Angebote zur Verfügung wie Musikabende, Film- und Diavorführungen, sowie seelsorgerliche Gespräche und Andachten. Geführte Wanderungen in die schöne Natur der Umgebung und im Winter Skilanglauf tragen wesentlich zur Genesung und Erholung bei. Boccia, Schwimmen, Wassergymnastik und andere sportliche Betätigungen sind ein aktiver und wesentlicher Beitrag des Gastes zu seiner Genesung oder Rehabilitation. Erfolgreich kuren umfaßt auch wohlschmeckende und abwechslungsreiche Kost; im Sanatorium Hohefreudenstadt ist die Küche auf höchste Ansprüche gesunder und zeitgemäßer Ernährung eingerichtet. In der angenehmen Atmosphäre des Speisesaals wird in fröhlicher Tischgemeinschaft gespeist – was dem Körper und der Seele gleichermaßen wohltut.

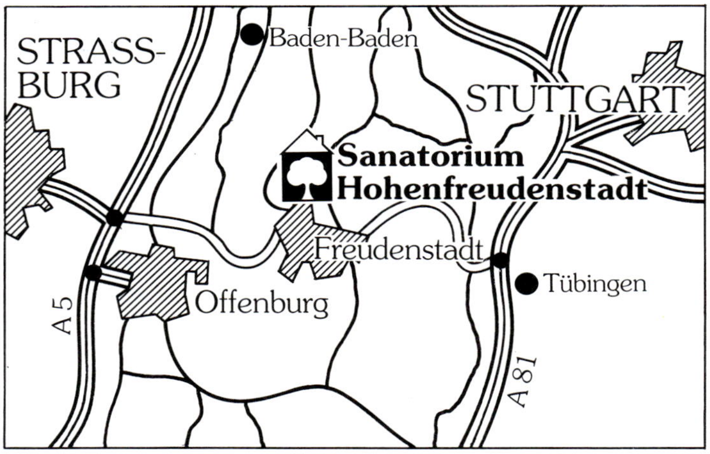

Vorsorge – Rehabilitation – Nachsorge – Fitneß
Im Heilklima des Nordschwarzwaldes liegt oberhalb von Freudenstadt auf dem Kienberg das Sanatorium Hohenfreudenstadt, eine moderne Kurklinik mit der reichen Erfahrung einer über 30-jährigen Tradition. Diese Schwarzwaldkurklinik bietet sämtliche Anwendungsmöglichkeiten zeitgemäßer Therapien von der Gymnastikhalle bis zu dem temperierten Hallenschwimmbad, von Fango über sämtliche Massageangebote bis zum medizinischen Dampfbad mit Sauna. Die ganzheitliche Kur bezieht seelische Betreuung, Sport sowie gemeinschaftliche Veranstaltungen in die Therapie mit ein. Das Sanatorium Hohenfreudenstadt ist beihilfefähig und bietet sich für Sanatoriumskuren der Krankenkassen an.

Sanatorium Hohenfreudenstadt
D 7290 Freudenstadt, Tel. 07441/534-0

Der besondere Hotelservice:
Geführte Wanderungen, Spiel und Sport, Kreatives Gestalten, Volkstanz.

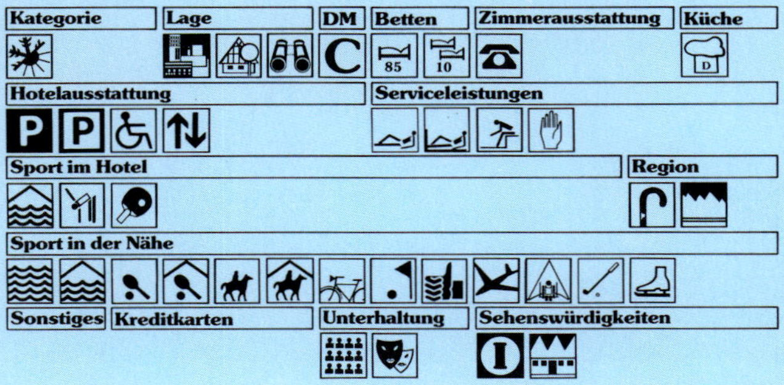

Urlaub erster Klasse: Kurhotel Mitteltal

Im oberen Murgtal finden Sie alles, was den Schwarzwald in aller Welt so berühmt gemacht hat: endlose, harzig duftende Wälder, wohltuende Stille, kristallklare Bäche, blumige Wiesen in lieblichen Tälern und im fernen Dunst die blauen Ketten der Hügelzüge

Biegt man in Baiersbronn von der Schwarzwald-Tälerstraße ab und folgt dem Oberlauf der Murg, so gelangt man nach 4 km nach Mitteltal, eine kleine Ortschaft, die im Osten des 1056 m hohen Schliffkopfs liegt.

Ein Ferienparadies für Anspruchsvolle

Wenn Sie die Abgeschiedenheit dieser urwüchsigen Landschaft genießen möchten, jedoch exclusive Unterbringung und gastronomischen Luxus nicht missen mögen – das Kurhotel Mitteltal bietet Ihnen beides.

In der „Kaminstube" (1 Stern im Guide Michelin seit Dezember 1987) werden unter der Regie von Chefkoch Paul Mertschuweit, seit über zehn Jahren im Hause tätig, allerköstlichste regionale Spezialitäten zubereitet wie Lachsforellefilet mit Pfifferlingen auf grünen Nudeln, gebratener Lammrücken auf Chicorée mit Kartoffelgratin oder Kaninchenrücken auf jungem Kohlrabi mit Rotweinglace Kartoffelrösti.
Dazu werden Weine von den besten Gütern Badens, Württembergs und des Elsaß angeboten.
Im Restaurant „Bareiss" kocht Manfred Schwarz, ein Schüler des berühmten Schweizer Cuisiniers

Ein erstklassiges Ferienhotel, das allen Ansprüchen an Komfort und Vergnügungsmöglichkeiten gerecht wird

Eine schöne Aussicht, auch vom Pool aus

Seit 1951 führt die Familie Bareiss dieses Haus und die Hauschronik macht deutlich, mit welcher Zielstrebigkeit und mit welchem Einsatz die Familie Bareiss das Kurhotel Mitteltal schließlich zu dem First Class Haus gemacht hat, welches es heute ist.

Treffpunkt für Feinschmecker

Die zwei Restaurants, das französische „Bareiss" und die regionale „Kaminstube" sind ein weit über die Grenzen des Schwarzwaldes hinaus bekannter Anziehungspunkt für Gourmets.

Hans Stucki, seine großen Creationen der französischen Küche. Zwei Sterne im Guide Michelin 84/85 hat er erkocht und was das zu sagen hat, das weiß ja wohl jeder!
Aus der Speisenkarte des „Bareiss“: Gugelhupf von geräuchertem Wildlachs mit Linsenblinis und Kaviar, Steinbuttfilet in Pimento-Ingwersauce, Feuilleté von Kalbsbries und Gänseleber mit Périgord-Trüffel, Sisteron-Lammrücken mit Thymian, Käse, Dessertkreation „Restaurant Bareiss“.
Bei der Wanderung durch den „Bareiss“-Keller ist Alfred Stalter, Chef de restaurant im „Bareiss“ gerne behilflich, aus den über 400 Kreszenzen das Passende auszuwählen. Als Auftakt eines schönen Urlaubstages erwartet den Gast das Große Frühstücksbuffet: Frischgepreßte Säfte, Obst, Quark, Cornflakes, verschiedene Schinken- und Wurstsorten, Käse und Eier in sämtlichen Variationen, dazu eine Riesenauswahl an Frühstücksgebäck.

Gourmettempel mit einem Stern: die Kaminstube

Exclusive Badeeinrichtungen für die ganze Familie

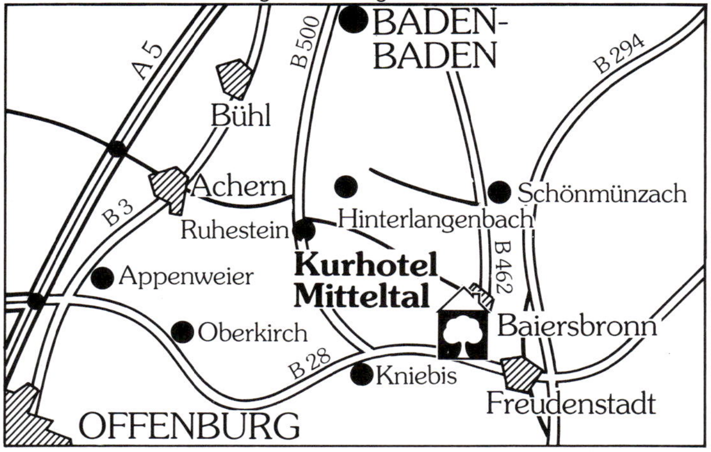

Eine Erlebniswelt für Wasserratten

Wen es nach Freizeitaktivitäten gelüstet, der wird im Kurhotel Mitteltal voll auf seine Kosten kommen. Die Badeeinrichtungen kann man ohne Übertreibung schon als Erlebniswelt bezeichnen. Eine finnische, eine irisch-römische und eine Biosauna, zwei unterschiedlich temperierte Tauchbecken, ein Hot-Whirl-Pool und zwei Außen-Whirl-Pools – all dies steht dem Gast zur Verfügung. Im Sommer kann wer will den ganzen Tag im beheizten Freischwimmbad verbringen, denn auch hier serviert die Küchenbrigade erfrischende Köstlichkeiten.
Das großzügig ausgestattete Hallenbad (mit Jetstream-Anlage, Meerwassersprudelbad und Massage-Wirbelbecken) erreicht man bequem mit dem Lift, ganz nach der Devise „Vom Bett zum Bad“. Die medizinische Bäderabteilung sorgt unter ärztlicher Leitung für die Gesundheit.
Zur Anwendung kommen Stanger-, Sauerstoff- und Kohlensäurebäder, Massagen, Wassergymnastik, Fango- und Kneipp'sche Anwendungen. Im Kosmetiksalon „Gertraud Gruber“ werden Schönheits- und Fitness-Kuren angeboten.
Tennisplatz, Sport- und Fitness-Center, Bocciaanlage, Kegelbahnen, Billard, ein 9-Loch-Golfplatz in 20 km Entfernung und Reitgelegenheiten in der Nähe – die Liste der Vergnügungsmöglichkeiten ist schier unendlich.

Seit Weihnachten 87/88 verfügt das Hotel über eine großzügige Hotelhalle und eine Shopping- und Freizeitpassage mit Kinderparadies (und Kindergärtnerin), Hauskino, Luftgewehranlage, Bibliothek und Musikzimmer. Bleiben noch die Freizeitprogramme zu erwähnen: Blumenstecken, Aquarellmalen, Wanderungen, Picknicks, Tanzkurse, Talkshows, Weinproben und vieles mehr.

Ruhe und Erholung: Forsthaus Auerhahn

Wo der Schwarzwald im Norden am höchsten ist, liegt das romantische Langenbachtal – und das Forsthaus Auerhahn.

Ein gemütliches Forsthaus im Winter

In dieser wunderbaren Landschaft, die genauso ist, wie man sich den Schwarzwald immer vorstellt – stiller, dunkler Tannenwald mit leise murmelnden Bächen – spielt auch das Märchen: „Das kalte Herz" des Dichters Wilhelm Hauff: Schon damals galt dieser Teil des Schwarzwaldes als besonders faszinierend. Das Langenbachtal erreicht man von Freudenstadt aus auf der B 462 nordwärts in Richtung Gernsbach; in Schönmünzach biegt man links Richtung Hinterlangenbach ab. Dort endet die Talstraße in einer Sackgasse, was eine Vorahnung davon vermittelt, welch herrliche Ruhe einen hier erwartet. Dieses 700 m über dem Meer gelegene Hochtal wurde erst im späten 18. Jahrhundert besiedelt; 1821 wurde in Hinterlangenbach das Forsthaus Auerhahn erbaut, das zugleich Unterstand für Zugtiere und Einkehrmöglichkeit für Fuhrleute, Holzhauer, Flößer und Wanderer bot; seit seiner Erbauung war es schon Gast- und Forsthaus zugleich. Der jetzige Besitzer betreut noch immer das staatliche Forstrevier.

Im dunklen Tann

In den zurückliegenden Jahren wurde das Forsthaus gründlich renoviert und der Hotelbereich erweitert. Ein Gästehaus mit Hallenbad, Sauna und Solarium, sowie ein Tennisplatz kamen hinzu. Geblieben ist die Schwarzwälder Gemütlichkeit abseits des Alltagslärms und die segensreiche Stille, die dem streßgeplagten Großstädter so wohltut. Der Hotelbereich umfaßt neben dem eigentlichen Forsthaus das Gästehaus Katrin und Haus Harzwald, alle dicht beieinander gelegen. Die Zimmer in rustikalem Stil komfortabel mit Telefon, Fernseher und Minibar eingerichtet garantieren einen behaglichen Aufenthalt. Auch die Ferienappartements mit kompletter Küche lassen nichts zu wünschen übrig.

Morgendliches Schwimmen

Damit jeder Ferientag für Sie zu einem Erlebnis wird, beginnen Sie ihn am besten nach dem morgendlichen Schwimmen oder nach der Kurgymnastik am reichhaltigen Frühstücksbüffet. Danach können Sie nach Belieben in der Schönmünz Forellen angeln oder ein heißes Match auf dem Tennisplatz austragen, am Kesselbach das Rotwildgehege besuchen oder mit den lieben Kleinen auf dem nahen Waldkinderspielplatz herumtoben. Für Ausflüge in die Umgebung steht Ihnen ein Wanderführer zur Verfügung, der Sie durch die kühlen, endlos stillen Wälder zu den umliegenden Karseen und den bewirtschafteten Hütten auf den Höhen führt.
Zur Schneezeit erreichen Sie direkt vom Hotel aus die relativ schneesicheren Loipen, zum Beispiel die Langenbach-, Biberkessel- oder Gaiskopfspur oder den Skifernwanderweg Baden-Baden–Alpirsbach. Die Freunde des alpinen Skisports werden bequem durch den hauseigenen Skitransfer zum Skilift Seibelseckle gefahren. Unterricht, sowohl für nordischen als für alpinen Skilauf erhalten Sie in den verschiedenen Skischulen. Am Abend nach Sauna und Solarium lädt die historische alte Gaststube mit dem Kachelofen zum zünftigen Auerhahnvesper oder zu Wildspezialitäten aus den heimischen Wäldern, dazu ein gutes „Viertele" aus badischen Kellern ...

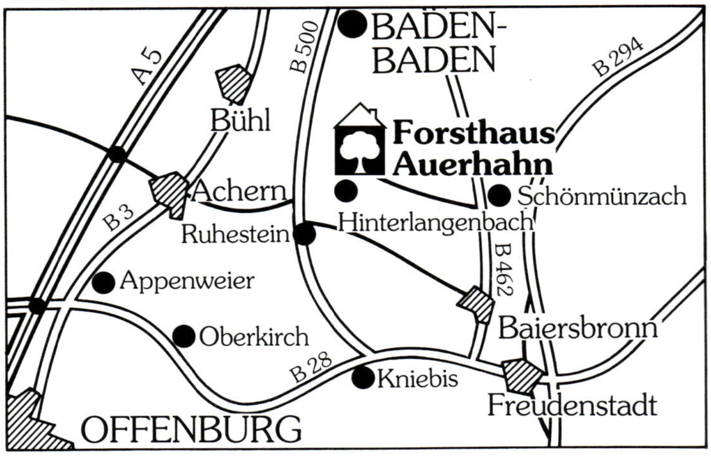

Anzeige

Ferien im Forsthaus
Eine Wanderung vom Forsthaus Auerhahn führt durch den stillen, dunklen Schwarzwald, dort wo die Bäume am höchsten sind und der Wald am dichtesten. Für Kinder ist der Besuch des Rotwildgeheges am Kesselbach immer wieder ein fröhliches und spannendes Erlebnis, aber auch ein kleiner Ausflug zum nahegelegenen Waldspielplatz wird ihnen viel Freude machen. Aber

auch für die Erwachsenen mangelt es an sportlichen Betätigungsmöglichkeiten wahrlich nicht: Im Winter ist da natürlich der Skisport, schließlich liegt das Forsthaus Auerhahn dicht beim größten Skigebiet des Nordschwarzwalds. Im Sommer angelt man Forellen, spielt Tennis oder macht Ausflüge ins obere Murgtal oder nach Freudenstadt.

Forsthaus Auerhahn
D 7292 Baiersbronn 9, Hinterlangenbach, Tel. 07447/390-404
Geschlossen: 20. 11.–10. 12.
Der besondere Hotelservice:
Skiwandern, Skitransfer, geführte Wanderungen, Kurgymnastik, Grillabende, Fondueabend.

Kategorie | **Lage** | **DM** B | **Betten** 3, 13 | **Zimmerausstattung** | **Küche** D
Hotelausstattung P P | **Serviceleistungen**
Sport im Hotel Z | **Region**
Sport in der Nähe
Sonstiges | **Kreditkarten** | **Unterhaltung** | **Sehenswürdigkeiten**

Im Herzen der Ortenau: Waldhotel Grüner Baum

Ringhotel Ödsbach

Behagliche Gastlichkeit und ein liebliches Tal voller Obst, Beeren und Wein – die idealen Voraussetzungen für einen schönen Urlaub.

Die Liegewiese grenzt an einen Naturpark

Nicht viele Hotels sind mit einem so schönen Standort gesegnet; im bezaubernden Renchtal, dem Herzen der Ortenau abseits von Verkehr und Hektik direkt am Wald gelegen, in einem großen Naturpark, den die Hoteliers Müller nur behutsam kultiviert haben, um die Ursprünglichkeit der gewachsenen Landschaft nicht zu zerstören. Seit über dreihundert Jahren ist der Grüne Baum als Stätte badischer Gastlichkeit bekannt und geschätzt. Nicht nur „für feine Leute", wie es in einer alten Urkunde heißt, steht der Grüne Baum offen, sondern für alle diejenigen, die eine solide Leistung in Verbindung mit warmherziger Gastfreundschaft suchen. Der Gast findet hier ein behagliches Familienhotel vor, das durch seine ästhetisch ansprechende architektonische Gestaltung mit allem modernen Komfort ebenso besticht, wie durch die Vielfalt der Fitneß-, Sport- und Spielmöglichkeiten. Die Zimmer des Hauses sind komfortabel gestaltet und mit Radio, TV, Telefon und Minibar versehen. Und gern nutzt man beim ersten Sonnenstrahl den Balkon, um am liebevoll gedeckten Frühstückstisch den Tag zu beginnen.

Verträumte Weiher und muntere Bächlein

Ein großzügiges Hallenbad mit direktem Zugang zur weitläufigen Liegewiese lädt zum Schwimmen und Planschen ein; Erholung und Entspannung können Sie außerdem im Sonnenstudio oder im römischen Dampfbad finden oder sich im Massagestudio ordentlich durchwalken lassen. Selbstverständlich gibt es auch Tennisplätze in Hausnähe und einen Trimm-Dich-Pfad. Wer gern eine ruhige Kugel schiebt, wird sich an einer der Kegelbahnen betätigen und für die Schachgenies gibt es das Gartenschach. Bocciabahn und Bogenschießanlage, Volleyballplatz und Wassertretstelle, Kinderspielplatz und die herrliche Umgebung – wenn das kein Freizeitangebot ist! Zu den besonderen Anziehungspunkten des Hotelareals zählt ein still vor sich hin träumender Forellenweiher, zum Sinnieren oder zum beschaulichen Angeln wie geschaffen. Wer der Angelleidenschaft frönt, kann seinem Hobby auch an einem der Bäche huldigen, in denen sich die munteren Schwarzwaldforellen tummeln.

Und die berühmte badische Küche

Die Franzosen haben für den Lebensstil der Badener des „leben und leben lassen" den Ausdruck „la gemütlichkeit badoise" geprägt, und die Gourmets werden dabei sofort an die berühmte badische Küche denken, die sich hinter der französischen gewiß nicht zu verstecken braucht. Der bewährte Küchenchef des Hauses hat sich der Pflege der typisch badischen Speisen mit derselben Hingabe verschrieben wie der Kultur der großen internationalen Küche.
Die Getränkekarte ist wohl assortiert und beispielhaft im Angebot einheimischer Spitzenweine. Der Service wird von freundlichen Mädchen unaufdringlich und aufmerksam besorgt.

Nach Baden-Baden oder nach Straßburg ist's nur ein Katzensprung

Die nähere und weitere Umgebung ist reich an interessanten Ausflugszielen, liegt das Waldhotel Grüner Baum doch im Herzen einer alten Kulturlandschaft. Da kann man zum Beispiel die Europastadt Straßburg ansteuern oder das elegante Baden-Baden, den sagenumworbenen Mummelsee oder den Freizeitpark Rust, dessen Attraktionen vor allem die Herzen der Kinder höher schlagen lassen.

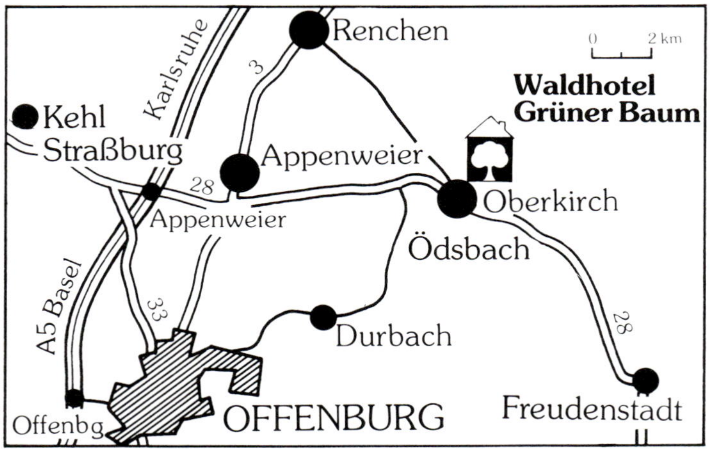

Anzeige

Kultur und Aktivfreizeit
Stammgäste schätzen neben der stilvollen Atmosphäre des Hauses besonders die exquisite badische und französische Küche, die man auch im geschmackvoll eingerichteten Wintergarten oder auf der schönen Sonnenterrasse genießen kann. Für aktive Freizeitgestaltung sorgt das Schwimmbad mit direktem Zugang zur weitläufigen Liegewiese.

Waldhotel Grüner Baum Ringhotel Ödsbach
D 7602 Oberkirch-Ödsbach, Alm 33, Tel. 0 78 02/80 90, Fax 0 78 02/8 09 88, Telex 7 52 627, Fam. Karl Müller
Der besondere Hotelservice:
umfangreiches Gästeprogramm, Sommerfeste, Radtouren, Tennisturniere.

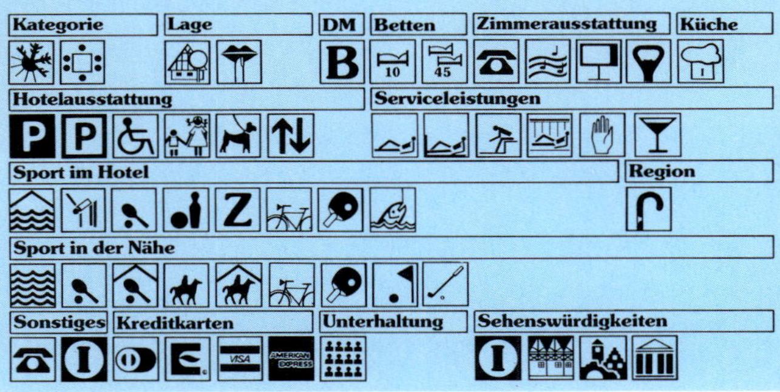

Zu Gast im „deutschen Meran“: Zur Oberen Linde

Oberkirch, die Stadt des Weines in der Ortenau, wird wegen ihres milden Klimas auch als das „deutsche Meran“ bezeichnet. Hier finden Sie zu jeder Jahreszeit ideale Urlaubsbedingungen.

Auf dem Hoteltennisplatz können Gäste stets aufspielen.

Fachwerkhäuser gibt es in Deutschland viele. Schon weniger davon stehen unter Denkmalschutz, und die allerwenigsten sind heute eine berühmte Stätte der Gastlichkeit. Auf die Obere Linde aber treffen alle diese drei Voraussetzungen zu: Im Jahre 1659 entstand der prächtige Fachwerkbau, der sich heute als Hotel mit allem neuzeitlichen Komfort präsentiert und sein „Markenzeichen“ Romantik-Hotel völlig zu Recht trägt. Doch dies sind beileibe nicht alle der Vorzüge, die die Obere Linde zu einem geradezu idealen Feriendomizil machen. Da ist zuerst einmal ihre bevorzugte Lage zu nennen im Erholungsort Oberkirch, der Stadt des Weines in der Ortenau. Inmitten von Reben und bewaldeten Höhen liegt Oberkirch im Renchtal und damit in der klimatisch günstigen Vorbergzone des Schwarzwaldes. Oberkirch ist eine alte Oberamtsstadt, überragt von der noch immer beeindruckenden Ruine der einst mächtigen Schauenburg.

Für Weinkenner und solche, die es werden wollen

Die vielfältigen Freizeiteinrichtungen Oberkirchs gewährleisten, daß jeder den Urlaub so verbringen kann, wie er für ihn am schönsten ist. Da gibt es einen Stadtgarten mit Musikpavillon und Tiergehege. Wenn Sie sich einmal Urlaub auch vom Auto gönnen wollen, können Sie sich in den Sattel schwingen und die Gegend mit „1 PS“ erkunden – oder auf dem Drahtesel, den man hier auch leihen kann. Fast selbstverständlich für einen Weinort ist es, daß es einen Weinpfad mit Weinkellerei- und Schnapsbrennereibesichtigungen gibt. Der Trimm-dich-Pfad und der Waldlehrpfad stehen für Fitneß- bzw. Naturfans bereit.

Sport- und Freizeitvergnügen in der Goldenen Au

Auch wenn Sie einen Aktivurlaub planen, sind Sie in der Oberen Linde richtig. Das Hotel bietet seinen Gästen einen hauseigenen Tennisplatz an, und in etwa 20 Autominuten sind Sie schon beim Skizirkus an der Schwarzwald-Hochstraße, der von den Abfahrtspisten bis zum Langlauf und Skiwandern sämtliche Wintersportmöglichkeiten aufweist. Schwimmen kann man im Oberkircher Freibad, ein Hallenbad gibt es im benachbarten Lautenbach.

Für das Freizeitprogramm ihrer Gäste haben sich die Oberkircher etwas Besonderes einfallen lassen: das „Dannezäpfli“. Gutscheinblock mit über 30 kostenlosen oder preisermäßigten Ferienüberraschungen. Dazu gehören z. B. kostenlose geführte Wanderungen in die schönsten Wanderparadiese der Gegend. Wer gern etwas größere Ausflüge macht, kann sich zunächst einmal in der „Goldenen Au“ umsehen, jener uralten Kulturlandschaft im Städtedreieck Baden-Baden, Freudenstadt, Straßburg, die ein Teil der Ortenau ist und zu der auch Oberkirch gehört. Ganz in der Nähe liegen Lautenbach, das mit seiner Pfarrkirche ein Kleinod Schwarzwälder Baukunst besitzt, und Ödsbach, in dessen Umgebung der Mineraliensammler fündig werden kann. Wenn Sie auf der Badischen Weinstraße nach Süden fahren, kommen sie an Schloß Staufenberg, im 11. Jahrhundert als Burg gegründet, vorbei nach Durbach, einem Ort, dessen Name allen Weinkennern bestens vertraut ist. Andere berühmte Weinorte findet man in südlicher Richtung, so etwa Achern, das auch ein sehenswertes Sensen- und Heimatmuseum zu bieten hat.

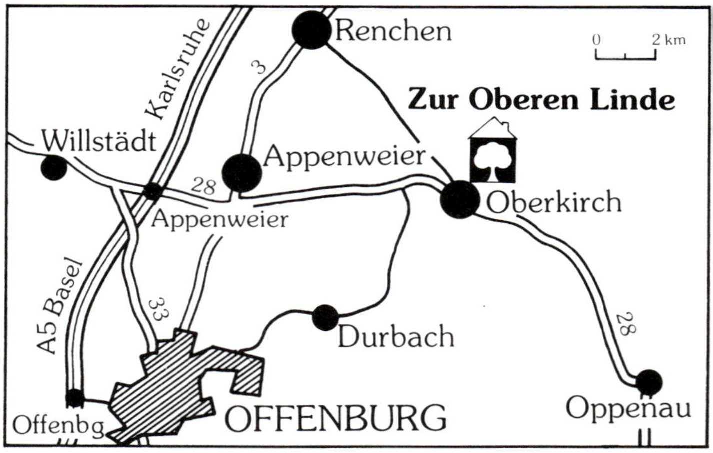

Zur Oberen Linde Romantik-Hotel
D 7602 Oberkirch, Hauptstr. 25–27, Tel. 07802/8020, Fax 07802/3030, Telex 752640.
Der besondere Hotelservice: tagsüber Kinderbetreuung, Weinproben, Brennereibesichtigung, Armbrustschießen. Arrangement: Schwarzwaldrundflüge.

Kategorie | Lage | DM B | Betten 4 33 | Zimmerausstattung | Küche

Hotelausstattung | Serviceleistungen

Sport im Hotel | Region

Sport in der Nähe

Sonstiges | Kreditkarten | Unterhaltung | Sehenswürdigkeiten

Glottertal heißt Gastfreundlichkeit: Silence-Hotel Hirschen

Tausende blühender Obstbäume im Frühling, herrliche Wiesen im Sommer, verheißungsvolle Weinberge und buntes Laub im Herbst mittendrin ein urgemütliches Hotel — das verheißt Urlaubsfreuden.

Interessanter Ausflug zum Besucherbergwerk im Münstertal

Es hört sich fast wie ein unerfüllbarer Wunschtraum an: Urlaubmachen in einem lieblichen Tal, einer Erholungslandschaft par excellence, in einem rustikalgemütlichen und dennoch mit Komfort ausgestattetem Hotel, und das alles in der Nähe einer schönen Stadt, die zu entdecken ein besonderes Erlebnis darstellt. Doch genau diese idealen Bedingungen findet der Gast im „Hirschen". Im weit über die Grenzen Badens hinaus für seine bevorzugte Lage wie für seine Gastfreundschaft berühmten Glottertal gelegen, ist dieses Haus so recht dazu angetan, Urlaubsträume wahr zu machen. Schon seit 1895 ist der „Hirschen" im Familienbesitz und hat seit damals manchen Wandel erfahren. Immer wieder hat man versucht, das Vorhandene zu verbessern, und so wurde aus dem einfachen Landgasthaus schließlich ein Hotel. Erhalten blieb jedoch die Schwarzwälder Behaglichkeit, die schon von der alten Bauernstube ausging.

Das Paradies der Feinschmecker

Für Gourmets ist das Glottertal fast so etwas wie ein kulinarischer Wallfahrtsort, und der „Hirschen" macht diesem Ruf alle Ehre: Ob Sie auf ein zünftiges Vesper Lust haben oder sich zum Beispiel mit einem frisch zubereiteten Hummersüppchen verwöhnen lassen wollen, für die Küche gibt es da keine Probleme. Und die Krönung der Mahlzeit bilden die flüssigen Kostbarkeiten aus hauseigener Kellerei: Weine von den sonnigen Hängen des Glottertals. Doch damit die exzellente Verpflegung nicht allzugut anschlägt, hat man im „Hirschen" auch für Gelegenheit zu sportlicher Betätigung gesorgt: Zum Hotel gehören zwei Tennisplätze mit Kunststoffrasen, die von einem Park umgeben sind, und nur 14 km entfernt befinden sich zwei gepflegte Golfplätze.

Erkundungen durch Stadt und Land

Der Schwarzwald ist bekannt für seine herrlichen Wanderwege, und das Glottertal macht hier natürlich keine Ausnahme: Man hat die Wahl zwischen geruhsamen Spaziergängen durchs Tal und an der Glotter entlang, Wanderungen auf die umliegenden Berghöhen und großen Touren. Ein besonderer Anziehungspunkt ist der Kandel, dessen höchste Stelle 1241 m beträgt. Bei klarer Sicht hat man von hier aus einen überwältigenden Blick über die Rheinebene bis zu den Vogesen und über den Feldberg zu den Alpen. Im Winter ist hier ein Skiparadies mit Schleppliften und Langlaufloipen.
Wem der Sinn nach Unterhaltung und Sehenswürdigkeiten steht, hat keine Probleme, das Richtige zu finden; das Glottertal liegt nämlich beinahe vor den Toren Freiburgs. Diese alte Universitäts- und Kulturstadt lädt zum Bummel oder einer Kutschenfahrt durch die Altstadt ein. Das absolute „Must" ist eine Besichtigung des Münsters, dessen Baugeschichte um 1200 begann. Einen schönen Blick über die Stadt hat man vom Schloßberg aus, auf den eine Seilbahn führt. Freunde eines edlen Tropfens können sich in gemütlichen Weinlokalen niederlassen oder Weinseminare und Weinproben besuchen, die der Badische Weinbauverband veranstaltet. Doch es gibt auch noch andere Orte in der Umgebung des Glottertals, die einen Besuch lohnen. Nach Sankt Peter etwa ist es gar nicht weit. Dort können Sie eine Führung durch die 1093 gegründete ehemalige Benediktinerabtei mitmachen oder einen Kurs in Bauernmalerei belegen.

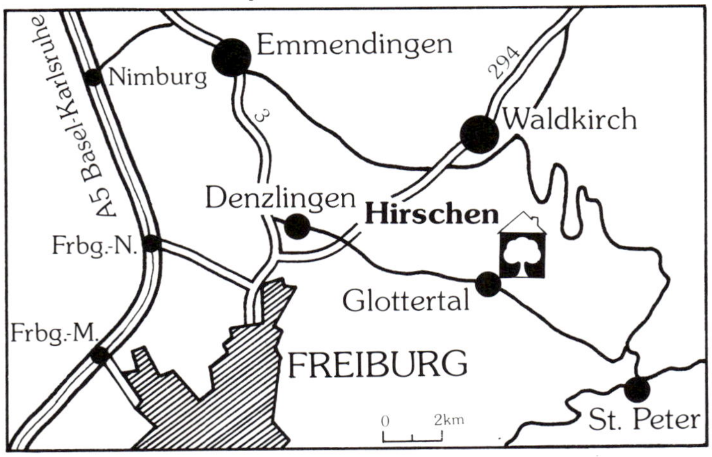

ELZTAL HOTEL

Das Sport- und Ferienparadies (15 min. nör

Schwarzbauernho

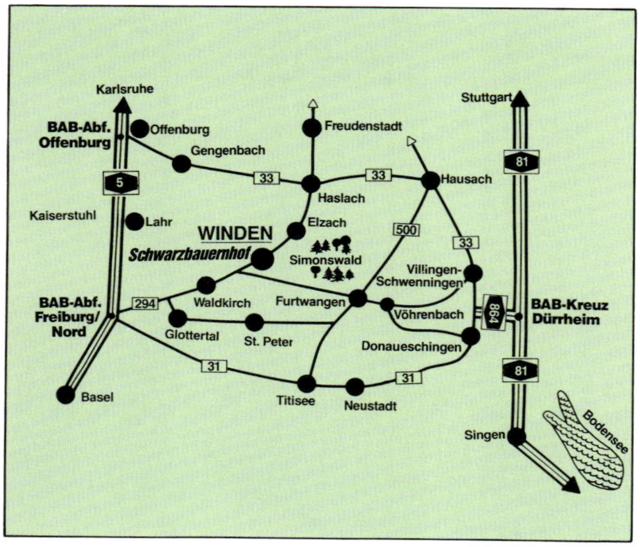

7809 Winden im Elztal
Familie A. u. R. Volk
Tel. 07682/514 · Fax 07682/1767

- Hallenbad
- Sauna
- Whirlpool
- Kraftraum
- Solarium
- Kegelbahn
- Spielräume
- Tennisplatz
- Fußballplatz
- Kinderspielplatz
- Hotelrundweg
- Kosmetik-Studio
- Tanz- und Zitherabend
- Überdachte Parkplätze

…on Freiburg)

…ine Klasse für sich

- Ruhepark
- Massagen
- Hauskino
- Ferienprogramm

Einzigartig ist die Vielfalt der Möglichkeiten im Schwarzbauernhof

80 % Stammgäste
Eine vorzügliche Küche
Großes Frühstücksbuffet
Mittagsmenüs
Abendmenüs 4 Gänge

Halbpension 85,– bis 150,– DM pro Tag u. Person

Schwarzwälder Gemütlichkeit: Hotel Adler

Zuflucht für Erholungsuchende, Pilgerstätte für Gourmets, Ausgangspunkt für „Schwarzwald-entdecker“ und Aktivurlauber – all dies ist das schöne Schwarzwaldholte für seine Gäste.

Seit 150 Jahren in Familienbesitz

Im idyllisch auf einem Sattel zwischen St. Blasien und Höchenschwand gelegenen Lufkurort Häuser, umgeben von saftigen Bergwiesen und weiten, herrlichen Tannenwäldern, liegt das Schwarzwaldhotel Adler. Der Gasthof wurde bereits im Jahr 1787 gegründet und ist seit 150 Jahren im Besitz der Familie Zumkeller. Die persönliche, kultivierte Atmosphäre sowie die hervorragende Küche tragen wesentlich dazu bei, daß sich die Gäste hier wohl und geborgen fühlen. Aber im Hotel selbst, in Häusern und der näheren wie ferneren Umgebung gibt es noch vieles andere, was Sie entdecken und genießen können.

Mit Kutsche und Pferdeschlitten

Das Hotel ist schon eine Sehenswürdigkeit für sich: ein behäbiges Schwarzwaldhaus mit viel Holz außen und innen und einem herrlichen, baumbestandenen Garten. Damit Sie fit bleiben, stehen Ihnen ein Hallenbad, Sauna, Dampfbad und ganz neu ein Felsenwhirlpool im Garten, der auch im Winter bei Minustemperaturen in Betrieb ist. Ein Tischtennisraum, Tischtennisplatz im Freien und ein Fitneßraum stehen auch zur Verfügung. Ebenfalls neu ist die hoteleigene Freizeitanlage am Waldrand mit zwei Tennisplätzen (Kunstrasen und Quarzsand), Grillplatz mit einem kleinen Teich. Weitere Gelegenheit für sportliche Aktivität bieten die hoteleigenen Fahrräder (5-Gang), mit denen Sie die herrliche Landschaft um den Schluchsee erkunden können. Segeln Sie gerne? Kein Problem; denn das Hotel verfügt über ein eigenes Segelboot am nur 11 Km entfernten Schluchsee. Und ein besonderer Ferienspaß sind im Sommer die Kutsch- und im Winter die Schlittenfahrten mitz hoteleigenen Pferden und Kutschen, die man hier für die Gäste veranstaltet. Im Sommer lädt das schön gelegene Waldbad zum Baden, Schwimmen und in der Sonne liegen ein. Natürlich ist auch in Häusern – wie überall im Schwarzwald – das Thema Wandern großgeschrieben. Ein weitverzweigtes, sorgfältig geführtes Netz von Wanderwegen bietet geruhsame und sportlichere Strecken für jeden Geschmack. Wenn Sie gern in Gesellschaft wandern, dann schließen Sie sich doch einfach den geführten Wanderungen an, die man im „Adler“ für Sie organisiert. Häusern ist aber ebenfalls ein Wintersportplatz, und so stehen dem Winterwanderer gutgebahnte Wege zur Verfügung, dazu dem Langläufer ein ausgezeichnetes Loipennetz in allen Höhenlagen bis hin zum Feldberg.

... und auch mal in die Ferne schweifen

Seine Lage macht Häusern zu einem idealen Ausgangspunkt für Ausflugsfahrten. Berühmte Ferienziele findet man ganz in der Nähe, aber auch zum Bodensee und in die Schweiz ist es gar nicht weit. Die beiden nächstgelegenen Orte sind St. Blasien und Höchenschwand. In St. Blasien gibt es eine ehemalige Benediktinerklosterkirche zu sehen, und in Höchenschwand haben Sie Gelegenheit, per Helikopter den Schwarzwald aus der Vogelperspektive zu betrachten. Wenn Sie im Winter nach Todtmoos kommen, können Sie in internationales Schlittenhundrennen beobachten. Das Tal der Alb wiest eine bizarre Felsszenerie auf, die Sie auf einer Fahrt in Richtung Albbruck bewundern können. Eine Fahrt wert ist auch die Kreisstadt Säckingen mit ihrer vielbewunderten gedeckten Rheinbrücke, die schon im 16. Jahrhundert entstanden ist. Das malerische Stadtbild wird von den Türmen des Münsters St. Fridolin überragt, und am Rheinufer steht Schloß Schönau.

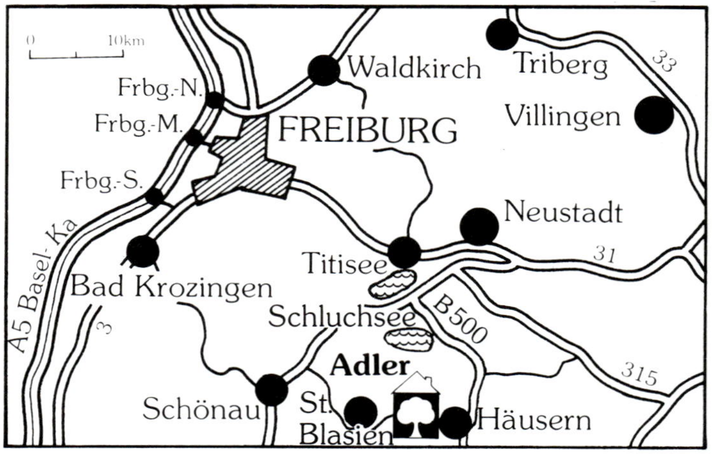

Schwarzwaldhotel Adler, Ringhotel Häusern
D 7822 Häusern, Fridolinstr. 15, Tel. 07672/4170, Fax 07672/417150
Geschlossen: 4.11.–19.12.91; Restaurant Montag und Dienstag
Der besondere Hotelservice: Wanderungen und geführte Radwanderungen, Tennis-Kurse und -Turniere, Wander-Transfer mit Hotelbus

Kategorie | Lage | DM B | Betten 11 32 | Zimmerausstattung | Küche

Hotelausstattung | Serviceleistungen

Sport im Hotel | Region

Sport in der Nähe

Sonstiges | Kreditkarten | Unterhaltung | Sehenswürdigkeiten

Exquisite badische Küche und Nouvelle Cuisine: Hotel Dorer

Prächtige Wälder, saubere Luft und ein freundliches, liebenswertes Dorf: Schönwald ist ein Besuch wert.

Tradition und Ursprünglichkeit werden im Hotel Dorer gepflegt

Wer kennt sie nicht – die weltberühmte Schwarzwälder Kuckucksuhr, die vor 250 Jahren von Franz Ketterer erfunden und dann auf dem Rücken handelstüchtiger Schwarzwälder in aller Herren Länder getragen wurde.
Aber daß der Ketterer Franz aus dem heutigen Kurort Schönwald stammt, daß weiß kaum einer. Dabei hat es dieser heilklimatische Kurort tatsächlich verdient, einem breiteren Publikum bekannt zu sein.
Wie es der Name schon sagt, erhielt der Ort seinen Namen bei der Besiedlung vor rund 750 Jahren auf Grund der umliegenden prachtvollen Wälder.
Die gibt es heute noch; auch der in Höhen von 900 bis 1150 m gelegene Kurort hat viel von der Ursprünglichkeit des alten Schwarzwalddorfes bewahrt. Zuerst bestand der Ort aus mächtigen Schwarzwälder Hofgütern, die sich um die Kirche gruppierten.
In ihnen lebten ganze Generationen unter einem Dach, und das mag der Grund dafür sein, daß im schönen Schönwald der Familiensinn gelebte Tradition ist.
Ob im Winter zum Skilaufen, Rodeln oder Langlauf, im Frühjahr zur Entschlackungskur oder im Herbst zum Wandern – der Luftkurort Schönwald ist zu jeder Jahreszeit ein lohnendes Urlaubsziel.

Ein schönes Schwarzwälder Haus

Schwarzwälder Tradition und Ursprünglichkeit werden auch im Hotel Dorer geschätzt. Das tut sich schon am Äußeren des Hauses kund: Viel Holz an der schönen Veranda und den typischen Schwarzwälder Balkonen mit dem leuchtend roten Blumenschmuck vermitteln urgemütliche Behaglichkeit.
Der erste Eindruck trügt nicht – auch die gediegene Zimmereinrichtung, mit folkloristischen Motiven und Möbeln geschmackvoll ergänzt, verspricht Entspannung und Erholung im Einklang mit der Landschaft.
Gleichermaßen nobel und doch urgemütlich ist der Speisesaal. Wenn am festlich gedeckten Tisch aufgetragen wird, merkt man sogleich an den exquisiten Speisen – hier kocht der Chef selbst. Seine besondere Liebe gehörte der badischen Küche und der Nouvelle Cuisine des nahegelegenen Nachbarlandes. Er ist es auch, der mit Sorgfalt darüber wacht, daß im Keller nur das Allerbeste an Weinen bereitgehalten wird, um schließlich am Tisch des Gastes kredenzt zu werden.

Im Pferdeschlitten durch den Winterwald

Das Hotel Dorer hat sich ganz auf Erholung und Entspannung seiner Gäste eingestellt: Angeboten werden eine Beauty-Woche mit allem Drum und Dran, die der Schönheit dient; eine Gesundheitswoche inklusive Naturkost, Schwimmprogramm im hoteleigenen Hallenbad, Vollmassagen und Solarium und schließlich eine Sportwoche, die aktiv mit Besuchen im Sportstudio, mit Sauna, Massagen, Tennis und Radfahren gestaltet wird.
Aber auch die Wanderfreunde unter den Gästen kommen nicht zu kurz. Für sie gibt es extra Wanderwochen, schließlich liegt Schönwald in einem Wanderparadies mit 180 km beschilderten Wanderwegen! Ein weiterer Vorteil des Hauses ist, daß die Lage direkt am Kurzentrum ideal für „Kururlauber" ist, die das Schönwalder Heilklima in Anspruch nehmen wollen. Im Winter wird hier natürlich der Skisport großgeschrieben mit Abfahrten und gutpräparierten Langlaufloipen. Selbst besinnliche Spaziergänge auf geräumten Wanderwegen oder eine romantische Pferdeschlittenfahrt im tief verschneiten Wald lassen die weiße Jahreszeit zum Erlebnis werden.

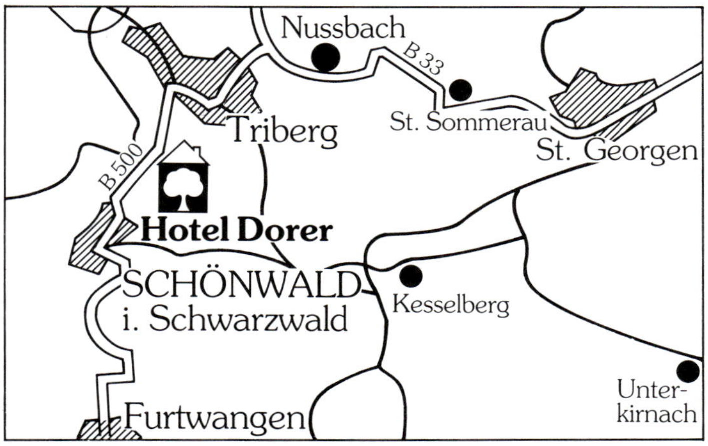

Badische Gemütlichkeit und exzellente Küche
Das Hotel Dorer bezaubert durch seine typische Schwarzwälder Atmosphäre, verbunden mit einem hohen Leistungsstandard in Haus und Küche, was dem Haus den begehrten roten Eintrag im Michelin-Führer und das Krönchen im Varta-Führer eingetragen hat.

Kur-Urlaub: Porten's Kurhaus Höchenschwand

Auf einer malerischen Kuppe in 1000 Meter Höhe liegt der heilklimatische Kurort Höchenschwand inmitten von hohen Schwarzwaldtannen.

Höchenschwand vor der Kulisse der Alpen.

Auf dem „Dach“ des Südschwarzwaldes, dort, wo er sich nach Süden, dem warmen Rheintal zuneigt, liegt der heilklimatische Kurort. Dort befindet sich das traditionsreiche und behagliche Porten's Kurhaus Höchenschwand, dem die St. Georg Privatkliniken und eine Schönheitsfarm angeschlossen sind. Einzigartig ist die Lage dieser Häuser auf einem überschaubaren Hochplateau mit Aussicht bis zur fernen Kette der Schweizer Alpen. Diese Tatsache trug Höchenschwand auch den Namen „das Dorf am Himmel“ ein.

Porten's Kurhaus und St. Georg gehören zusammen

Eine Passage verbindet das Kurhaus mit der angegliederten Privatklinik St. Georg, die unter Leitung von Fachärzten steht. Die Höchenschwand-Kur und ihre besondere Wirkung auf den Organismus basiert auf den Faktoren Landschaft, Klima und Bewegung. Das Heilklima – erwiesen durch fundierte biometeorologische Untersuchungen – ist für die Kur von großer Bedeutung. Bei längeren Kuren macht sich dies bemerkbar, wenn das milde Reizklima der hohen Mittelgebirgslage (1050 Meter) anregend und ausgleichend auf die vegetativen Lebensfunktionen, die verschiedenen Körpersysteme und -organe wirkt. Heilanzeigen sind gegeben bei Herz und Kreislaufkrankheiten, bei Problemen mit den Atmungswegen, dem Stoffwechsel sowie bei Magen-, Darm- und Leberleiden.

Gesundheit durch Natur

Verabreicht werden Naturheilmittel wobei auch physikalisch-balneotherapeutische Anwendungen dazu gehören. Genannt seien nur einige Kurmittel wie etwa Luftperlbad, Kohlensäurebad, Fango oder Lymphdrainage. Selbstverständlich verfügt das Haus auch über ein Hallenbad und eine medizinische Bäderabteilung. Heilfasten, Entschlakkungskuren und Diätkost sind sinnvolle Ergänzung der Kur.

Lassen Sie sich auf der Schönheitsfarm verwöhnen

Darüber hinaus wurde im Porten Kurhaus die Schönheitsfarm

Das Porten Kurhaus und Klinik Höchenschwand

nach den neuesten Erkenntnissen der Schönheits- und Gesundheitspflege gestaltet. Das familiär geführte Haus bietet neben kompletter fachkosmetischer Betreuung auch Sauna, Solarium und einen Gymnastikraum. Ein besonderer Akzent wird auf die spezielle Cellulitis-Behandlung gesetzt, die unterstützt wird durch Massage und Gymnastik. Tennisplätze, ein Waldfreibad, Minigolf sowie Trimmpark runden das Gesundheits- und Schönheitsangebot in freier Luft ab. Außerdem kann man von Höchenschwand herrliche Wander- und Skitouren unternehmen. Darüber hinaus gehören Jagd- und Angelmöglichkeiten ebenso zum Urlaubsangebot wie ein Besuch in dem historischen Freiburg mit seinen zahlreichen Sehenswürdigkeiten. Nach einem ausgefüllten Tag lädt die Gartenterrasse – oft bei einem Grillfest – zum Verweilen und die Bar am Abend zu einem gemütlichen Plausch oder einem Tänzchen ein. Hier finden zur kurzweiligen Unterhaltung auch immer wieder Modenschauen statt.

Renommierte Küche: die Hubertusstuben

Begehrte Auszeichnungen wurden dem Spezialitätenrestaurant Hubertusstuben schon vor Jahren zuerkannt. Eine Tatsache, die für sich und die dort gepflegte Küche spricht. So zeichnen sich die Hubertusstuben durch gediegene und gemütliche Atmosphäre aus. Doch auch das Jägerstuben-Restaurant kann mit einem Superlativ aufwarten: Diese Wirtsstube, vom Großherzog von Baden mit dem „Realrecht", der Gaststättenkonzession, ausgestattet, ist die älteste Gaststube von Höchenschwand. Durch die ständige Ausstellung von Temperabildern des Kunstmalers Ch. G. Hirsch wurde sie als Heimatstube auch kunstsinnigen Kreisen bekannt. Gerne trifft man sich hier auf ein Viertel Wein, sei es aus dem Elsaß oder den Kaiserstühler oder Württemberger Weinbergen. Der Weinkeller ist bestens sortiert.
Von Höchenschwand ist es nicht weit hinunter ins Hochrheintal, wo gleich mehrere Ausflugsziele locken. Da sind zum Beispiel Waldshut und Tiengen, beides Städte, die einen sehenswerten Kern besitzen. Besondere Erwähnung verdienen vor allem die Häuser mit Sgraffito-Malerei in Tiengen. Wem es dorthin zu weit ist, dem sei empfohlen, sich im nahen St. Blasien das Benediktiner Kloster anzusehen.
Die Anlage wurde im Jahr 983 erstmals erwähnt.

Das Loipennetz ist gut bezeichnet

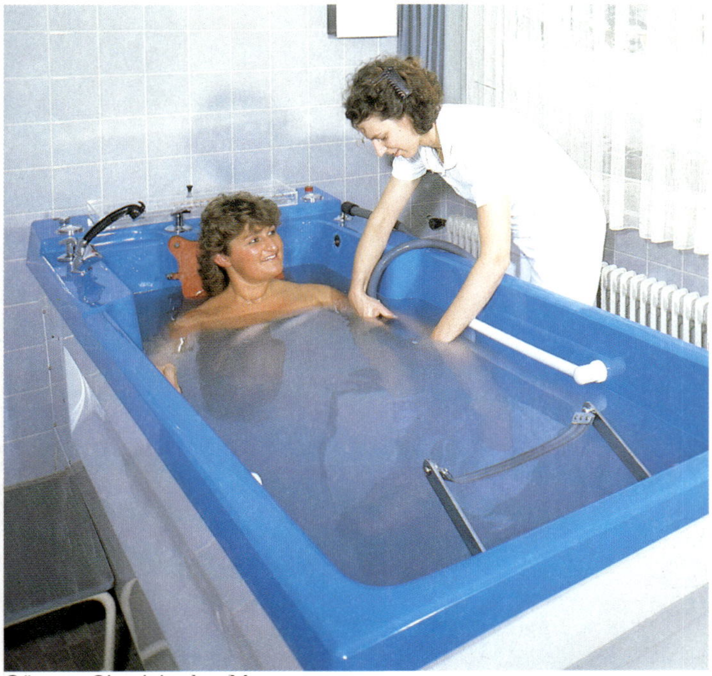

Gönnen Sie sich eine Massage

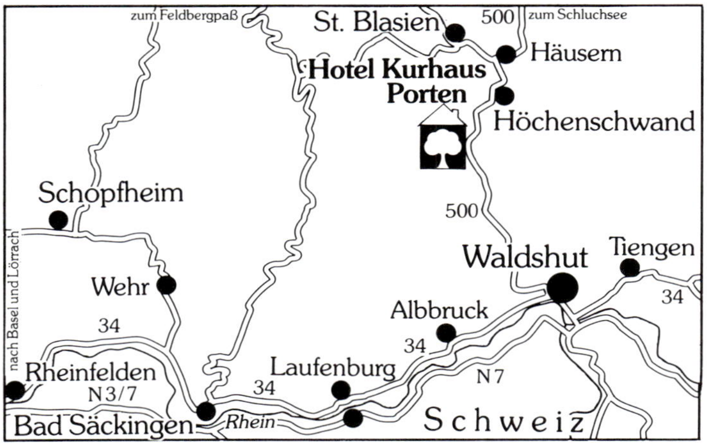

Gesundheit tanken in Höchenschwand
Im heilklimatischen Kurort Höchenschwand zwischen dem Titisee und dem Schluchsee einerseits und dem malerischen Städtchen Waldshut an der Schweizer Grenze andererseits liegt Porten's Kurhaus Höchenschwand, dem die St. Georg Kurkliniken und eine Schönheitsfarm angegliedert sind. Alle Häuser sind durch eine Passage verbunden. Die Höchenschwand-Kur und ihre besondere Wirkung auf den Organismus basiert auf dem Dreiklang von Klima, Bewegungstherapie und physikalischer Behandlung. Die Klinik verfügt über eine medizinische Bäderabteilung.

Auf Wiesen und Matten: Das Berghotel Halde

Blickt man vom Berghotel Halde bei klarem Wetter gen Süden, so sieht man bis zu den Alpen.

Auf Loipen und Spuren am Schauinsland

Südöstlich vor den Toren Freiburgs liegt der Schauinsland, der 1268 m hohe Hausberg der herrlichen Hauptstadt des Schwarzwaldes. Seine Besteigung ist ein Kinderspiel:
Ohne Schweißtreiberei läßt er sich von Günstertal aus, einem Vorort Freiburgs bequem per Seilbahn erobern.
Der Schauinsland gehört zu den höchsten Bergen des Schwarzwaldes und ist neben dem Feldberg das wohl am meisten besuchte Ausflugsziel. Von seinem Gipfel bietet sich bei klarem Wetter eine herrliche Fernsicht: Im Osten liegt der 1494 m hohe Feldberg, nordöstlich erhebt sich der mächtige Kandel (1214 m).
Im Westen sieht man den Kaiserstuhl und dahinter die langgestreckte Vogesenkette. Und im Süden schließlich erheben sich der Blauen (1165 m) und der Belchen (1415 m) mit seiner eigenwilligen Form.
In unmittelbarer Nähe liegen die verstreuten Häuser des Bergdorfes Hofgrund.
Etwas entfernt an der Berglehne in Richtung Notschrei befindet sich in schönster Lage das Hotel Halde, ein prächtiger Schwarzwälder Bauernhof mit dem typisch weit heruntergezogenem Dach.

Die ehemalige Poststation – heute ein modernes Hotel

Im 16. Jahrhundert hieß er noch „Zum Rößle“ und seine Gäste waren Bergleute, Holzarbeiter und Fuhrleute. Später wurde er zur Poststation für Postkutschen, die von Todtnau nach Freiburg und vom Münstertal ins Oberriedertal rumpelten. Das Haus, wie es noch heute neben der Straße steht, stammt aus dem Jahre 1677; doch der Haldenhof ist längst über Bauernhof und Poststation hinausgewachsen. Dazu beigetragen haben der Skisport und unser modernes Fortbewegungsmittel, das Auto.
An die vierhundert Jahre ist die Halde nun im Besitz der Familie Wissler – ein prachtvolles Haus. Schon die Holztäfelungen in der Gaststube machen es heimelig und urgemütlich und lassen das Essen – Sie können zwischen einheimischer, internationaler und Nouvelle Cuisine wählen – so richtig munden.
Im Sommer ist die Landschaft um die Halde herum mit ihren sonnigen Mulden und sauerstoffreichen Tannenhochwänden ein echtes Eldorado für alle Wanderer. Für den Sportfischer bietet sich Gelegenheit zum Forellenangeln. Golffreunde finden einen Platz in nur 15 km Entfernung vom Hotel.

Im Sommer wie im Winter ein Hotel für die ganze Familie

Zur Schneezeit finden der Anfänger wie auch der Zünftige ein ideales Skigebiet. Das Haus hat drei eigene Skilifte und die Pisten werden ständig mit den modernsten Schneewalzen gepflegt. Nach dem Skilaufen oder Wandern können Sie im Hallenschwimmbad mit Bar, das direkt von den komfortablen Zimmern aus bequem erreichbar ist eine „nasse“ Runde drehen; oder Sie relaxen in der Sauna und dem Solarium. Für die Jüngeren gibt es einen Jugend- und einen Tischtennisraum. Einfach ideal liegt das Haldenhotel für Ausflüge ins Elsaß oder in die Schweiz. Und wenn Sie gelegentlich urbane Zerstreuung suchen – Freiburg mit seinen wunderschönen Sehenswürdigkeiten liegt sozusagen gleich um die Ecke.

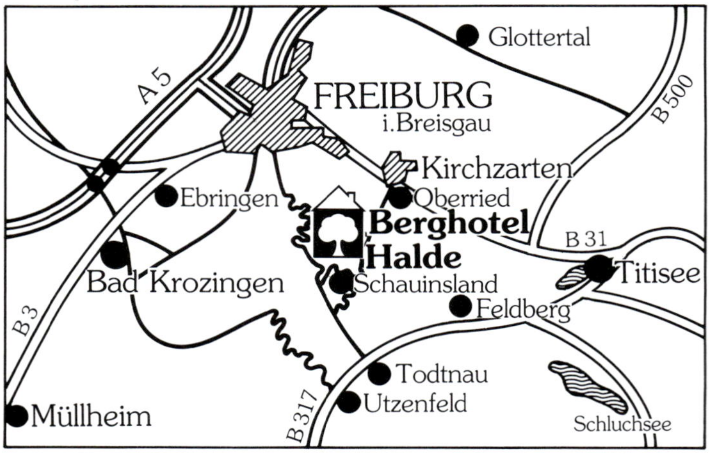

Anzeige

Sport und Gemütlichkeit am Schauinsland
Solch eine gemütliche Gaststube wie im Berghotel Haldenhof findet man selten:
Die jahrhundertelang gewachsene und gepflegte Tradition von Gastlichkeit und Qualität, die im ganzen Südschwarzwald bekannt ist. Das Hallenbad (7 x 14 m) ist direkt von den Zimmern aus zu erreichen. Gespeist wird es mit einem Frischwasserzulauf von täglich 7000 Liter aus den hoteleigenen Quellen, die in einer Höhe von 1200 m liegen. 3 hoteleigene Skilifte mit ermäßigten Preisen für Hotelgäste, sowie eine Loipe mit Flutlicht und 7 weitere Lifte stehen zur Verfügung.

Bergotel Halde
D 7801 Oberried, Tel. 07602/211-230, Fax 07602/768, Fam. Wissler
Geschlossen: April (ausg. Ostern)
Der besondere Hotelservice:
hauseigene Skilifte, Diät.

Kategorie | Lage | DM C | Betten 20 25 | Zimmerausstattung | Küche D I
Hotelausstattung P P | Serviceleistungen
Sport im Hotel | Region
Sport in der Nähe
Sonstiges I | Kreditkarten | Unterhaltung | Sehenswürdigkeiten I

Freizeitvergnügen für jeden Geschmack: Hotel-Restaurant „Krone“

Im lieblichen Klima des Bodensees, inmitten blühender Obstbäume läßt sich's in einem gemütlichen Hotel gut ausspannen.

Auf der Liegewiese genießt man das liebliche Klima

Das Königshaus der Württemberger machte aus der kleinen Hafenstadt Buchhorn und dem Kloster Hofen eine neue Stadt, und der König benannte sie in aller Bescheidenheit nach sich selber: Friedrichshafen. Das Kloster, einst königliche Sommerresidenz, ist heute Wohnsitz des Herzogs von Württemberg. Die barocke Schloßkirche wurde von dem Vorarlberger Baumeister Christian Thumb geschaffen, die glanzvollen Stuckarbeiten stammen aus der Hand der Wessobrunner Stukkateursfamilie Schmuzer. Der letzte Krieg hat den alten Stadtkern weitgehend zerstört; heute ist Friedrichshafen eine moderne Stadt mit einer Flanier- und Einkaufszone, mit Parks, Messegelände und der längsten Uferpromenade des Bodensees.
Im modernen Rathaus befindet sich das Bodenseemuseum, zu dem auch das Zeppelinmuseum gehört; denn in Friedrichshafen baute der Konstanzer Graf Zeppelin seine fliegenden Riesenzigarren. Hier entstand auch das Riesenluftschiff „LZ 217“, das als „Graf Zeppelin“ vom Stapel lief und 1929 seine berühmte Reise um die Welt antrat. Von hier aus begab sich 1824 der erste deutsche Dampfer auf Jungfernfahrt und heute findet hier jeweils im September/Oktober die Internationale Bootsausstellung statt. Friedrichshafen ist Verkehrsknotenpunkt der Bodenseeschiffahrt; das ganze Jahr über geht die Autofähre nach Romanshorn/Schweiz.

Eine Perle unter den Hotels am Bodensee

Nicht nur an der Seepromenade ist Friedrichshafen eine bunte Blumenstadt, auch der Vorort Schnetzenhausen prangt im Frühling im Schmuck seiner zahlreichen Obstbäume. Rund 1000 Einwohner hat der Ort, der inmitten eines Obstanbaugebietes liegt, in der Nachbarschaft schöner Wälder und 2 km vom Seeufer entfernt. Ein optimaler Standort auch für das schöne Hotel-Restaurant „Krone“, das man ohne Übertreibung als eine Perle unter den Hotels des Bodensees bezeichnen kann. Als Sport- und Freizeithotel wartet die Krone mit einem breitgefächerten Angebot auf, das keinerlei Wünsche offenläßt: In den schön dekorierten ländlich-rustikalen Gaststuben können Sie Speisen der Neuen Deutschen Küche oder aber die Köstlichkeiten der Region genießen. Im Rebkeller, der Weinstube für den zünftigen Abend, wird eine erlesene Auswahl an Bodenseeweinen kredenzt. Kegelfreunde finden im Keller 3 schallisolierte Bahnen, auf denen sie je nach Ausdauer tagsüber oder abends bis Mitternacht die Kugel schieben können.

Nach dem Bad in die Neptunbar

Im Hallenbad mit dem 30 Grad warmen Wassermassagepool können Sie sich bis neun Uhr abends im Wasser oder an der Theke der Neptunbar vergnügen. Außerdem gibt es eine großzügige Sauna-Anlage mit irisch-römischem Dampfbad, Freiluft- und Ruheraum, Wassertretbecken und 2 Sonnenbänken. An sonnigen Tagen erholt man sich auf der ruhig gelegenen Liegewiese oder hechtet ins erfrischende Naß des beheizten Freibades. Dem weißen Tennissport kann man aber auch bei Regen frönen, denn neben zwei Freiplätzen sind zwei Hallenplätze vorhanden; ein Tennislehrer kann vom Haus vermittelt werden. Um die Schönheit der Bodenseelandschaft und des Umlandes zu erfahren, kann sich der Gast ein Fahrrad mieten und damit gemütlich durch die Gegend strampeln. Und für die Kleinen gibt es im Hotel ein Kinderspielzimmer – wie man sieht, gibt's in der „Krone“ für jeden etwas!

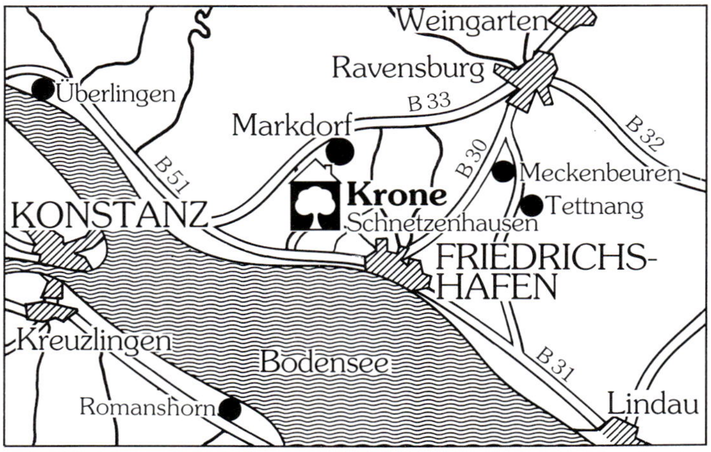

Anzeige

Genießen, faulenzen, entspannen
In der stattlichen Krone mit ihrem Blumenschmuck und dem dekorativen Fachwerk findet sich alles, was das Herz begehrt: Wohnliche Zimmer, ein Restaurant, das schwäbische Spezialitäten aus Küche und Keller bietet, eine Weinstube, Kegelbahnen, Schwimmbäder, Sauna, Whirlpool, Tennisplätze und vieles mehr. Zum Abschluß eines unterhaltsamen Tages darf man in der Kronenbar schon mal ein Tänzchen wagen. Seine Drinks kann man auch in der Neptunbar nehmen, die sich in dem geschmackvoll gestalteten Hallenbad befindet. Sehr angenehm ist die Wassertemperatur von 30°C.

Hotel-Restaurant Krone
D 7990 Friedrichshafen/Schnetzenhausen, Tel. 07541/4080,
Fax 07541/43601, Telex 734217
Geschlossen: 21. 12.–25. 12.
Der besondere Hotelservice:
Familienprogramme, geführte Wanderungen, KK-Schießen

Kategorie | Lage | DM | Betten | Zimmerausstattung | Küche

B | 29 | 66

Hotelausstattung | Serviceleistungen

Sport im Hotel | Region

Sport in der Nähe

Sonstiges | Kreditkarten | Unterhaltung | Sehenswürdigkeiten

Am Schwäbischen Meer: Strandhotel Tannhof

Die Landschaft des „Schwäbischen Meeres“ ist heiter, offen und abwechslungsreich. Zauberhaft muten die Ufer des Sees an: saubere Promenaden, malerische alte Städte, Klöster, Kirchen und Schlösser.

Deutschlands größter See ist ein Surfer- und Seglerparadies

Am bayerischen Ufer des Obersees liegt der international bekannte Luftkurort Lindau.
Die Stadtinsel Lindau ist vollständig bebaut und mit dem Festland durch einen 550 m langen Eisenbahndamm und eine Seebrücke verbunden. Dort liegen in schönstem Gartenland, zum Teil direkt am Seeufer, eine Reihe von Vororten mit herrlichen Freizeiteinrichtungen. Was liegt also näher, als hier in dieser Region einen interessanten Aufenthalt zu planen? Was würden Sie z.B. von einem 100 Jahre alten Schlößchen mit Park direkt am See halten?

Wie in der guten alten Zeit

Im architektonisch reizvollen Strandhotel Tannhof finden Sie in absolut ruhiger Lage inmitten eines 19000 m² großen Parks Ihre „Ferienresidenz“ direkt am See. Von den meisten der stilvoll und komfortabel eingerichteten Zimmer genießt man einen herrlichen Blick über den See mit der Alpenkette im Hintergrund. Das renommierte Haus verwöhnt Sie in persönlicher Atmosphäre mit den Spezialitäten der „Nouvelle Cuisine“ sowie mit Gerichten aus fangfrischen Bodenseefischen, erlesenen Weinen aus der Region und französischen Spitzenlagen.

Lindau – eine Stadt am See

Außerdem stehen Ihnen, nur 30 m vom Haus entfernt, ein Freischwimmbad, Tischtennis und der Fahrradverleih zur Verfügung. Besonders mit dem Fahrrad läßt sich an der flachen Ufergegend die Umgebung des Sees auf angenehme und gesunde Art und Weise erkunden. Es empfehlen sich Touren nach Wasserburg, einem malerischen Luftkurort auf einer Halbinsel, wo Gäste Berufsfischer beim Angeln begleiten können und der Bürgermeister noch Trauungen auf einem Fischerboot vornimmt. Oder ins daneben gelegene Fischer- und Weinbauerndorf Nonnenhorn mit riesigem Torkel (Weinkelter) von 1591. Doch man braucht nicht in die Ferne schweifen. Gleich ums Haus im Lindauer Ortsteil Bad Schachen können Sie jegliche Art von Wassersport betreiben, Tennishalle und 20 Tennisplätze, ein 18-Loch-Golfpatz sowie Reitmöglichkeiten stehen zur Verfügung. Und zur Schiffsanlegestelle sind es vom Hotel aus nur 5 Gehminuten. Wer Lindau besichtigen will, stellt sich bestimmt die Frage: Was soll man besichtigen? Am besten, man geht einfach kreuz und quer durch die krummen Gassen mit gepflasterten Steinen der Altstadt, vorbei an Laubengängen und der Kulisse vornehmer Bürgerhäuser, und läßt sich einfach durch den mittelalterlichen Stadtkern treiben. Plötzlich wird man vor dem prachtvollen Rathaus im Renaissancestil (ursprünglich gotisch) mit umfassender Fassadenmalerei stehen. Sehenswert ist auch die Peterskirche, heute eine Gedächtniskapelle mit einem Zyklus von Fresken, die Hans Holbein d. Ä. gemalt hat. Ein reich gefülltes Museum der Stadt ist am Marktplatz der „Carvazzen“ – als schönstes Bürgerhaus am Bodensee bezeichnet. Und nicht zu vergessen: die berühmte Hafenanlage mit dem 6,5 m hohen bayerischen Löwen und dem 33 m hohen Leuchtturm mit Aussichtsterrasse. Hier lohnt sich eine Schiffahrt ins österreichische Bregenz, wo einen die Seilbahn in wenigen Minuten herrlicher Schwebefahrt zum Pfänder (1064 m), dem bekanntesten Ausflugspunkt des Bodensees mit einzigartigem Rundblick, bringt.

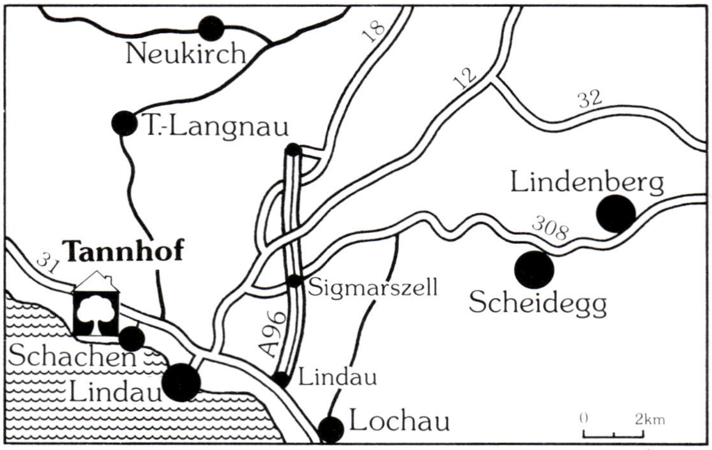

Anzeige

Das romantische Seehotel
Außen wie innen wird man von der romantischen Atmosphäre des 100 Jahre alten Schlößchens, in dem das Strandhotel Tannhof untergebracht ist, umgeben. Die stilvoll und komfortabel eingerichteten Räume strahlen Gediegenheit und Behaglichkeit aus. Hier werden Sie nach Art der „Nouvelle Cuisine“ und mit fangfrischen Produkten des Bodensees mit vortrefflichem Service verwöhnt. In 30 m Entfernung können Sie sich mit einem Sprung ins Hotelfreibad abkühlen oder in der Umgebung am Reiten, Golf- oder Tennisspiel teilnehmen.

Silence-Hotel Strandhotel Tannhof
D 8990 Lindau-Schachen, Oeschländerweg 24, Tel. 08382/6044, Fam. Digel.
Geschlossen: 1. 11.–14. 3.

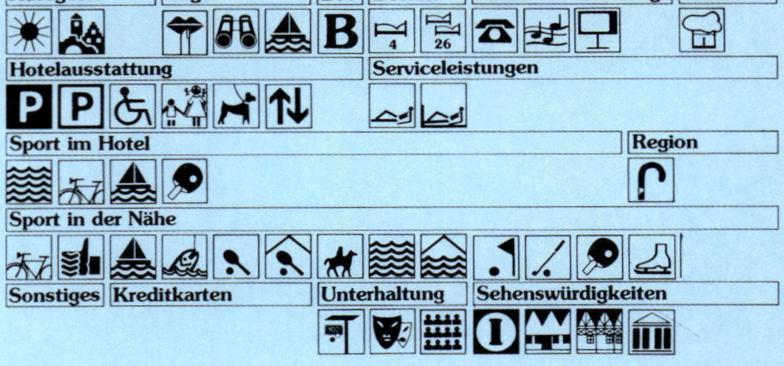

Wo die Zeit nicht von der Hast bestimmt ist: Hotel Bromerhof, Isnyberg

Vor den Toren der Stadt Isny im Allgäu liegt in malerischer Lage das Hotel Bromerhof. Hier, an einem der schönsten Plätze im Allgäu kann man einmal so richtig vom Alltag ausspannen.

Das Hotel Bromerhof liegt sehr idyllisch.

Mitten im Herzen des Westallgäus liegt in gesunder Mittelgebirgslage die ehemals Freie Reichsstadt Isny. Die Prädikate „Heilklimatischer Kurort" und „Anerkannter Erholungsort" verdankt die Stadt vor allem ihrer reizvollen Lage zwischen bewaldeten Hügeln und Bergen, kristallklar sprudelnden Bächen und Flüssen sowie der stillen und verträumten Moor- und Seelandschaft, nicht zu vergessen, der guten Luft. Zum anderen haben die vielfältigen Möglichkeiten, im Rahmen einer offenen Badekur und einer Sanatoriumskur Körper, Seele und Geist zu pflegen, dazu beigetragen, dieses hübsche Allgäustädtchen zu einem sehr beliebten Urlaubsort zu machen.

Anerkanntes Kurhotel mit ärztlicher Betreuung der Gäste

Im Kur- und Sporthotel Bromerhof kann der Gast viel für seine Gesundheit und für sein körperliches Wohlbefinden tun. Alle im Bromerhof angebotenen Kuren sind von den Krankenkassen als beihilfefähig anerkannt. Und sämtliche Anwendungen wie Massagen, Stangerbad, Kneippanwendungen, Unterwassermassagen, Fangopackungen sowie alle medizinischen Bäder werden von der Kurabteilung nur über ausgebildetes Fachpersonal verabreicht. Darüber hinaus wartet das Kurhotel Bromerhof mit weiteren, der Gesunderhaltung dienenden Einrichtungen, wie einem Hallenschwimmbad, einer Sauna und einem Solarium auf. Diese Räumlichkeiten sind gleich neben der Kurabteilung im Kurmittelhaus, welches dem Hotel angeschlossen ist, untergebracht. Der besondere Service: Die Gäste erreichen diese „Jungbrunnen"-Einrichtungen durch einen unterirdischen Verbindungsgang und müssen so das Haus in den kalten Jahreszeiten gar nicht erst verlassen. Im Sommer freilich will man sich ja so viel wie möglich im Freien aufhalten; da kommt die große Liegewiese und die Sonnenterasse des Bromerhof gerade recht.

Gastlichkeit im kultivierten Allgäuer Stil

Die Atmosphäre des Kur- und Sporthotels Bromerhof wird geprägt durch eine freundliche Gastlichkeit im kultivierten Allgäuer Stil und eine traditionelle Gastronomie. Die weit und breit bekannte Küche bietet internationale Spezialitäten ebenso wie die typischen Gerichte der süddeutschen Landschaft. Morgens gibt es ein reichhaltiges Frühstücksbüffet und auch beim Mittag- und Abendessen kommt der Feinschmecker voll auf seine Kosten. Im Sommer läßt man es sich bei den Grillabenden im Freien gutgehen.
Für angenehmen Komfort, den man im Urlaub nicht missen will, ist im Brommerhof bestens gesorgt. Die Hotelzimmer und Appartements sind sehr gemütlich eingerichtet.
Für Unterhaltung und sportliche Betätigung stehen der hauseigene Tennisplatz, die Kegelbahn, ein Schießstand, ein Tischtenniszimmer sowie der Gymnastik- und Trimmraum zur Verfügung. Auch an die kleinen Gäste ist mit einem Spielzimmer und einem schönen Sandkasten gedacht worden. Im Winter kommen die Skiäufer unter den Gästen in Isny und Umgebung voll auf ihre Kosten. Unmittelbar beim Hotel führt eine Loipe mit Anschluß zum 85 Kilometer umfassenden Langlauf-Netz vorbei. Zahlreiche Skilifte haben dank ihrer Flutlichtanlagen bis in den Abend hinein geöffnet. Geführte Wanderungen und Tagesausflüge werden das ganze Jahr über vom Hotel angeboten.

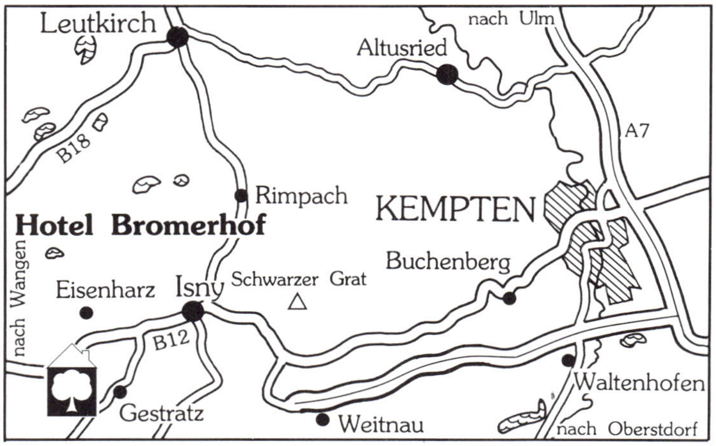

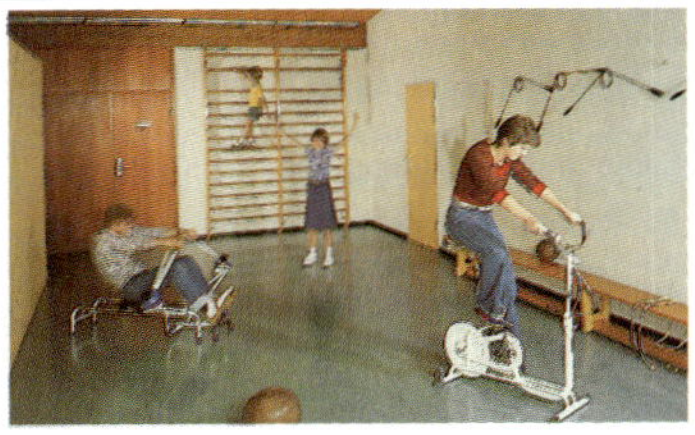

Klein aber fein: Der Magnushof

In schönster Lage mit Blick auf die Allgäuer Alpen steht ein exclusives Gästehaus für Individualisten.

Der Magnushof – ein umgebautes Bauernhaus

Seit 1986 betreibt Richard Raue sein exclusives Gästehaus. Davor war er erfolgreicher Inhaber eines Reisebüros im bekannten Kaufmannshof in der Hamburger Innenstadt. Bis er sich eines Tages, großstadtmüde und gestreßt ins schöne Allgäu absetzte und sich dort seinen Traum von einem naturverbundeneren Leben erfüllte. Die Karriere als Reisekaufmann, der sich zuvor in der ganzen Welt umgesehen hatte, war beendet. „Ich bin ein Aussteiger, wenn Sie so wollen". sagt Herr Raue dazu, und in seinem Ton schwingen Zufriedenheit und Ausgeglichenheit mit. Eisenberg-Unterreuten liegt dicht bei Füssen, rund 4 km querab von der B 16. Der Standort des Magnushofs in diesem kleinen Weiler von fünf Bauernhöfen garantiert dem Feriengast ein lärm- und abgasfreies Ambiente. Neben dem Hauptgebäude des ehemaligen Bauernhofes steht eine kleine Kapelle, hinter deren schmiedeeisernem Gitter man die Holzstatue des Heiligen Magnus bewundern kann; Ihm zu Ehren findet jedes Jahr Anfang September eine Prozession statt. Dieser Missionar, der im 8. Jahrhundert lebte, ist der Schutzpatron des Ostallgäus und hält ganz offensichtlich auch seine Hand über das stilvolle, ganz auf Individualität ausgerichtete Gästehaus.

Ein Haus für Ästheten

Der Magnushof verfügt über wenige, aber äußerst geschmacksvoll gestaltete Gästezimmer; die Einrichtung ist stilvoll rustikal gehalten und verrät den dezenten Geschmack des ehemaligen Hanseaten. Jedes Zimmer ist individuell eingerichtet und verfügt über Fernseher, Telefon und Radio.

In der Bauernstube erwartet den Gast ein zünftiges Frühstück

Wenn man sich mit tüchtigem Appetit in der Bauernstube zum Spezialitäten-Frühstück einfindet, erwarten einen allerlei Köstlichkeiten, wie frischgepreßte Säfte, ein Vollwertmüsli oder Aufschnittspezialitäten der Region.
Neben der architektonisch sehr geschmackvollen Schwimmhalle (mit Gegenstromanlage) stehen eine Sauna, ein Solarium und ein Fitneßraum zur Verfügung; Fit bleiben kann man auch an der Tischtennisplatte oder auf Entdekkungsreisen mit einem Leihfahrrad. Nachmittags um Fünf trifft man sich in der gemütlichen Kaminhalle zur Teestunde bei klassischer Musik zu geselligen Plaudereien. Das Weinstübchen ist der Ort für die abendliche Brotzeit, man sitzt dort auch gerne noch länger beisammen und erfreut sich am edlen Rebensaft; das Angebot umfaßt alle gängigen Weine.
Im Magnushof gibt man sich ungezwungen und individuell: „Bei uns gibt es nicht den üblichen Hotelrummel", sagt der Hausherr. „Das ist auch der Grund, weshalb wir einen festen Stamm von Insidern haben, von Leuten, die immer wieder gerne zu uns kommen.

Baden, Surfen, Drachenfliegen

Auch das Umfeld des Magnushofs bietet genügend Abwechslung für Individualisten: Baden und surfen im Hopfen- und Weißensee, drachenfliegen und fallschirmspringen lernen am Tegelberg und am Breitenberg; reiten, wandern und radfahren in der schönen Landschaft des Ostallgäus.
Ein Besuch der Königsschlösser Hohenschwangau und Neuschwanstein sollte keinesfalls versäumt werden. Im Winter beginnen die Loipen direkt am Haus; Die Pisten in Eisenberg; Nesselwang und Pfronten sind schnell erreicht.
Übrigens kann man den Magnushof auch exclusiv mieten: als Domizil für Feiern, Tagungen oder Präsentationen.

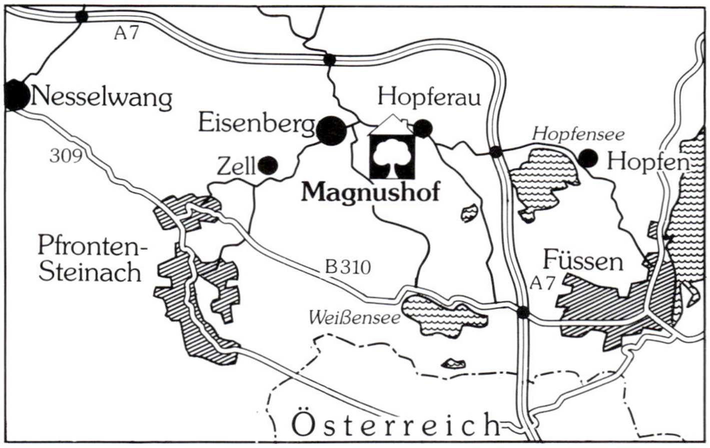

Allgäuer Berghof – Ferieninsel in den Bergen, weit über Stadt und Dorf

Sommerfrische und Winterparadies für Groß und Klein. Die Berg-Idylle mit viel Komfort und großem Sportangebot. In 1206 m Höhe, mitten im Landschaftsschutzgebiet, umgeben von Wiesen, Almen und Wäldern.

Radtouren in der schönen Allgäulandschaft.

Im Mündungswinkel des oberen Iller- und Ostrachtals liegt der Luftkurort und Wintersportplatz Sonthofen mit seinem gesunden Reizklima (742–1050 m). Sonthofen ist die Pistendrehscheibe dieser Region. Doch nicht nur für Wintersportler ist dieser Ort interessant. Wenn kein Schnee liegt, kann man von hier aus die herrlichsten Spaziergänge, Wanderungen und Klettertouren unternehmen. Über Sonthofen liegt in 1206 m Höhe auf den Ausläufern der Hörnerkette das Familien- und Sporthotel Allgäuer Berghof. Eine hauseigene 3 Kilometer lange Panoramastraße eröffnet Ihnen die richtige Aussicht in die prächtige Gebirgslandschaft des Voralpenlands.

Kinder erwünscht

Doch nicht nur die besonders schöne Höhenlage des Hotels ist einen Ferienaufenthalt wert. Der umfassende Komfort und die behagliche Einrichtung dieser Ferieninsel lassen einen den grauen Alltag vergessen. Sei es beim Kaffee-Treff auf der prächtigen Aussichtsterrasse, bei zünftigen Berghof-Festen oder beim festlichen Dinner. Und vor allem braucht man hier nicht um seinen Nachwuchs zu bangen. Im Allgäuer Berghof gibt es autofreien Auslauf und eine erfahrene Kinderbetreuerin, die mit den Kleinen Streifzüge durch die Wiesen und Wälder mit einer kinderzünftigen Brotzeit macht. Oder: man trifft sich am Spielplatz.

In der Welt der Zweitausender

Zwei Drittel der Allgäuer Alpengipfel sind über 2000 m hoch und bilden ein mächtiges Glied in der Kette der Nördlichen Kalkalpen. Vom Hotel aus kann man gleich die Hörnerkette 1406–1786 m, erwandern oder sich auf den gemütlicheren, mit 1 1/2 Stunden Gehzeit angegebenen Berghof-Rundwanderweg begeben. Wer ein Stück südöstlich geht, stößt bald auf die ersten Zweitausender um Oberstdorf, von denen das Nebelhorn der bekannteste und sommers wie winters ein beliebtes Ausflugsziel ist. Unbedingt sollte man noch ein paar Kilometer über Oberstdorf in südlicher Richtung hinausgehen und den herrlich gelegenen Freibergsee (Natursee in 930 m Höhe) und die danebenliegende Skiflugschanze besichtigen. Manchem wird hier schon allein beim Anblick schwindlig, und wenn man dann noch ans Hinunterspringen denkt . . .
Doch genug in die Umgebung geschweift. Im Gesamtgelände des Allgäuer Berghofes gibt es so viel Faszinierendes, daß einem kaum Zeit zum Herunterkommen bleibt. Das Freizeitangebot hier oben: Bolzplatz für Ballspiele, Tennisplatz, Panoramaspielplatz für Kinder, Kegelbahnen und das Hallenbad mit 14 m langer Wasserrutsche, Planschbecken, Sonnenwiese, Dampfbad und Sauna. Zahlreiche Schlepp- und Gipfellifte laden zu Wintersportvergnügen verschiedenster Art ein.
Außerdem gibt es einen 110 m langen Übungslift für Kinder und erwachsene Anfänger. Und das alles direkt vor der Haustür. Wer zusätzlich Sport- und Freizeitvergnügen genießen will, kann z.B. im nahen Ofterschwang auf einem herrlich gelegenen 18-Loch-Platz den Golfschläger schwingen – desgleichen auf einem 9-Loch-Platz bei Oberstdorf. Am Großen Alpsee (ca. 8 km entfernt) bieten sich Gelegenheiten zum Rudern, Segeln und Surfing. Ferner steht bei Hofen noch ein Wasserskilift zur Verfügung, und im gegenüberliegenden Agathazell liegt ein Segelfluggelände.

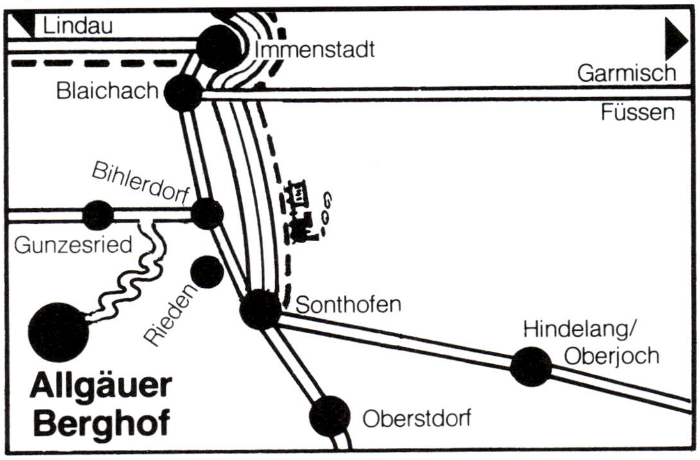

Anzeige

Kommen Sie zur Ferieninsel
Der Allgäuer Berghof ist ein gutausgestattetes Komforthotel mit behaglichen Räumlichkeiten in traumhafter Einzellage in 1206 m Höhe. vor allem Kinder können hier von der autofreien Umgebung profitieren und sich austoben. Aber natürlich auch die Eltern, wenn die Kleinen unter fachkundiger „Führung" mal einen Ausflug machen. Rund um das Haus eröffnet sich ein herrliches Wander- und Freizeitgebiet, das durch die hoteleigenen Anlagen ideal ergänzt wird. Wintersportler finden mehrere Skilifte und gespurte Langlaufloipen direkt vor dem Haus.

Allgäuer Berghof
D 8972 Sonthofen, Auf der Alpe Eck, Tel. 08321/8060, Fax 08321/806219
Geschlossen: ca. Mitte Nov.–ca. Mitte Dez.
Der besondere Hotelservice:
optimale Kinderbetreuung, zahlreiche Veranstaltungen.

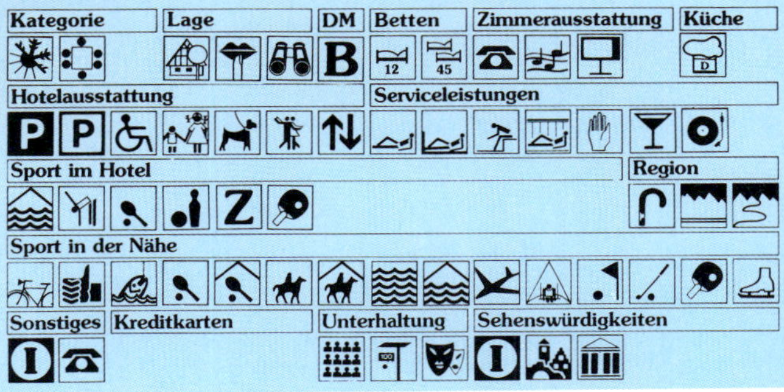

Wer erstklassig zu genießen versteht, findet auf der Sonnenalp sein zweites Zuhause. Ein höchst komfortables Sporthotel in einer der schönsten Ferienlandschaften Europas, dem Oberallgäu.
Nicht zu klein, nicht zu groß, individuelle Ambiance und ein Hauch von Welt. Dazu eine kulinarische und gesellschaftliche Angebotspalette, die Ihresgleichen sucht.
Weit und breit einzigartig ist die Vielfalt der sportlichen Highlights auf der Sonnenalp für Jung und Alt: Vom hauseigenen Golfplatz (18 Loch, 6040 m) zu Füßen der großartigen Bergwelt
Sonnenalp
SPORT- UND KURHOTEL SONNENALP
D-8972 Ofterschwang/Oberallgäu
Telefon: 0 83 21/72 29 · Telex: 5 4 465

bis zum Tennis- und Squashzentrum, vom romantisch angelegten Freibad (das ganze Jahr 24°) bis zu den heiß brodelnden Felsen-Whirlpools. Mit vielen Kursen und Turnieren werden die beliebtesten Sommer- und Wintersportarten unvergeßlich.

Auf der Sonnenalp ist zu jeder Jahreszeit Hochsaison für Erlebnishungrige.

Hier sind Ihre schönsten Ansprüche zu Hause

Urlaub wie im Bilderbuch: Hotel Bavaria in Pfronten

Berge, Wälder und Seen prägen das Landschaftsbild des Höhenluftkurorts und Wintersportplatzes Pfronten im Allgäu. Zu allen Jahreszeiten gehört neben Ruhe und Erholung auch der Aktivurlaub. Für gepflegte Gastlichkeit ist ausreichend gesorgt. Eines der besten Beispiele dafür ist das Hotel Bavaria.

Herrliche Aussicht in das schöne Pfrontener Tal

In Pfronten genießt man das ganze Jahr hindurch Ferien- und Freizeitspaß. In frischer Bergluft vergißt man schnell Streß, Alltagshast und Lärm. Die Landschaft ist dafür wie geschaffen: Das Pfrontener Tal wird geprägt durch Berge, Wiesen und Wälder. Hier wartet noch ein ganz privates Stück Urlaubsvergnügen auf die Besucher. Und hier können auch alle sportlichen Urlaubs- und Freizeitwünsche von A wie Angeln bis Z wie zünftige Unterhaltung in Erfüllung gehen. Denn Gastlichkeit ist Trumpf in Pfronten und natürlich auch im Hotel Bavaria.

Das Haus hat den Vorteil einer vorzüglichen Lage: ruhig, sonnig, mit traumhafter Aussicht auf die Berge und doch nicht zu weit weg vom Pfrontener Urlaubsgeschehen. Im Hotel Bavaria erwartet den Gast geplegte Gastlichkeit und angenehmer Luxus. Schon beim Betreten der Hotelhalle fühlt man sich wohl. Der dort integrierte offene Kamin verspricht angenehme Atmosphäre. Die Zimmer sind urgemütlich und doch sehr geschmackvoll eingerichtet. Man hat die Auswahl zwischen Komfortzimmern und Studios sowie Luxusappartements mit Farb-TV, Radio, Kühlschrank, Telefon und offenem Kamin.

Im Hotel ist für Ferienspaß gesorgt

Das hoteleigene Freizeitangebot ist sehr großzügig gestaltet. So stehen den Gästen Hallen- und Freibad, Heißwassersprudelgrotte, Liegewiese und Sonnenterrassen zur Verfügung. Eine besondere Attraktion ist dabei das auch im Winter nutzbare Freibad, das zu diesem Zweck auf 30 Grad Wassertemperatur aufgeheizt wird. Für das gesundheitliche Wohl der Gäste sorgen weiterhin die Sauna und das Solarium sowie das Angebot an Massagen und Fangopackungen.

Vom Hotel werden geführte Wanderungen veranstaltet. Fahrräder für organisierte Touren in die wunderschöne Umgebung stehen den Gästen zur Verfügung. Wer kreativ tätig sein möchte, kann an einem Töpferkurs in der hoteleigenen Töpferei teilnehmen. Kulinarisch ist der Urlauber in diesem gastlichen Haus freilich auch bestens aufgehoben. Schon morgens erwartet ihn ein reichhaltiges Frühstücksbuffet. Und in der landestypisch eingerichteten und somit wirklich gemütlichen Allgäuer-Speisestuben hat man – je nach Urlaubslaune – die Auswahl zwischen der traditionellen, bodenständigen Allgäuer Küche und einer leichten Nouvelle Cuisine. Selbstverständlich ist man hier auf Diätkost eingerichtet. Der Küchenchef richtet nach vorheriger Absprache auch gern Gala-Diners aus – vielleicht als Abschluß einer erfolgreichen Tagung, die man hier im Hotel mit Geschäftsfreunden oder Kollegen abgeschlossen hat. Der Konferenzraum ist für solche Fälle technisch bestens ausgerüstet. Den Tag läßt man gern in entspannter Stimmung an der gemütlichen Hotelbar ausklingen. Hier findet man schnell Anschluß an eine fröhliche Runde. Aber auch auf den Gartenparties oder beim Tanz ist für gute Unterhaltung gesorgt.

Pfronten ist ein Urlaubsparadies

Was der Urlaubsort Pfronten sonst noch bietet, wurde ja schon angedeutet. Ob Gleitschirm- oder Drachenfliegen, Tennis (auch in der Halle) oder Squash, ob Kajakfahren, Minigolfen, Wandern oder Bergsteigen, ob Joggen, Radfahren oder Reiten – hier kommt jeder auf seine Kosten. Und auch im Winter ist an diesem Wintersportort vom Skifahren und Langlaufen über Schlittenfahren und Schlittschuhlaufen bis hin zum Eisstockschießen dem Freizeiterleben kaum Grenzen gesetzt.

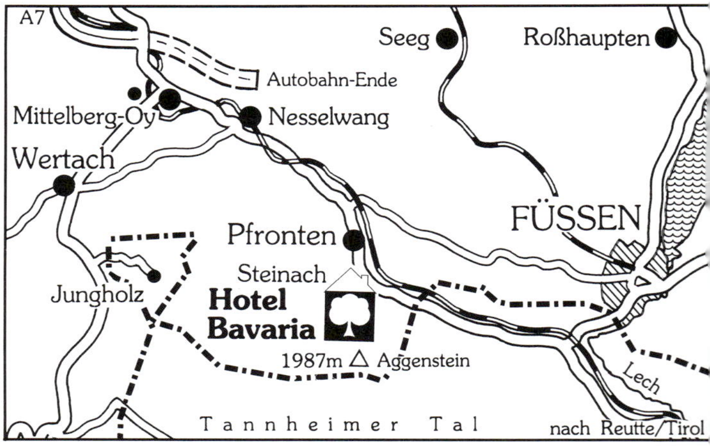

Kuren im Allgäu: Kur- und Sporthotel Tanneck

Das reizvolle Illertal vor Augen und umgeben von der Schönheit der Allgäuer Bergwelt bietet einem das Hotel Tanneck alle Möglichkeiten zur aktiven Freizeitgestaltung.

Aktive Erholung im Allgäu.

Im lieblichen Allgäu, zwischen Oberstdorf und Sonthofen, nahe dem Kurort Fischen gelegen, bietet das Tanneck aktive Erholung das ganze Jahr über. Drei Generationen der Familie Schwegler kümmern sich um das Wohlbefinden der Gäste. Die Zimmer sind gemütlich eingerichtete Wohn- und Schlafräume im alpenländischen Stil mit komfortabler Ausstattung. Daß für das leibliche Wohl gut gesorgt wird, zeigt schon das Frühstück: Vom kerngesunden Müsli bis zum deftigen Rührei mit Speck ist alles vorhanden. Am Abend drei Menüs sowie ein Vollwert-Menü zur Auswahl mit jeweils vier Gängen. Wöchentlich wechseln die Büffets von Bayrischen Schmankerln über delikate Wildgerichte, italienische Spezialitäten bis zu Fischvariationen.

Sport von A wie Alpinski bis S wie Schwimmen

Wie der Name des Hotels schon sagt: Sport wird großgeschrieben. Im Sommer können sie die hauseigene Tennisanlage mit Sandbelag nutzen. Das Hotel bietet Kurse mit qualifizierten Tennistrainern an. Und wer sich seinen Match-Partner nicht von zu Hause mitbringt, kann sich vom Tanneck den passenden Tennispartner vermitteln lassen. Golfsportbegeisterten ist der 18-Loch-Golfplatz zu empfehlen, der nur vier Kilometer vom Hotel entfernt ist. Wer die idyllische Bergwelt des Allgäu nicht nur vom Tennis- oder Golfplatz aus erleben will, kann sich geführten Bergwanderungen anschließen, die wöchentlich durchgeführt werden. Und wer sich lieber auf zwei Rädern als auf zwei Beinen fortbewegt, wählt zwischen zünftigen Brotzeitfahrten oder Fahrradtouren. Wintersportfans finden rund um Fischen als heilklimatischem Kurort ein ideales Skigebiet für alle Ansprüche. Alpinski und Langlauf, beide Sportarten sind im Allgäu zu Hause. 80 Kilometer Langlaufloipen liegen in der Hörnergruppe, der Einstieg erfolgt direkt am Hotel. Ebenfalls direkt vor dem Haus sind zwei Skilifte, und in der Umgebung finden Sie viele Skilifte, die Sie zu schönen Abfahrten bringen. Wer sich mit den Brettern erst anfreunden will, kann einen Skikurs belegen. Das gilt auch für die Kleinen, die in der Zwergerl-Skischule bestens aufgehoben sind.

Kuren von B wie Baden bis S wie Sauna

Rund ums Jahr kann man in Tanneck kuren: Die Massage- und Bäderabteilung ist auf dem neusten Stand, und Sie werden von staatlich geprüften Fachkräften betreut. Eine Attraktion, die ebenfalls das ganze Jahr über zur Verfügung steht, ist die terrassenförmig angelegte Erlebnis-Schwimmhalle. Im Hallenbad finden Sie Wassertemperaturen von 26 und 32 Grad. Ebenfalls im Hallenbadtrakt enthalten sind eine Sauna, ein römisches Dampfbad und das Solarium, Sonnen- und Fitnesstudio.

Schönheit auch von außen...

Wenn Sie etwas für Ihren Körper von innen getan haben, sollten Sie ihn nun von außen verwöhnen. Behilflich dabei sind Kosmetiker und Friseur, die ihren Salon direkt im Hotel haben. Nun kann man sich endlich ins Nachtleben stürzen. Je nach Temperament haben Sie die Wahl zwischen Schleifchen und Kennenlern-Turnieren romantischer Zithermusik im Kaminstüble, flotten Tanzabenden, Grill- und Gartenfesten sowie Fondue- und Hüttenabenden.

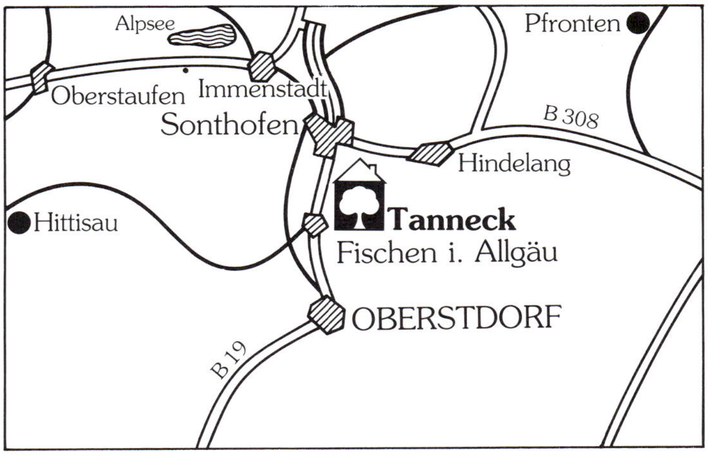

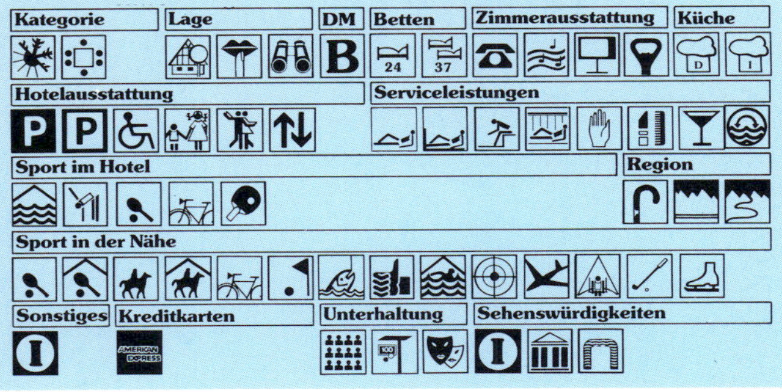

Ein Kleinod im Allgäu: Kur- und Sporthotel Exquisit

Das Hotel „Exquisit" am südlichen Ortsrand von Oberstdorf hat sich mit seinem Namen – erlesen, vorzüglich – einer Verpflichtung für jeden Gast verschrieben.

Idylle und Ruhe am südlichen Ortsrand von Oberstdorf.

Einer der ersten Eindrücke ist die wohltuende Ruhe! Das Hotel „Exquisit" verdankt sie vor allem seiner Lage, einer Idylle mit Vogelgezwitscher, dem leisen Gebimmel ferner Kuhglocken und ab und zu dem Geläut von Pferdedroschken.

Sportparadies für den aktiven Urlauber: Oberstdorf

Doch dieses Idyll liegt nicht fernab: In nur fünf Minuten gelangt man vom Hotel zu Fuß zum Kurzentrum. Knapp zehn Minuten sind es bis zum Bundesleistungszentrum. Dort stehen drei Eislaufhallen auch den Gästen offen. Der Tennispark befindet sich am Ortsrand von Oberstdorf, ist ebenfalls leicht zu erreichen und bietet im Sommer wie im Winter Spielmöglichkeiten. Und das Hotel hält im parkähnlichen Garten eine Putting-Green-Anlage für den Golfer bereit. Ein 9-Loch-Golfplatz ist 15 Autominuten entfernt in Ofterschwang. Die weiße Jahreszeit beinhaltet alles, was das Herz eines Wintersportfans begehrt: Der Park des Hotels verwandelt sich in einen Trainingsrundkurs für große und kleine Langlauffreunde. Direkt vor dem Exquisit beginnt der Einstieg in herrliche Loipen von insgesamt 100 Kilometern Länge. Oberstdorf bietet für Anhänger des Alpin-Skis Abfahrten aller Schwierigkeitsgrade, aber auch Übungshänge. Zünftig wird es beim Eisstockschießen, das ebenfalls in der Hotelanlage angeboten wird und – dank der Flutlichtanlage – auch am Abend gespielt werden kann. Im Sommer lockt der Freibergsee, zu Fuß 30 bis 45 Minuten entfernt, zum Baden und zum Wassersport.
Die weithin sichtbaren Schönheiten der Landschaft können Sie sich erradeln, erwandern und erklettern. Der Chef des Hauses, Beppo Wagner, organisiert persönlich Ausflüge und begleitet Sie auch nach Wunsch zu den verborgenen Schönheiten des Allgäu.

Kuren, Fitneß, Schönheitspflege...

Das aktive Urlaubsprogramm läßt sich problemlos mit Entspannung variieren. Dafür sorgt das Schönheitspflege- und Fitneßangebot im Hotel „Exquisit". Dazu gehören komfortable Bade- und Kureinrichtungen. Im Hallenbad können Sie an Trocken- und Wassergymnastik teilnehmen.
Unter fachärztlicher Betreuung finden medizinische Anwendungen, Massagen, Sauna, Solarium und Fitneßprogramme statt. Und auch die kleine, aber feine Beauty-Farm steht Ihnen mit geschultem Fachpersonal zu Diensten. Das Haus arrangiert spezielle Fitneß- und Schönheitswochen mit einer erprobten Schlankheitsdiät. Auch für kulturelle Unterhaltung ist in Oberstdorf gesorgt, das vor allem für seine Kurkonzerte bekannt ist. In Oberstdorf bieten sich als zünftiger und gemütlicher Ausklang des Tages Bauerntheater und Heimatabende an.
Oder Sie beenden den Abend mit einer Partie Bridge, das im Hotel „Exquisit" gern gespielt wird. Lukullische Genüsse hält die neuzeitliche Küche des Hauses bereit, deren Chef sich mit einer Reihe Auszeichnungen schmücken kann. Wöchentliche Wanderung zum Abendessen in ein Oberstdorfer Tal. An einem Abend der Woche werden typische Gerichte der Nachbarländer nach Originalrezepten zubereitet. Eleganz und ein bißchen Nervenkitzel verspricht ein Abend im Casino. Die Spielbank liegt in Riezlern, im Kleinwalsertal.

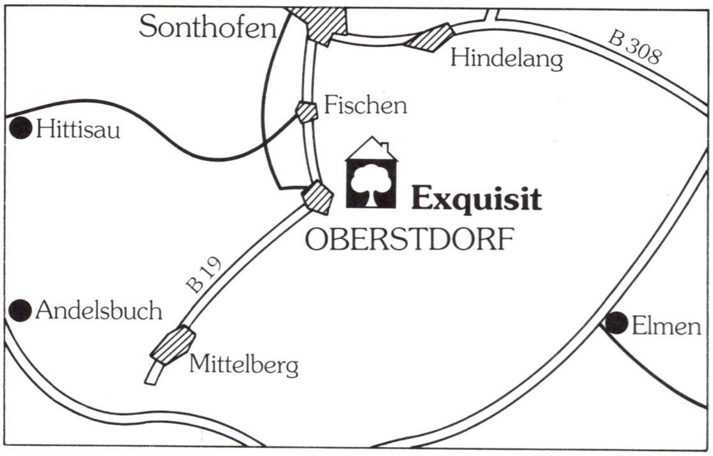

Anzeige

Spezialitäten der Alpenländer
Durch die Lage am Ortsrand ist das Kur- und Sporthotel Exquisit von wohltuender Ruhe umgeben. Und doch ist der Ortskern nur fünf Minuten Fußweg entfernt. Dort liegt alles, was den Wintersport bekannt macht: Das Bundesleistungszentrum, dessen Eishallen auch von den Gästen genutzt werden können, und das Kurzentrum. Dem Hotelnamen alle Ehre macht auch die Küche des Exquisit. Der Küchenchef kann sich mit einer Reihe von Auszeichnungen schmücken. Zu seinen Spezialitäten gehört die alpenländische Küche, auch die der Nachbarländer. Gerichte dieser Regionen werden nach Originalrezepten zubereitet.

Kur- und Sporthotel Exquisit
D 8980 Oberstdorf, Prinzenstr. 17, Tel. 08322/1034, Fax 08322/1037
Geschlossen: 5.11.–18.12.
Der besondere Hotelservice: Golf- und Tenniswochen, Badekuren, Bergwandern, Reiten, Schönheitswochen.

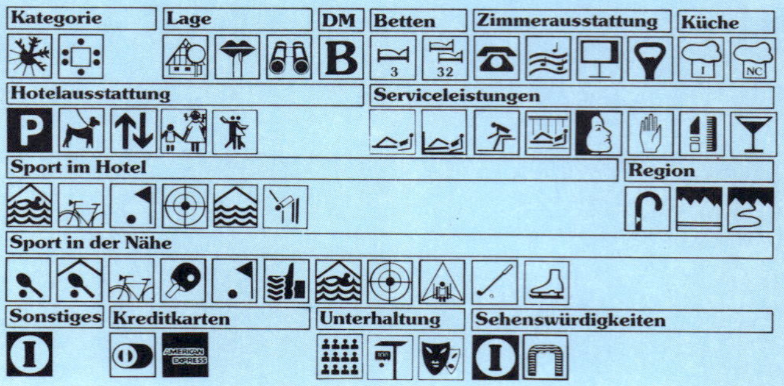

(K)Urlaub nach Maß: Kur- und Sporthotel Sonnenbichl

Das Hotel Sonnenbichl in Langenwang bei Fischen im landschaftlich reizvollen Allgäu hat sich ein bemerkenswertes Ziel gesetzt: „Im Sonnenbichl, dem Haus der guten Laune, kommen Sie als Fremde und gehen als Freunde!“

Sonnige Lage mit wunderschöner Bergsicht.

Daß dieser Leitspruch auch in Erfüllung geht, dafür sorgt die Familie Scheuerl, die das wunderschön gelegene Haus nun in der dritten Generation leitet. Die traditionsreiche Geschichte des Hauses begann schon 1930, als die Großeltern der heutigen Hoteliers-Familie aus einem kleinen landwirtschaftlichen Anwesen die Pension „Rotfisch“ schufen, die in der zweiten Generation – 1968 nach einem grundlegendem Umbau – den heutigen Namen Kur- und Sporthotel Sonnenbichl erhielt. Seit 1974 führt man den Zusatz „mit Kneippsanatorium am Birkenhang“ im Namen.
Und das aus gutem Grund und aus einer anderen, regionalen, Tradition heraus. Denn das Allgäu hat als Land der Bäder und des Heilklimas schon seit alters her einen hervorragenden Ruf. Im Kneippsanatorium am Birkenhang werden verschiedene Kuren, die übrigens beihilfefähig sind, durchgeführt. Die Gäste können beispielsweise eine richtige Kneipp-Kur machen oder eine Thymus-Gesamtextrakt-Therapie. Auch die sogenannte HOT-Kur bei arteriellen Verschlußkrankheiten und anderen Leiden wird durchgeführt. Dabei wird das Blut mit photobiologischer Energie angereichert. Die Massagen, medizinischen Bäder und Anwendungen stehen allesamt unter ärztlicher Betreuung.

In Langenwang herrscht ein gesundes Klima

Das Haus liegt begünstigt im Schutz der Berge, welche die Wolkendrift verhindern und so die durchschnittliche Dauer des Sonnenscheins verlängern. Das Kneippsanatorium ist durch einen unterirdischen Gang mit dem Hotel verbunden, so daß die Gäste auch bei schlechter Witterung trockenen Fußes nach den Anwendungen „nach Hause“ können.
Und daß man sich im Kur- und Sporthotel Sonnenbichl wie zu Hause fühlt, liegt sicherlich zu einem Teil an der zuvorkommenden und herzlichen Gastfreundschaft, die man hier in familiärer Atmosphäre erlebt. Zum anderen an den behaglich eingerichteten Zimmern, die teils mit Wohnraum und Balkon ausgestattet sind. Idyllische Ruhe ist hier genauso selbstverständlich wie die angenehme, ungezwungene Urlaubsatmosphäre. Ob beim Kaffeeplausch auf der großen Sonnenterrasse oder beim Faulenzen auf der windgeschützten Liegewiese, ob im Wintergarten mit seiner gepflegten Blumenpracht und dem Blick auf die Nebelhorngruppe, ob beim Drink in netter Runde an der Rauchfangbar – der Gast ist König im Sonnenbichl.

Qualitätsbewußte, abwechslungsreiche Küche

Das gilt in ganz besonderem Maße für die anerkannt gute Küche, wo das Essen zum Genießen wird, sei es bei den Menüs bei Voll- oder Halbpension, sei es à la carte oder bei gewünschter Diätkost. Grundsätzlich wird beim Speiseplan und bei der Zubereitung auf Abwechslung, Qualität, Frische und auf gesunde Ernährung geachtet, damit die Mahlzeiten nicht nur schmecken, sondern dem Gast auch bekommen.
Das Freizeitangebot läßt ebenfalls nichts zu wünschen übrig. Zum Programm gehören Tennisturniere auf dem hauseigenen Tennisplatz, Kutschfahrten, Berg- und Fackelwanderungen, Eisstockschießen, Schlittenfahrten, Ausflüge in die schöne Allgäuer Umgebung und vieles mehr. So bietet das Kur- und Sporthotel Sonnenbichl den idealen Rahmen für alle, die ebenso erholsame wie erlebnisreiche Ferientage verbringen wollen.

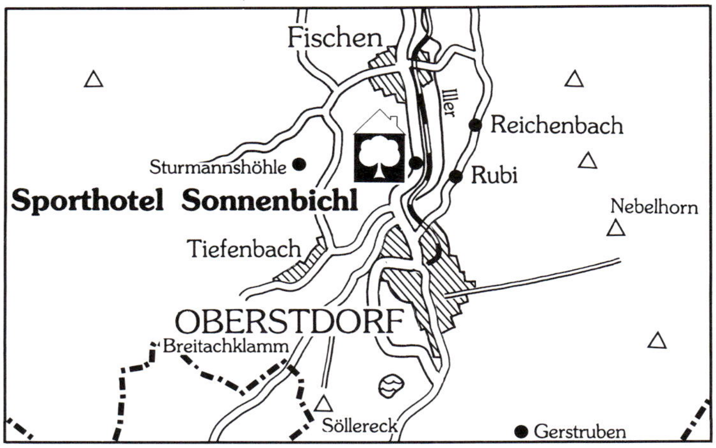

Erholung am Meer der Münchner: Hotel Marina

Ferien am Wasser, eine steife Brise und viel Ruhe: Hotel Marina am Starnberger See.

Die großzügige Hotelanlage umfaßt 60.000 Quadratmeter.

Direkt am Starnberger See, am Ende des Luftkurortes Bernried, liegt das Hotel Marina. Eine großzügige Anlage mit fünf Häusern und einem Restaurantgebäude. Das alles erstreckt sich auf einem Areal von 60000 Quadratmetern. Hier beginnt der Tag schon beim Frühstück mit einem herrlichen Ausblick auf den Starnberger See und den hoteleigenen Yachthafen mit 300 Anlegeplätzen. Dazu genießen Sie vom Hofgut Bernried, das ebenfalls in Familienbesitz ist, frische landwirtschaftliche Produkte. Die Marmelade ist hausgemacht, das Obst frisch vom Strauch oder Baum.

Alles am, im und auf dem Wasser

Wer schon beim Frühstück, angeregt durch die schöne Aussicht, Lust auf den Starnberger See bekommen hat, sollte das Freizeitangebot nutzen: Besitzer eines Segelscheins können sich eines der hoteleigenen Boote aus dem Yachthafen ausleihen. Anfängern bietet sich die Möglichkeit, den Segelschein zu machen. Falls Sie sich aber lieber schippern lassen, empfiehlt sich eine Dampferrundfahrt auf dem Starnberger See. Der Dampfer startet mehrmals täglich von Bernried. Doch auch wenn Sie nicht zu den Wasserratten gehören, bieten sich Ihnen genügend Freizeitmöglichkeiten: Bernried hat drei Tennisplätze, der Reitstall ist nur wenige Minuten vom Hotel entfernt, und für Golfer gibt es im Umkreis von sechs Kilometern gleich viermal die Gelegenheit, die „holes" zu treffen: In Sankt Eurach, Feldafing, Tutzing und Beuerberg sind Plätze mit jeweils 18 Löchern. Wer den Ferientag lieber in Muße verbringen möchte, kann dazu die Attraktion des Hauses nutzen: eine einmalige Gartenanlage. Sie erstreckt sich auf einer Fläche von rund sechs Hektar. Im Sommer blühen hunderte von Rosen und seltenen Sträuchern. Vor dem Schwimmbad liegt ein malerischer Teich. Hier ist der richtige Ort für Ruhe und Entspannung. Ursprüngliche Natur bietet auch der Bernrieder Nationalpark direkt neben dem Hotel. Romantische Spazierwege führen hindurch zwischen uralten Eichen und Buchen mit Blick auf den See und die Alpen. Der Nationalpark umfaßt acht Kilometer unverbautes Seeufer.

Bayerns Metropole lockt zum Bummel

Ziehen Sie einen Bummel durch chicke Einkaufsstraßen dem Spaziergang durch die Natur vor? Die bayrische Hauptstadt München ist sogar mit der S-Bahn zu erreichen. In nur 45 Minuten sind Sie im Stadtzentrum. Die Leopoldstraße lädt ein zum Promenieren, oder Sie suchen sich ein Plätzchen in einer der Kneipen von Schwabing.
Neben den Sehenswürdigkeiten der bayrischen Metropole bieten sich weitere Ausflugsziele von Bernried: Oberammergau, Garmisch-Partenkirchen und die Zugspitze, mit 2963 Metern der höchste Berg in den deutschen Alpen. Und Bayern ist bekannt für seine Schlösser, Klöster und Kirchen. Deshalb gehören zu jedem Kulturprogramm die Besichtigungen von Schloß Neuschwanstein, Schloß Linderhof und die Klöster Andechs und Ettal sowie die Wieskirche, einer der schönsten Rokoko-Bauten aus dem 18. Jahrhundert.
Und falls das Wetter einmal nicht mitmacht, fragen Sie doch einmal die Hausherrin des Hotels Marina, Eva Mayr, nach ihrem Hobby: Es ist typisch bayrisch. Frau Mayr hat sich den „Wolpertingern" verschrieben, den urtpyischen bayrischen Fabelwesen. Sie hat eine der größten Wolpertinger-Sammlungen der Welt, die Sie Ihnen an Regentagen bestimmt gern zeigt.

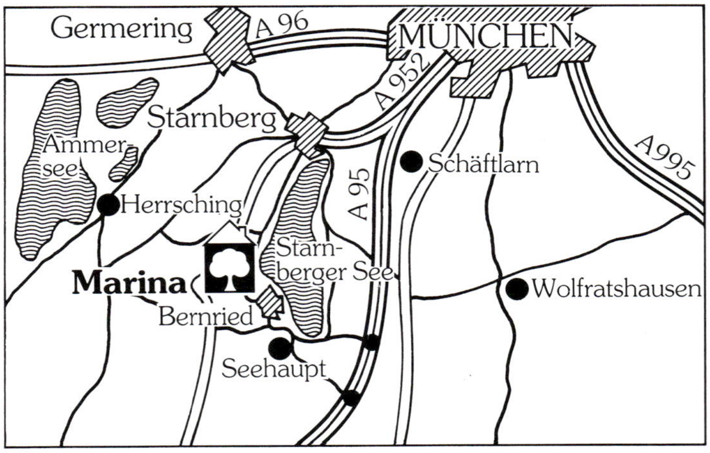

Segeln, Schwimmen, Wandern
Blick auf den Starnberger See vom Zimmerfenster aus. Am See liegt auch der hoteleigene Yachthafen mit 300 Anlegeplätzen. Wassersportmöglichkeiten gibt es reichlich. Um das Meer der Münchner herum führen romantische Spazierwege, umgeben von Eichen und Buchen mit Blick auf die Alpen.

Tradition, Eleganz und Charme: Hotel Bachmair in Weissach

Die herrliche Lage, die geschmackvolle Ausstattung und dazu der vorbildliche Bachmair-Service sind der Rahmen für die vielen Möglichkeiten, die das Hotel Bachmair in Weißach seinen Gästen bietet.

Schönste Lage in Weissach am Tegernsee: Hotel Bachmair

Wer schon einmal in Weissach am Tegernsee war, kennt auch das Hotel Bachmair. Dieses außergewöhnliche Hotel kann auf eine lange Tradition zurückblicken. Die erste Erlaubnis, „Speis und Trank auszuschenken", erhielt Lorenz Bachmair im Jahre 1863. Eine kleine, aber heimelige Gaststube erinnert an die historische Wirtsstube von damals. Sie hat heute wieder viele Liebhaber, da man hier urgemütlich sitzen und alle möglichen mehr oder weniger bekannten Leute treffen kann. Wer echte, bodenständige bayerische Gastfreundschaft genießen möchte, kann auch in der Kreuther Stubn Platz nehmen. Die über 300 Jahre alten Holzelemente sind dafür ein stimmungsvoller Hintergrund. Gemütlichkeit hat im Bachmair in Weißach übrigens schon eine lange Tradition: Oft spielte auf dem Musikpodium kein geringerer als Meister Richard Strauß persönlich mit seiner Kapelle aus Wien zur Ergötzung der Gäste.
In den Restaurants und Stuben werden sowohl bayerische Regionalgerichte als auch leichte, feine Gourmetküche geboten; letztere gehört zu den 444 besten in Deutschland. Der Weinkeller übrigens ist der ganz besondere Stolz des Hauses. Den Einkauf bester Gewächse und die Suche nach dem Besonderen läßt sich der Hausherr, Karl Bachmair, nicht aus der Hand nehmen.

Stilvolle Gästezimmer mit behaglichem Interieur

Durch alle Räume zieht sich eine Mischung aus ländlichem Charme und dem Komfort der Sonderklasse. Stilvolle Gästezimmer und Appartements mit behaglich-elegantem Interieur sind gleichermaßen zum Wohnen wie zum Schlafen geeignet. Liebevoll und aufmerksam bis ins Detail kümmert sich die Familie Bachmair um das Wohlergehen ihrer Gäste.
Die Lage des Hauses ermöglicht einen ruhigen und erholsamen Aufenthalt fernab vom grauen Alltag. Die Ruhe am Park, der sich an das Hotel anschließt, das glasklare Quellwasser des Mühlbachs und der blick zum Wallberg geben das richtige, stimmungsvolle Ambiente ab. Eine Umgebung in der man sich denkt: hier ist die Welt noch in Ordnung. So läßt sich das Leben genießen: Man kann sich einmal so richtig erholen im sonnigen Garten und auch wenn das Wetter einmal nicht mitspielen sollte, ist im Solarium für karibische Sonne gesorgt. Zum Entschlacken ist die Sauna da und wer sich sportlich betätigen möchte, kann in der warmen, großzügigen Schwimmhalle mit angeschlossener Sonnenterrasse und Liegewiese seine Bahnen ziehen.

Vielfältige Sportmöglichkeiten in der schönen Umgebung

In der wunderschönen Umgebung des Hotels ist für weitere Unterhaltung gesorgt. Beispielsweise wäre da der 18-Loch-Golfplatz im nahegelegenen Bad Wiessee. Im Sonner finden gemeinsame, lustige Radtouren zu den schönen Almwirtschaften in der Umgebung statt. Auch Pferdekutschen-, Schlitten- und Bootsfahrten werden vom Hotel Bachmair für die Gäste gerne vermittelt. Segelkurse und Windsurfen können in Rottach oder in Gmund gebucht werden. Ebenso kommen Drachenflieger, Bergwanderer, Skifahrer und Langläufer auf ihre Kosten.

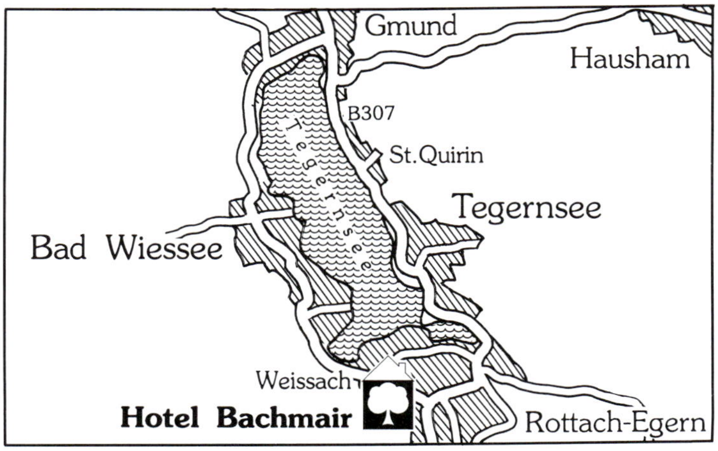

Anzeige

Hotel Bachmair Weissach
D 8183 Rottach-Egern/Weissach, Tegernseer Str. 103, Tel. (08022) 2710, Fax (08022) 67240, Telex 526900
Der besondere Hotelservice:
Pferdekutschen- u. Schlittenfahrten

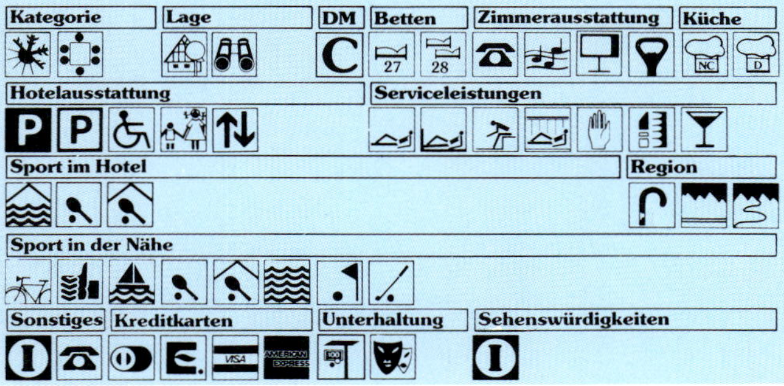

FITNESS UND SPORT

Zu einem individuellen, aktiven Erholungsurlaub zählen vielfältige Sportmöglichkeiten. Im HOTEL BACHMAIR AM SEE gehört ein helles, freundlich-elegantes Fitneß-Studio mit modernsten Geräten ebenso zum Standard wie ein Gymnastikraum, eine Indoor-Golfanlage mit drei computergesteuerten Golfomaten und zwei Squash-Hallen. Diplomsportlehrer garantieren optimale fachliche Betreuung und Anleitung. Anschließend Entspannung in einer Bade- und Erlebnislandschaft mit Saunen, Dampfbädern, Whirlpools und Hallenbad.

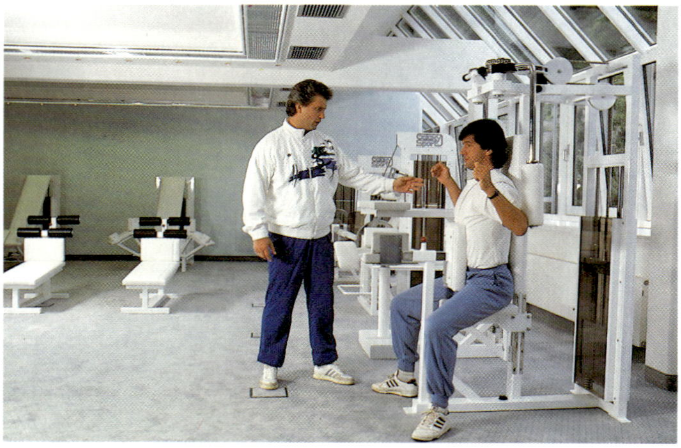

Hotel BACHMAIR am See

Seestraße 47 · 8183 Rottach-Egern
Tel. 08022/272-0 · Telex 526920 · Telefax 08022/272-790

Die herrliche Lage, die geschmackvolle Ausstattung und dazu der vorbildliche Bachmair Service sind der Rahmen für die vielen Möglichkeiten, die das 480-Betten-Hotel BACHMAIR AM SEE seinen Gästen bietet.

KULINARISCHES FÜR GOURMETS

Erlesene Frühstücks-, Lunch- und Spezialitätenbuffets, internationale und bayerische Küche, Restaurants von eleganter bis rustikaler Ambience.
Neu: Eröffnung eines Gourmet-a la carte-Restaurants.

KUR UND GESUNDHEIT

Kurzentrum und Beautyfarm (für Damen und Herren) im Hotel BACHMAIR AM SEE genießen Weltruf. Möglich sind u. a. Fastenkuren nach Buchinger und F. X. Mayr'sche Regenerationskuren.
– Ärztlich geleitetes Vitalzentrum –

UNTERHALTUNG

Night-Club mit internationalen Stars und Spitzenorchestern.

Für die kleinen Gäste – Kinderparadies mit professioneller Betreuung.

Sich wohl fühlen: Landhaus Hotel Sapplfeld

Den Alltag vergessen, sich freuen auf schöne Ferientage. Umdenken auf Urlaub, so wie Sie ihn sich vorstellen: abwechslungsreich und erholsam, und vor allem gemütlich.

Haben Sie sich Bayern als Urlaubsland ausgesucht? Wie gefällt Ihnen das: ein Landhaus mit einer einladend geschmückten Fassade, mit viel Holz draußen und drinnen, mit einem herrlichen Garten und nichts als Ruhe rundherum – und das alles in einem Weltbad, das bis heute die Individualität seiner alten Dorfidylle bewahrt hat? Wenn Sie das suchen, dann sind Sie richtig in Bad Wiessee und im Landhaus Hotel Sapplfeld. Wer erholungsreif ist und einfach einmal ausspannen möchte, findet seine Ruhe – sei es beim Sonnenbaden auf der Wiese, beim Lesen oder beim Faulenzen auf dem Balkon. Wenn Sie aber lieber Ihre Kondition auffrischen und sportlich aktiv werden wollen, können Sie entweder im Hallenbad gegen den Strom schwimmen oder im Fitneßraum in die Pedale treten, dazu noch Gymnastik treiben und in der Sauna schwitzen. Aber das Hotel hat noch mehr zu bieten, was der Gesundheit dienlich ist: Massagen, Fango, Yoga, Isometrik, Atemübungen, und für strahlende Schönheit sorgt das hoteleigene Kosmetikstudion.

Das Weltbad für alle Jahreszeiten

Und wo das Hotel schon so viele attraktive Einrichtungen für seine Gäste geschaffen hat, steht im doch Bad Wiessee mit seinen Erholungs- und Freizeitangeboten keineswegs nach. Als Heilbad hat es die stärksten Jod-Schwefelquellen Deutschlands aufzuweisen, die zusammen mit dem milden, verträglichen Voralpenklima und den vielfältigen Kuranwendungen Gesundheit und körperliches Wohlbefinden aufs Vortrefflichste fördern. Dazu kommen die Möglichkeiten zur aktiven Erholung: beim Wandern in jeder Jahreszeit auf bequemen Wegen am Tegernsee entlang, durch Wälder, auf Bergen – z. B. nach einer an Aussichten reicher Fahrt mit der Gondelbahn auf dem Wallberg. Für Freunde des Wassersports bietet sich der Tegernsee als Tummelplatz an – im Segelboot, mit dem Ruderboot, per Motorboot um den See herum oder bei einer zünftigen Angelpartie. Doch auch die anderen Sportarten kommen keineswegs zu kurz, ob Sie nun Tennisspielen, Reiten, Golf oder Minigolf spielen, sich für Kegeln, Radfahren oder Schießsport interessieren. Ein besonderer Ferienspaß für jung und alt sind Fahrten mit der Pferdekutsche, und im Winter kann man sich auf beleuchteten Pisten tummeln, auf Langlaufloipen die Gegend erobern, zu Tal rodeln und seine

Angeln ist eine der Lieblingsbeschäftigungen der Hotelgäste

Ein besonders behaglich wirkender Hotelbau

Anspruchsvolles in blau-weißer Urlaubsstimmung

Das Landhaus Hotel Sapplfeld hat alles zu bieten, was zu einem perfekten Urlaub gehört. Ein Domizil in behäbig-bayerischem Stil, exklusiv in der Ausstattung, anspruchsvoll im Komfort; behagliche Atmosphäre und geschmackvolle Details. Hier haben Sie die Ruhe, die Sie brauchen – obwohl alle Aktivitäten eines Weltbades ganz nahe sind. Hier ist es egal, wann Sie frei haben, denn das Hotel (und das Weltbad) haben immer geöffnet. Hier werden Sie freundlich umsorgt, damit Sie sich auf Anhieb wohlfühlen. Sie genießen die Vorzüge einer hervorragenden Küche, die auch Diät- und Reduktionskost bereitet, und die Köstlichkeiten eines erlesenen Weinkellers.

Pirouetten auf dem Eis drehen. Und die sommerliche Kutsche ist jetzt durch den Pferdeschlitten ersetzt …

Unterhaltung von mondän bis folkloristisch

Zum perfekten Urlaub gehört natürlich auch ein reiches Unterhaltungsangebot. Und was es da alles gibt in Bad Wiessee: Konzerte mit dem 26köpfigen Kurorchester, Tanz, Theater, Vorträge und Heimatabende; internationale Sportveranstaltungen und großartige Seefeste mit Feuerwerk, Sportschießen mit Siegerehrung, Tennisturniere, Eisstockschießen und den Wettkampf um den „Silbernen Langlaufski“. Und nicht zu vergessen die prickelnde Atmosphäre in der Spielbank, einem Treffpunkt voll internationalem Flair. Dazu kommen noch gemeinschaftliche Unternehmungen wie geführte Wanderungen und Bergtouren, Wald- und Forstführungen, Cocktailpartys und, und, und … Langeweile, das ist hier wirklich ein Ding der Unmöglichkeit.

Entdeckungsfahrten ins Blaue

Bei allem, was man im Landhaus Hotel Sapplfeld und in Bad Wiessee geboten bekommt – ein einziger Urlaub reicht ja kaum aus,

Auf dem Tegernsee kommen Kanufreunde auf ihre Kosten

Empfehlenswertes Ausflugsziel: Herrenchiemsee

das Ganze richtig auszukosten –, sollte man doch die Gelegenheit nutzen, um von hier aus ein paar Ausflugsfahrten zu unternehmen, denn es gibt viele lohnende Ziele. Da sind die vielen anderen bayerischen Seen wie Schliersee, Starnberger See, Chiemsee, Walchen-, Kochel- und Staffelsee. Dann die steingewordenen Träume eines bayerischen Königs, die Schlösser Neuschwanstein und Linderhof. Und natürlich die renommierten Ferienorte, an denen in der Gegend auch kein Mangel ist. Mittenwald zum Beispiel, die Geigenbauerstadt, die Goethe als „Lebendes Bilderbuch“ bezeichnete, oder Benediktbeuern mit einem der ältesten bayerischen Klöster, das im Mittelalter ein bedeutendes Kulturzentrum war. Schließlich liegt auch die österreichische Grenze verlockend nah. Die Deutsche Alpenstraße führt von Bad Wiessee aus direkt zum Achenpaß und hinüber nach Tirol, vorbei am Achensee ins berühmte Zillertal oder in die Stadt Innsbruck mit ihren zahllosen Sehenswürdigkeiten.

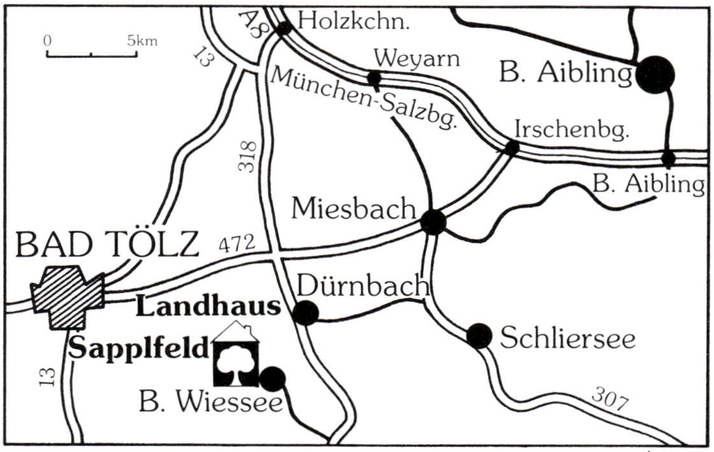

Anzeige

Oder Sie gönnen sich zwischendurch eine deftige bayerische Brotzeit, zu der frisches Pils vom Faß am besten schmeckt, in einem originellen Bierstüberl. Und natürlich wohnen Sie mit allem Komfort in großzügigen Appartements oder Zimmern mit Sonnenbalkons, die eine herrliche Aussicht übers Tegernseer Tal zeigen, und hervorragender Ausstattung. Die vielen

Einrichtungen zur gemütlichen, sportlich-aktiven und gesunden Freizeitgestaltung sowie die Schönheitswochen tragen das Ihre zum einzigartigen Urlaubsgenuß bei.

Silence Hotel Sapplfeld
D 8182 Bad Wiessee, Im Sapplfeld 8, Tel. 08022/82067-68,
Fax 08022/83560, Fam. Klumpp
Der besondere Hotelservice:
Günstige Frühjahr- und Winter-Pauschalwochen

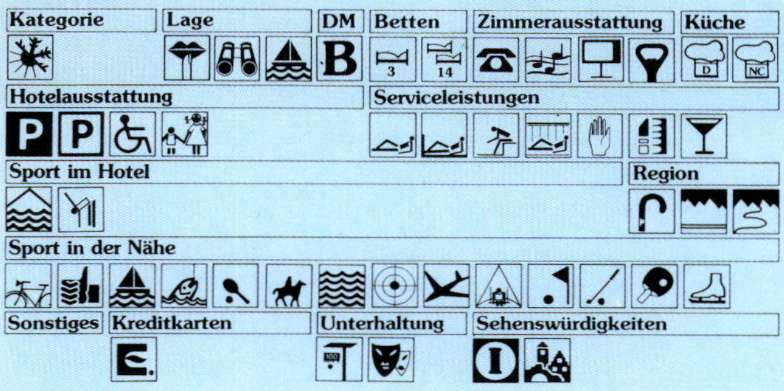

Ferien im Isarwinkel: Hotel Tölzer Hof

Bad Tölz verbindet die Annehmlichkeiten eines Kurortes mit den Vorzügen einer idealen Freizeitlandschaft.

Am Ufer der Isar liegt das ehemalige Flößer- und Marktdorf Tölz

Bad Tölz an der Isar ist ein traditionsbewußter Kurort; rustikale Ursprünglichkeit verbindet sich hier mit dem liebenswürdigen, weltoffenen Charme des erlebnisreichen Kur- und Urlaubsortes.
Auf dem östlichen Isarufer liegt der alte Kern des ehemaligen Markt- und Flößerdorfes Bad Tölz. Die historische Marktstraße steht unter Denkmalschutz; sie ist ein einmaliges städtebauliches Juwel inmitten der Altstadt. Als Fußgängerzone ist sie ein beliebter Ort, um sehen und gesehen zu werden, nicht verwunderlich bei den vielen Läden und Gaststätten in den schönen alten Giebelhäusern.

Die Festtage feiert man im Isarwinkel im alten Trachtenkleid

Am 6. November findet nach altem Oberbayerischem Brauchtum die „Tölzer Leonhardifahrt“ statt; dabei werden noch die alten prächtigen Tölzer Trachten getragen. Weltberühmt ist auch der „Tölzer Knabenchor“.
Das Kurviertel, also der verhältnismäßig neue Teil, befindet sich am westlichen Isarufer. Und dort im Herzen jenes Stadtteils von Bad Tölz, der die Annehmlichkeiten für den Urlaubs-, Tagungs- und Kurgast beherbergt, ist der Standort des Hotels Tölzer Hof; hier wird aktive oider beschauliche Erholung praktiziert und der Gast mit allem erdenklichen Komfort umsorgt.
Da ist zuerst einmal die liebevolle und gemütliche Ausstattung der großen Zimmer zu erwähnen, Schrank und Bett sind mit hübschen ländlichen Dekors geschmückt.
Das Restaurant verwöhnt den Gast mit einem reichhaltigen Frühstücksbüffet und zu den übrigen Mahlzeiten mit Speisen überregionaler Provenienz; für die liniebewußten wird auch Schonkost oder Diät serviert.

Urlauben und Kuren unter einem Dach

Die Kur- und Urlaubsgäste erreichen direkt vom Zimmer aus durch einen Verbindungsgang das angeschlossene Kurmittelhaus „Eckbruck“. Montags bis freitags von 9.30 Uhr bis 18.30 Uhr und samstags von 9.30 Uhr bis 12.00 Uhr können sie sich dort nach Herzenslust im 32 Grad warmen Thermalhallenbad tummeln; in der Sauna die überflüssigen Pfunde abschwitzen kann man montags bis freitags von 15.00 Uhr bis 18.30 Uhr und samstags von 9.30 Uhr bis 12.00 Uhr. Unter fachkundiger Leitung werden im Kurmittelhaus „Eckbruck“ auch alle Kuranwendungen des Tölzer Indikationsbereiches durchgeführt: Herz- und Kreislauferkrankungen, Rheuma, Asthma; Bronchial-, Nerven- und Augenkrankheiten, sowie Frauenkrankheiten und Gelenkerkrankungen.
Für die Fitneßfans befindet sich im Hause ein gut ausgestatteter Fitneß-Raum.
Doch auch die Umgebung hat an Sport- und Freizeitmöglichkeiten Einiges zu bieten. Da ist zunächst natürlich die Berglandschaft, die zum beschaulichen Wandern in den Vorbergen einlädt; Gipfelstürmer können sich im hochalpinen Karwendel beweisen.
Im Sommer läßt es sich auf der Isar und den nahegelegenen Seen prächtig segeln, surfen, schwimmen oder gar Kajak fahren. Auch ein Golf- oder Tennismatch kann man in allerschönster Umgebung absolvieren.
Und dann der Wintersport: Alpin Ski auf dem Brauneck mit 20 Liften; Langlauf auf vielen gespurten Loipen rund um den Ort; Rodeln auf der Naturrodelbahn am Blomberg und für die Extremeren Drachenfliegen im Winter oder Eissurfen! Und danach geht's zum Après ins gemütliche Hotel . . .

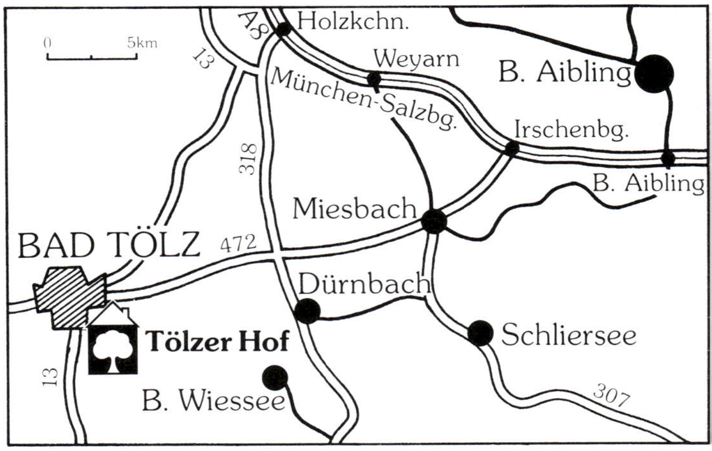

Anzeige

In einer idealen Ferienlandschaft entspannen
Das Hotel Tölzer Hof (Bild) liegt ruhig und zentral im Kurzentrum von Bad Tölz. Die freundliche Atmosphäre und die behaglichen Zimmer, ein gut geführtes Restaurant und vielfältige Möglichkeiten zu entspannen – dies sind Voraussetzungen für einen gelungenen Urlaub in der schönen Landschaft des für seine Gastlichkeit bekannten Isarwinkels. Kurlaub auf bequeme und komfortable Weise. Durch einen Verbindungsgang erreicht man das Kurmittelhaus Eckbruck. Dort stehen zu den Öffnungszeiten ein Thermalhallenbad (32°C) und eine Sauna zur Verfügung. Unter fachlicher Leitung werden alle medizinischen Anwendungen im Rahmen der „offenen Badekur“ durchgeführt. Besonders beliebt sind Moorbäder.

Hotel Tölzer Hof
D 8170 Bad Tölz, Tel. 08041/806-0, Fax 08041/806333

Der besondere Hotelservice: Geführte Wanderungen, Grillabende, div. Kuren, Schönheitswochen auf Anfrage

Kategorie | Lage | DM B | Betten 20 66 | Zimmerausstattung | Küche

Hotelausstattung P P | Serviceleistungen

Sport im Hotel | Region

Sport in der Nähe

Sonstiges | Kreditkarten VISA AMERICAN EXPRESS | Unterhaltung | Sehenswürdigkeiten

Traditionelle Gastlichkeit: Hotel Obermühle

Garmisch-Partenkirchen – dieser weltbekannte Wintersportplatz gehört zu den schönsten deutschen Ferienzielen in den Alpen. Eine der besten Adressen ist das Hotel „Obermühle“: First Class Freizeit im Park.

Vielseitige Freizeitmöglichkeiten bieten sich dem Besucher

Seit über 350 Jahren ist dieses herrliche Haus im Familienbesitz. Das Hotel „Obermühle“ liegt nur fünf Gehminuten vom Stadtzentrum in einem wunderschönen kleinen Park; ideal für Urlauber, die Ruhe und Entspannung suchen, aber auch ein vielfältiges Angebot an Freizeitaktivitäten zu schätzen wissen.
Die Inhaber Peter und Mariele Wolf verwöhnen ihre Gäste aber nicht nur mit traditioneller Gastfreundschaft und echt bayrischer Herzlichkeit, sondern bieten in ihrem erstklassigen Haus, das zur „Best Western“-Gruppe internationaler Privat-Hotels gehört, selbstverständlich jeglichen modernen Komfort. Großzügige neue Gästezimmer sind alle mit Bad, Farbfernseher, Radio und Minibar ausgestattet und haben einen eigenen Balkon mit herrlichem Ausblick auf das faszinierende Bergpanorama.

Vorzügliche Gastronomie in der „Mühlenstube“ und im „Mühlradl“

Bekannt und geschätzt ist das Hotel „Obermühle“ übrigens auch wegen seiner vorzüglichen Gastronomie. Für viele Gäste ist ein festliches Mahl in der Rôtisserie „Mühlenstube“ die Krönung eines erlebnisreichen Tages in den Alpen. Nicht nur Feinschmecker schätzen die erlesenen Kreationen des Chefkochs, er versteht es, mit stets marktfrischen Zutaten Gaumen und Auge zu verwöhnen.
Wer es lieber rustikal mag, wird sich im Restaurant „Zum Mühlradl“ mit Sicherheit wohlfühlen; Behagliche Ecken, gemütliche Holztische und Butzenscheiben schaffen echt alpenländische Atmosphäre für jung und alt, im kleinen Kreis oder auch an einem zünftigen Abend in großer Runde. Gastronomische Obermühlen-Vielfalt fängt auf Wunsch mit einem reichhaltigen Frühstück auf dem eigenen Balkon des Gastes an. Oder à la carte und mit freundlichem Service im Restaurant.

Das Tor zum Werdenfelser Land

Wußten Sie eigentlich schon, wie Garmisch-Partenkirchen entstanden ist? Nun, anläßlich der Olympischen Winterspiele 1936 wurden die beiden bis dahin getrennten Gemeinden Garmisch und Partenkirchen zum heutigen Doppelort zusammengelegt. Garmisch ist übrigens das Tor zum Werdenfelser Land, dessen regionaler Stil das Ambiente der „Obermühle“ geprägt hat. Dieses Gebiet ist nicht nur eine der schönsten deutschen Landschaften, sondern hat auch für sportlich-aktive Urlauber besonders viel zu bieten – und das nicht nur in der Wintersport-Saison!
Garmisch-Partenkirchen ist das ganze Jahr über auf Gäste eingestellt. Der Ort an den Ufern der Loisach und Partnach wird überragt vom Wetterstein-Gebirge mit Deutschlands höchstem Berg, der Zugspitze (2961 m) natürlich. Bergbahnen fahren hinauf, aber auch zum Osterfeldkopf, auf das Kreuzeck und den Wank.
Im Sommer gibt es viele Wandermöglichkeiten auf den Bergen und in den Tälern. Wer nicht so gut zu Fuß ist, kann die Landschaft unter strahlend blauem Himmel auch bei einer Postkutschenfahrt genießen.
Aktive Sportler können Golf spielen, reiten, schwimmen oder sich einfach nur trimmen, schießen, Fahrrad fahren, ihr Talent beim Tennis testen – und natürlich Ski laufen; alpine Skiabfahrten, Langlaufloipen, Sprungschanzen und Kunsteisstadion auch für Curling – alles ist vorhanden.
Kommen Sie also nach Garmisch-Partenkirchen! Hier finden Sie die richtigen Möglichkeiten, um sich gut zu erholen. Peter und Mariele Wolf, beide Hoteliers aus Passion, heißen Sie in ihrer „Obermühle“ herzlich willkommen.

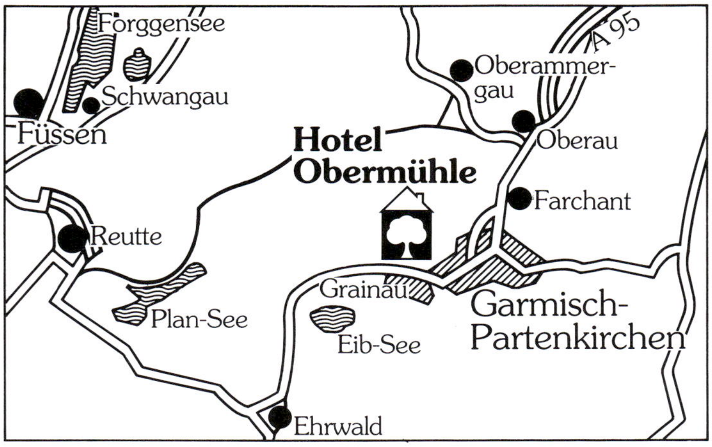

Ein First Class Haus im ehemaligen Olympiaort
Ein großes Netz von Wanderwegen umgibt das Hotel Obermühle; Im Winter steht hier natürlch der alpine Skisport an erster Stelle: Zahlreiche Skilifte, Sprungschanzen und ein Eisstadion bieten viel Abwechslung im weißen Sport. Schließlich hat Garmisch-Partenkirchen eine lange Tradition als erster Wintersportort Deutschlands. Das

Ambiente der Obermühle ist der Landschaft angepaßt. An die vollklimatisierte Schwimmhalle mit Sauna und einem hochmodernen Solarium mit Sonnendusche schließt sich eine große Liegewiese an, die einen wunderbaren Ausblick in die schöne Umgebung bietet. Hier ist jede Jahreszeit geeignet um abzuschalten oder Sport zu treiben.

Hotel Obermühle
D 8100 Garmisch-Partenkirchen, Mühlstraße 22
Tel. 08821/7040, Fax 08821/704112, Telex 59609 wolf d, Herr Wolf

Der besondere Hotelservice: geführte Wanderungen, Hüttenabende.

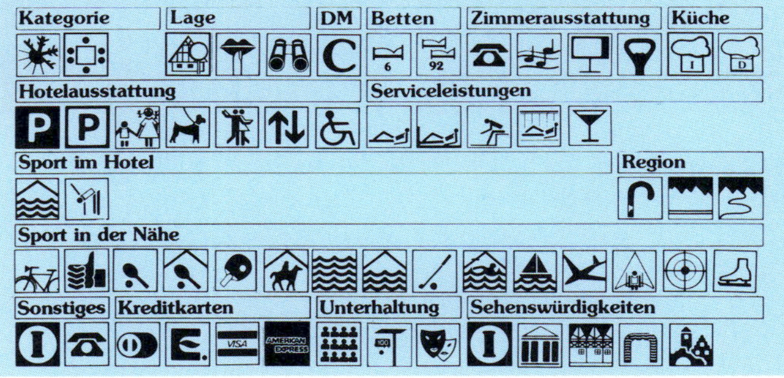

Ein zweites Zuhause mit schöner Aussicht: Alpenhotel Waxenstein

Malerisch an einem sonnigen Hang gelegen, jedoch nur wenige Minuten vom Ortskern Grainau entfernt steht das Hotel Waxenstein mit Blick auf Alpspitze, Waxenstein und Zugspitze.

Sport und Erholung am Fuß der Zugspitze

Erholungs- und Aktivurlaub verspricht das Hotel Waxenstein, und das alles in familiärer Atmosphäre. Das Alpenhotel im Zugspitzdorf Grainau liegt nur wenige Kilometer von Garmisch-Partenkirchen entfernt.
Genau wie der bekannte Nachbarurlaubsort bietet Grainau ein vielfältiges Erholungsprogramm: Für Sportbegeisterte ist hier jede Jahreszeit ein Vergnügen. Im Sommer reicht das Angebot von Tennis über Reiten und Minigolf bis hin zu Wildwasserfahrten und Drachenfliegen. Für alles steht ein Führer oder ein Trainer bereit. Auch der Winter ist nicht ohne Attraktionen: Zu den „normalen" Wintersportarten wie Ski-Alpin oder Langlauf kommen Skibob, Eisstockschießen und Curling.

Von der Terrasse ein Blick auf die Zugspitze

Wer die wunderschöne Alpenlandschaft aus der Nähe genießen möchte, kann je nach Lust und Laune auf der Sonnenterrasse im Winter wie im Sommer einen Blick auf die Zugspitze werfen oder – etwas aktiver – wandern und bergsteigen. Für Romantiker sind Fiakerfahrten oder die Pferdeschlittenfahrten ein Erlebnis. Den Freunden des Wassersports wird Surfen und Segeln auf dem Eibsee angeboten. Zu Badefreuden locken dieser idyllisch gelegene Badesee und das Panorama-Hallenschwimmbad im Hotel Waxenstein. Das Hallenschwimmbad ist mit einer Gegenstromanlage ausgerüstet und auf 28 Grad Celsius temperiert. Ebenfalls im Haus befindet sich eine Beauty-Farm, in der Sie eine Diplom-Kosmetikerin betreut. Diplomverdächtig ist auch der Service im Hotel Waxenstein: Zum Wohlfühlen erwartet Sie im Bad ein kuscheliger Bademantel, den Hauch von Luxus verbreiten Badegel und Duschseife.

Zum lukullischen Mahl ein guter Tropfen . . .

Internationale Erfahrung garantieren dem Gast eine abwechslungsreiche und lukullische Restauration. Das Frühstücksbüffet ist reichhaltig versehen mit Obst und Aufschnitt, und falls Sie immer Ihre Linie im Blick haben, können Sie auch auf Diät und Biokost zurückgreifen. Keine Tiefkühlkost oder Dosenware, das ist oberstes Küchengebot im Alpenhotel Waxenstein. Die gleiche Sorgfalt gebührt dem Mittag- und Abendmenü, das aus mehreren Gängen besteht. Dank dem gut geführten Weinkeller wird zum guten Essen auch der richtige Tropfen empfohlen und serviert.

Für Liebhaber: Musikwochen in Elmau

Für kulturelle Abwechslung ist in Grainau und Umgebung gesorgt: Zu besichtigen sind das Heimatmuseum, das Freilichtmuseum in Glenleiten, die Benediktiner-Abtei Ettal sowie die prunkvollen Schlösser Linderhof und Neuschwanstein. Musikliebhaber sollten sich nach den Terminen der Musikwochen in Elmau erkundigen. Urtümlich und gemütlich geht es beim Bauerntheater und den Folklore-Abenden zu; außerdem werden ständig Festprogramme angeboten, die auch Theaterbesuche in Garmisch-Partenkrichen beinhalten. Wer mit Kindern ins Hotel Waxenstein kommt und gern mal einen „freien" Tag verbringen möchte, kann seine Kleinen im Kindergarten abgeben. Dort werden sie von geschultem Personal beaufsichtigt. Für den ruhigen Ausklang eines ereignisreichen Tages sorgt eine nette Unterhaltung mit Freunden an der Bar des Hotels.

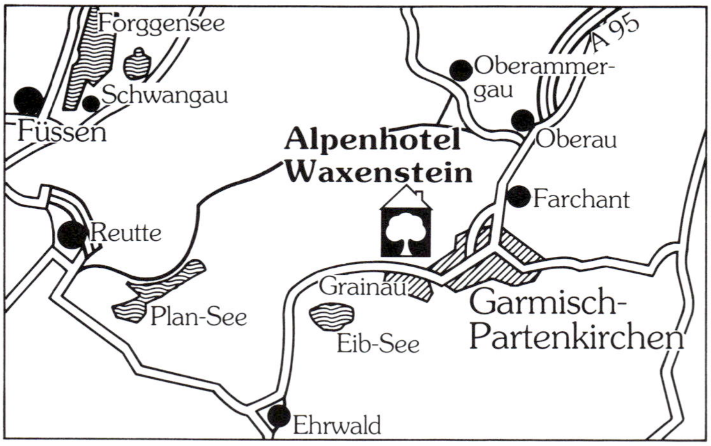

Wandern – skilaufen – bergsteigen – schwimmen – reiten – ausspannen
Einen abwechslungsreichen Aktivurlaub können Sie im Alpenhotel Waxenstein erleben. In einer Idealumgebung in der praktisch jede Sportart praktiziert wird. Komfortable Einrichtungen, eine excellente Küche und die familiäre

Atmosphäre garantieren einen erfreulichen Aufenthalt. An Weihnachten und Sylvester werden Sonderprogramme mit Fackelwanderung und Gala-Diner angeboten. Auch für Tagungen ist das Hotel gerüstet: vom Overhead-Projektor bis zur Videoanlage sind alle technischen Einrichtungen vorhanden.

Hotelregister

A

Achalm, Silence-Höhenhotel, Reutlingen 102 134
Achental, Sporthotel, 8217 Grassau 116
Achtermann, Der 3380 Goslar 26
Adam, Kur- und Sporthotel, 8373 Bodenmais 106
Adidas, Sporthotel, Herzogenaurach 104, 132
Adler, Parkhotel, 7824 Hinterzartem 110
Adler, Schwarzwaldhotel, Ringhotel, 7822 Häusern 110, 158
Adler-Post, Romantik-Hotel, 7820 Titisee-Neustadt 110
Adula, Kurhotel, 8980 Oberstdorf 112
Ahorn, Kur- und Sporthotel, 6427 Bad Salzschlirf 62
Alba, Seehotel, 8036 Herrsching 114
Alexanderbad, 8541 Alexanderbad 104
Allgäu Sonne, 8974 Oberstaufen 112
Allgäu Stern, Der, 8972 Sonthofen 112, 177
Allgäuer Berghof, 8972 Sonthofen 112, 167
Almhof Rupp, 8948 Riezlern 112
Alpamare, Jodquellenhof, 8170 Bad Tölz 114
Alpenhof Murnau, 8110 Murnau 114
Alpenhof, Kur- und Sporthotel, 8240 Schönau am Königsee 116
Alpenhof, Ringhotel, 8900 Augsburg 112
Alsterhof, Ringhotel, 1000 Berlin 30 26
Alsterkrug, 2000 Hamburg 60 24
Ambassador Berlin, 1000 Berlin 30 26
Amselhof, Appartement-Hotel, 7812 Bad Krozingen 108
Amtshaus, Kurfürstliches, 5568 Daun/Vulkaneifel 60
Anholt, Wasserburg, 4294 Isselburg 24
Antonlushof, Bayerwaldhotel, 8399 Ruhstorf a. d. Roff 106
Appartement Hotel Heerstraße, 1000 Berlin 19 26
Arabella Hotel München, 8000 München 81 114
Aroisen, Schloßhotel, Dorint, 3548 Aroisen 58
arosa aparthotel Berlin, 1000 Berlin 15 26, 47
Atlantic-Hotel Kempinski Hamburg, 2000 Hamburg 1 24
Atlantis, Parkhotel, 5074 Rödermark-Oder-Roden 62, 86
Atrium-Hotel, 8500 Nürnberg 50 104, 130
Auel, Schloßhotel und Restaurant, 5204 Lohmor-Wahlscheid 56
Axelmannstein, Steigenberger, 8230 Bad Reichenhall 116

B

Baader, Berghotel, 7799 Heiligenberg 110
Bachmair am See, 8183 Rottach-Egern 114, 176
Bachmair Weissach, 8183 Rottach-Egern 116, 175
Bad-Hotel, 7770 Überlingen 110
Bad-Hotel, 7264 Bad Teinach 108
Badischer Hof, Steigenberger, 7570 Baden-Baden 106
Bähner, 5241 Niederfischbach 56
Bannwaldsee, 8959 Busching 114
Bavaria Hotel, 8962 Pfronten-Dorf 114, 170
Bayerischer Hof, Palais Montgelas, 8000 München 2 114
Bayerischer Hof, 8230 Bad Reichenhall 116
Bayerischer Hof, 8221 Inzell 116
Bayerischer Hof, 8580 Bayreuth 104
Bayerwald, Ferienhotel, 8440 Lam 104
Bellevue, Maritim, 2300 Kiel 22
Bellevue, Rheinhotel, 5407 Boppard 60
Berghof-Café, Kurhotel, 7292 Baiersbronn 108
Berghotel Braunlage, Maritim, 3389 Braunlage 26, 44
Bergland-Hof, 8391 Neureichenau 106
Bergruh, 8958 Füssen-Weissensee 114
Berlin, 2000 Hamburg 26 24
Bichlerhof, Gasthof Alpenrose, 8102 Mittenwald 114
Bierhütte, Romantikhotel, 8351 Bierhütte 106
Birkenhof, Schwarzwaldhotel, 7290 Freudenstadt 108
Blomberg, Burghotel, 4923 Blomberg/Lippe 26
Böhmhof, Feriengut-Hotel, 8373 Bodenmais 106
Bösehof, Waldschlößchen, 2852 Bederkesa 24
Bollendorf, Burg, 5521 Bollendorf 60
Brauneck, 8172 Lenggries 114
Braunschweiger Hof, Ringhotel, 3388 Bad Herzburg 26, 41
Brenners Parkhotel, 7570 Baden-Baden 108
Bristol, Hotel Kempinski Berlin, 1000 Berlin 15 26, 46
Bromerhof, Sport-Kurhotel, 7972 Isny 112, 165
Bühlerhöhe, Schloß, 7580 Bühl 13 106
Burg Rheinfels, Schloß-Hotel, 5401 St. Goar 60, 85
Burgenblick, Waldhotel, 8391 Thurmannsbang 106
Burggraf, Ringhotel, 4542 Tecklenburg 24, 42
Burkhartsmühle, Landhotel, 6238 Hofheim/Taunus 60
Burtscher, Kur- und Sporthotel, 8974 Oberstaufen 112

C

Carat, Club- und Sporthotel, 2433 Grömitz 22
Carnier, Forsthotel, Silencehotel, 6123 Bad König 102
Cramer, 5788 Winterberg-Niedersfeld 58

D

Dahms, 8162 Neuhaus/Schliersee 116
Dahliengarten, Am, Dorint, 5483 Bad Neuenahr 60
Degerloch, Waldhotel, 7000 Stuttgart 70 102
Deimann zum Wilzenberg, 5948 Schmallenberg-Winkhausen 58, 71
Demming, 8240 Berchtesgaden 116
Dobrock, Waldschlößchen, Ringhotel, 2177 Wingst 24
Dollenberg, Kur- und Sporthotel, 7605 Bad Peterstal-Griesbach 108
Donner's Hotel, 2190 Cuxhaven 22, 32
Dorer, 7741 Schönwald 108, 159
Droste, Sporthotel, 5948 Schmallenberg-Grafenschaft 58
Duhnen, Strand-Hotel Golfhotel, 2190 Cuxhaven 22, 33

E

Eden, Kur- und Sporthotel, 7290 Freudenstadt 108
Eggert, Haus, Ringhotel, 4400 Münster-Handorf 24, 39
Eibsee, 8104 Grainau 114
Eifel-Ferienpark, 5568 Daun 60
Eifel Sporthotel, 5521 Gondorf 60, 80
Eimberg, Zum hohen, 3542 Willingen 56
Eisenhut, 8803 Rothenburg 104
Elmau, Schloß, 8101 Post Klais 114
Erbismühle, Gasthof-Sporthotel, 6395 Weilrod-Neuweilnau 62
Erdrichshof, Schwarzwaldhotel, 7603 Oppenau 108
Erlebach, 8984 Riezlern 112
Ernestgrün, Schloßhotel, 8591 Neualbenreuth 104, 36
Eurener Hof, 5500 Trier 60
Exquisit, Kur- und Sporthotel, 8980 Oberstdorf 112, 172

F

Faerber Luig, 5940 Bilstein 56
Fallingbostel, Kurpark-Sanatorium, 3032 Fallingbostel 1 24, 36
Fasanerie, Romantik-Hotel, 6660 Zweibrücken 102
Feldberger Hotel, Dorint, 7821 Feldberg-Ort 110
Ferienpark, Dorint, 5788 Winterberg-Neuastenberg 58
Forellenhof, 6571 Reinhartsmühle 87, 60
Forsthaus Auerhahn, 7292 Baiersbronn 108, 152
Forsthaus, Zum alten, 5165 Hürtgenwald-Vossenack 60
Forsthof, Hotel, 7595 Sasbachwalden 108
Frank, Parkhotel, 8980 Oberstdorf 112
Freese, Nordsee-Hotel, 2983 Juist 22, 31
Freizeit-In, Sport- und Tagungshotel, 3400 Göttingen 26, 46
Friedrichsruhe, Wald- und Schloßhotel, 7111 Friedrichsruhe 102
Friesengeist, 2954 Wiesmoor 22
Frommann, Ringhotel, 5884 Halver-Carthausen 56
Fürst Bismarck, 8730 Bad Kissingen 104

G

Gardels, Ringhotel Brunsbüttel, 2220 St. Michaelisdonn 24
Geiger, 8240 Berchtesgaden 116
Gersfelder Hof, 6211 Gersfeld 62, 91
Grevelinghausen, Schloßhotel, 5787 Olsberg 8 56
Glashütte, Jagdhof, 5928 Bad Laasphe-Glashütte 58
Gnacke, Kur- und Sporthotel, 5949 Schmallenberg-Nordenau 58, 74
Georgshöhe, An der, Strandhotel, 2982 Norderney 22
Götz, Sonne Eintracht, 7590 Achern 106, 142
Golf-Hotel, 7570 Baden-Baden 106
Greifen Post, Romantik Hotel, 8805 Feuchtwangen 104, 128
Griesbach, Steigenberger, 8399 Griesbach 106
Grüner Baum, Ringhotel, 7602 Oberkirch-Ödsbach 108, 153
Grüner Wald, 7270 Freudenstadt 108
Gut Funkenhof, Silencekurhotel, 5768 Altenhellefeld 56
Gut Giesel, 8391 Neukirchen vom Wald 106
Gut Höhne, 4020 Mettmann 56
Gut Moorbeck, 2907 Grossenkneten 22

H

Haghof, 7077 Altdorf 102, 121
Hahnenkleer Hof, 3380 Goslar 2 26
Halde, Berghotel, 7801 Oberried 108, 162
Hamm, Maritim, 4700 Hamm 24
Hannover, Maritim, 3000 Hannover 26
Hansens Bräutigam, 5948 Latrop/Schmallenberg 58
Hardtmühle, Die, 3590 Bad Wildungen 58
Harzer, 7506 Bad Herrenalb 106, 150
Helde-Kröpke, 3031 Osternholzer Moor 24, 36
Heidehof, Ringhotel, 3102 Hermannsburg 24
Heidesee, 3170 Gifhorn 26
Heimbuchenthaler Hof, Panorama Hotel, 8751 Heimbuchenthal 62
Heinz, 5410 Höhr-Grenzhausen 58
Herrenberg, 6126 Brombachtal 102
Hessen Hotelpark Hohenroda GmbH, 6431 Hohenroda 62
Hetzel Hotel Hochschwarzwald, 7826 Schluchsee 110, 164
Heusser, Gartenhotel, 6702 Bad Dürkheim 102, 122
Hildfeld, Heidehotel, 5788 Winterberg-Hildfeld 58
Hilton International Mainz, 6500 Mainz 60
Hiltin International München, 8000 München 22 114
Hindelang, Kur- und Sporthotel, 8973 Hindelang 112
Hirsau, Kloster, 7260 Calw-Hirsau 106
Hirsch, Silencehotel, Landgasthof, 7061 Ebni-Ebnisee 102, 122
Hirschen, Silencehotel, 7804 Glottertal 108, 155
Historischer Krug, Ringhotel 2931 Flensburg-Oeversee 22, 30
Hochwald, Hotel am, 6350 Bad Nauheim 62
Hochwiesmühle, 6652 Bexbach 102, 115
Höpen. Landhaus, 3043 Schneverdingen 24
Hohenfreudenstadt, Sanatorium, 7290 Freudenstadt 108, 149
Hohenlohe, Ringhotel, 7170 Schwäbisch-Hall 102
Hohenried, 7290 Freudenstadt 108
Hohenzollern, Kurhotel, Silence Hotel, 3389 Braunlage 26
Hohenzollern, Silencehotel, 6482 Bad Orb 62, 89
Hoher Knochen, Berghotel, 5948 Schmallenberg-Westfeld 56
Hollandhotel, 7570 Baden-Baden 106
Hornberg, Burg, 6951 Necharzimmern 102
Hubertus, 5441 Rieden 60, 81

I

Inselhotel, Steigenberger, 7750 Konstanz 110
Inter-Continental, 1000 Berlin 30 26
Inter-Continental, 4000 Düsseldorf 56
Inter-Continental, 5000 Köln 1 56
Interest, Aparthotel und Appartements, 8974 Oberstaufen 112
Intermar Glücksburg, 2392 Glücksburg 22
Intermar Malente, 2427 Malente 22
Intermar Bad Segeberg, Kurhotel, 2360 Bad Segeberg 22
International, 7320 Göppingen 102, 133

J

Jägerhof, Berghotel, 7072 Isny 112
Jägerhäusle am Panoramahotel, 7800 Freiburg 108
Jakobsberg, Klostergut, 5407 Boppard 69
Jammertal, Landhaus, Silence Hotel, 4354 Datteln-Ahsen 24, 38
Josen, 7820 Titisee-Neustadt 110
Josthof, Romantik-Hotel, 2125 Salzhausen 24
Juliana, Haus, 5600 Wuppertal 56

K

Kaisers's Tante, Wirtshaus, 7821 Breitenau/Hinterzarten 110
Kaiseralm, Sport-Hotel, 8583 Bischofsgrün 104
Kaiserhof, Der, 4952 Porta Westfalica 24
Kallbach, landhaus, Silence Hotel, 5165 Hürtgenwald 60, 80
Kapfenhardter Mühle, 7267 Unterreichenbach 106
Kastanienhof, Aparthotel, 6765 Dannenfels 102
Kaufmann, Kieler, Ringhotel, 2300 Kiel 22
Kesslermühle, 7824 Hinterzarten 110
Kirchmeier, Sporthotel, 5788 Winterberg 8 58
Kleinwalsertal, Aparthotel, 8986 Mittelberg 112
Knoche, 5948 Rimberg 58, 76
Köhlerhof Bad Bramstedt, 2357 Bad Bramstedt 22
Köhlers Forsthaus, Silencehotel, 2960 Aurich 1 22
Köhne am See, Landhaus, 3008 Garbsen 4 26
Kölner Hof, Kur- und Sporthotel, 3542 Willingen 56, 66
Königshof, 8100 Garmisch-Partenkirchen 114
Krautkräner, Waldhotel, 4400 Münster 24
Krefelder Hof, Parkhotel, 4150 Krefeld 56
Kreldacher Höhe, 6948 Wald-Michelbach 102
Kreuzeck, Harzhotel, Dorint, 3380 Goslar 2 26
Krone, Kurhotel, 6552 Bad Münster am Stein/Ebernburg 60
Krone, 7990 Friedrichshafen Schnetzenhausen 110, 163
Kronen-Hotel Haus Tannhof, 7263 Bad Liebenzell 106
Kummern, Sporthotel, 5353 Mech.-Kummern 60
Kupper, 6789 Eppenbrunn 102, 116
Kurhaus, 4792 Bad Lippspringe 24
Kurhaus, Steigenberger, 6550 Bad Kreuznach 60
Kurhaushotel, Steigenberger, 8730 Bad Kissingen 104
Kurhaus-Hotel, Steigenberger, 6482 Bad Orb 62
Kurhotel Lauterbad, 7290 Freudenstadt-Lauterbad 108, 148
Kurhotel, Dorint, 8788 Bad Brückenau 62
Kurmain, 6500 Mainz-Finthen 60
Kurpark, Am, 6430 Bad Hersfeld 62
Kurzentrum, Sporthotel, 6649 Welskirchen 60

L

Lanig, 8973 Oberjoch 112
Latscheneck, Berghotel, Silence-Hotel, 8102 Mittenwald 114
Lederer am See, 8182 Bad Wiessee 114
Leininger Hof, 6702 Bad Dürkheim 102
Lennhof, Romantik-Hotel, 4600 Dortmund 50 56
Liebenstein, Schloßhotel, 7129 Neckarwestheim 102
Linde, Zur Oberen, 7602 Oberkirch 108, 154
Lindenhof, Ringhotel Hubmersberg, 8561 Pommelsbrunn 104, 141
Lochmühle, 5481 Mayschloß 60

Hotelregister

Löwen, Zum, 8974 Oberstaufen 112
Lottental, Wald- und Golfhotel, 4630 Bochum 56
Ludwig der Bayer, 8107 Ettal 114

M

Magnushof, Der, 8959 Elsenberg-Unterreuten 114, 166
Mangler, Kur- und Sporthotel, 7868 Todtnauberg 108
Marina, Seehotel, 8139 Bernried 114, 174
Miramar, 2280 Westerland 22
Mittelburg, Kur- und Sporthotel, 8967 Mittelburg-Oy 114
Mitteltal, Kurhotel, 7292 Baiersbronn-Mitteltal 108, 150
Möhnesee, Torhaus, Silence Hotel, 4473 Möhnesee-Delecke 56, 65
Mönchs Posthotel, 7506 Bad Herrnalb 106
Molltors Mühle, 5561 Elsenschmitt-Eichelhütte 60, 82
Mondial, 1000 Berlin 15 26
Monrepos, Schloßhotel, 7140 Ludwigsburg-Eglosheim 102
Montana, 8984 Riezlern 112
Mooshof, 8373 Nodenmais 106
Mosel Hotelpark, 5550 Bernkastel-Kues 60, 85
Mühle, Winterscheider, 3500 Kassel 56
Mühle, Zur Alten, 4471 Herzlake-Aselage 22, 43

N

Nautic Hotel, Uptalsboom, 2972 Borkum 22
Neu Meran, 8230 Bad Reichenhall-Nonn 116
Nicolay zur Post, 5553 Zeltringen 60
Niedersachsen, Ringhotel, 2112 Jesteburg 24
Niedersachsen, 3470 Höxter 26
Niederwald, Jagdschloß, 6220 Rüdesheim 60
Notschrei, am, Waldhotel, 7802 Obernried 2 108
Nümbrecht, Park Hotel, 5223 Nümbrecht 56

O

Obermühle, 8100 Garmisch-Partenkirchen 114, 181
Oberstolzingen, Schloß, 7908 Oberstolzingen 110
Oberwiesenhof, 7291 Seewald 108
Ochsen, 7825 Lenzkirch-Saig 110
Oschberghof, 7710 Donaueschingen 110

P

Park Hotel, Kurpark Restaurant, 6358 Bad Münstereifel 60
Parkhotel, Silencehotel, 6748 Bad Berzabern 102, 120
Parkhotel, Maritim, 6800 Mannheim 102
Parkhotel, Maritim, 6990 Bad Mergentheim 102, 124
Parkhotel, 8399 Griesbach im Rottal 106
Partenkirchener Hof, 8100 Garmisch-Partenkirchen 114
Paulushof, 5107 Simmerath-Ruhrberg 50
Pflaums Posthotel, 8570 Pegnitz 104
Pflug, 7593 Ottenhöfen 108
Plushof Silencehotel, 8036 Herrsching 114
Plättig, 7580 Bühl 106
Platte, Haus, Sporthotel, 5952 Attendorn-Niederheiden 56, 68
Polisina, Waldhotel, 8701 Frickenhausen 104
Porten, Kurhaus, 7821 Höhenschwand 110, 160
Post, Zur, 2800 Bremen 24, 35
Post, Zur, 5276 Wiehl 56, 77
Post, Zur, 5481 Altenahr 60
Post Romantik-Hotel, 8655 Wirsberg 104, 133
Post-Hotel Useln, Ringhotel, 3542 Willingen 1 56

Q

Quisiana, Hotel, 7570 Baden-Baden 106

R

Rehlegg, 8423 Ramsau 116
Reichsrat-Hatterer's Hotel, 6705 Deldesheim 102, 118
relaxa Kurhotel, 8675 Bad Steben 104, 131
Reumühle, Golf- und Sporthotel 8392 Waldkirchen 105
Reppert, 7824 Hinterzarten 110
Residenz, Kurhotel, 8532 Bad Windsheim 104
Revita, Kur- und Sporthotel, 3422 Bad Lauterberg 26
Rhein-Lahn, 5420 Lahnstein 58
Rheinstern, 4000 Düsseldorf 11 56
„Riederin", Wald- und Sporthotel, 8373 Bodenmais 106
Riezlern, Sporthotel, 8984 Riezlern 112
Rhön.Park-Hotel, 8741 Hausen-Roth 62
Römerbad, Badenweiler 110
Rose, Schwarzwaldhotel, 7292 Baiersbronn 108
Rosenstock, 8975 Fischen 112
Roshop, 2847 Barnsdorf 22
Rothaar Treff, Der, Kur- und Sporthotel, 5928 Laasphe 58
Rothenfeld, 8970 Immenstadt-Bühl 112
Ruhbühl, Schwarzwaldhotel, 7825 Lenzkirch 1 110

S

Saarschleife, Zur, 6642 Mettlach 102
Sapplfeld, Landhaus, Silence Hotel 8182 Bad Wiessee 114, 178
Sauerland, Dorint, 5670 Arnsberg 1 56
Schlierseehotel, 8162 Schliersee 116
Schliersee Hof am See, 8162 Schliersee 116
Schloß Vellberg, 7175 Vellberg 102
Schloßgarten, Am, Maritim, 6400 Fulda 62
Schloßberg, 8755 Alzenau 62, 90
Schluchsee, Kurhotel, 7826 Schluchsee 110
Schmaus, Ringhotel, 8374 Viechtach 106
Schmitt, 8761 Mönchberg 62
Schnellenberg, Burghotel, 5962 Attendorn/Sauerland 56, 67
Schnitterhof, Maritim, 4772 Bad Sassendorf 56, 64
Schnelertshof, 6101 Brensbach-Stierbach 64, 102
Schneider, Sporthotel, 8583 Bischofsgrün 104, 134
Schönhagen, Aparthotel, Dorint, 2341 Schönhagen 22
Schrammel Wirt, 8401 Regensburg-Pentling 106
Schütte, Gasthof, Ringhotel, 5948 Schmallenberg-Oberkirchen 58, 70
Schulenberg, Sporthotel, 3396 Schulenburg 26
Schulte-Werneke, 5788 Siedlinghausen b. Winterberg 58
Schwaghof, Park- u. Sporthotel, 4902 Bad Salzuflen 24
Schwarzbauernhof, 7809 Oberwinden/Ebtal 108
Schwarzwaldhotel, 7744 Königsfeld 110
Schweizerhof, 1000 Berlin 30 26
Seeblick, 7750 Konstanz 110
Seeg, Sport- und Kurhotel, 8959 Seeg 114
Seehof, 1000 Berlin 19 26
Seehotel, Maritim, Golf- und Sporthotel, 2408 Timmendorfer Strand 22
Seela, 3388 Bad Harzburg 26
Seelust, 2190 Cuxhaven-Duhnern 22
Seeschlößchen, 2408 Timmendorfer Strand 22
Seidl, Kurhaus, 8221 Teisendorf 116
Selau, 8524 Neunkirchen a. Brand 104
Selighof, Hahnhof, 7570 Baden-Baden 106
Siegfriedbrunnen, Ferien- u. Kurhotel, 6149 Grasellenbach 102
Silberhorn, 8500 Nürnberg 50 104
Sinal, 6416 Poppenhausen/Wasserkuppe 62, 95
Sommerberg, Berg-Hotel, 7547 Wildbad 106, 151
Sonne Am Kurpark, Ringhotel, 7290 Freudenstadt 108, 146
Sonne, Bad Hotel, 8973 Hindelang 112
Sonnenalp, Sport- u. Kurhotel, 8972 Ofterschwang 112, 168
Sonnenberg, Pension, 8985 Hirschegg 112
Sonnebichl, 8975 Fischen 112
Sonnebichl, Sporthotel, 8581 Warmensteinach 104
Sonnebichl, Grand Hotel, 8100 Garmisch-Partenkirchen 114, 173
Sonnenbichl, Sporthotel, 8581 Warmensteinach 104
Sonnenbühl, Club, 7272 Altenstiegs-Wart 108, 147
Sonnenhalde, 7292 Baiersbronn-Tonbach 108
Sonnehof, Kur- und Sporthotel, 8373 Bodenmais 104, 147
Sonnehof, 6240 Königstein 60
Sonnehof, 8835 Pleinfeld 104
Sonnehof, 7822 Menzenschwand 110
Sonnehof, 8102 Oberammergau 114
Sonnehof, Steigenberger, 8352 Grafenau 106
Sonnehof, Steigenberger, 8496 Lam 104
Sonnenhügel, 8730 Bad Kissingen 104, 137
Spielweg, Romantik-Hotel, 7816 Münstertal 108
Spitzingsee-Hotel, 8162 Schliersee-Spitzingsee 116
Sportschule-Sporthotel, 6310 Grünberg 58
Staatsbadhotel, Maritim, 4902 Salzuflen 24
Standke, Waldhotel, Silencehotel 106, 152
Stauderland, Badhotel Silence, 7325 Bad Boll 104
St. Englmar, Kur- u. Sporthotel 104, 148
Seigenberger, 7290 Freudenstadt 108
Steigenberger, 1000 Berlin 30 26
Steinburg, 8700 Würzburg 104
Stern, Zum, 6425 Oberaula 62
Sternberh, Zur Burg, 4923 Extertal-Linderhofe 24
Sternhagen, Das Haus am Strand, 2190 Cuxhaven-Duhnen 22, 34
St. Hubertus, 8476 Schönsee 104
St. Leonhard, Silencehotel, 7770 Überlingen 110
Stockhausen, Ferienhotel, 5948 Schmallenberg-Sellinghausen 58
Stockhausen, Hochsauerlandhotel, 5948 Schmallenberg-Sellinghausen 58
Stoll's Alpina, 8240 Berchtesgaden-Schönau 116
Strandeck, Silencehotel, 2941 Langeoog 22
Strandhotel Travemünde, Maritim, 2400 Lübecke, Travemünde 22
Struck, Landhotel, 5952 Attendorfn 56
Stryckhaus, Romantik-Hotel, 3542 Willingen-Stryck 56
Strumpf, Silencehotel, 6951 Neunkirchen 102
Südeifel, Sporthotel, Dorint, 5521 Biersdorf 60
Sulzburg, Bad, Silencehotel, 7811 Bad Sulzburg 108, 167
Sulzenmühle, Landhaus, 8729 Hofheim 104, 126
Surenburg, Schloßhotel, 4446 Riesenbeck 24, 40

T

Tanneck, Kur- und Sporthotel, 8975 Fischen 112, 171
Tannehof, Kur- u. Tennishotel, 8999 Weiler i. A. 112
Tannehof, 6342 Haiger/Flammersbach 58
Tannhof, Strandhotel, Silenchotel, 8990 Lindau-Schachen 110, 164
Telsemeyer, 4532 Mettingen 24
Tenner, 6730 Neustadt-Haardt 102
Terrassenhof, 8162 Bad Wiessee 114, 188
Tirol, Kur- und Sporthotel, 8965 Jungholz 112
Titiseehotel, 7820 Titisee-Neustadt 110
Tölzer Hof, 8170 Bad Tölz 114, 180
Tommes, 5949 Schmallenberg-Nordenau 58, 69
Traube, 7990 Friedrichshafen 110
Traube Tonbach, Kur- und Sporthotel, 7292 Baiersbronn 108
Travemünde, Kurhaushotel, 2400 Lübeck-Travemünde 22
Treschers Schwarzwaldhotel am See, 7820 Titisee-Neustadt 110

U

Überseehotel Bremen, 2800 Bremen 1 24
Uptalsboom, 2941 Nordseebad Langeog 22
Uptalsboom, 2941 Nordseebad Spiekeroog 22
Uptalsboom, Apart Hotel, 2949 Wangerland 2 22
Uptalsboom, Seehotel, 2972 Nordseebad Borkum 22

V

Victoria, 6990 Bad Mergentheim 102
Vier Jahreszeiten, Kempinski München, 8000 München 114, 184
Vogelsberg, Sporthotel, 6326 Alsfeld-Romrod 62, 90
Voss, gasthof, 5940 Lenn-Saalhausen 56

W

Waldbrunnen, Dorint, Sporthotel, 5461 Windhagen-Rederscheid 58, 78
Waldhaus, 5788 Winterberg 58
Waldesruh, 8980 Oberstdorf 112
Waldeck, 7820 Titisee 110
Waldenburg, Stadt, 7112 Waldenburg 102, 128
Waldhaus, Silence Hotel, 5948 Schmallenberg.-Ohlenbach 58, 72
Waldhorn, Ferien- und Sporthotel, 8965 Jungholz 114
Waldhorn-Post, 7546 Enzklösterle 108, 144
Waldhotel, 3542 Willingen 56, 66
Waldpark Wies, 7861 Wies-Stockmatt 110
Waldwinkel, 7498 Bleiwäsche/Sauerland 56
Waltersbühl, Sporthotel, 7988 Wangen 112
Walter's Hof im Malerwinkel, 8193 Rottach-Egern 116
Wastlsäge, 8379 Bischofsmais 106, 137
Waxenstein, Alpenhotel, Ringhotel, 8104 Grainau 114, 182
Wehrle, Parkhotel, 7240 Triberg 108
Weilburg, Schloßhotel, 6290 Weilburg/Lahn 58
Weingärtner, Seehotel, Bostalsee, 6697 Hohfelden 14 26
Weissenhäuser Strand 2440 Weissenhäuser Strand 22
Weitenburg, Schloß, 7245 Weitenburg 104
Westernberg, Am, Sportholte, Ringhotel, 8222 Ruhpolding 116
Westerwald, Haus, Komforthotel, 5451 Ehlscheid 58, 78
Wettenberg, Silencehotel, 6301 Wettenberg 1 58, 87
Wiedener Eck, Berghotel, 7861 Wieden 110
Wiedenhof, Ferienhotel, 5521 Bausterf 60
Wiese, Jagdhaus, 5948 Schmallenberg-Jagdhaus 58
Wiesenbecker Teich, Kneipp-Kurhotel, 3422 Bad Lauterberg 26, 45
Wiesler, Seehotel, 7820 Titisee 110
Winkings Inn, Apparthotel, 2177 Wingst 24
Wilhelmshöhe, Schloßhotel, 8500 Kassel 58
Wingst. Ringhotel, 2177 Wingst 24
Winzerhof, Ringhotel, 6909 Rauenberg 102
Wittenkindshof, Parkhotel, 4600 Dortmund 1 56
Wolfsried, Ferienhotel-Gasthof, 8999 Steifenhofen 112, 175
Würzburg, Maritim, 8700 Würzburg 104
Würzgarten, Urziger, 5564 Urzig/Mosel 60

Y

Yachtclub, 2408 Timmendorfer Strand 22
Yachtclub, 8210 Prien/Chiemsee 116

Z

Zugbrücke Grenzau, Sporthotel, 5410 Höhe-Grenzhausen 58
„Zur Bobbahn", Apparthotel, 5788 Winterberg 58
Zweibrücker Hof, 5804 Herdecke 56

Strassen-Atlas Deutschland

Straßenkarten
Bundesrepublik Deutschland

1 : 500 000 **4–39**

Ortsregister
Bundesrepublik Deutschland
im Anhang

Kümmerly+Frey

A
SØNDERJYLLAND
Nordfriesische Inseln
Westerland
Kampen
Wenningstedt
Sylt-Ost-Keitum
Rantum
Sylt
Hörnum
Nationalpark
Schleswig-Holsteinisches
Wattenmeer
Föhr
Wyk auf Föhr
Oldsum
Utersum
Nieblum
Norddorf
Nebel
Wittdün
Amrum
Langeneß
Oland
Gröde
Gröde-Appelland
Hooge
Halligen
Pellworm
Norderoog-sand
Süderoog
Süderoog-sand
Südfall
Nordstrand
Nordstrandischmoor
Højer
Møgeltønder
Tønder
Bylderup-Bov
Tinglev
Kruså
Padborg
Harrislee
Gråsten
Broager
Glücksburg (Ostsee)
FLENSBURG
Langballig
Niebüll
Leck
Neukirchen
Süderlügum
Ladelund
Dagebüll
Bredstedt
Langenhorn
Handewitt
Tarp
Wanderup
Viöl
Husum
Schleswig
SCHLESWIG
Jübek
Silberstedt
Treia
Ostenfeld
Friedrichstadt
Tönning
Garding
Sankt Peter-Ording
Kropp
Owschlag
Büdelsdorf
Rendsburg
Hohn
Erfde
Hennstedt
Lunden
Wesselburen
Heide
Büsum
Meldorf
Albersdorf
Hanerau-Hademarschen
Schafstedt
Marne
Friedrichskoog
Trischen
Vogelschutzgebiet
Brunsbüttel
Elbe
Neuwerk
Scharhörn
Großer Knechtsand
Nationalpark
Niedersächsisches
Wattenmeer
CUXHAVEN
Sahlenburg
Altenwalde
Otterndorf
Nordholz
Wurster Heide
Cadenberge
Wingst
Hemmoor
Oberndorf
Freiburg (Elbe)
Wischhafen
Drochtersen
Glückstadt
ELMSHORN
ITZEHOE
Hohenlockstedt
Kellinghusen
Wacken
Hohenaspe
Land Kehdingen
Land Hadeln
Dithmarschen
Nordfriesland
Schleswig
A 7
A 23
A 27
E 45
E 234
1
2
3
9

Langeland
Ærø
Ærøskøbing
Marstal
Rudkøbing
Strynø
Lindelse
Humble
Magleby
Bagenkop
Dovnsklint
Lille Bælt
Langelands Bælt
Nakskov
Nakskov Fjord
Rødby
Rødbyhavn
Femer Bælt
Fehmarn Belt
Fehmarn
Burg
Puttgarden
Markelsdorfer Huk
Staberhuk
Fehmarnsund
Großenbrode
Heiligenhafen
Kieler Bucht
Kiel-Oslo
Kiel-Göteborg
Eckernförder Bucht
Kappeln
Gelting
Maasholm
Damp 2000
KIEL
Laboe
Schönberg
Kronshagen
Preetz
Plön
Malente
Eutin
Lütjenburg
Hohwachter Bucht
Oldenburg in Holstein
Heringsdorf
Dahme
Kellenhausen (Ostsee)
Grömitz
Neustadt in Holstein
Lübecker Bucht
L.-Travemünde-Göteborg
L.-Travemünde-Malmö
Scharbeutz
Timmendorfer Strand
TRAVEMÜNDE
Bad Schwartau
LÜBECK
Ratekau
Stockelsdorf
Bad Segeberg
Bad Oldesloe
Reinfeld (Holstein)
Ahrensbök
Bordesholm
Neumünster
Kaltenkirchen
Henstedt-Ulzburg
NORDERSTEDT
Bargteheide
Wahlstedt
Trappenkamp
Naturpark Holsteinische Schweiz
Grevesmühlen
WISMAR
Wismarbucht
Poel
Schönberg
Dassow
Gadebusch
Ostseebad Boltenhagen
HOLSTEIN
10
6
2

Femø
Østerby
Fejø
Vesterby
Birket
Lille Løjtofte
Vesterborg
Stokkemarke
Halstedkloster
Nakskov
Søllested
Bandholm
Sørup
Knuthenborg
Askø By
Askø
Vigsnæs
Guldborg
Sund
Guldborg Sund
Oreby Gård
Orehoved
Storstrømsbroen
Vålse
Øster Kippinge
Nørre Alslev
Bogø
Gammelby
Sprove
Stege
Keldbylille
Busemarke
Damsholte
Møn
Stubbekøbing
Koksebv
Vindebæk
Næsgård
Torkilstrup
Eskilstrup
Maglebrænde
Hørbelev
Horreby
Hesnæs
Onslev
Fugleflugtslinie
Sakskøbing
Maribo
Ryde
Dannemare
Skørringe
Søndersø
Søholt
Krenkerup
Nykøbing
Toreby
Sønder Kirkeby
Falster
Ulslev
Tirsted
Rødby
Holeby
Vester Ulslev
Errindlev
Herritslev
Kettinge
Nysted
Væggerløse
Marielyst
Marrebæk
Rødbyhavn
Lolland
Gedesby
Gedser
Gedser Odde
Hyllekrog
Femer Bælt
Fehmarn Belt
B.-Puttgarden
Bannesdorf auf Fehmarn
B.-Klausdf.
Ba.-Katharinenhof
Burg
L.-Avendorf auf Fehmarn
Ba.-Meeschendf. auf Fehmarn
Staberhuk
Deutsche Ferienstr. Alpen–Ostsee
L.-Travemünde–Gedser
L.-Travemünde–Helsingborg
L.-Travemünde–København
L.-Travemünde–Trelleborg
L.-Travemünde–Malmö
Kadetrinne
Mecklenburger Bucht
Darßer Ort
Ostseebad Prerow
Darß
Wieck
Bodstedter Bodden
Born
Ostseebad Ahrenshoop
Ostseebad Wustrow
Fischland
Saaler Bodden
Fuhlendorf
Saal
Ostseebad Dierhagen
Ostseebad Graal-Müritz
Klockenhagen
Damgarten
Ribnitz
Daskow
Ahrenshagen
Semlow
Marlow
R.-Warnemünde
Ostseebad Nienhagen
Ostseebad Kühlungsborn
Bad Doberan
Heiligendamm
Elmenhorst
Rostock-Petersdorf
Rövershagen
Bentwisch
Ostseebad Rerik
Bastorf
Wustrow
ROSTOCK
Lambrechtshagen
Kröpelin
Sanitz
Dettmannsdorf
Tessin
Poel
Ostseebad Boltenhagen
Wismarbucht
Neubukow
Satow
Schwaan
Kavelstorf
Dummerstorf
Laage
WISMAR
Grevesmühlen
Gägelow
Warnow
Bützow
Güstrow
Mecklenburg/Dorf
Warin
Brüel
Sternberg
Teterow
Lübstorf
Bad Kleinen
MECKLENBURG

C
D
S T S E E
1
2
3
Travemünde–Rønne (IX–V)
København–Świnoujście
Saßnitz - Trelleborg
Saßnitz–Rønne (IX–V)
Ystad–Świnoujście
Kap Arkona
Putgarten
Dranske
Wiek
Altenkirchen
Wittow
Tromper
Breege
Wiek
Schaabe
H.-Kloster
Bug
Hiddensee
Rassower Strom
Neuenkirchen
Glowe
Lohme
Königsstuhl
Stubbenkammer
Bobbin
Piekberg
Jasmund
H.-Neuendorf
Hiddensee
Trent
Neuendorf
Schaprode
Grosser Jasmunder Bodden
Sagard
Saßnitz
Dubberworth
Rappin
Ralswiek
Neu Mukran
Lietzow
Schmale Heide
RÜGEN
Ummanz
Ummanz
Kluis
Patzig
Gingst
Parchtitz
E 22
Boldevitz
Buschvitz
Prora
Prorer Wiek
Bock
Pramort
Kubitzer Bodden
Landow
Dreschvitz
Bergen
Ostseebad Binz
Karow
Zirkow
Granitz
Ostseebad Sellin
Ostseebad Baabe
Ostseebad Göhren
Gr.-Mohrdorf
Klausdorf
Prohn
Günz
Altenpleen
Kramerhof
Samtens
E251
Sehlen
P.-Vilmnitz
Lancken-Granitz
Rambin
Putbus
P. Lauterbach
Middelhagen
Neu Bartelshgn.
Preetz
Altefähr
Berglase
Kasnevitz
Gager
Mönchgut
STRALSUND
Pantelitz
Niepars
Garz
Vilm
Rügischer Bodden
Gustow
Poseritz
Thiessow
Martens-dorf
Lüssow
Gr.-Schoritz
Strelasund
Wendorf
Zudar
Nienhagen
Zarrendorf
Brandshagen
H.-I. Zudar
Greifswalder
Greifswalder Oie
Jakobsdf.
Steinhagen
Stahlbrode
Elmenhorst
Reinberg
Richtenberg
Behnkendf.
Abtshagen
Miltzow
Ruden
Bodden
Franzburg
Buchholz
Wittenhagen
Stoltenhagen
Kirchdorf
Mesekenhagen
Papenhagen
Peenemünde
Bartmannshagen
Horst
Karlshagen
Vorland
Neuenkirchen
Lubmin
Grimmen
Groß-Petershgn.
Wackerow
GREIFSWALD
Wusterhusen
Spiesdf.
Loissin
Brünzow
Kröslin
Trebel
Neuendorf
Wieck
Rubenow
Peenestrom
Mölschow
G.-Jessin
Kleverow
Kl.-Bisdorf
Griebenow
Zinnowitz
Gransebieth
Wendisch Baggendorf
Kandelin
Alt-Pansow
Hinrichshagen
Kemnitz
Diedrichshgn.
Neu-Boltenhgn.
Groß-Ernsthof
Bannemin
Krummin
Zempin
Koserow
Rakow
Poggendorf
Weitenhagen
Hanshagen
Katzow
Wolgast
Stubbenfelde
Glewitz
Dersekow
Groß-Kiesow
Lühmannsdorf
Sauzin
Netzelkow
Achterwasser
Loddin
Düvier
Sassen
Dargelin
Behrenhoff
Hohendorf
Lütow
Ückeritz
Usedom
Nehringen
Vorbein
Görmin
Müssow
Züssow
Buddenhagen
Hohensee
Wehrland
Warthe
Pudagla
Seebad Bansin
Loitz
Trantow
Kammin
Bandelin
Karlsburg
Zemitz
Schmollensee
Seebad Heringsdorf
Nossendorf
Brudersdf.
Wüstenfelde
Plestlin
Gribow
Ranzin
Pulow
Rankwitz
Neppermin
Seebad Ahlbeck
Sophienhof
Bentzin
Gützkow
Klein-Bünzow
Rubkow
Lassan
Benz
Gothensee
Świnoujście
Wotenick
Beestland
Kletzin
Tutow
Breechen
Peenestrom
Reetzow
Korswandt
Zarnekow
Warrenzin
Demmin
Jarmen
Schmatzin
Murchin
Buggenhgn.
Morgenitz
Mellenthin
Kachliner See
Wolgastsee
Lüssow
Gr.-Polzin
Ziethen
Pinnow
Sückow
Zirchow
Dargun
Sanzkow
Kruckow
E 251
Liepen
Usedom
Stolpe
Swina
Vorwerk
Siedenbrünzow
Kartlow
Schmarsow
Neetzow
Stolpe
Peene
Dargen
Kamminke
Upost
Peene
Völschow
Steinmocker
Medow
Anklam
U.-Karnin
Usedomer See
Schönfeld
Tollense
Alt-Tellin
Wussentin
Postlow
Bargischow
Karsibór
Verchen
Lindenhof
Utzedel
Plötz
Gramzow
Krusenfelde
Krien
Kamp
Mëtschow
Daberkow
Bartow
Butzow
Kummerower See
Beggerow
Hohenmocker
Blesewitz
Kleines Haff
Borrentin
Hohenbrünzow
Nerdin
Rosenhagen
Meesiger
Hohenbollentin
Golchen
Iven
Pelsin
Bugewitz
Sommersdorf
Gnevezow
Törpin
Sarow
Gnevkow
Breest
Neuenkchn.
Neu Kosenow
Leopoldshagen
Kummerow
Japenzin
Spantekow
Rossin
Mönkebude
Neu Kentzlin
Lindenberg
Altenhagen
Burow
Großer Landgraben
Drewelow
Ducherow
Grambin
Altwarp
Grammentin
Gültz
Siedenbollentin
Sarnow
Rathebur
Ueckermünde
Ue.-Bellin
Nowe Warpno
Kriesow
Schwanbeck
Schwerinsburg
Neuendf.
Lübs
Vogelsang
Neuwarper See
R.-Basepohl
Rosemarsow
Grapzow
Löwitz
Liepgarten
Hoppenwalde
Luckow
Ivenack
Tützpatz
Pripsleben
Werder
Boldekow
Altwigshagen
Zinzow
Putzarer See
Putzar
Wietstock
Meiersberg
Rieth
Röckwitz
Grischow
Grischow
Dahlen
Sandhagen
Schwichtenberg
Eggesin
Wolde
Altentreptow
13
B U R G
Zarow
Warnow
96
105
194
110
109
111
196
196a
197
E 22
E251

A
B
1
Ostfriesische Ins
Spieke
Langeoog
Baltrum
Norderney
Juist
Memmert
Lütje Hörn
Borkum
Rottumeroog
Wester-Ems
Niedersächsisches Wattenmeer
Neuharlingersiel
Esens
Dornum
Norden
N.-Norddeich
Hage
Großheide
Aurich
Südbrookmerland
Wittmund
Emden
Krummhörn
Hinte
Greetsiel
Ihlow
Großefehn
Moormerland
Leer (Ostfriesl.)
Hesel
Weener
Bunde
Rhauderfehn
Westoverledingen
Ostrhauderfehn
Papenburg
Saterland
Surwold
Börger
Sögel
Werlte
Lathen
Dörpen
Haren (Ems)
Meppen
Haselünne
Löningen
Lingen
Geeste
Twist
Delfzijl
Appingedam
Groningen
Haren
Hoogezand-Sappemeer
Slochteren
Winschoten
Scheemda
Veendam
Wildervank
Pekela
Onstwedde
Vlagtwedde
Stadskanaal
Musselkanaal
Ter Apel
Emmen
Klazienaveen
Coevorden
Hardenberg
Dedemsvaart
Hoogeveen
Beilen
Westerbork
Assen
Zuidlaren
Roden
Leek
Eelde-Paterswolde
Vries
Norg
Borger
Odoorn
Schoonebeek
Emlichheim
Zuidwolde
Gramsbergen
Warffum
Uithuizen
Bedum
Ten Boer
Winsum
Zoutkamp
Grootegast
Marum
Veenhuizen
Smilde
Rolde
Gieten
Dollart
Ems
Bourtange
Groningen
Drenthe
Ostfriesland
Harlingerland
14

Knechtsand
Nationalpark
Niedersächsisches
Wattenmeer
Wangerooge
Minsener Oog
Old Oog
Mellum
Nationalpark
Niedersächsisches
Wattenmeer
Cuxhaven
Otterndorf
Glückstadt
Land Hadeln
Drochtersen
Langen
BREMERHAVEN
Schiffdorf
Loxstedt
Bremervörde
Jever
WILHELMSHAVEN
Jadebusen
NORDENHAM
Butjadingen
Varel
Zetel
Sande
Brake
Stadland
Westerstede
Rastede
Elsfleth
Schwanewede
Osterholz-Scharmbeck
Worpswede
Teufelsmoor
Zeven
Bad Zwischenahn
OLDENBURG
Edewecht
Berne
Lemwerder
Ritterhude
BREMEN
Lilienthal
Ottersberg
Rotenburg (Wümme)
Hude
Wardenburg
DELMENHORST
Ganderkesee
Stuhr
Weyhe
Oyten
Achim
Langwedel
Hatten
Großenkneten
Wildeshausen
Harpstedt
Syke
Verden (Aller)
Kirchlinteln
Cloppenburg
Emstek
Visbek
Bassum
Twistringen
Goldenstedt
Vechta
Lohne (Oldenb.)
Dinklage
Quakenbrück
Barnstorf
Sulingen
Diepholz
Steinfeld
Hoya
Nienburg (Weser)
Steyerberg
Wagenfeld
Kirchdorf
Liebenau
Naturpark Wildeshauser Geest
Weser
Hunte
Jade
10
15

4
5
9
17
Glückstadt
Elmshorn
Barmstedt
Bad Oldesloe
Drochtersen
Uetersen
Quickborn
Norderstedt
Ahrensburg
Pinneberg
Rellingen
Halstenbek
Stade
Wedel
Schenefeld
Hamburg
Mölln
Jork
Buxtehude
Harsefeld
Glinde
Reinbek
Wentorf
Schwarzenbek
Neu Wulmstorf
Rosengarten
Seevetal
Geesthacht
Boizenburg
Winsen (Luhe)
Lauenburg (Elbe)
Buchholz in der Nordheide
Zeven
Tostedt
Jesteburg
Lüneburg
Bleckede
Scheeßel
Rotenburg (Wümme)
Schneverdingen
Lüneburger Heide
Naturschutzpark Lüneburger Heide
Bispingen
Bienenbüttel
Bad Bevensen
Neuenkirchen
Visselhövede
Soltau
Munster
Uelzen
Walsrode
Fallingbostel
Faßberg
Bergen
Hermannsburg
Naturpark Südheide
Wittingen
Winsen (Aller)
Celle
Wietze
Wedemark
Burgwedel
Neustadt
Hodenhagen
Ebstorf
Suderburg
Elbe
Aller
Naturpark Harburger Berge

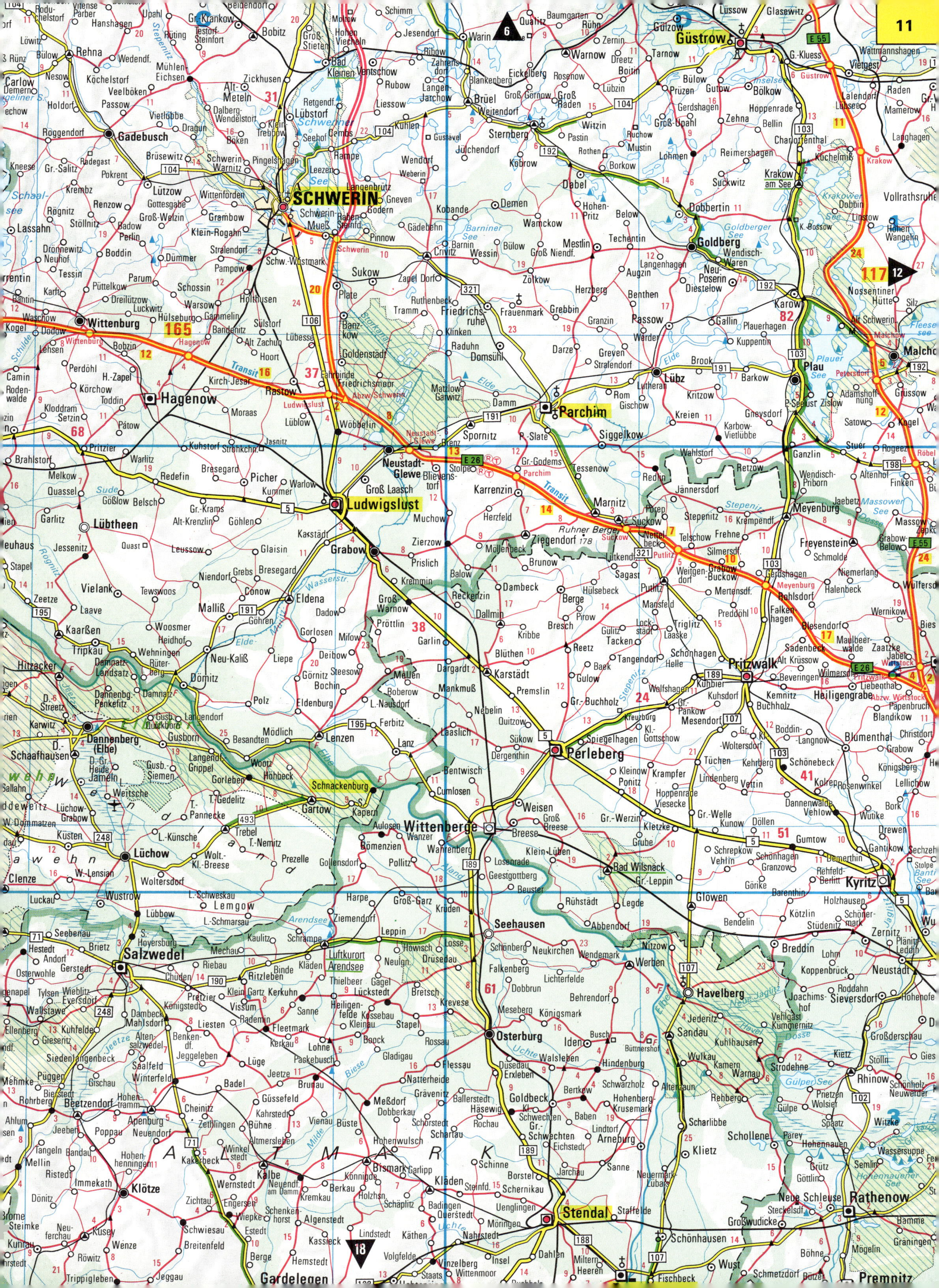
Güstrow
SCHWERIN
Gadebusch
Rehna
Wittenburg
Hagenow
Ludwigslust
Neustadt-Glewe
Parchim
Goldberg
Lübz
Plau
Malchow
Karow
Krakow am See
Sternberg
Brüel
Warin
Crivitz
Grabow
Lübtheen
Dömitz
Dannenberg (Elbe)
Hitzacker
Lenzen
Perleberg
Pritzwalk
Meyenburg
Heiligengrabe
Kyritz
Wittenberge
Bad Wilsnack
Havelberg
Seehausen
Osterburg
Salzwedel
Lüchow
Gartow
Schnackenburg
Arendsee
Kalbe
Bismark
Klötze
Beetzendorf
Gardelegen
Stendal
Tangermünde
Schönhausen
Rathenow
Premnitz
Goldbeck
Arneburg
Sandau
Neustadt
Zernitz
Breddin
Putlitz
Ziegendorf
Karstädt
Marnitz
Suckow
Tarnow
Lohmen
Dobbertin
Sukow
Plate
Zarrentin
Vellahn
Wustrow
Gumtow
Glöwen
Rühstädt
Legde
Werben
Kleetzke
Lychen
Ganzlin
Stuer
Altmark
Transit
E 26
E 55
24
117
12
5
104
192
103
106
321
189
191
195
196
248
71
188
107
493
102
198
6
18

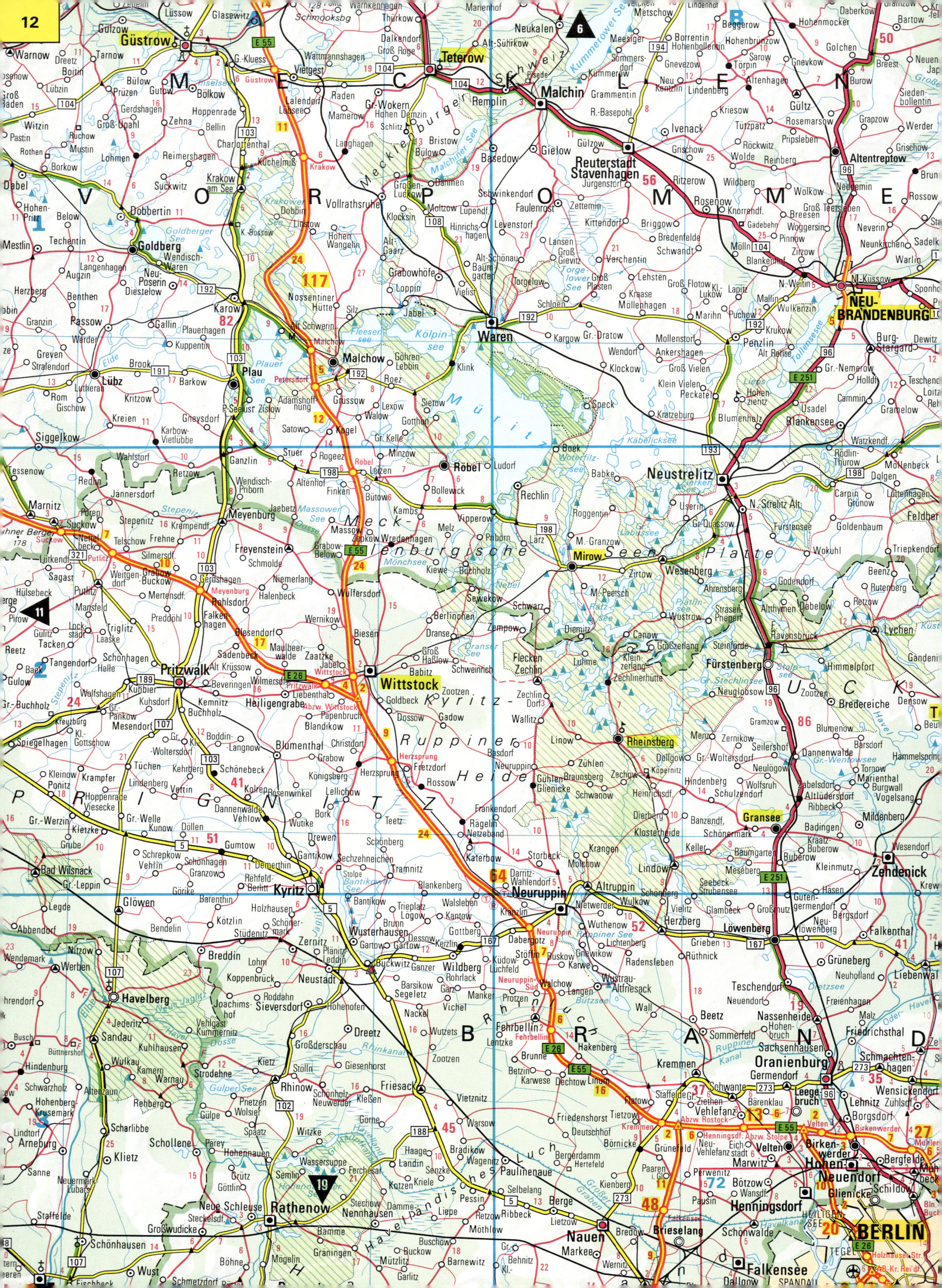
Güstrow
Teterow
Malchin
Reuterstadt Stavenhagen
Altentreptow
Goldberg
Waren
Neubrandenburg
Malchow
Plau
Lübz
Röbel
Neustrelitz
Mirow
Wesenberg
Meyenburg
Pritzwalk
Wittstock
Fürstenberg
Lychen
Rheinsberg
Gransee
Zehdenick
Kyritz
Neuruppin
Bad Wilsnack
Havelberg
Wusterhausen
Löwenberg
Oranienburg
Hennigsdorf
Velten
Nauen
Rathenow
Falkensee
Berlin
Kyritz-Ruppiner Heide
Mecklenburgische Seenplatte
Müritz
Prignitz
Vorpommern
Mecklenburgische Schweiz
Uckermark
Brandenburg
Havelländisches Luch
Rhinluch

Kleines Haff
Zalew
Oderhaff
Szczecinski
Ueckermünde
Eggesin
Torgelow
Pasewalk
Strasburg
Friedland
Woldegk
Prenzlau
Boitzenburg
Angermünde
Schwedt
Eberswalde-Finow
Bad Freienwalde
Wriezen
Bernau
Strausberg
Altlandsberg
Blumberg
Werneuchen
Biesenthal
Joachimsthal
Oderberg
Cedynia
Chojna
Gryfino
Police
Jasienica
Trzebież
Nowe Warpno
Szczecin (Stettin)
Goleniów
Stargard Szczecinski
Pyrzyce
Lipiany
Myślibórz
Trzcińsko Zdrój
Dębno
Boleszkowice
Mieszkowice
Moryń
Kostrzyn
Witnica
Banie
Widuchowa
Penkun
Löcknitz
Brüssow
Gartz
Mescherin
Krackow
Hohenholz
Nadrensee
Tantow
Rosow
Radziszewo
Kołbaskowo
Stepnica
Zarnowo
Czarnocin
Kopice
Stolec
Dobieszczyn
Tanowo
Dobra
Lubieszyn
Dołuje
Rzęśnica
Smogolice
Kobylanka
Kluczewo
Stare Czarnowo
Wierzbno
Gardno
Parsów
Pniewo
Nowe Czarnowo
Lubanowo
Zarczyn
Swobnica
Piaseczno
Trzebórz
Mielęcin
Sitno
Obryta
Łozice
Rów
Golenice
Rurka
Mętno
Orzechów
Osinów Dolny
Stara Rudnica
Gozdowice
Czelin
Gr.-Neuendorf
Porzecze
Kaleńsko
Sarbinowo
Kamień Mały
Witnica
Cychry
Ostrowiec
Barnówko
Warnice
Smolnica
Golczewo
Moracz
Przybiernów
Babigoszcz
Zielonczyn
Kikorze
Osina
Glewice
Mosty
Tarnówko
Maszewo
Przemocze
Łęczyca
Krępsko
Lubczyna
Niekłończyca
Tatynia
Pilchowo
Ahlbeck
Altwarp
Vogelsang
Luckow
Rieth
Hintersee
Rothemühl
Jatznick
Viereck
Krugsdf.
Koblentz
Rothenklempenow
Boock
Pampow
Bismark
Ramin
Grambow
Glasow
Bergholz
Rossow
Wollschow
Bagemühl
Carmzow
Grünow
Schmölln
Brüssow
Dedelow
Gollmitz
Schönfeld
Blumberg
Casekow
Kummerow
Passow
Stendell
Vierraden
Gramzow
Greiffenberg
Welsow
Pinnow
Felchow
Schöneberg
Stolpe
Criewen
Lunow
Hohensaaten
Liepe
Bralitz
Niederfinow
Falkenberg
Altranft
Neulewin
Altlewin
Letschin
Zechin
Golzow
Gorgast
Kienitz
Neutrebbin
Altfriedland
Quappendorf
Marxwalde
Protzel
Reichenow
Batzlow
Wölsickendorf
Heckelberg
Tempelfelde
Schönfeld
Tiefensee
Melchow
Trampe
Lichterfelde
Golzow
Chorin
Britz
Werbellinsee
Eichhorst
Altenhof
Milmersdorf
Ringenwalde
Friedrichswalde
Gerswalde
Mittenwalde
Haßleben
Potzlow
Seehausen
Warnitz
Melzow
Pfingstberg
Wilmersdorf
Ladeburg
Rüdnitz
Danewitz
Lanke
Gr. Schönebeck
Lindow
Schönhausen
Galenbeck
Kotelow
Lübbersdorf
Brohm
Sandhagen
Blesewitz
Pelsin
Butzow
Rossow
Rathebur
Mönkebude
Leopoldshagen
Bugewitz
Rosenhagen
Grambin
Ferdinandshof
Wilhelmsburg
Hammer
Zerrenthin
Polzow
Rollwitz
Damerow
Zusedom
Fahrenwalde
Göritz
Nechlin
Fürstenwerder
Kraatz
Parmen-Weggun
Arendsee
Buchenhain
Berkholz
Beenz
Klaushagen
Herzfelde
Krohnhorst
Fredenwalde
Temmen
Gollin
E 28
E 65
A 6
A 11
B 2
Stettin-Süd
Stettin-Ost
Altdamm
Pomellen
Penkun
Radewitz
Schmölln
Prenzlau
Warnitz
Pfingstberg
Joachimsthal
Werbellinsee
Finowfurt
Oder-Havel-Kanal
Oder
Westoder
Odra Wsch.
Odra Zach.
Ina
Płonia
Myśla
Warta
Gowienica
Jez. Miedwie
Jez. Dąbie
Gora Bukowe
Märkische Schweiz
Randow
Ucker
Welse
Zarow
Ueckermünder Heide
Nizina
Uckermark
Brandenburg
Pomorze Zachodnie
Oderbruch

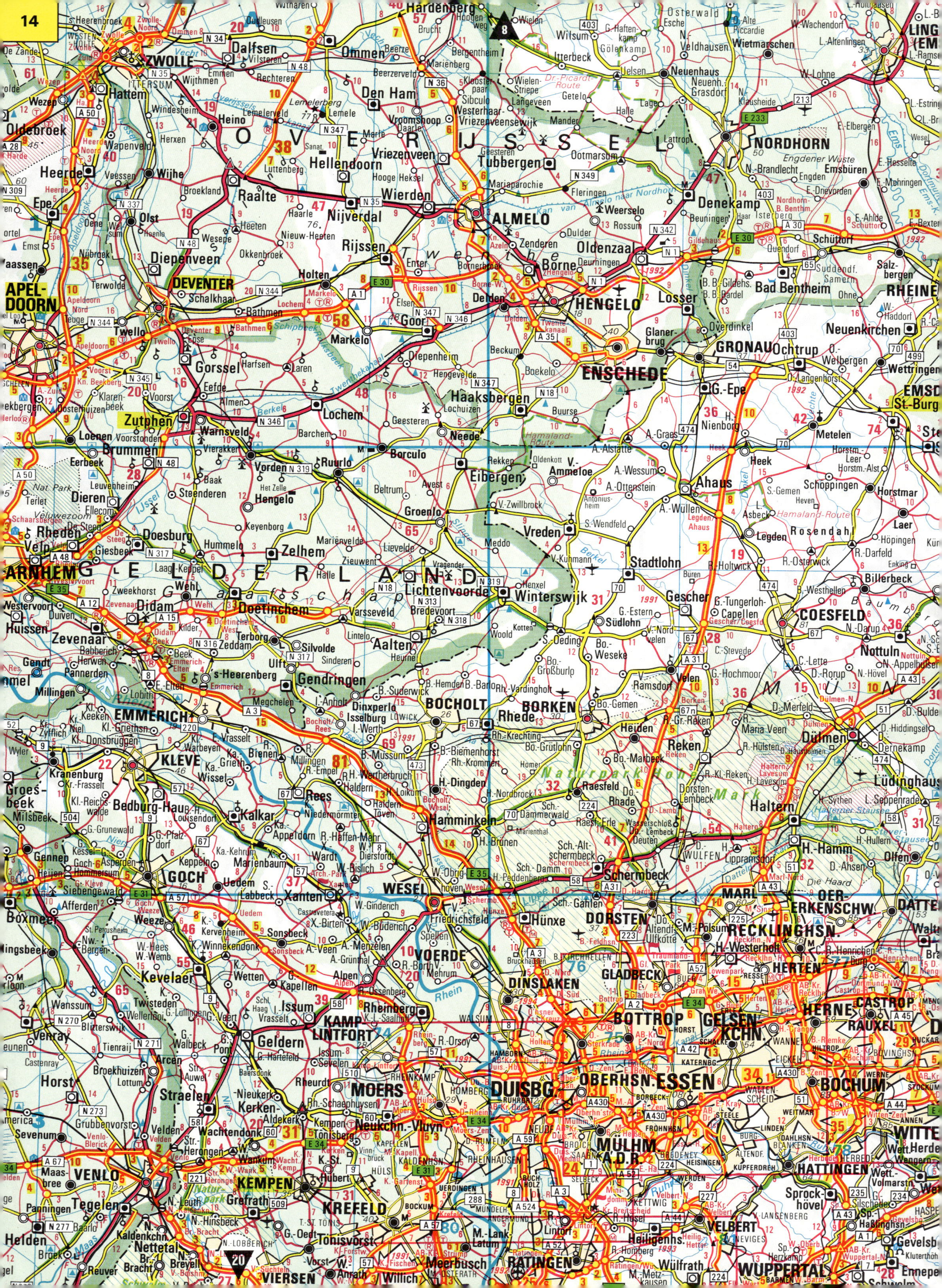
ZWOLLE
Dalfsen
Ommen
Hardenberg
Den Ham
Hattem
Heino
Raalte
Hellendoorn
Wierden
Nijverdal
Rijssen
ALMELO
Tubbergen
Vriezenveen
NORDHORN
Denekamp
Oldenzaal
Borne
Delden
HENGELO
ENSCHEDE
Losser
Bad Bentheim
GRONAU
Ochtrup
RHEINE
Neuenkirchen
EMSDETTEN
APELDOORN
DEVENTER
Holten
Markelo
Goor
Diepenheim
Haaksbergen
Gorssel
Lochem
Zutphen
Neede
Borculo
Eibergen
Ruurlo
Vorden
Hengelo
Brummen
Dieren
Doesburg
Zelhem
Groenlo
Vreden
Ahaus
Stadtlohn
Legden
Metelen
Horstmar
Laer
Billerbeck
COESFELD
Nottuln
ARNHEM
Velp
Rheden
Didam
Doetinchem
Lichtenvoorde
Winterswijk
Gescher
Huissen
Zevenaar
Emmerich
's-Heerenberg
Gendringen
Aalten
BOCHOLT
Rhede
BORKEN
Velen
Reken
Heiden
Dülmen
KLEVE
Kranenburg
Bedburg-Hau
Kalkar
Rees
Isselburg
Hamminkeln
Raesfeld
Dorsten
Haltern
Lüdinghausen
Olfen
GOCH
Uedem
Xanten
WESEL
Schermbeck
Hünxe
Voerde
DINSLAKEN
Gladbeck
MARL
RECKLINGHAUSEN
OER-ERKENSCHWICK
DATTELN
HERTEN
HERNE
CASTROP-RAUXEL
BOTTROP
GELSENKIRCHEN
Weeze
Kevelaer
Sonsbeck
Alpen
Rheinberg
KAMP LINTFORT
Issum
Geldern
Straelen
MOERS
Neukirchen-Vluyn
DUISBURG
OBERHAUSEN
ESSEN
BOCHUM
WITTEN
MÜLHEIM A.D.R.
HATTINGEN
Sprockhövel
VELBERT
Heiligenhaus
WUPPERTAL
Wülfrath
RATINGEN
Meerbusch
Willich
KREFELD
Tönisvorst
Kempen
VIERSEN
Nettetal
Kerken
Wachtendonk
VENLO
Tegelen
Venray
Boxmeer
Horst
Helden
NATURPARK HOHE MARK
O V E R I J S S E L
G E L D E R L A N D
M Ü N S T E R L A N D
8
20

Naturpark
Bramsche
Wallenhorst
OSNABRÜCK
Ibbenbüren
Mettingen
Westerkappeln
Lotte
Tecklenburg
Lengerich
Hagen
Georgsmarienhütte
Bad Iburg
Bissendorf
Melle
Damme
Stemwede
Bohmte
Ostercappeln
Bad Essen
Wiehengeb.
Rahden
Espelkamp
Lübbecke
Preuß. Oldendorf
Hille
Petershagen
MINDEN
Porta Westfalica
LÖHNE
Bad Oeynhsn.
Vlotho
BÜNDE
Kirchlengern
Spenge
Hiddenhsn.
Enger
HERFORD
BAD SALZUFLEN
Kalletal
LEMGO
Dörentrup
Lage
DETMOLD
Bad Meinberg
Horn-Bad Meinberg
Schlangen
Bad Lippspringe
Altenbeken
PADERBORN
Borchen
Lichtenau
Teutoburg. Wald
Bielefeld
BIELEFELD
Leopoldshöhe
Oerlinghsn.
Stukenbrock
Augustdorf
Schloß Holte
Hövelhof
Steinhagen
Werther (Westf.)
Halle (Westf.)
Borgholzhsn.
Versmold
Bad Laer
Bad Rothenfelde
Dissen
Glandorf
Greven
Ladbergen
Lienen
Ostbevern
Telgte
MÜNSTER
Warendorf
Sassenberg
Harsewinkel
Everswinkel
Sendenhorst
Drensteinfurt
Ascheberg
Ahlen
Ennigerloh
Oelde
Beckum
GÜTERSLOH
Herzebrock
RHEDA-WIEDENBR.
Verl
Rietberg
Delbrück
Langenberg
Wadersloh
Salzkotten
Geseke
LIPPSTADT
Erwitte
Rüthen
Büren
Wünnenbg.
Marsberg
Brilon
Olsberg
Bestwig
Meschede
Warstein
Arnsberger Wald
ARNSBERG
Sundern (Sauerl.)
Möhnesee
Soest
SOEST
Bad Sassendf.
WERL
Wickede
Fröndenberg
UNNA
Kamen
Bergkamen
Bönen
Welver
HAMM
Werne
Hamm
Lippetal
MENDEN (SAUERL.)
Hemer
ISERLOHN
Balve
Altena
Neuenrade
Holzwickede
Korbach
Willingen (Upland)
Diemelsee
Twistetal
Arolsen
Ems
Lippe
Mittelland-Kanal
Dümmer
Beckumer Berge
Eggegeb.
Haarstrang

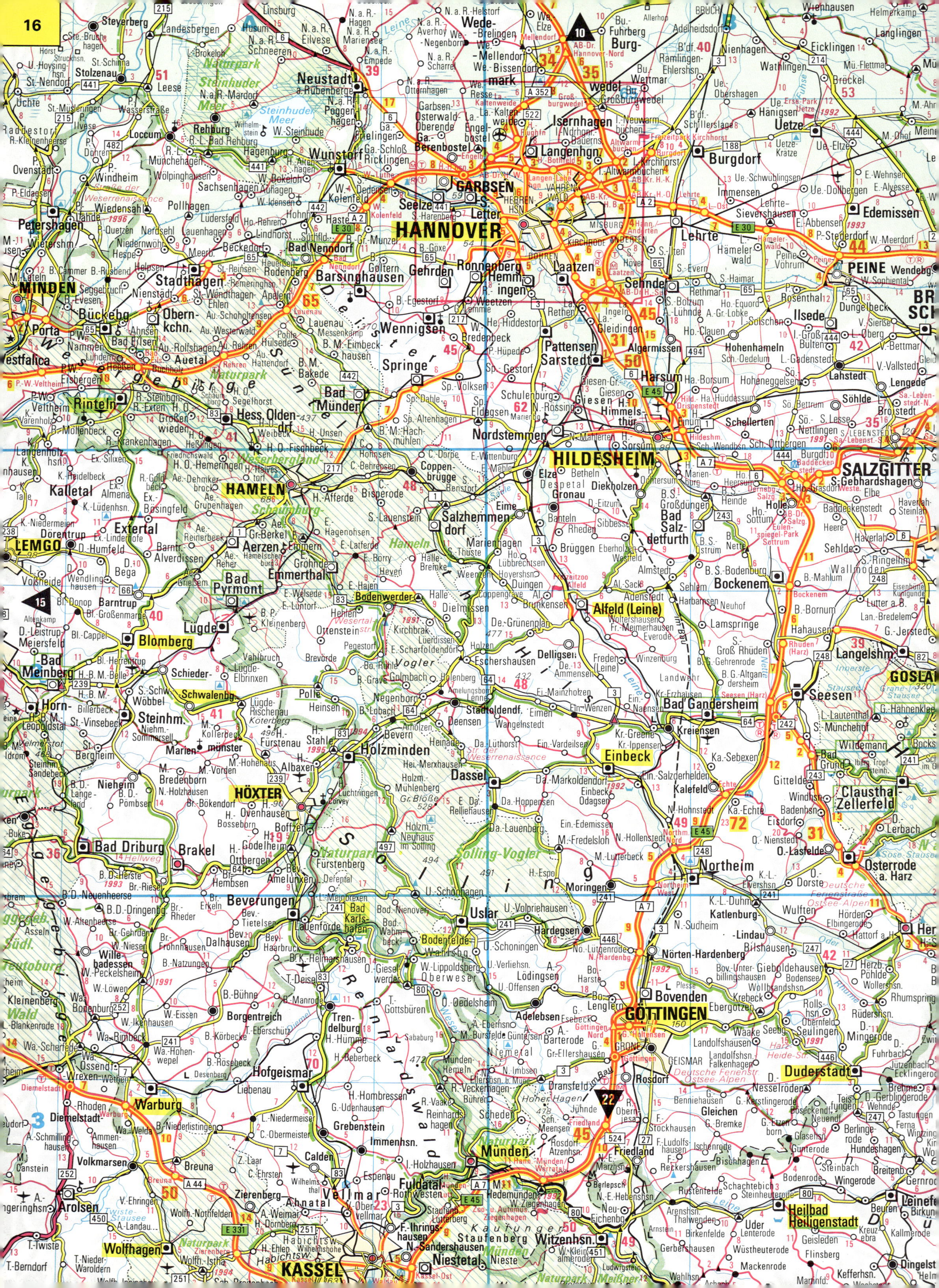
HANNOVER
GARBSEN
Seelze
Langenhagen
Isernhagen
Burgdorf
Lehrte
Laatzen
Sehnde
Wedemark
Burgwedel
Neustadt a. Rübenberge
Wunstorf
Barsinghausen
Gehrden
Ronnenberg
Hemmingen
Wennigsen
Springe
Pattensen
Sarstedt
Harsum
Algermissen
Nordstemmen
HILDESHEIM
SALZGITTER
PEINE
Edemissen
Uetze
Ilsede
Lahstedt
Söhlde
Schellerten
MINDEN
Petershagen
Bückeburg
Porta Westfalica
Stadthagen
Obernkirchen
Rinteln
Hess. Oldendorf
Bad Münder
Bad Nenndorf
Rehburg
Loccum
Stolzenau
Steinhuder Meer
Naturpark Steinhuder Meer
HAMELN
Coppenbrügge
Salzhemmendorf
Aerzen
Emmerthal
Bad Pyrmont
Extertal
Kalletal
LEMGO
Blomberg
Lügde
Schieder-Schwalenberg
Bad Meinberg
Horn
Steinheim
Marienmünster
HÖXTER
Holzminden
Bodenwerder
Eschershausen
Stadtoldendorf
Dassel
Einbeck
Kreiensen
Bad Gandersheim
Alfeld (Leine)
Gronau
Bad Salzdetfurth
Bockenem
Lamspringe
Langelsheim
Seesen
GOSLAR
Clausthal-Zellerfeld
Osterode a. Harz
Northeim
Katlenburg
Moringen
Hardegsen
Uslar
Bad Driburg
Brakel
Beverungen
Lauenförde
Bad Karlshafen
Borgentreich
Warburg
Hofgeismar
Trendelburg
Bodenfelde
Adelebsen
Bovenden
GÖTTINGEN
Nörten-Hardenberg
Gieboldehausen
Duderstadt
Rosdorf
Friedland
Gleichen
Heilbad Heiligenstadt
Dingelstädt
Hann. Münden
Witzenhausen
Vellmar
Fuldatal
Nieste
KASSEL
Wolfhagen
Arolsen
Volkmarsen
Calden
Grebenstein
Immenhausen
Reinhardshagen
Deister
Süntel
Weserbergland
Solling
Solling-Vogler
Reinhardswald
Kaufunger Wald
Eggegebirge
Naturpark
Hils

Gifhorn
WOLFSBURG
Gardelegen
Colbitz-Letzlinger Heide
Tangerhütte
Haldensleben
Wolmirstedt
Burg
Königslutter a. Elm
Cremlingen
Helmstedt
Barleben
WOLFENBÜTTEL
Schöppenstedt
Schöningen
Hötensleben
MAGDEBURG
Wanzleben
Oschersleben
Schönebeck
Osterwieck
Halberstadt
Calbe
Staßfurt
Wernigerode
Ilsenburg
Blankenburg
Quedlinburg
Thale
Ballenstedt
Aschersleben
Bernburg
Köthen
Braunlage
Harzgerode
Hettstedt
Mansfeld
Lutherstadt Eisleben
HALLE
H.-NEUSTADT
Nordhausen
Sangerhausen
Roßla
Sondershausen
Bad Frankenhausen
Artern
Querfurt
Mücheln
Elbe
Saale
Harz
Brocken

Gardelegen
Tangermünde
Uchtspringe
Oebisfelde
Miesterhorst
Letzlingen
Letzlinger Heide
Tangerhütte
Genthin
Haldensleben
Wolmirstedt
Burg
Helmstedt
Schöningen
Olvenstedt
MAGDEBURG
Oschersleben
Wanzleben
Schönebeck
Zerbst
Halberstadt
Egeln
Calbe
Staßfurt
Roßlau
DESSAU
Aken
Blankenburg
Quedlinburg
Aschersleben
Bernburg
Köthen
Thale
Ballenstedt
Hettstedt
Gerbstedt
Harzgerode
Mansfeld
Klostermansfeld
Wolfen
Lutherstadt Eisleben
Sangerhausen
H.-NEUSTADT
HALLE
Delitzsch
Schkeuditz
Merseburg
Querfurt
Bad Lauchstädt
Mücheln
Bad Dürrenberg
LEIPZIG
Markranstädt
Bad Frankenhausen
Roßla
Tilleda
Stolberg
Wippra
Sachsen
Anhalt
Colbitz-
Heide

BERLIN
Strausberg
Falkensee
Spandau
Pankow
Neuenhagen
Rüdersdorf
Schöneiche
Erkner
Köpenick
Tempelhof
Treptow
POTSDAM
BRANDENBURG
Werder
Teltow
Kleinmachnow
Stahnsdorf
Eichwalde
Zeuthen
Königs Wusterhausen
Ludwigsfelde
Mittenwalde
Beelitz
Michendorf
Lehnin
Golzow
Trebbin
Zossen
Belzig
Treuenbrietzen
Luckenwalde
Baruth
Jüterbog
Niemegk
Zahna
Lutherstadt Wittenberg
Dahme
Luckau
Lübben
Lübbenau
Calau
Golßen
Herzberg
Schlieben
Jessen
Annaburg
Bad Schmiedeberg
Bad Düben
Torgau
Falkenberg
Uebigau
Bad Liebenwerda
Elsterwerda
Finsterwalde
Doberlug-Kirchhain
Lauchhammer
Schwarzheide
Ruhland
Eilenburg
Wurzen
Oschatz
Riesa
Gröditz
Strehla
Großenhain
Mühlberg
Brandis
Dommitzsch
Prettin
Kemberg
Gräfenhainichen
Seyda
Teupitz
Halbe
Märkisch Buchholz
Bestensee
Töpchin
Wünsdorf
Sperenberg
Niederer Fläming
BRANDENBURG
NIEDERLAUSITZ
Fläming
E 51
E 55
E 30
E 36
26
25
12

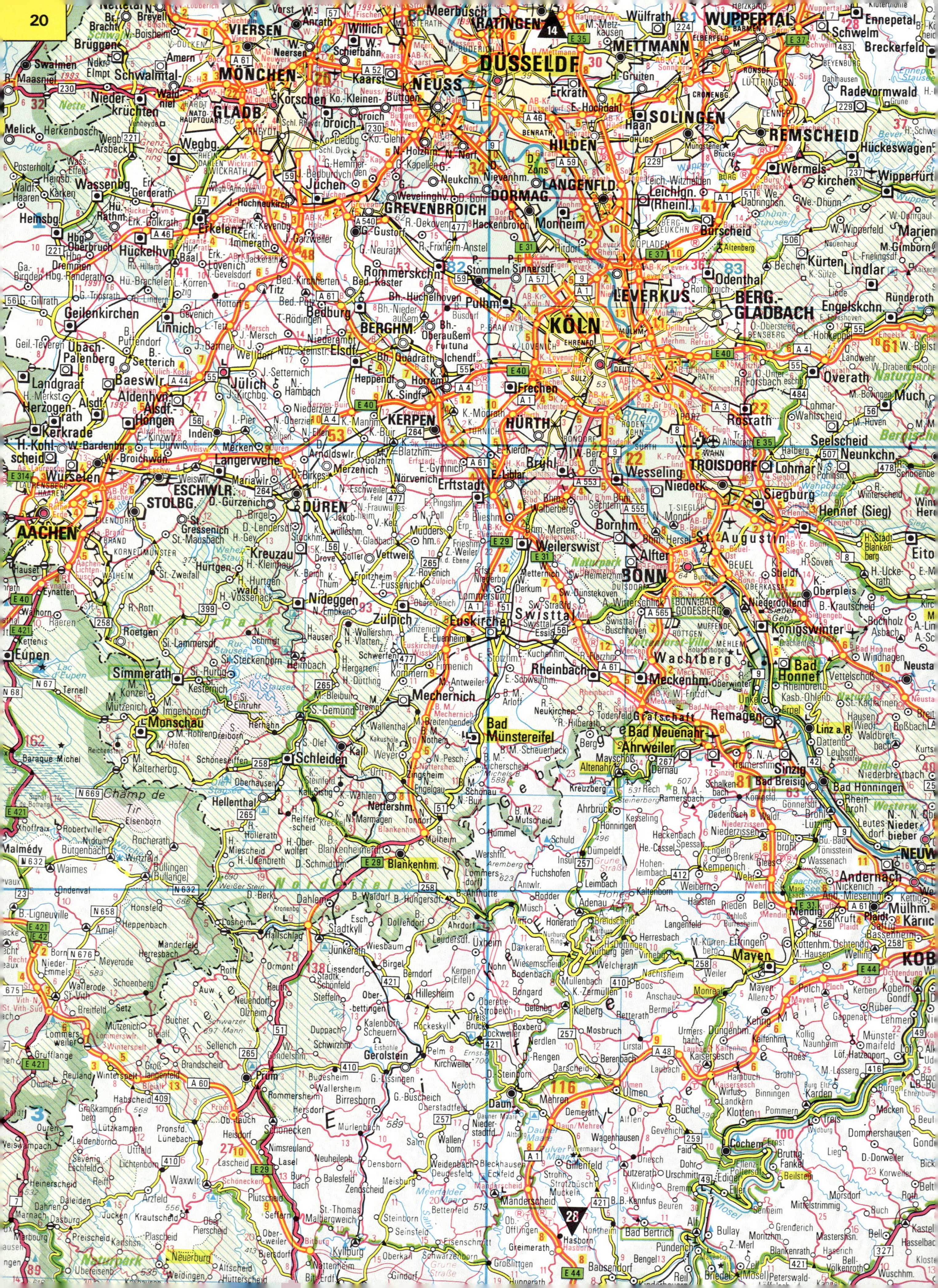

VIERSEN
MÖNCHEN-GLADB.
NEUSS
RATINGEN
DÜSSELDF.
METTMANN
WUPPERTAL
Ennepetal
Schwelm
Breckerfeld
Radevormwald
SOLINGEN
REMSCHEID
Hückeswagen
HILDEN
LANGENFLD.
DORMAG.
GREVENBROICH
Leichlgn. (Rheinl.)
Burscheid
Wermelskirchen
Wipperfürth
Erkelenz
Hückelhvn.
Wegbg.
Wassenbg.
Jüchen
Monheim
LEVERKUS
Odenthal
BERG.-GLADBACH
Kürten
Lindlar
Engelskchn.
Geilenkirchen
Linnich
Bedburg
BERGHM
Pulhm
KÖLN
Frechen
Hürth
Overath
Much
Rösrath
Baesweiler
Alsdorf
Herzogenrath
Jülich
KERPEN
Kerkrade
Würselen
AACHEN
ESCHWLR.
STOLBG.
Langerwehe
DÜREN
Merzenich
Erftstadt
Brühl
Wesseling
TROISDORF
Lohmar
Neunkchn.
Seelscheid
Siegburg
Hennef (Sieg)
St. Augustin
BONN
Alfter
Bornhm.
Weilerswist
Kreuzau
Nideggen
Zülpich
Euskirchen
Swisttal
Wachtberg
Königswinter
Bad Honnef
Eupen
Simmerath
Monschau
Rheinbach
Meckenheim
Remagen
Mechernich
Bad Münstereifel
Bad Neuenahr-Ahrweiler
Linz a. R.
Sinzig
Bad Breisig
Bad Hönningen
Andernach
Schleiden
Hellenthal
Kall
Nettersheim
Blankenhm.
Malmédy
Mendig
Mayen
Daun
Gerolstein
Prüm
Cochem
Bad Bertrich
Manderscheid
Hillesheim
Adenau
Neuerburg
Naturpark

Lüdenscheid
Plettenberg
Werdohl
Neuenrade
Attendorn
Finnentrop
Lennestadt
Kirchhundem
Schmallenberg
Winterberg
Medebach
Korbach
Bad Berleburg
Frankenberg (Eder)
Battenberg
Meinerzhagen
Olpe
Wenden
Kreuztal
Hilchenbach
Erndtebrück
Bad Laasphe
Biedenkopf
Netphen
Freudenberg
Siegen
Wilnsdorf
Dietzhölztal
Marburg
Kirchhain
Stadtallendorf
Homberg
Waldbröl
Morsbach
Betzdorf
Neunkirchen
Herdorf
Burbach
Haiger
Dillenburg
Eschenburg
Gladenbach
Herborn
Wetzlar
Gießen
Lollar
Buseck
Grünberg
Laubach
Altenkirchen
Hachenburg
Westerburg
Weilburg
Braunfels
Solms
Lich
Hungen
Nidda
Butzbach
Bad Nauheim
Friedberg
Montabaur
Limburg a.d. Lahn
Diez
Hadamar
Bad Ems
Lahnstein
Nassau
Usingen
Bad Camberg
Idstein
Taunusstein
Wiesbaden
Eltville a. Rh.
Hofheim
Kelkheim
Königstein
Kronberg
Oberursel (Taunus)
Bad Homburg v. d. H.
Friedrichsdorf
Karben
Bad Vilbel
Frankfurt a. M.
Offenbach a. M.
Hanau
Bruchköbel
Maintal
Neu-Isenburg
Dreieich
Dietzenbach
Rodgau
Heusenstamm
Obertshausen
Seligenstadt
Flörsheim
Hattersheim
Bad Soden
Schwalbach
Eschborn
Rothaargebirge
Naturpark Rothaargebirge
Naturpark Homert
Naturpark Hochtaunus
Rhein-Taunus
Westerwald
Taunus
Sauerland
Ebbegebirge

Korbach
KASSEL
Lohfld.Kaufungen
Bad Sooden-Allendorf
Helsa
Großalmerode
Baunatal
Schauenburg
Naumburg
Vöhl
Waldeck
Edermünde
Fuldabrück
Söhre-wald
Hess. Lichtenau
Meinhard
ESCHWEGE
Wehretal
Waldkappel
Gudensberg
Fritzlar
Felsberg
Melsungen
Spangenberg
Bad Wildungen
Frankenberg (Eder)
Borken
Homberg (Efze)
Sontra
Ringgau
Herleshausen
Rotenburg a. d. Fulda
Bebra
Alheim
Ludwigsau
Gerstungen
Knüllwald
Frielendorf
Schwalmstadt
Wildeck
Schwarzenborn
Knüllgebirge
Rauschenberg
Neustadt (Hessen)
Willingshsn.
Neukchn.
Oberaula
Bad Hersfeld
Friedewald
Heringen (Werra)
Philippsthal
Kirchhain
Stadtallendorf
MARBURG
Amöneburg
Kirchheim
Niederaula
Ottrau
Alsfeld
Breitenbach
Homberg
Romrod
Schwalmtal
Eiterfd.
Rabenau
Mücke
Burghaun
Hünfeld
Staufenberg
Buseck
Reiskirchen
Grünberg
Lauterbach
Schlitz
Bad Salzschlirf
Großenlüder
Fernwald
Laubach
Lich
Hungen
Schotten
Herbstein
FULDA
Petersberg
Künzell
Eichenzell
Tann (Rhön)
Hilders
Naturpark
Vogelsberg
Nidda
Gedern
Neuhof
Flieden
Kalbach
Gersfeld (Rhön)
Wölfersheim
Echzell
Bad Nauheim
Friedberg
Reichelsheim
Ortenberg
Birstein
Schlüchtern
Steinau a. d. Str.
Sinntal
Bad Brückenau
Bad Neustadt a. d.
Karben
Nidderau
Büdingen
Bad Soden-Salmünster
Wächtersbach
Gründau
Gelnhsn.
Bad Orb
Biebergemünd
Spessart
Burkardroth
Münnerstadt
Maintal
Bruchköbel
Langenselb.
Hasselr.
Freigericht
Rodenbach
HANAU
OFFENBACH a. M.
Alzenau i. Ufr.
Mömbris
Hainburg
Seligenstadt
Rodgau
Obertshsn.
Heusenstamm
Hammelburg
Gemünden a. Main
Bad Kissingen
Bad Bocklet
Oerlenbach
Euerdorf
Elfershausen
Wartmannsroth
Hösbach
Gössenhm.
Naturpark Bayerische Rhön

Thomas-Müntzer-Stadt
Mühlhausen
Schlotheim
Ebeleben
Sömmerda
Kölleda
Bad Langensalza
Bad Tennstedt
Erfurt
Weimar
Apolda
Jena
Gotha
Waltershsn.
Ruhla
Friedrichroda
Bad Liebenstein
Arnstadt
Ohrdruf
Tambach-Dietharz
Schmalkalden
Steinbach-Hallenberg
Zella-Mehlis
Suhl
Ilmenau
Meiningen
Schleusingen
Hildburghausen
Eisfeld
Bad Berka
Blankenhain
Kahla
Stadtroda
Rudolstadt
Bad Blankenburg
Saalfeld
Pößneck
Neuhaus am Rennweg
Lauscha
Sonneberg
Neustadt b. Cbg.
Rodental
Coburg
Lichtenfels
Staffelstein
Kronach
Kulmbach
Helmbrechts
Bad Königshofen i. Grabfd.
Haßfurt
Ebern
Naturpark Haßberge
Thüringer Wald
Frankenwald
Naumburg

LEIPZIG
Markranstädt
Markkleeberg
Zwenkau
Böhlen
Borna
Lützen
Weißenfels
Naumburg
Freyburg
Mucheln
Braunsbedra
Nebra
Kölleda
Sömmerda
Weimar
Apolda
Jena
Bad Kösen
Camburg
Eisenberg
Zeitz
Pegau
Groitzsch
Meuselwitz
Altenburg
Schmölln
Gera
Ronneburg
Crimmitschau
Meerane
Werdau
Wilkau-Haßlau
Zwickau
Weida
Triptis
Neustadt
Stadtroda
Hermsdorf
Kahla
Rudolstadt
Bad Blankenburg
Saalfeld
Pößneck
Schleiz
Zeulenroda
Greiz
Reichenbach
Mylau
Netzschkau
Elsterberg
Plauen
Treuen
Auerbach
Rodewisch
Falkenstein
Oelsnitz
Klingenthal
Adorf
Lengenfeld
Hof
Rehau
Selb
Münchberg
Helmbrechts
Naila
Lobenstein
Bad Steben
Kulmbach
Kronach
Sonneberg
Stockheim
Ludwigsstadt
Wunsiedel
Arzberg
Cheb
Aš
Františkovy Lázně
Kraslice
Bad Berka
Magdala
Blankenhain
Orlamünde
Remda
Lauscha
Mainleus
Burgkunstadt
Thurnau
Bad Berneck
Bischofsgrün
Fichtelgebirge
Frankenwald
Naturpark
E 40
E 49
E 51
E 441
E 48

DRESDEN
CHEMNITZ
FREIBERG
Meißen
RIESA
Oschatz
Großenhain
Grimma
Döbeln
Mittweida
Hainichen
Radebeul
Freital
Pirna
Heidenau
Dippoldiswalde
Radeberg
Kamenz
Königsbrück
Marienberg
Annaberg-Buchholz
Zschopau
Flöha
Olbernhau
Stollberg
Aue
Schwarzenberg
Teplice
Ústí n.L.
Most
Chomutov
Jirkov
Litvínov
Bílina
Duchcov
Lovosice
Louny
Žatec
Kadaň
Karlovy Vary
Ostrov
Rakovník
Kladno
Slaný
Dubí
Krupka
SACHSEN
ERZGEBIRGE
KRUŠNÉ HORY
Doupovské hory

BERLIN
Neuenhagen
Strausberg
Müncheberg
Kostrzyn
Rüdersdorf
Schöneiche
Erkner
Eichwalde
Zeuthen
Fürstenwalde
Seelow
Sachsendorf
Frankfurt
Słubice
Rzepin
Königs Wusterhsn.
Bad Saarow-Pieskow
Storkow
Beeskow
Müllrose
Eisenhüttenstadt
Eis.-Fürstenberg
Cybinka
Halbe
Teupitz
Friedland
Lübben
Lübbenau
Luckau
Cottbus
Peitz
Guben
Gubin
W.-Pieck-Stadt Guben
Forst
Lubsko
Finsterwalde
Calau
Groß-räschen
Senftenberg
Spremberg
Schwarze Pumpe
Welzow
Lauchhammer
Schwarzheide
Hoyerswerda
Weißwasser
Bad Muskau
Rietschen
Daubitz
Rothenburg
Lauta
Bernsdorf
Wittichenau
Königswartha
Döbern
Tschernitz
Spreewitz
Lohsa
Plessa
Ortrand
Drebkau
Jänschwalde
Wiesenau
Ziltendorf
Brody
Trzebiel
Żarki Wielki
Łęknica
Kl-Bademeusel
Wzniesienia Gubinskie
GORA
Wzniesienia Żarskie
Odra
Neiße
Spree
E 30
E 36
E 55

DRESDEN
PIRNA
Heidenau
Radeberg
Kamenz
Königsbrück
Bischofswerda
Bautzen
Niesky
GÖRLITZ
Löbau
Ebersbach
Neugersdorf
Zittau
Bogatynia
Sebnitz
Neustadt
Bad Schandau
Dippoldiswalde
Altenberg
DĚČÍN
LIBEREC
Nový Bor
Česká Lípa
Mimoň
ÚSTÍ n.L.
TEPLICE
Krupka
Duchcov
Bílina
MOST
Litoměřice
Lovosice
Roudnice n. L.
Mladá Boleslav
Mělník
Louny
Slaný
Kralupy n. Vlt.
Neratovice
Brandys n. Lab.-St. Boleslav
Čelákovice
KLADNO
Rakovník
PRAHA
Benátky n. Jiz.
Varnsdorf
Rumburk
Šluknov
Hrádek n. Nisou
Moritzburg
Pulsnitz
Ottendorf-Okrilla

LUXEMBOURG
Diekirch
Bitburg
Wittlich
Bernkastel-Kues
TRIER
Konz
Saarburg
Hermeskeil
Idar-Oberstein
Nohfelden
Mettlach
Merzig (Saar)
Dillingen
Saarlouis
Lebach
St. Wendel
NEUNKCHN.
Homburg
SAARBRÜCKEN
Völklingen
Forbach
Sarreguemines
Zweibr.
Bliieskastel
Thionville
Yutz
METZ
Montigny-lès-M.
Creutzwald
St-Avold
Faulquemont
Sarrebourg
Saverne
Champigneulles
R H E I N L A N D - P F A L Z
S A A R L A N D
M O S E L L E

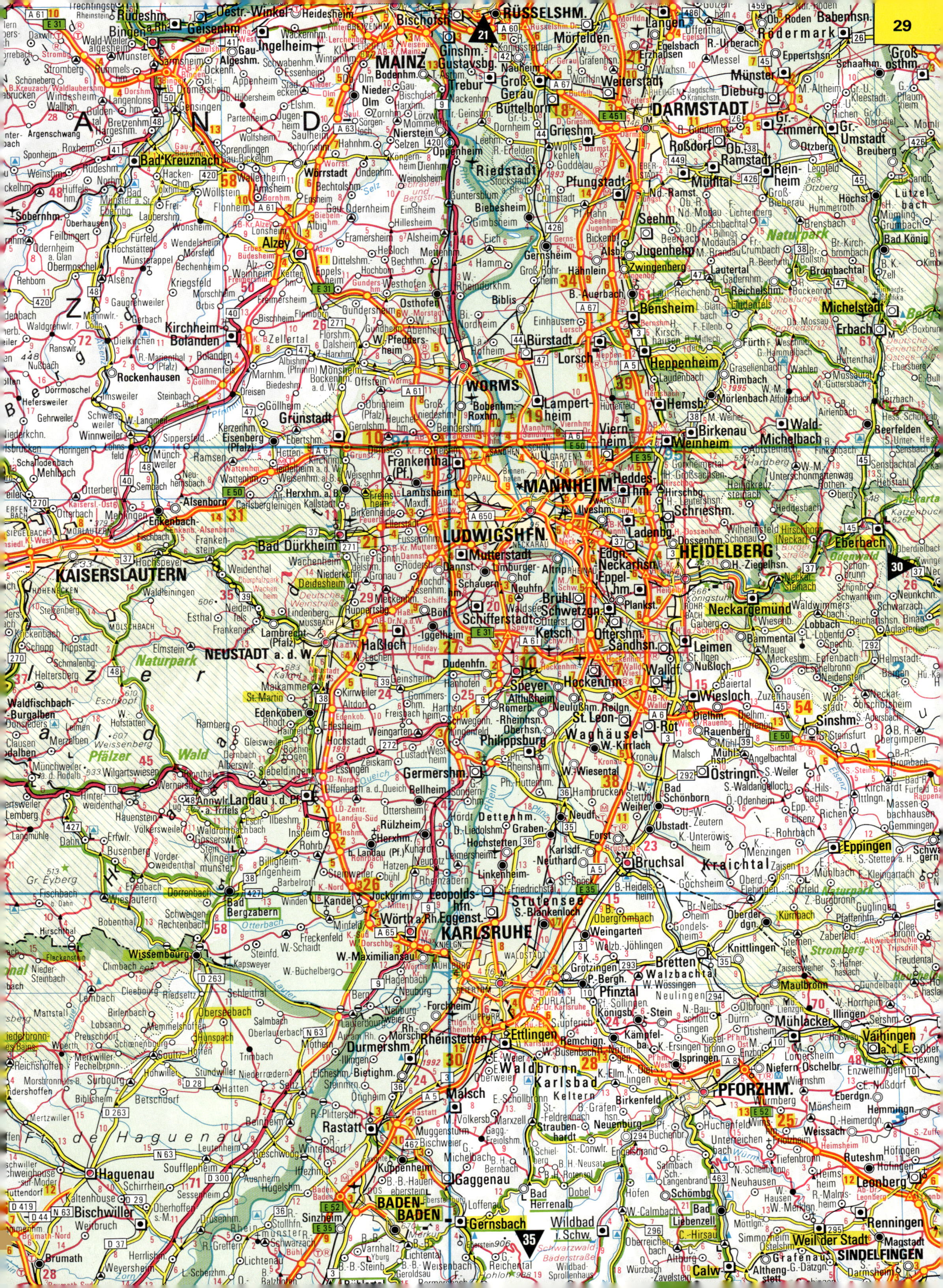
Rüdeshm.
Bingen
Ingelheim
MAINZ
RÜSSELSHM.
Mörfelden
Langen
Rödermark
Babenhsn.
Bischofsh.
Groß-Gerau
Weiterstadt
DARMSTADT
Dieburg
Münster
Gr.-Umstadt
Bad Kreuznach
Wörrstadt
Oppenheim
Riedstadt
Griesheim
Pfungstadt
Roßdorf
Ob.-Ramstadt
Reinheim
Alzey
Gernsheim
Seeheim
Jugenheim
Zwingenberg
Bensheim
Michelstadt
Erbach
Kirchheim-Bolanden
Rockenhausen
Osthofen
Bürstadt
Lorsch
Heppenheim
WORMS
Lampertheim
Viernheim
Weinheim
Birkenau
Wald-Michelbach
Beerfelden
Grünstadt
Frankenthal (Pf.)
MANNHEIM
Heddesheim
Schriesheim
Ladenburg
LUDWIGSHFN
HEIDELBERG
Eberbach
KAISERSLAUTERN
Bad Dürkheim
Mutterstadt
Schwetzingen
Neckargemünd
Deidesheim
Schifferstadt
Haßloch
Oftersheim
Sandhausen
Leimen
NEUSTADT a.d.W.
Speyer
Hockenheim
Walldorf
Wiesloch
Sinsheim
Edenkoben
Philippsburg
Waghäusel
Östringen
Germersheim
Bad Schönborn
Landau i.d. Pf.
Bruchsal
Eppingen
Kandel
Wörth a. Rh.
KARLSRUHE
Stutensee
Bretten
Bad Bergzabern
Wissembourg
Ettlingen
Pfinztal
Mühlacker
Vaihingen a.d. E.
Rheinstetten
Durmersheim
PFORZHM.
Rastatt
Haguenau
Bischwiller
Gaggenau
Kuppenheim
BADEN-BADEN
Gernsbach
Bad Herrenalb
Wildbad i. Schw.
Bad Liebenzell
Calw
Weil der Stadt
SINDELFINGEN
Leonberg
Renningen
Brumath
Pfälzer Wald
Naturpark
Stromberg
Kraichtal
Odenwald

ASCHAFFEN-BURG
Lohr a. M.
Karlstadt
Werneck
Dieburg
Gr.-Umstadt
Marktheidenfeld
WÜRZBURG
Volkach
Wertheim
Kitzingen
Michelstadt
Erbach
Miltenberg
Tauber-bischofsheim
Ochsenfurt
Marktbreit
Walldürn
Wald-Michelbach
Buchen (Odenw.)
Lauda-Königshfn.
Bad Mergentheim
Eberbach
Creglingen
Mosbach
Rothenburg ob d. T.
Künzelsau
Ingelfgn.
Sinshm.
Bad Rappenau
Bad Wimpfen
Bad Friedrichshall
Neckarsulm
Öhringen
Langenburg
Kirchberg a. d. J.
Crailsheim
HEILBRONN
Eppingen
Schwäbisch Hall
Brackenheim
Vellberg
Murrhardt
Gaildorf
Besigheim
Bietighm.
Vaihingen a. d. E.
Markgröningen
Backnang
Ellwangen (Jagst)
LUDWIGSBURG
Winnenden
Kornwesthm.
Waiblingen
Rems-halden
Schorndorf
SCHWÄBISCH GMÜND
AALEN
Leonberg
Gerlingen
Fellbach
STUTTGART
ESSLINGEN A. N.
Weil der Stadt
SINDELFINGEN

BAMBERG
BAYREUTH
ERLANGEN
FÜRTH
NÜRNBERG
Herzogenaurach
Forchheim
Höchstadt a. d. Aisch
Neustadt a. d. Aisch
Schwabach
Roth
Hersbruck
Lauf a. d. P.
Sulzbach-Rosenberg
Altdorf
Neumarkt i. d. Opf.
Ansbach
Gunzenhausen
Weißenburg i. B.
Treuchtlingen
Eichstätt
Nördlingen
Donauwörth
Neuburg a. d. D.
INGOLSTADT
Pegnitz
Auerbach i. d. Opf.
Hilpoltstein
Beilngries
Dinkelsbühl
Feuchtwangen
Windsheim
Fränkische Schweiz
Hallstadt
Memmelsdf.
Scheßlitz
Bindlach
Weidenberg
Zirndorf
Oberasbach
Stein
Wendelstein
Feucht
Schwarzenbruck
Burgthann
Cadolzburg
Langenzenn
Heilsbronn
Windsbach
Neuendettelsau
Wassertrüdingen
Harburg (Schwaben)
Gaimersh.
Kösching
Manching
Berching
Greding
Freystadt
Allersberg
Velden
Eckental
Heroldsberg
Neunkirchen a. Br.
Baiersdf.
Adelsdf.
Bischberg
Strullendf.
Hirschaid
Herrieden
Merkendorf
Wolframs-Eschenbach
Spalt
Abenberg
Pleinfeld
Heideck
Dietfurt a. d. Altm.
Altmannstein
Vohburg a. d. D.
Neustadt a. d. D.
Wemding
Oettingen i. Bay.
Lichtenau
Schwaig
Röthenbach a. d. P.
Leinburg
Hahnbach
Velburg
Parsberg

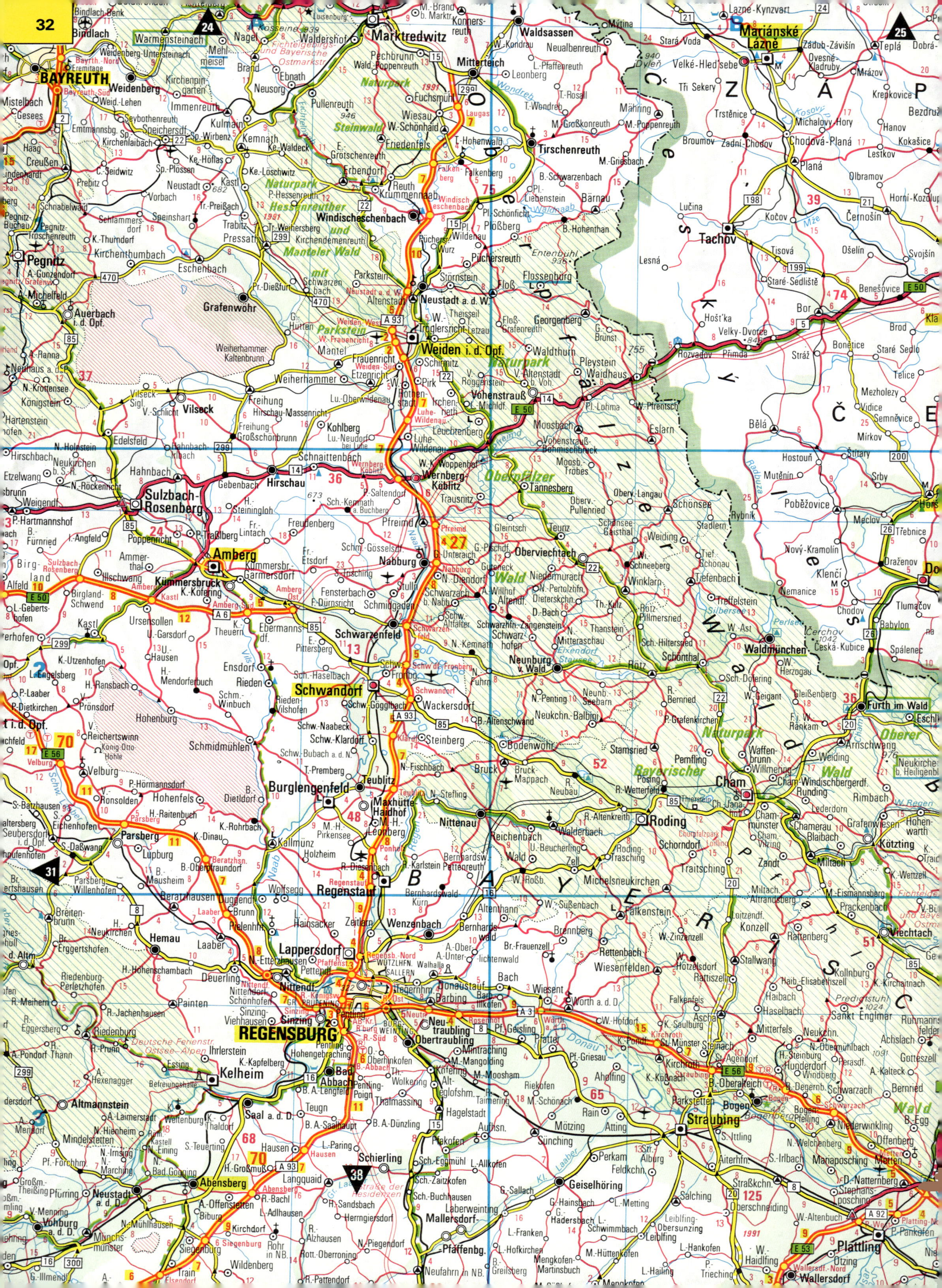
Bayreuth
Weidenberg
Marktredwitz
Waldsassen
Mitterteich
Mariánské Lázně
Tirschenreuth
Windischeschenbach
Pegnitz
Grafenwöhr
Neustadt a. d. W.
Weiden i. d. Opf.
Vohenstrauß
Tachov
Auerbach i. d. Opf.
Vilseck
Sulzbach-Rosenberg
Hirschau
Amberg
Nabburg
Oberviechtach
Schwarzenfeld
Neunburg v. Wald
Waldmünchen
Schwandorf
Furth im Wald
Burglengenfeld
Cham
Teublitz
Maxhütte-Haidhof
Nittenau
Roding
Parsberg
Regenstauf
Wenzenbach
Hemau
Lappersdorf
Kötzting
Viechtach
Regensburg
Neutraubling
Obertraubling
Kelheim
Bad Abbach
Straubing
Bogen
Altmannstein
Abensberg
Schierling
Geiselhöring
Neustadt a. d. D.
Vohburg a. d. D.
Mallersdorf-Pfaffenbg.
Plattling
Wallersdorf
Oberpfälzer Wald
Bayerischer Wald
Naturpark Steinwald
Naturpark Oberpfälzer Wald
Naturpark Oberer Bayerischer Wald
Český les
Západočeský
A 93
A 6
A 3
A 92
E 50
E 56
E 53
24
25
31
38

Plzeň
Rokycany
Beroun
Radotín
Zbraslav
Dobříš
Příbram
Sedlčany
Milevsko
Písek
Strakonice
Blatná
Horažďovice
Klatovy
Sušice
Vimperk
Prachatice
České Budějovice
Český Krumlov
Vodňany
Hořovice
Žebrák
Rožmitál p. Tremš.
Březnice
Nepomuk
Přeštice
Dobřany
Stod
Nýřany
Starý Plzenec
Kralovice
Manětín
Plasy
Švihov
Nýrsko
Železná Ruda
Kašperské Hory
Volyně
Netolice
Bavorov
Protivín
Zwiesel
Regen
Grafenau
Freyung
Bayerisch-Eisenstein
Bodenmais
Naturpark
Nationalpark
Bayerischer Wald
Blanský les
Šumava
Brdy
Berounka
Vltava
Otava
Lipenská nádrž
Horní Planá
Boubín
Boubínský prales (Urwald)
Strážný
Volary
Chvalšiny
Kleť
Sedlice
Mirotice
Mirovice
E 49
E 50
E 53
4
20
22
4
105
145
163

Sarrebourg
Saverne
Lunéville
Baccarat
Rambervilliers
St-Dié
STRASBOURG
Molsheim
Obernai
Sélestat
Ste-Marie-aux-Mines
COLMAR
Gérardmer
Epinal
Remiremont
Luxeuil-les-Bains
Guebwiller
Thann
MULHOUSE
BELFORT
Montbéliard
Delle
Altkirch
BASEL
Lure
Héricourt
Audincourt
Cernay
Wittenheim
Neuf-Brisach
Breisach
Müllheim
Weil
Lörrach
Riehen
Kaysersberg
Ribeauvillé
Plombières-les-Bains
Thaon-les-Vosges
Mirecourt
Vittel
Dombasle-s.-M.
Blâmont
Badonviller
Schirmeck
Benfeld
Erstein
Marckolsheim
Ensisheim
Rixheim
Huningue
St. Louis
Allschwil
Binningen
Muttenz
Pratteln
Reinach
Seppois
Dannemarie
Valdoie
Giromagny
Masevaux
Munster
Soultz
Ballon d'Alsace
Grand Ballon
Hohneck
Col de la Schlucht
Col du Bonhomme
Col de Bussang
Le Thillot
Bussang
St-Maurice-sur-Moselle
Vagney
Cornimont
La Bresse
Saulxures-sur-Moselotte
Bruyères
Fraize
Senones
Raon-l'Etape
Moyenmoutier
Dabo
Wasselonne
Marlenheim
Hindisheim
V O S G E S
T E R R. D E   B E L F O R T
H A U T - R H I N
B A S - R H I N
Forêt de la Harth
Forêt domaniale
Ft. de Parroy
Forêt de Mondon
Canal de la Marne au Rhin
Grand Canal d'Alsace
Rhein

SINDELFINGEN
Böblingen
Calw
Herrenberg
Nagold
TÜBINGEN
Rottenburg a. N.
Mössingen
Hechingen
Horb a. N.
Freudenstadt
Baiersbronn
Oberkirch
OFFENBURG
Achern
Bühl
Gengenbach
Lahr/Schwarzwald
Haslach i. Kinzigtal
Wolfach
Schiltach
Schramberg
Alpirsbach
Dornstetten
Sulz a. N.
Haigerloch
Oberndf. a. N.
Balingen
Albstadt
Burladgn.
Rottweil
Sankt Georgen
Triberg i. Schw.
Hornberg
Elzach
Waldkirch
Emmendingen
Denzlgn.
FREIBURG i. Breisgau
Furtwangen
VILLINGEN-
SCHWENNINGEN
Trossingen
Spaichingen
Tuttlingen
B.-Dürrhm.
Donaueschingen
Hüfingen
Geisingn.
Engen
Blumberg
Titisee-
-Neustadt
Löffingen
Bonndf.
Stockach
Singen (Hohentwiel)
Radolfzell
Überlingen
Meßkirch
Sigmaringen
Schaffhsn.
Neuhausen a. Rhf.
Waldshut-
Tiengen
Bad Säckingen
Rheinfdn. (Bad.)
Kreuzlingen
Frauenfeld
Winterthur
Bülach
Kloten
Baden
Wettingen
Windisch
Brugg
Wil
29
36

Göppingen
Heidenhm. a. d. Brenz
Herbrechtingen
Böblingen
Nürtingen
Tübingen
Reutlingen
Metzingen
Bad Urach
Geislingen a. d. Steige
Rottenburg a. N.
Pfullingen
Münsingen
Blaubeuren
Blaustein
Ulm
Neu-Ulm
Langenau
Günzburg
Mössingen
Hechingen
Ehingen
Erbach
Senden
Weißenhorn
Burladingen
Albstadt
Tailfingen
Ebingen
Munderkingen
Laupheim
Illertissen
Vöhringen
Riedlingen
Sigmaringen
Biberach a. d. Riß
Ochsenhausen
Mengen
Saulgau
Bad Buchau
Bad Schussenried
Meßkirch
Pfullendorf
Aulendorf
Bad Waldsee
Bad Wurzach
Memmingen
Stockach
Überlingen
Weingarten
Ravensburg
Leutkirch i. Allg.
Kempten (Allgäu)
Radolfzell
Konstanz
Meersburg
Markdorf
Friedrichshafen
Meckenbeuren
Tettnang
Wangen i. Allg.
Isny
Kreuzlingen
Lindenberg i. Allgäu
Lindau (Bodensee)
Bregenz
Arbon
Rorschach
Oberstaufen
Immenstadt i. Allg.
Sonthofen
St. Gallen
Wil
Bodensee

Donauwörth
Dillingen a.d.D.
Wertingen
Neuburg a.d.D.
Schrobenhsn.
Pfaffenhfn. a.d. Ilm
Mainburg
Geisenfeld
Aichach
Augsburg
Friedberg
Neusäß
Stadtbergen
Gersthfn.
Königsbrunn
Bobingen
Schwabmünchen
Mindelheim
Bad Wörishfn.
Landsberg a. Lech
Kaufbeuren
Marktoberdorf
Schongau
Peiting
Peißenberg
Weilheim i. Oberb.
Füssen
Pfronten
Reutte
Garmisch-
Partenkchn.
Mittenwald
Oberammergau
Murnau a. Staffelsee
Penzberg
Bad Tölz
Lenggries
Geretsried
Wolfratshsn.
Starnberg
Gauting
Germering
Fürstenfeldbruck
Dachau
Freising
Neufahrn b.F.
Unterschleißhm.
Garching b.M.
Ismaning
Oberschleißhm.
Karlsfeld
Olching
Puchheim
Gröbenzell
Maisach
Gilching
Gräfelfing
Planegg
München
Haar
Vaterstetten
Neubiberg
Ottobrunn
Taufkchn.
Unterhaching
Grünwald
Holzkchn.
Kirchhm. b.M.
Unterföhring
Herrsching a. Ammersee
Dießen a. Ammersee
Tutzing
Seefeld
Wessling
Ammersee
Starnberger See
Kochelsee
Walchensee
Sylvensteinstausee
Forggensee
Ammer Gebirge
Hohe Bleick
Kreuzspitze
Krottenkopf
Soiernsp.
Benediktenwand
Achenpaß
Gaichtpaß
Romantische Straße
Deutsche Alpenstr.

Mainburg
Rottenburg a. d. Laaber
Ergoldsbach
Pilsting
Landau a. d. Isar
Wolnzach
Dingolfing
Essenbach
Ergolding
Altdf.
LANDSHUT
Reisbach
Arnstorf
Moosburg a. d. Isar
Vilsbiburg
Gangkofen
Pfarrkirchen
Freising
Eggenfelden
Neumarkt-St. Veit
Taufkirchen (Vils)
Erding
Neufahrn b. F.
Eching
Dorfen
Garching b. München
Ismaning
Unterföhring
Mühldorf a. Inn
Waldkraiburg
Töging
Neuötting
Altötting
Burghausen
Kirchhm. b. M.
Markt Schwaben
Haag i. Obb.
Haar
Vaterstetten
MÜNCHEN
Ottobrunn
Neubiberg
Hohenbrunn
Taufkchn.
Zorneding
Ebersbg.
Grafing b. M.
Kirchseeon
Wasserburg a. Inn
Garching a. d. Alz
Tittmoning
Trostberg
Holzkchn.
Feldkch.-Westerham
Bruckmühl
Bad Aibling
ROSENHM.
Kolbermoor
Prien
Traunreut
Traunstein
Laufen
Miesbach
Bad Feilnbach
Raubling
Grassau
Siegsdf.
Teisendorf
Freilassing
Ainring
Gmund
Hausham
Schliersee
Tegernsee
Bad Wiessee
Rottach-Egern
Bad Reichenhall
Marquartst.
Ruhpolding
Schneizlreuth
Berchtesgaden
Bischofswiesen
Kiefersfelden
Oberaudorf
Kufstein
Wörgl
Kitzbühel
St. Johann i. T.
Lofer
Saalfelden
Chiemsee
Chiemgauer Alpen
Kaiser Gebirge
Watzmann 2713
Hochkalter 2608
Kitzbüheler H.

33
Passau
Vilshofen
Ortenburg
Fürstenzell
Neuhaus
Schärding
Rottal
Ruhstorf
Pocking
Bad Füssing
Hauzenberg
Stifter
Waldkirchen
Adalbert
Wegscheid
Untergriesbach
Obernzell
Vichtenstein
Engelhartszell
Peilstein
Rohrbach
Haslach a. d. M.
Lipno n. Vlt.
Vyšší Brod
Rožmberk
Frymburk
Dolní Vltavice
Český Krumlov
Leonfelden
Bad Leonfelden
Hellmonsödt
Gallneukirchen
Linz
Leonding
Pasching
Traun
Ansfelden
St. Florian
Enns
Ottensheim
Wilhering
Eferding
Peuerbach
Raab
Andorf
Riedau
Obernberg
Ried i. Innkr.
Mehrnbach
Aurolzmünster
Haag a. Hausruck
Grieskirchen
Bad Schallerbach
Wels
Marchtrenk
Thalheim
Sattledt
Kremsmünster
Bad Hall
Steyr
Garsten
Sierning
Lambach
Stadl Paura
Gmunden
Vöcklabruck
Regau
Attnang-Puchheim
Schwanenstadt
Vorchdorf
Laakirchen
Lenzing
Seewalchen
Attersee
Mondsee
St. Lorenz
Straßwalchen
Frankenmarkt
Mattighofen
Braunau
Altheim
Schlierbach
Kirchdorf a. d. Krems
Micheldorf
Windischgarsten
Spital a. Pyhrn
Liezen
Admont
Rottenmann
Selzthal
Salzburg
Hallein
Kuchl
Golling
Abtenau
Bad Ischl
Bad Goisern
Hallstatt
Bad Aussee
Gosau
Ebensee
St. Wolfgang
St. Gilgen
Fuschl
Grundlsee
Altaussee
Traunsee
Attersee
Mondsee
Wolfgangsee
Höllengebirge
Totes Gebirge
Dachsteingruppe
Tennen-Geb.
Sengsengebirge
Hausruck
Kobernausser W.
Ö S T E R R E I C H
Traunstein
Schafberg
Gr. Priel
Gr. Pyhrgas
Gr. Bösenstein
Hoher Dachstein
Irdning
Stainach
Gröbming
Schladming
Werfen
Pass Lueg
Bleikogel
Annaberg
Rußbach
Strobl
Grünau
Scharnstein
Molln
Ternberg
Ramsau
Pyhrnpass
Aigen i. E.
Wörschach
Tauplitz
Mitterndorf
Pichl
Schönberg
Steyrling
Klaus
Leonstein
Grünburg
Adlwang
Wartberg
Pettenbach
Kirchham
Steinbach
Ohlsdorf
Altmünster
Traunkirchen
Weyregg
Unterach
Steinbach a. Attersee
Nußdorf
Schörfling
Timelkam
Mösendorf
Vöcklamarkt
Irrsdorf
Thalgau
Plainfeld
Faistenau
Hintersee
Vigaun
St. Koloman
Krispl
Tittmoning
Salzkammergut
E 55
E 56
E 60
E 552
E 57
E 651
A 1
A 3
A 7
A 8
A 9

Service rund um die Autobahn

- Tankstelle, bleifreie Tankstelle in der ehemaligen DDR
- Tankstelle mit Babywickelraum
- Tankstelle mit Babywickelraum und Erfrischungsdienst
- Tankstelle mit Erfrischungsdienst
- Rasthaus, Kiosk
- Rasthaus mit Babywickelraum
- Rasthaus mit Babywickelraum und Übernachtung (Motel)
- Rasthaus mit Übernachtung (Motel)
- Campingplatz
- A7 Autobahn-Numerierung
- E3 Europastraßen-Numerierung

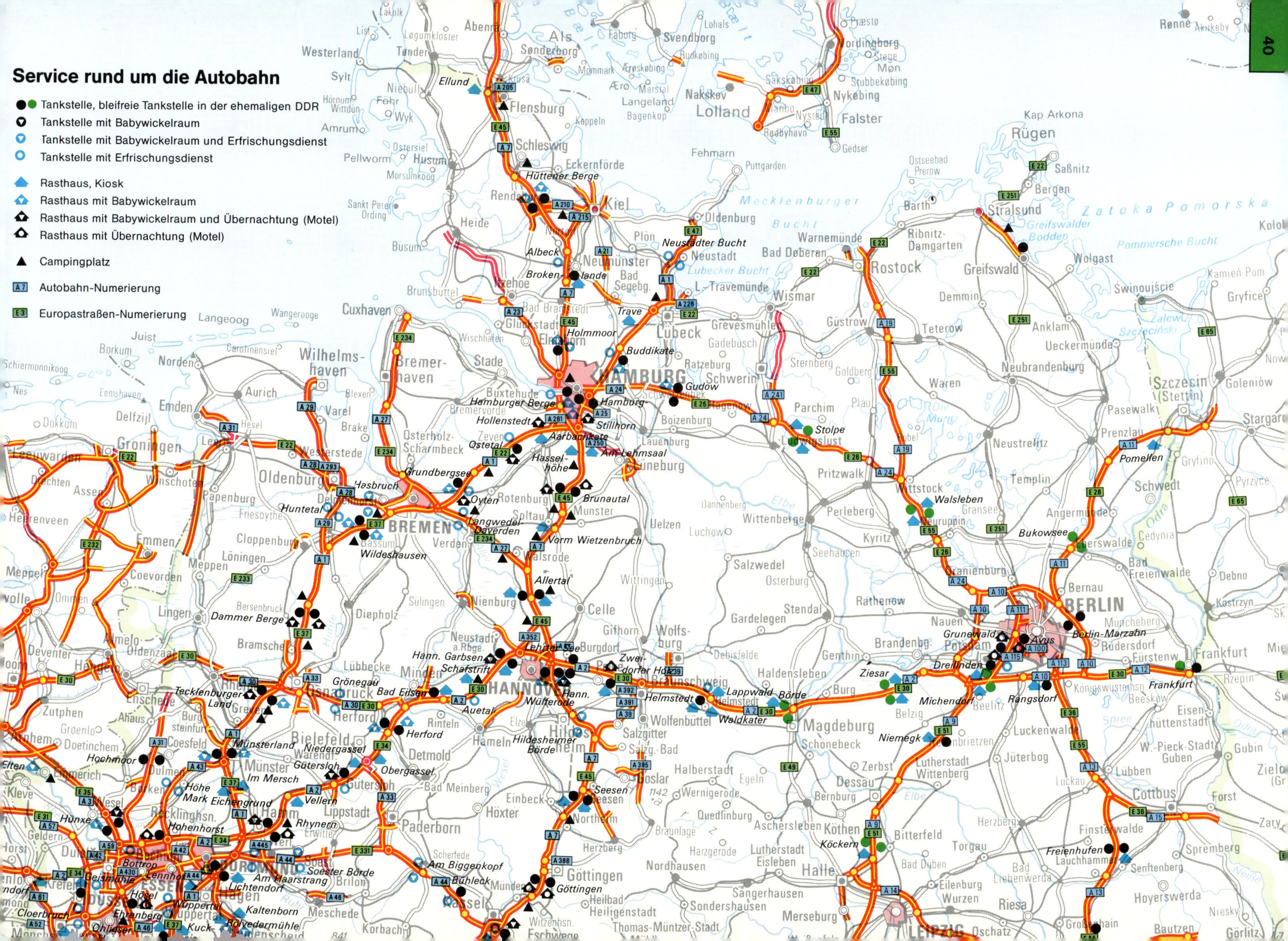

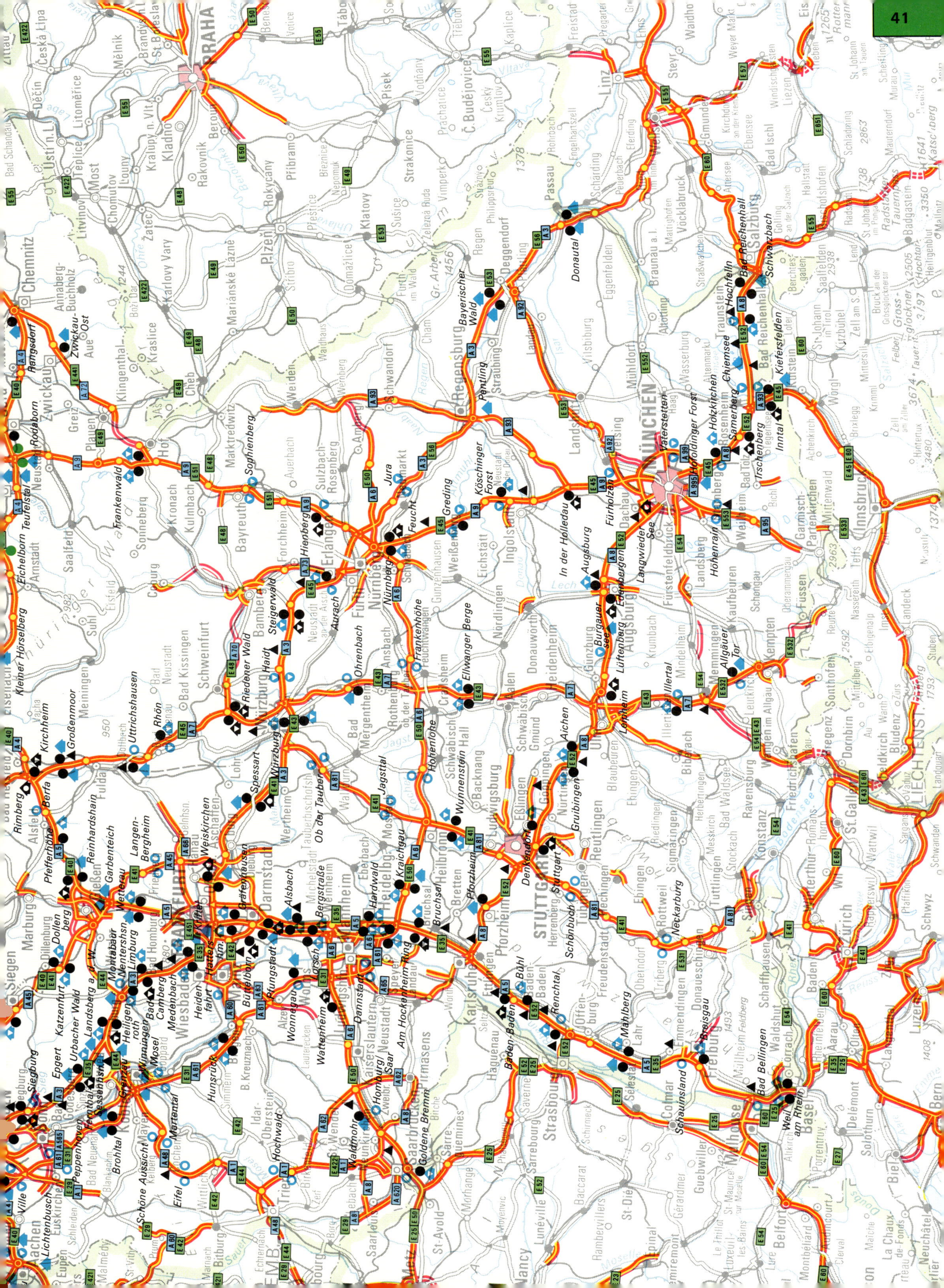
PRAHA
Plzeň
Chemnitz
Zwickau
Bayreuth
Bamberg
Würzburg
Nürnberg
Regensburg
Passau
Linz
Salzburg
MÜNCHEN
Augsburg
Ingolstadt
Innsbruck
Ulm
STUTTGART
Heilbronn
Karlsruhe
Pforzheim
Heidelberg
Darmstadt
Wiesbaden
Koblenz
Trier
Saarbrücken
Strasbourg
Freiburg
Basel
Zürich
Konstanz
Kempten
Bregenz
St. Gallen
LIECHTENSTEIN

1 : 500 000/1 000 000

Autobahn mit Anschlüssen
Motorway with junctions
Autoroute à chaussées séparées avec accès
Autoweg met gescheiden rijbanen en aansluitingen

Autobahn im Bau
Motorway under construction
Autoroute à chaussées séparées en construction
Autoweg met gescheiden rijbanen in aanleg

Projektierte Autobahn
Motorway projected
Autoroute à chaussées séparées en projet
Autoweg met gescheiden rijbanen in ontwerp

Autostrasse mit Anschlüssen
Motorway (only one carriageway) with junctions
Autoroute sans chaussées séparées avec accès
Autoweg met aansluitingen

Autostrasse im Bau
Motorway (only one carriageway) under construction
Autoroute sans chaussées séparées en construction
Autoweg in aanleg

Projektierte Autostrasse
Motorway (only one carriageway) projected
Autoroute sans chaussées séparées en projet
Autoweg en ontwerp

Internationale Fernstrasse
International throughroute
Route de transit international
Internationale hoofdroute

Regionale Fernstrasse
Regional throughroute
Route de transit régional
Regionale hoofdroute

Hauptverbindungsstrasse
Main connecting road
Route de communication principale
Interlokale verbindingsweg

Verbindungsstrasse
Connecting road
Route de communication
Verbindingsweg

Fussweg, Saumpfad
Footpath, mule-track
Sentier, chemin muletier
Voetpad, karrespoor

Strasse ohne Belag oder in schlechtem Zustand
Unmetalled road or road in bad condition
Route sans revêtement ou en mauvais état
Onverharde weg of weg in slechte staat

24%
Strasse mit starker Steigung (über 15 %)
Road with steep gradient (more than 15 %)
Route à forte montée (plus de 15 %)
Sterk stijgende weg (meer dan 15 %)

Strasse mit Verkehrsbeschränkung
Road with traffic restrictions
Route à trafic limité
Weg met verkeersbeperkingen

Strasse mit Gebühr
Toll road
Route à péage
Tolweg

Malerische Wegstrecke
Scenic road
Parcours pittoresque
Schilderachtig weggedeelte

F
Autofähre
Car ferry
Bac pour automobiles
Autoveer

Schiffslinie
Shipping route
Ligne maritime
Bootdienst

(X - IV)
Sperrmonate (Strassen, Fähren, Schiffe)
Months of closure (roads, ferries, shipping routes)
Mois de clôture (routes, bacs, lignes maritimes)
Sluitingsmaanden (wegen, veren, bootdiensten)

E 17 58
Strassennumerierung
Road numbering
Numérotage des routes
Nummering der wegen

5 3 7 2
Autobahndistanzen in Kilometern
Motorway distances in kilometres
Distances sur l'autoroute en kilomètres
Afstanden langs autowegen in kilometers

4 2 3 7
Distanzen in Kilometern
Distances in kilometres
Distances en kilomètres
Afstanden in kilometers

Autoverlad auf Eisenbahn
Railway loading station for cars
Embarquement des voitures sur chemin de fer
Autovervoer per trein

Eisenbahn, Zahnradbahn
Railway, rack-railway
Chemin der fer, chemin de fer à crémaillère
Spoorweg, tandradbaan

Draht- und Luftseilbahn, Sesselbahn
Cable railway, cable way, chair-lift
Funiculaire, téléphérique, télésiège
Kabelspoor, kabelbaan, stoeltjeslift

Landesgrenze
State frontier
Frontière d'Etat
Rijksgrens

Regionalgrenze
Regional boundary
Frontière régionale
Regionale grens

Naturschutzgebiet
Nature reserve
Réserve naturelle
Natuurreservaat

Sperrzone
Restricted area
Zone interdite
Verboden gebied

LÜBECK
Sehenswerter Ort
Interesting locality
Localité remarquable
Bezienswaardige plaats

Mölln
Sommerferienort
Summer holiday resort
Station de villégiature estivale
Zomervakantieoord

Winterberg
Wintersportplatz
Winter sports resort
Station de sports d'hiver
Wintersportplaats

Niendorf
Ferienort während des ganzen Jahres
Holiday resort throughout the year
Station de vacances pendant toute l'année
Vakantieoord gedurende het gehele jaar

Heilbad / Strandbad
Spa / Beach
Station thermale / Plage
Bronbad / Strandbad

□
Weiler, alleinstehendes Haus
Hamlet, isolated house
Hameau, maison isolée
Gehucht, alleenstaand huis

Kathedrale, Kirche, Kapelle
Cathedral, church, chapel
Cathédrale, église, chapelle
Kathedraal, kerk, kapel

Wallfahrtskirche, Kloster
Pilgrimage church, monastery
Eglise de pèlerinage, couvent
Bedevaartskerk, klooster

Schloss, Burg
Castle
Château
Kasteel

▬
Palast, Villa
Palace, mansion
Palais, villa
Paleis, villa

M
Museum
Museum
Musée
Museum

Denkmal
Monument
Monument
Monument

L
Ruine (Mittelalter)
Ruin (medieval)
Ruine (moyen âge)
Ruïne (middeleeuws)

∩ ⊥
Höhle, Grotte / Turm
Cave, grotto / Tower
Caverne, grotte / Tour
Spelonk, grot / Toren

★
Andere Sehenswürdigkeiten
Other objects of interest
Autres curiosités
Andere bezienswaardigheden

★
Aussichtspunkt
View point
Point de vue
Uitzichtpunt

Leuchtturm / Windmühle
Lighthouse / Windmill
Phare / Moulin à vent
Vuurtoren / Windmolen

Freizeitpark
Recreation park
Parc de loisirs
Vrijetijdspark

Flughafen / Flugplatz
Airport / Airfield
Aéroport / Aérodrome
Luchthaven / Vliegveld

Alleinstehendes Hotel
Isolated hotel
Hôtel isolé
Afgelegen hotel

M
Motel
Motel
Mótel
Motel

R
Restaurant an Autobahn
Restaurant on motorway
Restaurant sur autoroute
Restaurant aan autoweg

M
Rasthaus, Motel an Autobahn
Motel on motorway
Mótel sur autoroute
Motel aan autoweg

T
Tankstelle an Autobahn
Service station on motorway
Station service sur autoroute
Tankstation aan autoweg

▲
Ganzjähriger Campingplatz
Camp site open throughout the year
Camping permanent
Kampeerterrein, het gehele jaar geopend

▲
Saisoncampingplatz
Seasonal camp site
Camping saisonnier
Kampeerterrein, 's-zomers geopend

⊖
Grenzübergang, durchgehend offen
Frontier crossing, open day and night
Passage frontière, ouvert jour et nuit
Grensovergang, dag en nacht geopend

Eine Bitte der Redaktion!

Wir legen besonders Wert auf Ihr Urteil, auf Ihre Erfahrungen bei Anfrage, Reservierung und Aufenthalt in den von uns ausgewählten und vorgestellten Häusern. Deshalb bitten wir Sie , uns ihre Eindrücke, ob positiv oder negativ, weiterzugeben, damit Lob und Kritik in der nächsten Ausgabe des **FREIZEIT-HOTELS** entsprechende Beachtung finden.

Für Ihre Anfrage/ Reservierung verwenden Sie bitte die nebenstehende Reservierungskarten.
Herzlichen Dank
Ihre Redaktion!

☐ Ich würde gern Näheres über Ihr Hotel erfahren. Bitte senden Sie mir zunächst ihren Prospekt, Preisliste usw.

☐ Ich bitte um Reservierung

☐ Doppelzimmer ☐ Einzelzimmer

in der Zeit vom ______ bis ______

☐ Übernachtung/Frühstück
☐ Halbpension
☐ Vollpension

Bitte senden Sie mir Ihre Bestätigung bis: ______

Ich bin telefonisch erreichbar unter: ______

Absenderangabe auf der Rückseite nicht vergessen!

☐ Ich würde gern Näheres über Ihr Hotel erfahren. Bitte senden Sie mir zunächst ihren Prospekt, Preisliste usw.

☐ Ich bitte um Reservierung

☐ Doppelzimmer ☐ Einzelzimmer

in der Zeit vom ______ bis ______

☐ Übernachtung/Frühstück
☐ Halbpension
☐ Vollpension

Bitte senden Sie mir Ihre Bestätigung bis: ______

Ich bin telefonisch erreichbar unter: ______

Absenderangabe auf der Rückseite nicht vergessen!

Wir würden uns über Ihre Antwort zu folgenden Fragen freuen:

1. Wie beurteilen Sie den Freizeithotelführer allgemein?
☐ sehr gut ☐ gut
☐ sollte verbessert werden

2. Was sollte besser sein?

______

______

3. Wenn Sie eines der Häuser besucht haben, wie beurteilen Sie es?
☐ der Vorstellung entsprechend
☐ über meinen Erwartungen
☐ unter meinen Erwartungen

______

______
Hoteladresse

4. Was hat Ihnen besonders gut in nebengenannten Hotel gefallen?

______

5. Was gibt Anlaß zur Kritik?

______

Ergänzende Bemerkungen/Anregungen:

______

______

______

______

______

______

______

Wir danken für Ihre Mithilfe und versichern Diskretion.

Absender:

Name

Straße

PLZ/Ort

Urlaub in Deutschland/Freizeithotels
Projekt Team
7030 Böblingen

Werbeantwort
Postkarte

Bitte
als
Postkarte
freimachen

An Hotel

PLZ

Absender:

Name

Straße

PLZ/Ort

Urlaub in Deutschland/Freizeithotels
Projekt Team
7030 Böblingen

Werbeantwort
Postkarte

Bitte
als
Postkarte
freimachen

An Hotel

PLZ

Absender:

Name

Straße

PLZ/Ort

Urlaub in Deutschland/Freizeithotels

Werbeantwort
Postkarte

Bitte
als
Postkarte
freimachen

An das

Projekt-Team
Touristik-Redaktion
Postfach 17 40

7030 Böblingen

Alphabetisches Ortsverzeichnis
mit Postleitzahlen
Deutschland
1:500000

Alphabetische Reihenfolge von Ortsnamen und Sehenswürdigkeiten. Nach dem Namen folgt die Seitenzahl mit Buchstabe und Ziffer des blauen Netzquadrates, in welchem sich der gesuchte Name befindet. Die Ortsnamen in der ehemaligen DDR sind zusätzlich mit einem * gekennzeichnet, z. B. 8010 * Dresden **27** C1 = Seite 27, Suchfeld C1

A

B

C

D

E

F

G

H

L

M

N

O

P

Q

R

S

7984 Wolpertswende **36** A2
3051 Wölpinghausen **16** A1
3331 Wolsdorf **17** C1, **18** A1
5521 Wolsfeld **28** A1
1311 • Wölsickendorf-Wollenberg **13** C3
1831 • Wolsier **11** D3, **12** A3
3040 Wolterdingen (Soltau) **10** A2
7710 Wolterdingen (Donaueschingen) **35** C2
2059 Woltersdorf **10** B1
3131 Woltersdorf **11** C2/3
1255 • Woltersdorf **19** D1, **26** A1
1321 • Woltersdorf **13** C2
1711 • Woltersdorf **19** C/D1/2
3221 Woltershausen **16** B2
3108 Wolthausen (Winsen (Aller)) **10** A3
2800 Woltmershausen (Bremen) **9** D2
3079 Woltringhausen (Uchte) **9** D3, **15** D1
1601 • Wolzig **19** D1, **26** A1
6544 Womrath **28** B1
8593 Wondreb (Tirschenreuth) **32** B1
8729 Wonfurt **23** C3, **31** C1
8221 Wonneberg **38** B2
8601 Wonsees **31** D1
6551 Wonsheim **29** C1
2801 • Woosmer **11** C2
2801 • Wootz **11** C2
8475 Woppenhof (Wernberg-Köblitz) **32** A1/2
5620 • Worbis **16** B3
7291 • Wörblitz **19** C2/3
6087 Worfelden (Büttelborn) **29** D1
1211 • Worin **13** C/D3, **26** A1
8941 Woringen **36** B2
8079 Workerszell (Schernfeld) **31** D3
8901 Wörleschwang (Zusmarshausen) **37** C1
4414 • Wörlitz **18** B/C2
5948 Wormbach (Schmallenberg) **21** C1
7541 • Wormlage **19** D3, **26** A3
3271 • Wörmlitz **17** D1, **18** B1
6520 Worms **29** C/D1
3221 • Wormsdorf **17** C1/2, **18** A1/2
5321 • Wormstedt **23** D1, **24** A1
7201 Worndorf (Neuhausen ob Eck) **35** D2, **36** A2
7291 Wörnersberg **35** D1
8801 Wörnitz **30** B2
8165 Wörnsmühl (Fischbachau) **38** A3
2801 Wörpedorf (Grasberg) **9** D2
4501 • Wörpen **19** C2
2804 Worphausen (Lilienthal) **9** D2
2862 Worpswede **9** D2
6501 Wörrstadt **29** C1
6270 Wörsdorf (Idstein) **21** C3
7098 Wört **30** B3
8059 Wörth **38** A2
2054 Worth **10** B1
8767 Wörth am Main **30** A1
6729 Wörth am Rhein **29** C3
8404 Wörth an der Donau **32** B3
8301 Wörth an der Isar **38** B1
7541 • Woschkow **26** A3
7519 Wössingen (Walzbachtal) **29** D3
2849 Wöstendöllen (Visbek) **9** C3
2031 • Wotenick **7** C3
2081 • Wrechen **13** C2
2071 • Wredenhagen **12** A2
2851 Wremen **4** A3, **9** C1
3114 Wrestedt **10** B3
3549 Wrexen (Diemelstadt) **16** A3
3111 Wriedel **10** B2
1313 • Wriezen **13** C3
2218 Wrist **4** B3
2270 Wrixum **4** A1
3046 Wroge **10** A2/3
2241 Wrohm **4** B2
7970 Wuchzenhofen (Leutkirch) **36** B2/3
4270 Wulfen (Dorsten) **14** B2
4371 • Wulfen **17** D2, **18** B2
1931 • Wulfersdorf **11** D2, **12** A2
8741 Wülfershausen **23** C3
3231 • Wulferstedt **17** C2, **18** A2
5603 Wülfrath **14** B3, **20** B1
2091 Wulfsen **10** B2
2218 Wulfsmoor **4** B3
3111 Wulfsode (Wriedel) **10** B2
5790 Wülfte (Brilon) **15** D3
4516 Wulften (Bissendorf) **15** C1
3411 Wulften **16** B3
3521 • Wulkau **11** D3, **12** A3
2001 • Wulkenzin **12** B1
8401 • Wülknitz **19** D3
4371 • Wülknitz **17** D2, **18** B2
1211 • Wulkow **26** B1
1211 • Wulkow **13** C3, **26** A1
3281 • Wulkow **11** D3, **18** B1
1951 • Wulkow **12** B3
4422 Wüllen (Ahaus) **14** B2
5211 • Wüllersleben **23** D2
2819 Wulmstorf (Morsum) **9** D2/3
2856 Wulsbüttel **9** D2
2850 Wulsdorf (Bremerhaven) **9** C/D1
6301 • Wümbach **23** C/D2
2117 Wümme (Wistedt) **10** A2
3120 Wunderbüttel (Wittingen) **10** B3
5231 • Wundersleben **23** D1
5920 Wunderthausen (Bad Berleburg) **21** D1
4798 Wünnenberg **15** D3
4201 • Wünsch **17** D3, **18** B3
7581 • Wunscha **26** B3
8301 • Wünschendorf **24** B2
5901 • Wünschensuhl **22** B1
1635 • Wünsdorf **19** D1
8592 Wunsiedel **24** B3
3050 Wunstorf **16** A1
5600 Wuppertal **14** B3, **20** B1
4901 • Würchwitz **24** B1
8397 Würding (Bad Füssing) **39** C1
8604 Würgau (Schesslitz) **23** D3, **31** C/D1
5909 Würgendorf (Burbach) **21** C2
8334 Wurmannsquick **38** B1
7131 Wurmberg **29** D3
7204 Wurmlingen **35** D2
7407 Wurmlingen (Rottenburg am Neckar) **35** D1, **36** A1
8311 Wurmsham **38** A/B1
5102 Würselen **20** A2
2859 Wursterheide (Nordholz) **4** A3, **9** C/D1
7411 Würtingen (Sankt Johann) **36** A1
8481 Wurz (Püchersreuth) **32** A1
7261 Würzbach (Oberreichenbach) **29** D3, **35** D1
6860 • Wurzbach **23** D2, **24** A2
8700 Würzburg **30** B1
7250 • Wurzen **19** C3
6541 Wüschheim **20** B3
2141 • Wussentin **7** C3
7551 • Wusswerk **26** A2
1801 • Wust **19** C1
3521 • Wust **11** D3, **12** A3
4902 Wüsten (Bad Salzuflen) **15** D1/2
2033 • Wüstenfelde **7** C3
7156 Wüstenrot **30** A3
8551 Wüstenstein (Wiesenttal) **31** D1
8702 Wüstenzell (Holzkirchen) **30** B1
1903 • Wusterhausen **12** A3
2201 • Wusterhusen **7** C/D2
1551 • Wustermark **12** B3, **19** C1
7961 • Wüstermarke **19** D2, **26** A2
1806 • Wusterwitz **18** B/C1
5631 • Wüstheuterode **16** B3
2872 Wüsting (Hude) **9** C2
1951 • Wustrau-Altfriesack **12** B3
1311 • Wustrow **13** C3
2081 • Wustrow **12** B2
3135 Wustrow **11** C2/3
6484 Wustwillenroth (Birstein) **22** A2/3
7821 Wutach **35** C2/3
Wutachschlucht 3**5** C2/3
5909 • Wutha **23** C1
1951 • Wuthenow **12** B3
1901 • Wutike **11** D2, **12** A2
7896 Wutöschingen **35** C3
1551 • Wutzetz **12** A3
8400 Wutzlhofen (Regensburg) **32** A3
2970 Wybelsum (Emden) **8** B2
7831 Wyhl **34** B2
2270 Wyk auf Föhr **4** A1
4193 Wyler **14** A2
2955 Wymeer **8** B2

X

4232 Xanten **14** A2/3

Z

1931 • Zaatzke **11** D2, **12** A2
3281 • Zabakuck **18** B1
1431 • Zabelsdorf **12** B2
8281 • Zabeltitz-Treugeböhla **19** D3
4271 • Zabenstedt **17** D3, **18** A/B3
7129 Zaberfeld **29** D3, **30** A3
8375 Zachenberg **32** B/C3
1551 • Zachow **19** C1
1311 • Zäckericker **13** C3
6424 Zahmen (Grebenhain) **22** A2
4608 • Zahna **19** C2
2721 • Zahrensdorf **10** B1/2
2831 • Zahrensdorf **6** A3, **11** C/D1
7901 Zähringen (Altheim) **36** B1
7436 Zainingen (Römerstein) **36** A1
7519 Zaisenhausen **29** D2/3
7133 Zaisersweiher (Maulbronn) **29** D3
8939 Zaisertshofen (Tussenhausen) **37** C2
8306 Zaitzkofen (Schierling) **32** A3
8491 Zandt **32** B2
7923 Zang (Königsbronn) **30** B3
8261 Zangberg **38** B1/2
8467 Zangenstein (Schwarzhofen) **32** A/B2
2711 • Zapel Dorf **11** C/D1
8619 Zapfendorf **23** C3
4101 • Zappendorf **17** D3, **18** B3
3115 Zarenthien (Rosche) **10** B/C2
2041 • Zarnekow **7** C3
2551 • Zarnewanz **6** B2/3
2401 Zarpen **5** C3
2321 • Zarrendorf **7** C2
2824 • Zarrentin **11** C1
3120 Zasenbeck (Wittingen) **10** B3
7801 Zastler (Oberried) **35** C2
1501 • Zauchwitz **19** C1
5401 • Zaunröden **17** B/C3
7401 • Zechau **24** B1
1211 • Zechin **13** D3
1951 • Zechlin Dorf **12** B2
1951 • Zechlinerhütte **12** B2
1951 • Zechow **12** B2
7971 • Zeckerin **19** D2, **26** A2
3271 • Zeddenick **17** D1/2, **18** B1/2
7201 • Zedtlitz **24** B1
8671 Zedtwitz (Feilitzsch) **24** A/B3
8618 Zeegendorf (Strullendorf) **31** C/D1
1601 • Zeesen **19** D1, **26** A1
2841 • Zeetze **11** C2
4371 • Zehbitz **18** B2/3
1434 • Zehdenick **12** B2
1401 • Zehlendorf **12** B3
7421 • Zehma **24** B1
2601 • Zehna **6** B3, **11** D1
8380 Zeholfing (Landau an der Isar) **38** B1
8251 • Zehren **25** C/D1
8729 Zeil am Main **23** C3, **31** C1
8331 Zeilarn **38** B1/2
6111 • Zeilfeld **23** C2/3
7901 • Zeischa **19** D3
8291 • Zeisholz **19** D3, **26** A3
6721 Zeiskam **29** C2
7701 • Zeissholz **26** A3
7701 • Zeissig **26** A3
8261 Zeitlarn **38** B2
8787 Zeitlofs **22** B3
4900 • Zeitz **24** B1
8371 Zell (Kirchberg) **33** C3
8335 Zell (Falkenberg) **38** B1
8944 Zell (Grönenbach) **36** B2
8411 Zell **32** B2/3
8069 Zell (Geisenfeld) **37** D1
8721 Zell (Üchtelhausen) **23** B/C3
8665 Zell **24** A3
6123 Zell (Bad König) **29** D1, **30** A1
6201 • Zella **22** B2
5701 • Zella **16** B3, **23** C1
8729 Zell am Ebersberg (Knetzgau) **31** C1
6060 • Zella-Mehlis **23** C2
7615 Zell am Harmersbach **35** C1
8702 Zell am Main **30** B1
1701 • Zellendorf **19** C2
6719 Zellertal **29** C1
6451 Zellhausen (Mainhausen) **21** D3, **22** A3
7863 Zell im Wiesental **35** C3
8705 Zellingen **30** B1
5583 Zell (Mosel) **20** B3
8858 Zell (Neuburg an der Donau) **31** D3, **37** D1
6326 Zell (Romrod) **22** A2
8129 Zellsee (Wessobrunn) **37** C2
7321 Zell unter Aichelberg **36** A1
5553 Zeltingen-Rachtig **28** B1
4851 • Zembschen **24** B1
2221 • Zemitz **7** D3
5506 Zemmer **28** A1
7901 • Zemnik **19** C2
2237 • Zempin **7** D2/3
1951 • Zempow **12** A/B2
5524 Zendscheid **20** A3
3583 Zennern (Wabern) **22** A1
3301 • Zens **17** D2, **18** B2
8359 Zenting **33** C3
2621 • Zepelin **6** B3
1297 • Zepernick **13** C3
2071 • Zepkow **12** A2
3401 • Zeppernick **18** B1/2
3281 • Zerben **17** D1, **18** B1
3400 • Zerbst **18** B2
5504 Zerf **28** A1
5489 Zermüllen (Kelberg) **20** B3
3139 Zernien **11** B/C2
1431 • Zernikow **12** B2
2621 • Zernin **6** A/B3, **11** D1
1901 • Zernitz **11** D3, **12** A3
3401 • Zernitz **18** B2
1614 • Zernsdorf **19** D1, **26** A1
1291 • Zerpenschleuse **13** B/C3
2101 • Zerrenthin **13** C1
2932 Zetel **9** C1/2
9201 • Zethau **25** C/D2
3591 • Zethlingen **11** C3
2041 • Zettemin **7** C3, **12** B1
9291 • Zetteritz **25** C1
9291 • Zettlitz **25** C1
7401 • Zetzscha **24** B1
4801 • Zeuchfeld **24** A/B1
1701 • Zeuden **19** C2
6570 • Zeulenroda **24** B2
1231 • Zeust **26** A1/2
7526 Zeutern (Ubstadt-Weiher) **29** D2
1615 • Zeuthen **19** D1, **26** A1
6821 • Zeutsch **23** D2, **24** A2
2730 Zeven **9** D2
5500 Zewen (Trier) **28** A1
3127 Zicherie (Brome) **11** C3, **17** C1
1321 • Zichow **13** C2
3571 • Zichtau **11** C3
4341 • Zickeritz **17** D3, **18** B3
2711 • Zickhusen **6** A3, **11** C1
7961 • Zieckau **19** D2, **26** A2
6900 Ziegelhausen (Heidelberg) **29** D2
4241 • Ziegelroda **17** D3, **18** A3
3430 Ziegenhagen (Witzenhausen) **16** B3
3578 Ziegenhain (Schwalmstadt) **22** A1
8261 • Ziegenhain **25** C1
6557 • Ziegenrück **23** D2, **24** A2
7301 • Ziegra **25** C1
4501 • Zieko **18** B/C2
3215 • Zielitz **17** D1, **18** B1
3552 • Ziemendorf **11** C2/3
8907 Ziemetshausen **37** C1/2
3271 • Ziepel **17** D1/2, **18** B1
3501 Zierenberg **16** A3
7640 Zierolshofen (Kehl) **35** C1
2401 • Zierow **5** D3, **6** A3
8881 Ziertheim **37** C1
2801 • Zierzow **11** C/D2
1807 • Ziesar **18** B1
2551 • Ziesendorf **6** B3
2141 • Ziethen **7** D3
2419 Ziethen **5** D3, **10** B1
6081 • Zillbach **23** C2
8201 Zillham (Schonstett) **38** A2
3601 • Zilly **17** C2
1221 • Ziltendorf **26** B1
8729 Zimmerau (Sulzdorf an der Lederhecke) **23** C3
8342 Zimmern (Tann) **38** B1
6974 Zimmern (Grünsfeld) **30** B1/2
6901 • Zimmern **23** D1, **24** A1
5821 • Zimmern **23** C1
Zimmern (Epfendorf) 3**5** D2
7214 Zimmern ob Rottweil **35** D2
3585 Zimmersrode (Neuental) **22** A1
5376 Zingsheim (Nettersheim) **20** A2
7291 • Zinna **19** C3
1261 • Zinndorf **19** D1, **26** A1
7541 • Zinnitz **19** D2, **26** A2
8231 • Zinnwald-Georgenfeld **25** D2
8231 • Zinnwald-Georgenfeld **27** C2
8441 Zinzenzell (Wiesenfelden) **32** B3
2141 • Zinzow **7** C3, **13** C1
7094 Zipplingen (Unterschneidheim) **31** C3
2251 • Zirchow **7** D3
8861 Zirndorf (Auhausen) **31** C3
2081 • Zirtow **12** B2
2001 • Zirzow **12** B1
2071 • Zislow **11** D1, **12** A1
8800 • Zittau **27** D1
1801 • Zitz **18** B1
7768 Zizenhausen (Stockach) **35** D2, **36** A2
3571 • Zobbenitz **17** D1, **18** A1
7901 • Zobersdorf **19** D3
7094 Zöbingen (Unterschneidheim) **31** B/C3
9347 • Zöblitz **25** C2
8901 • Zodel **26** B3
8901 • Zodel **27** D1
7981 Zogenweiler (Horgenzell) **36** A2
2851 • Zölkow **11** D1
1831 • Zollchow **11** D3, **12** A3
7960 Zollenreute (Aulendorf) **36** A/B2
7712 Zollhaus (Blumberg) **35** D2/3
8500 Zollhaus (Nürnberg) **31** D2
8051 Zolling **37** D1, **38** A1
7961 • Zöllmersdorf **19** D2, **26** A2
4047 Zons (Dormagen) **20** B1
1431 • Zootzen **12** B2
1931 • Zootzen **12** A2
1551 • Zootzen **12** A3
6851 • Zoppoten **23** D2, **24** A2
4851 • Zorbau **24** B1
4415 • Zörbig **18** B3
3421 Zorge **17** C3
6209 Zorn (Heidenrod) **21** C3
8011 Zorneding **38** A2
6501 Zornheim **29** C1
4601 • Zörnigall **19** C2
8881 Zöschingen **36** B1
1630 • Zossen **19** D1
6901 • Zöthen **24** A1
7769 Zoznegg (Mühlingen) **35** D2, **36** A2
7241 • Zschadrass **25** C1
7301 • Zschaitz **25** C1
7281 • Zschepplin **19** C3
4201 • Zscherben **17** D3, **18** B3
9360 • Zschopau **25** C2
7241 • Zschoppach **25** C1
9416 • Zschorlau **25** B/C2
8291 • Zschornau-Schiedel **26** A3
8291 • Zschornau-Schiedel **27** C1
4417 • Zschornewitz **18** B/C2
7271 • Zschortau **18** B3
3301 • Zuchau **17** D2, **18** B2
8070 Zuchering (Ingolstadt) **31** D3
2331 • Zudar **7** C2
9201 • Zug **25** C1
1951 • Zühlen **12** B2
1401 • Zühlsdorf **12** B3
1711 • Zülichendorf **19** C1/2
7901 • Züllsdorf **19** C3
5352 Zülpich **20** A2
6492 Züntersbach (Sinntal) **22** B3
2401 • Zurow **6** A3
5805 Zurstrasse (Breckerfeld) **14** B/C3
8881 Zusamaltheim **37** C1
8901 Zusamzell (Altenmünster) **37** C1
3580 Züschen (Fritzlar) **22** A1
5788 Züschen (Winterberg) **21** D1
2101 • Züsedom **13** C1
8901 Zusmarshausen **37** C1
2401 • Züsow **6** A3
7983 Zussdorf (Wilhelmsdorf) **36** A2
2204 • Züssow **7** C3
7108 Züttlingen (Möckmühl) **30** A2
1321 • Zützen **13** C2
6921 Zuzenhausen **29** D2
2561 • Zweedorf **6** A2/3
6660 Zweibrücken **28** B2
5190 Zweifall (Stolberg) **20** A2
7111 Zweiflingen **30** A2
7114 • Zwenkau **24** B1
3584 Zwesten **22** A1
7291 • Zwethau **19** C3
9540 • Zwickau **24** B2
9540 • Zwickau-Planitz **24** B2
9540 • Zwickau-Weissenborn **24** B2
7942 Zwiefalten **36** A2
7940 Zwiefaltendorf (Riedlingen) **36** A2
8372 Zwiesel **33** C3
4426 Zwillbrock (Vreden) **14** A/B2
5601 • Zwinge **16** B3
6931 Zwingenberg (Baden) **29** D2, **30** A2
6144 Zwingenberg (Bergstrasse) **29** D1
7271 • Zwochau **18** B3
9417 • Zwönitz **25** C2
9657 • Zwota **24** B3
4193 Zyfflich (Kranenburg) **14** A2